2014年北京市文物局业务人员科研成果出版项目
北京市文物局科研丛书

民国史地文丛

李铁虎 著

北京燕山出版社
BEIJING YANSHAN PRESS

目 录

民国史研究入门 …………………………………………………………… 1

史事论述

"不可忘辛亥革命"
　——纪念辛亥革命 90 周年 ………………………………………… 3
三民主义在中国大陆实践的历史考察 …………………………………… 11
民国史暨民国北京史分期管见 …………………………………………… 24
民国北京政治文化地位刍议 ……………………………………………… 33
民国北京中等学校发展轨迹述略 ………………………………………… 42
民国北京高等学校变迁纪略 ……………………………………………… 54
冀察地区抗日民族统一战线的形成 ……………………………………… 70
中日南口之战与平北敌后抗战 …………………………………………… 84
华北伪政权初探 …………………………………………………………… 92
北平外围抗日根据地 ……………………………………………………… 107
晋察冀抗日根据地的冬学运动 …………………………………………… 118
晋察冀抗日根据地的小学教育 …………………………………………… 128
冀鲁边区从抗战到解放 …………………………………………………… 139

"纪念北平和平解放 50 周年展览"浅谈 ………………………… 150
　　附：展览陈列大纲 ……………………………………………… 161

史地考证

民国北京政府华北政区沿革（1912~1928 年）………………… 179
国民政府前期华北政区沿革（1928~1937 年）………………… 193
北平伪临时政府辖境政区沿革（1937~1940 年）……………… 206
伪华北政委会辖境政区沿革（1940~1945 年）………………… 215
伪蒙疆政区沿革（1937~1945 年）……………………………… 228
第一个敌后抗日根据地
　　——晋察冀北岳区………………………………………… 234
冀中抗日革命根据地政区沿革…………………………………… 244
冀东抗日革命根据地政区沿革…………………………………… 255
冀南抗日革命根据地区划沿革…………………………………… 264
抗战后民国政府华北政区沿革（1945~1949 年）……………… 274
抗战胜利后晋察冀解放区政区沿革（1945~1948 年）………… 288
冀察热辽解放区行政区划沿革（1947~1949 年）……………… 301
华北解放区行政区划沿革（1948~1949 年）…………………… 311

史料整理

民国北京政府上将录…………………………………………… 333
国民政府军上将录（1935~1949 年）………………………… 350
华北伪"治安军"序列沿革…………………………………… 361
伪"治安军"（华北绥靖军）团级序列沿革………………… 367

1912~1928年北京大中学校巡览 …………………………………… 373

1928~1937年北平大中学校概览 …………………………………… 385

抗战时期北平高等院校的兴衰 ……………………………………… 396

日伪统治时期北平中等学校一瞥 …………………………………… 403

民国晚期北平大中学校一览（1945~1949年） …………………… 414

附录：作者北京史地短文篇目便览 ………………………………… 427

后　　记 ……………………………………………………………… 431

作者介绍 ……………………………………………………………… 433

民国史研究入门

1985年夏，我刚到首都博物馆时，对于民国史研究基本上还是一名门外汉。所谓基本上，是指我以前只搞过一些新民主主义革命史的研究，充其量仅是民国时期历史的重要组成部分而已，绝非主体。到1998年底我退休时，应当说对民国史研究，尤其是地方民国史，其主体民国北京史，兼及民国华北史，已经有了一定程度的研究，尽管是微不足道的,诚然不是座上客,权可称作门内汉。

改革开放伊始，1980年春，我就选择了中华民国史作为后半生的研究方向，只是由于传统的影响，身不由己地搞起了新民主主义革命史，但"雄心"未泯，只待时机。为什么我想搞民国史的研究呢？盖因自以为具有一定相对的优势。首先本人学史数十载，历来厚今薄古，钟情于近现代，无论中国与世界皆然。其次由于改革开放之初，中国大陆的民国史研究方兴未艾，尚有大片未开垦的处女地期待着人们去耕耘，机不可失，时不再来，拓荒者的感受总比嚼别人嚼过的馍有滋味，且不致有撞车之虞，颇有些海阔凭鱼跃，天高任鸟飞的感觉。最后一个是天助我也，那就是本人生于民国晚期，应属"民国遗少"之辈，对民国时代有过目睹耳闻、亲身经历，实令众后生自叹弗如。来到首都博物馆后，我进一步确定了研究主体方向就是地方民国史，以民国北京史为核心，民国华北史为外围。研究对象的时间范围，从南京政府时期（1927~1949年）向北政府时期（1912~1928年）上溯，远景目标是民国北京通史。基于北京的地方特点，民国时期的北京是政治中心、文化中心，当先从政治（含军事）、文化（含教育）入手，然后再介入社会经济领域。以民国时期的38个年头为我的学术研究活动范围，了解些明清史，但不触及古代，也略知一些20世纪50年代的历史情况，并不涉猎人民共和国史。而空间上我则坚持以北京为圆心，以华北为半径，可以知道一些中国与世界，坚持重点放在地方史。地方特色须臾不可抛弃，全国背景恰恰是为地方特色服务的。

我的起步已晚，时已将知天命，只能抓紧光阴读书，不争朝夕，也争日月，将系统阅读一些民国史料提到日程。我先后阅读了首都图书馆藏1912~1928年的全部北京政府公报，首都博物馆藏1927~1948年的全部国民政府公报以及台湾出版的1948~1950年全部总统府公报，首都图书馆和博物馆藏全部北平伪临时政府公报和华北政务委员会公报，首都图书馆藏全部华北沦陷区各省市公报和地方报纸以及部分伪满洲国政府公报，国家图书馆藏全部华北解放区报纸，首都图书馆和博物馆藏全部北平市政公报及部分平津报纸等。我还翻阅了首都图书馆和博物馆藏清末民初全部北京地图。以上这些工作确实辛苦，但我也乐在其中，因为它们都是第一手资料，为日后我的民国史研究工作奠定了比较坚实的基础。唯因条件时间所限，北京政府时期报刊、汪伪政府公报以及伪满洲帝国公报、伪蒙疆政权公报、报刊等，至今未得阅览。史料知识缺环，发表言论，著述文章，难免底气不足，战战兢兢，小心行事。

我最先介入的是民国华北历史地理领域，具体来说，就是把民国时期华北地区各省市区的县级以上行政区划变动情况搞清楚。也许有人认为这种工作不足挂齿，我却乐此不疲，尽管很麻烦，很费劲，出不了名，更成不了家。我认为这是基础工作，是中国历史研究的传统项目，而我研究它，自身优势相当明显，何乐而不为呢？我研究北京政府和抗战前国民政府时期没费太大力气，而研究抗战时期就不那么容易了。实际上要负责三个方面：一个是国民政府统治区，一个是日军占领的沦陷区，另一个则是中共政权控制区。三者相互交错，形势多变。八年抗战时期国民政府在华北的地盘逐年缩小，最后只剩下山西、绥远两省政府局促一隅，还未撤离省境。日本侵略军占领了华北绝大部分县城以上的城池要地，而广大乡村则属于中共政权及其武装控制区域。资料来源若仅靠伪政府公报显然是远远不够的，地方报刊、档案资料以至一般有关图书，都是有价值的信息来源。应当说抗战时期的华北行政区划沿革，以前已有人研究了一些，尤其是中共控制区。我在这里做的工作，是查漏补缺，查略补详，从而绘出一幅比较全面的华北抗战各方势力消长图。抗战后已是民国晚期，国共双方在华北控制区域的具体变动情况的研究，似乎尚未提到日程。在这块几近空白的地方，我研究了南京政府华北行政区划沿革，晋察冀解放区、冀察热辽解放区和华北解放区的行政区划沿革，为人们今后研究这段历史提供了一些方便。我的以上考据文章十几篇共达十数万字，以及一些所附简图，均已于20世纪八九十年代先后散见于《北京档案史料》《地名知识》（后改为《中国方域》）、首都博物馆文集和丛刊，业已构成比较完整的民国华北行政区划沿革系列。

  在民国史的其他方面，我着重搞了军事和教育两个方面的史料汇集工作。整个民国时期的政权，基本上是军人政权，省级行政长官中，武将比文官要多，这在中国古代和当代是不曾有过的。军人执政成了民国时期政权的一大特色，因而民国军事史至为重要。军事方面，我整理了北京政府和国民政府上将名录，包括其籍贯、生卒年代以及授衔时间等，为日后如有可能搞个《民国上将谱》打基础。其中北京政府的上将情况没人弄过，至于国民政府的上将情况已有多人研究过，尽管良莠不齐，正误同在。而各伪政权的上将，因皆系大号汉奸，至今无人问津。我也打算弄一弄，算作《民国上将谱》的附录，入另册。华北伪治安军（即"华北绥靖军"）集团级（相当于旅级）和团级序列沿革，我也研究了。这是华北伪政权的直属伪军，对于从事华北沦陷区的研究还是很有用的。以上是武的，还有文的。那就是我系统地初步弄清了民国时期各个阶段北京各大中学校沿革的轨迹。北京在民国时期大部分时间中是全国文化中心，而当年的大中学校则是北京文化的重要载体。北京诸多名校名师造就了相当一批享誉海内外的名人。北京又是当年全国学生运动的中心，大中学校学生正是这个运动的主体，推动着中国历史的前进，所以我认为这项工作也是很有意义的。此前零散地见到过一些学校搞的校史，但更多的学校则没有，甚至连校名都早已湮灭。我做的这项工作，还是为今后人们了解和研究民国时期北京的文化教育方面情况提供了一些便利。这类系列文章我已发表数篇，参见《北京档案史料》《北京党史研究》（今名为《北京党史》）、首都博物馆文集和丛刊。此外，我还写过两篇抗战时期晋察冀边区教育的文章，即有关晋察冀抗日根据地的小学教育和冬学运动。

另外，我还写过一些其他方面有关民国史方面不成系列的文章，如《民国史暨民国北京史分期管见》（载于《北京文博》）《三民主义在中国大陆实践的历史考察》《华北伪政权初探》（以上二文均载首都博物馆文集或丛刊），还有《北平外围抗日根据地的创建、发展和政区沿革》（载于《北京党史研究》）等等。在以上拙文中虽也提出过一些个人见解，但总体水平有限，还是敝帚自珍吧！

总之，本人在首都博物馆退休前后这15年半（1985年夏至2000年冬），在民国史领域先后发表长短文章著述共计30万字有余。尽管平淡无奇，没有闪光亮点，以致难于启齿，终究尚可聊以自慰。自然法则不可抗拒，笔者业已退休有年，精力逐年衰减，风烛残年余热有限，只图能够成为后世民国史研究者前进道路上一块寻常的铺路石而已，别无其他不切实际的非分追求。

（原载《新世纪新首博》2001年版）

史事论述

"不可忘辛亥革命"

——纪念辛亥革命90周年

题记:1925年3月11日晚9时,孙中山先生自知"行将不起",于是在《国事遗嘱》和《家事遗嘱》上签了字。弥留之际,他又对《遗嘱》笔记者讲了几句话,其关键一语即"不可忘辛亥革命也"。①

辛亥秋冬北京时局

1911年10月10日(夏历辛亥年八月十九日)夜晚,孙中山先生领导的同盟会外围组织共进会和文学社成员在湖北武昌发动武装起义。次日清晨,起义军占领湖广总督府。天明时分,武昌全城挂起了铁血十八星旗,革命政权鄂军都督府随之建立,武昌首义成功。

武昌起义的消息,翌日午后传到北京。清朝统治者惊恐万状,10月12日立即派遣陆军大臣、满洲亲贵荫昌统率近畿两镇(即师)南征,并令海军提督萨镇冰率部即日赴援。14日清廷被迫起用罢黜两年回河南"休养"的袁世凯,充任湖广总督,企图利用汉族官僚掌握的北洋军扑灭革命。27日清廷解除荫昌

---

① 《孙中山全集》第十一卷,中华书局1986年版,第638页。

督帅职务，改派为钦差大臣，以节制北洋军。

清廷早已计划辛亥年在直隶永平府（今河北卢龙）举行秋操，以皇族载涛为秋操大元帅，代表宣统皇帝设立行辕。冯国璋为东军总统官，六镇统制吴禄贞、二十镇统制张绍曾为辅。舒清河为西军总统官，禁卫军两咨议官为辅。武昌起义之际，东西两军业已开到指定地点，东军驻滦州以东至山海关一带，西军驻开平以西至丰润一带。本来预定10月下旬至11月中旬期间举行大操。西军多满人，东军多汉人，预定安排到最后是西胜东败，确有满人击败汉人之意。时新军将领吴禄贞、张绍曾、蓝天蔚等与革命党人决议，利用秋操实弹射击，乘机击溃西军，然后东军攻入北京。但因武昌起事，清廷决定停止秋操，将两军禁卫军撤回拱卫北京，事遂未成。这时恰巧清军向南方赶运军火途经滦州，押运军火的新军中的革命党人通知张绍曾，预谋在滦州扣留军火。10月29日，张绍曾联合一些军官致电清廷，提出12项要求，史称"滦州兵谏"。这个事件对于清廷来说，实比武昌起义威胁更大。清政府为缓和局势，10月30日匆忙决定起草宪法，下罪己诏，释放政治犯。此时摄政王载沣为维持风雨飘摇的清廷，甚至主张迁都热河（今河北承德），以避开风起云涌的革命浪潮。

这时吴禄贞来到滦州，决定乘荫昌率军南征、北京城内空虚之时，亲率义军进攻北京，即可兵不血刃推翻皇帝，于是策划以新军张绍曾部、蓝天蔚部和卢永祥部为第一、二、三军，同时发动，会师丰台，直捣北京。又因张部出枝节，计划未遂。清廷急派吴禄贞出任山西巡抚，调吴部进攻娘子关，打击宣布独立的山西新军。吴禄贞赶到石家庄，一面阻止六镇进攻山西，一面与山西都督阎锡山会晤，共商革命行动，决定组成燕晋联军，吴为大都督，阎为副都督。晋军、六镇、二十镇联合进攻北京。不料就在吴禄贞回到石家庄时，其部下一军官被清廷收买，11月7日，吴禄贞遇刺身亡，诚为北方革命事业重大损失。

11月20日，清廷宣布袁世凯为内阁总理大臣，13日，袁世凯率领他的卫队开进北京城，16日，袁世凯组成责任内阁，吸收了相当一批立宪派人物入阁。清廷也解除了摄政王职务，袁世凯这时已把清政府的军政大权掌握在自己手中。他还乘机将满人组成的禁卫军统率权由皇族转到北洋军将领门下，并调往北京城外。袁世凯则将自己的卫队改编的拱卫军护卫北京城内。至此，袁世凯身居北京，掌握军政大权，业已成为清廷和革命党双方都必须刮目相看的关键性政治人物。

10月30日，各省革命军代表大会在湖北汉口举行，达成一项重要决议，即虚临时总统之席，以待袁世凯反正来归。与会代表认为，清政府业已名存实亡，若袁世凯以举手之劳推翻清室，建立民主共和政体，革命军将以民国临时总统之位给他。当时在北京活动的获释革命党重要人物汪精卫，与袁世凯过从甚密，曾电同盟会二号人物黄兴。黄兴电告，若袁世凯参加革命，即可举袁为民国首任大总统。

1912年元旦（即清宣统三年十一月十三日），回国不久的革命元勋孙中山先生在南京就任民国临时大总统。一时间，中国领土上就出现了两个中央政权并存的局面。一个是南京成立的中华民国，另一个就是行将灭亡的北京的大清帝国。孙中山先生也表示，袁世凯若赞成共和，当以总统相让，不过首都应设在南京。这样"用袁以倒清"就成了当时革命党人的共识。

当时不少革命党人的观念，是从狭隘的大汉族主义出发，以恢复汉人统治为目的。袁世凯既然是汉人，又能够推翻清室，建立汉族统治政权，何不联袁倒满呢？

武昌起义后，北方革命党人也加紧了在北京的军事行动。11月9日，革命党人计划在北京鸣炮，在正阳、崇文、宣武三门举难，义军进攻东华、西华两门，再进攻天安门，但革命党人突遭清军包围逮捕，举义失败。12月1日，同盟会京津保总部成立。14日，"北方革命协会"组成。1912年1月2日，京东滦州驻军宣布脱离清政府独立，公举王金铭为都督，施从云为总司令，白雅雨为参谋长，并通电内阁总理大臣袁世凯，"刻下全体主张共和，望祈我公询及刍荛，不弃鄙拙，速定大局，以弭乱事而免惨祸，实为至祷"。而袁世凯竟派军队前往镇压，滦州城陷，王金铭、施从云、白雅雨等均殉难，滦州起义失败。[①]1月4日，北京革命党人获悉，袁世凯将途经东华门大街，于是准备刺杀袁世凯，不意投弹未中袁氏，袁则有惊无险，迅速改线逃离现场，而三名革命志士却遭被捕遇害，

---

① 今北京西北郊有"辛亥滦州革命烈士纪念园"，是民国二十五年（1936年）设立的。滦州起义王金铭、施从云两烈士被民国北京政府和南京政府先后追赠为陆军上将，白雅雨烈士被南京政府追赠为陆军上将。

这次行动又告失败。1月9日，北京、通州一带革命党人准备联合起事，终因有人告密，几名志士又遭被捕殉难，举事未成。就在清廷摇摇欲坠之时，竟有一些满洲亲贵组织"宗社党"，妄图以屠杀汉人来挽救清室的灭亡。禁卫军头目良弼是这支皇族武装的统帅。他不惜要为清室肝脑涂地，还要监督袁世凯，防止他叛变清廷。有位革命志士彭家珍，1月26日找到西安门内光明殿胡同良弼住所，对退朝回家的良弼迎上投弹，彭氏当场牺牲，良弼被炸重伤，次日身亡。总之，武昌起义成功，尤其是南京建立民国革命政权以后，北方革命党人加紧活动。为了革命胜利，志士英勇献身，义无反顾，可歌可泣。清朝统治者惶惶不可终日，北京城里也早已是山雨欲来风满楼了。

就在良弼遇刺当天，湖广总督并第一军总统（即军长）段祺瑞领衔，有50名清军高级将领参加，联合通电清廷，恳请"明降谕旨，宣示中外，立定共和政体"。这引起了清室万分惶恐。握有实际兵权的众多北洋将领向清廷步步紧逼。2月4日，段祺瑞等九将领又向清廷发出逼退第二电称："现在全局危迫，四面楚歌"，"京津两地，暗杀之党林立，稍疏防范，祸变即生"，瑞等"谨率全军将士入京，与王公痛陈利害，祖宗神明，实式鉴之"。满洲王公亲贵，接此电文，相顾失色，顿感手足无措。

1912年2月12日（即辛亥年十二月二十五日），清廷被迫发出退位诏书。内称："民军起事，各省响应，九夏沸腾"，"今全国人民心理多倾向共和，南中各省既倡议于前，北方诸将亦主张于后，人心所向"。"外观大势，内审舆情，特率皇帝将统治权公之全国，定为共和立宪国体。"①《诏书》由内阁总理大臣袁世凯率各部大臣副署。

退位诏书的发布，不仅宣告大清帝国定鼎中原268年统治的灭亡，也宣告了中国两千多年封建帝制的终结。它意味着辛亥革命使命的最终完成。

辛亥革命的伟大意义

在《毛泽东文集》中，专门有一篇《关于辛亥革命的评价》的文章。毛泽

---

① 丁中江：《北洋军阀史话》第一集，中国友谊出版公司1992年版，第245~246页。

东说："辛亥革命确实是一次资产阶级性质的民主革命。""在人类历史上，有过几次性质不同的大的革命。""第一次，是奴隶主推翻原始共产主义社会，使人类的生产和社会大进一步。""第二次，是封建地主革掉奴隶主的命。这次革命，在中国大概是在春秋战国时代。""第三次，是资产阶级革封建地主阶级的命，也就是民主主义革封建主义的命。在中国，就是辛亥革命。""孙中山及其一派人领导的辛亥革命，是人类历史上资产阶级民主革命中的一次。""他公开号召实行资产阶级民主革命，推翻了清朝的统治，结束了中国两千多年的封建帝国，建立了中华民国和临时革命政府，并制定了一个《临时约法》。""辛亥革命以后，谁要再想做皇帝，就做不成了。所以我们说它有伟大的历史意义。"①

关于辛亥革命的意义，孙中山先生的夫人和战友宋庆龄早年就这样讲过："清帝逊位，是辛亥革命最显著的成就。它的意义，实极巨大，因为至少在形式上，中国已成为亚洲的第一个共和国。使含有世界人类五分之一的国家的专制政体消灭，这真是世界史上进步的一个碑石。"②

辛亥革命的成功，使民主共和思想深入人心，其意义不可低估，对中国社会的进步具有重大意义，大大促进了中国人的思想解放，使反动统治秩序再也无法稳定下来，为以后革命斗争事业的发展，开辟了前进的道路。所以说，辛亥革命取得的胜利是巨大的。率先喊出"振兴中华"口号的孙中山先生，他所领导的辛亥革命胜利的丰功伟绩，将永垂青史。

中国近代的民族民主革命，其任务是"实行反对帝国主义和封建势力，为了建立一个独立的民主主义的社会而斗争"，而"辛亥革命，则是在比较更完全的意义上开始了这个革命。这个革命，按其社会性质来说，是资产阶级民主主义的革命"。③"直至国外帝国主义势力和国内封建势力基本上被推翻而建立独立的民主国家之时，才算资产阶级民主革命的成功。"④"辛亥革命的结果，是推翻了满清并建立了中华民国"，⑤但并没有"使半殖民地的中国，变而为独立的中

---

① 《毛泽东文集》第六卷，人民出版社1999年版，第344~346页。
② 《宋庆龄论辛亥革命》，《中国建设》中文版1981年第9期，第2~3页。
③ 《毛泽东选集》第二卷，人民出版社1991年版，第666~667页。
④ 《毛泽东选集》第二卷，人民出版社1991年版，第558~559页。
⑤ 《孙中山选集》上卷，人民出版社1956年版，第434页。

国"。①从这点上来讲,辛亥革命仅仅取得了国民革命阶段性的伟大成果,这个胜利是完成了中国近代民族民主革命接力的第一棒。"孙中山先生说的'革命尚未成功,同志仍须努力',就是指的这种资产阶级民主主义的革命。"②这个革命,后又经历了北伐战争、土地革命、抗日战争和解放战争,终于在中国共产党领导下,1949年建立了中华人民共和国,标志着中国民族民主革命最终胜利完成。

辛亥革命为继续完成中国革命任务的中国共产党的诞生创造了必要的社会条件。早在1942年,毛泽东在《如何研究中共党史》中就说过:"说到革命的准备,1921年开始的第一个阶段,实际上是由辛亥革命、五四运动准备的。"接着谈到研究中共党史,严格地讲,"从辛亥革命说起差不多"。③因为辛亥革命成功,为中国共产党诞生创造了必要的社会条件。辛亥革命使人们思想获得极大的解放,几千年来皇权是至高无上的,皇帝则是神圣的"天之骄子",而辛亥革命却把皇冠打翻在地,再踏上一只脚。封建专制制度被摧垮,人们维护基本人权的思想占了社会的上风,一时在社会上充满着希望和生机。民国初年成为中国民族资本主义发展的"黄金时期"绝非偶然,恰恰是辛亥革命大大解放了社会生产力的结果。于是产业工人的增多,工人阶级队伍的壮大,就成为中国共产党创立的重要条件。民国初年相对宽松的社会环境,使得各种思潮相继在中国传播,而马克思列宁主义也在中国古老的土地上落地生根。中国共产党的早期领导人中,有相当一部分人是参加过辛亥革命的,还有一些人受到过辛亥革命宣传的影响。所以从远因来讲,辛亥革命在一定意义上也为中国共产党成立准备干部做出过自己的贡献。

余 论

关于晚清和民国的社会性质,几十年来我们一直认为都是半殖民地半封建社会,从来没有怀疑过。这样就必然得出一种认识,辛亥革命无足轻重。既然

---

① 《孙中山选集》下卷,人民出版社1956年版,第520页。
② 《毛泽东选集》第二卷,人民出版社1991年版,第667页。
③ 《毛泽东文集》第二卷,人民出版社1993年版,第402页。

丝毫没有改变社会性质，反帝反封建任务又没有完成，辛亥革命不是失败又能是什么？其实，这正是所谓"以论带史"必然得出的错误结论。

"半殖民地"指的是国家的政治地位，它是与全独立和全殖民地相对而言的，半殖民地的另一半是半独立。鸦片战争以后，中国从完全的独立国沦落为既是半独立国，又是半殖民地。毛泽东是这样解释的："中国过去名义上是独立国，实际上是帝国主义的半殖民地。"① 那么"半封建"呢？指的是社会经济形态。半封建的另一半是什么呢？是半资本主义。已故著名史学家胡绳，早在20年前就讲过："所谓半封建也就是半资本主义，不是完全的封建主义。……而是半封建半资本主义的社会。"② 诚然，辛亥革命尽管推翻了已经沦为帝国主义走狗的大清封建王朝，确实没有使中国摆脱半殖民地国家的政治地位。那么，辛亥革命前后是否都是半封建社会呢？晚清没有资格侈谈什么资本主义，那么半封建也就勉强了。以慈禧太后为集中代表的晚清统治者，只能代表满族封建贵族以及汉族封建官僚地主的保守势力，与资产阶级是不搭界的。而民国时期是半封建半资本主义社会，人们是不会提出异议的。北京政府代表谁的利益？"袁世凯是大地主和买办资产阶级的政治代表。"③ 南京政府代表谁的利益？"城市的买办资产阶级是国民党政权的主要支柱之一"，"农村中的封建地主阶级，是国民党政权的另一个主要支柱"。④ 这也就是说，民国北京政府和南京政府，都是封建地主和大资产阶级的政权。这足以说明，整个民国时期的中国社会是半封建半资本主义，无疑比晚清的封建社会是历史的进步。那么也就不难得出这样的结论，即著名史学家李时岳在20世纪80年代提出的观点："辛亥革命和中华民国的成立，是中国由封建社会进入半封建社会的标志。"⑤ 不言而喻，辛亥革命在一定程度上确实改变了当时中国的社会性质，民国比晚清进步早已成为不争的历史事实。

再说辛亥革命的确没有推翻帝国主义和封建主义的统治，没有能够改变当

---

① 《毛泽东文集》第八卷，人民出版社1999年版，第169页。
② 胡绳：《关于中国近代史研究的若干问题》，《光明日报》1981年4月20日。
③ 《中国共产党历史》上卷，人民出版社1991年版，第6页。
④ 《中国共产党历史》上卷，人民出版社1991年版，第208~209页。
⑤ 李时岳：《关于"半殖民地半封建"的几点思考》，《历史研究》1988年第1期。

时中国的半殖民地的国家政治地位。尽管如此，辛亥革命所取得的阶段性成果，比起西欧资本主义先进国家也并不逊色。英国资产阶级革命开始于1640年，1649年把英王查理一世送上了断头台，但直到1688年才以政变的形式，使资产阶级专政稳定下来，前后用了48年。法国资产阶级革命从1789年攻占巴士底狱，到1875年第三共和国成立，前后动荡了86年，才确立了民主共和政体。西欧国家打倒千年封建主义统治，尚且如此艰难曲折，怎么能够要求面对帝国主义列强和有着两千多年根深蒂固封建统治的中国，一个辛亥革命就可以一蹴而就，完成如此极其艰巨的历史使命？我们应当做的，恰是"要从历史条件加以说明，使人理解"，绝"不可以苛求于前人"。[1]毛泽东多次讲过，孙中山先生是"伟大的革命先行者"，他所领导的辛亥革命，已经胜利地完成了中国民族民主革命的接力第一棒。

20世纪中期，在《纪念孙中山先生》论文中，毛泽东讲道："二千零一年，也就是进到二十一世纪的时候，中国的面目更要大变。中国将变为一个强大的社会主义工业国。""中国应当对于人类有较大的贡献。"[2]我们现在已经基本上实现了毛泽东的预言。我们已经开始屹立于世界民族之林，正在为世界的和平与发展做着比我们的前人更大的贡献。我们现在仍然继续做着孙中山先生开始的"振兴中华"的伟业。现在绝大多数的中国人都是孙先生革命事业光荣的继承者。当代中国人民为实现祖国富强、人民富裕和民族复兴的伟大历史使命而继续奋斗。

（原载《北京文博》2001年第3期）

---

[1] 《毛泽东文集》第七卷，人民出版社1999年版，第157页。
[2] 《毛泽东文集》第七卷，人民出版社1999年版，第156~157页。

三民主义在中国大陆实践的历史考察

　　三民主义是中国伟大的革命民主主义者孙中山先生手创的进行资产阶级革命的理论学说。创立之初，三民主义是中国历史上第一个资产阶级政党中国同盟会的政治纲领，后来成为中国国民党进行国民革命的指导思想。20世纪20年代初，中国共产党诞生后不久，中国国民党为适应形势而改组，确立了联俄、联共、扶助农工三大政策，三民主义发展到一个新的阶段。这个新三民主义与中国共产党的资产阶级民主革命阶段的政纲基本一致，遂成为第一次国共合作的思想基础。孙中山逝世后，国民党当权派背离了三大政策，亲帝剿共，镇压工农，国共合作破裂。20世纪30年代，日本帝国主义加紧了侵略中国的步伐，导致中国抗日战争的爆发。为了反对共同的民族敌人，国民党政府承认了中国共产党的合法地位，两党实现了第二次合作。中国共产党表示，愿为三民主义在中国的彻底实现而奋斗。抗战胜利后，国内出现过一个短暂的建设三民主义新中国的"和平民主新阶段"。为时不久，国民党政府竟然冒天下之大不韪，悍然发动了旨在反共的历史上空前规模的内战，迫使中国共产党领导中国人民奋起打败了国民党反动派，从而在1949年推翻了帝国主义、封建主义和官僚资本主义在中国大陆的统治，夺取了新民主主义革命的伟大胜利，建立了中华人民共和国。至此，三民主义在中国大陆的历史使命由于反帝反封建革命任务的完成宣告终结。

本文拟就20世纪上半叶三民主义在中国大陆的实践活动,进行一番粗略的历史考察。

三民主义与辛亥革命的成败

19世纪中期以来,由于帝国主义对中国的侵略,到20世纪初,有着四五千年文明史的东方泱泱大国——中国,已从一个封建的独立的国家沦为半殖民地半封建的国家。为了摆脱外国侵略者和本国统治者的奴役和压迫,中国各族人民顽强地进行了可歌可泣前赴后继的英勇斗争。伟大的中国革命先行者孙中山先生1905年8月以兴中会为基础创建了中国同盟会,从此正式开始了步履艰难的中国民族民主革命的历程。"中国反帝反封建的资产阶级民主革命,正规地说起来,是从孙中山先生开始的。"① 孙中山写道:"我们最初革命的时候,便主张三民主义,三民主义就是民族主义、民权主义和民生主义,和美国总统林肯所说的'of the people, by the people, and for the people'是相通的。兄弟从前把他这个主张,译作民有、民治、民享。"②"这个民有、民治、民享的意思,就是国家是人民所共有,政治是人民所共管,利益是人民所共享。"③

孙中山目睹帝国主义、封建主义的罪恶,"今者中国以千年专制之毒而不解,异种残之,外邦逼之,民族主义、民权主义,殆不可以须臾缓,而民生主义欧美所虑积重难返者,中国独受病未深而去之易"。④ 他说:"我们革命的目的,是为中国谋幸福,因不愿少数满洲人专制,故要民族革命;不愿君主一人专制,故要政治革命;不愿少数富人专制,故要社会革命。"⑤ 同盟会成立后,孙先生为了捍卫三民主义,"以鲜明的中国革命民主派立场,

---

① 《毛泽东选集》第二卷,人民出版社1991年版,第563页。
② 《孙中山选集》下卷,人民出版社1956年版,第582页。
③ 《孙中山选集》下卷,人民出版社1956年版,第805页。
④ 《孙中山选集》上卷,人民出版社1956年版,第71页。
⑤ 《孙中山选集》上卷,人民出版社1956年版,第79页。

同中国改良派作了尖锐的斗争。他在这一场斗争中是中国革命民主派的旗帜"。①三民主义在清朝末年起到有力的号召作用,把中国各种革命力量组合起来,结成了以资产阶级革命派为核心的联盟,把打击的主要对象引到帝国主义的代理人清朝统治者身上,并把武装斗争提到了革命的首要地位,这无疑是积极的和进步的。经过多次失败后,革命党人终于在1911年(是年辛亥)发动武昌起义成功,全国群起响应。1912年元旦,南京临时政府组成,中华民国成立,清帝国覆亡。两千多年来的封建君主制度一去不复返了。领导人民推翻帝制、建立共和国是孙先生不朽的丰功伟绩。

"像很多站在正面指导时代潮流的伟大历史人物大都有他们的缺点一样,孙先生也有他的缺点方面。"②孙先生作为中国资产阶级革命派的代表人物,自然带有这个阶级所特有的软弱性和妥协性。民国刚刚建立,在得到袁世凯一句"赞成"共和的"表态"后,孙中山竟然慷慨地辞去临时大总统职务,让位给这个帝国主义信得过的人。孙中山糊里糊涂地说:"今日满清退位,中华民国成立,民族、民权两主义俱达到。"③既然革命"成功",革命党的存在已无必要。同盟会与立宪派旧官僚组成的几个政治团体合并成国民党,放弃了革命政纲,幻想通过议会斗争,组织责任内阁。一位西方著名的中国问题专家颇有见地地写道:"中华民国向西方借鉴的通过立宪议会和内阁而从政治上组织起来的想法,是同中国的政治传统脱节的。"④

无产阶级革命导师列宁指出:"一切革命的根本问题是国家政权问题。不弄清这个问题,便谈不上自觉地参加革命,更不用说领导革命。"⑤资产阶级革命党人以鲜血和生命的代价换来的辛亥革命成果,就这样拱手送给了当时国内外反革命势力的集中代表人物袁世凯。孙中山后来不无悔恨地回忆说:"我的辞职是一个巨大的政治错误。"⑥事实已经证明,中国资产阶级

---

① 《毛泽东选集》第五卷,人民出版社1977年版,第311页。
② 《毛泽东选集》第五卷,人民出版社1977年版,第312页。
③ 《孙中山选集》上卷,人民出版社1956年版,第84页。
④ 〔美〕费正清:《美国与中国(第四版)》中译本,商务印书馆1989年版,第161页。
⑤ 《列宁全集》第29卷中译本,人民出版社1985年版,第131页。
⑥ 《孙中山选集》上卷,人民出版社1956年版,第435页。

及其政党不具有引导中国民族民主革命走向胜利的能力。

"辛亥革命是革帝国主义的命。中国人所以要革清朝的命,是因为清朝是帝国主义的走狗。"① 辛亥革命未能达到预期目的,"说它失败,是说辛亥革命只把一个皇帝赶跑,中国仍旧在帝国主义和封建主义的压迫之下,反帝反封建的革命任务并没有完成"。② 尽管当时处于亚洲民族觉醒的高潮时期,但终因帝国主义和封建势力过于强大,资产阶级革命力量过于弱小,广大劳动人民基本上没有发动起来,决定了辛亥革命的历史命运。

孙先生的可贵之处在于他不屈不挠、坚持不懈地为中国革命事业奔走呼号。辛亥革命流产了,他继续站在中国人的前列,探求革命的成功之路。在他奋起反袁遭到失败,被迫流亡国外时,"忧国之志,未尝少衰","决以一身奋斗,报我国家"。③ 为集聚革命力量,他又组织起中华革命党,坚信"黄龙痛饮,为日有期"。④ 袁氏暴亡后,孙中山回国领导了护法斗争。在广州组建"中华民国军政府",继续进行反对北洋军阀的革命活动,但不久就被西南军阀排挤得无处存身。孙中山陷入了愁怅徘徊之中。

三民主义与北伐战争的进行

1917年,彼得格勒的炮声震撼了世界,也惊醒了中国,在俄国革命的感召之下,1919年中国爆发了五四运动。"五四运动的杰出的历史意义,在于它带着为辛亥革命还不曾有的姿态,这就是彻底地不妥协地反帝国主义和彻底地不妥协地反封建主义。"⑤ 孙中山敏锐地认识到这场运动"诚思想界空前之大变动","倘能继长增高,其将来收效之伟大且久远者,可无疑也"。⑥ 就在这年,中华革命党改建为中国国民党,申明"本党以巩固共和,实行

---

① 《毛泽东选集》第四卷,人民出版社1991年版,第1513页。
② 《毛泽东选集》第二卷,人民出版社1991年版,第564页。
③ 《孙中山选集》上卷,人民出版社1956年版,第435页。
④ 《中国国民党史文献选编(1894~1949)》,中共中央党校科研办公室1985年版,第11页。
⑤ 《毛泽东选集》第二卷,人民出版社1991年版,第699页。
⑥ 《孙中山选集》上卷,人民出版社1956年版,第429页。

三民主义为宗旨"。①孙中山认识到:"盖今日革命非学俄国不可","我党今后之革命,非以俄为师,断无成就"。②

以五四运动中集聚的一批赞成俄国十月革命,具有初步共产主义思想的知识分子为基础,1921年以马克思主义为指导的无产阶级政党中国共产党诞生了。"中国产生了共产党,这是开天辟地的大事变。"③是中国现代史上最重大的事件。

中国共产党认为:"半殖民地的中国,应该以国民革命运动为中心工作,以解除内外压迫。""依中国社会的现状,宜有一个势力集中的党为国民革命运动之大本营,中国现有的党,只有国民党比较是一个国民革命的党。同时依社会各阶级的现状,很难另造一个比国民党更大更革命的党。"因此,"中国共产党须与中国国民党合作,共产党党员应加入国民党"。"我们须努力扩大国民党的组织于全中国,使全中国革命分子集中于国民党,以应目前中国国民革命之需要。"④

真如久旱喜逢甘霖,毛泽东写道:"孙中山在绝望里,遇到了十月革命和中国共产党。孙中山欢迎十月革命,欢迎俄国人对中国人的帮助,欢迎中国共产党同他合作。"⑤

孙中山领导的国民党欣然接受共产党的帮助,实行改组,从而进入了历史上第一次国共合作时期。1924年1月,在有共产党人参加的中国国民党第一次全国代表大会上,孙中山重新解释了三民主义,确定了联俄、联共和扶助农工三大政策的基本精神,孙中山说这是国民党史上"破天荒的举动"。⑥这是孙先生杰出的丰功伟绩。孙中山是很珍视国共合作的,他说:"国

---

① 《中国国民党史文献选编(1894~1949年)》,中共中央党校科研办公室1985年版,第12页。
② 《孙中山选集》下卷,人民出版社1956年版,第876页。
③ 《毛泽东选集》第四卷,人民出版社1991年版,第1514页。
④ 《中共党史学习文献简编(新民主主义革命时期)》,中共中央党校出版社1983年版,第45~46页。
⑤ 《毛泽东选集》第四卷,人民出版社1991年版,第1471页。
⑥ 《孙中山选集》下卷,人民出版社1956年版,第532页。

民党员既是赞成了三民主义,便不应该反对共产主义。"①自此以后的中国民族民主革命,国共两党的情况就起着决定性的作用。

国共合作掀起了国民革命的高潮,北伐战争打击的对象就是帝国主义和封建势力的集中代表北洋军阀政权。1924年9月,孙中山发表《北伐宣言》称:"国民革命之目的,在造成独立自由之国家","反革命之恶势力,以北京为巢窟,而流毒被于各省","反革命之恶势力所以存在,实由帝国主义卵翼之使然"。"吾人颠覆北洋军阀之后,必将要求现时必需之各种具体条件之实现,以为实行最终目的三民主义之初步。"②11月他又发表《北上宣言》,明确指出:"北伐之目的,不仅在推倒军阀,尤在推倒军阀所赖以生存之帝国主义。"③北伐军出师后,在蓬勃开展的农民运动的浩大声势下,势如破竹,革命势力迅速从南海之滨扩展到大江两岸,真是"国民革命凡四十年还未能完成的革命事业,在仅仅两三年之内,获得了巨大的成就",这恰恰是国共"两党结成了统一战线的结果"。④

1925年3月,孙中山先生不幸在北京病逝。这对国共合作的坚持和国民革命的进行无疑带来不利的影响。应当承认,国共合作并不是很巩固的,国民党内的右翼势力从来是反对三大政策的,不过孙先生在世时他们的反共活动不能不有所克制。当工农运动猛烈发展起来,右翼势力出于本能,于1927年4月突然发动了反革命政变,诬称共产党"破坏国民革命",咒骂共产党"叛党叛国,罪恶贯盈","逆迹昭著"。⑤这样,"昨天的同盟者——中国共产党和中国人民,被看成了仇敌,昨天的敌人——帝国主义者和封建主义者,被看成了同盟者"。⑥政变后的国民党当权派执行的是亲帝反共、镇压工农的反动政策,阉割了三民主义的灵魂。

1928年夏,蒋介石统率国民党军占领北京,北洋军阀政权灭亡。这年底,

---

① 《孙中山选集》下卷,人民出版社1956年版,第800页。
② 《孙中山选集》下卷,人民出版社1956年版,第873~874页。
③ 《孙中山选集》下卷,人民出版社1956年版,第880页。
④ 《毛泽东选集》第二卷,人民出版社1991年版,第364页。
⑤ 《中国国民党史文献选编(1894~1949)》,中共中央党校科研办公室1985年版,第123页。
⑥ 《毛泽东选集》第三卷,人民出版社1991年版,第1035~1036页。

"东北易帜",确立了国民党政权在全国的统治。然而,"现在国民党新军阀的统治,依然是城市买办阶级和乡村豪绅阶级的统治,对外投降帝国主义,对内以新军阀代替旧军阀,对工农阶级的经济的剥削和政治的压迫比从前更加厉害"。①国民革命的目的远未达到,北伐战争改变了性质,仅仅成了新军阀取代旧军阀的工具。20世纪20年代中期,适值世界资本主义的相对稳定时期,帝国主义在中国的势力依然是强大的。中国共产党尚处在幼年阶段,政治上还未成熟。特别是中国国民党当权派违背了国民革命的初衷。当时的这个基本情况决定了1924~1927年大革命的失败。

在国共分裂后的1927~1937年期间,"被国民党反动分子所抛弃的孙中山先生的革命的三民主义,由中国人民、中国共产党和其他民主分子继承下来了"。②在这十年中,中国共产党"所实行的一切政策,根本上仍然是符合于孙中山先生的三民主义和三大政策的革命精神的。共产党没有一天不在反对帝国主义,这就是彻底的民族主义;工农民主专政制度也不是别的,就是彻底的民权主义;土地革命则是彻底的民生主义"。③历史证明:"中国共产党人是革命三民主义的最忠诚最彻底的实现者。"④

三民主义与抗日战争的胜利

1931年,日本侵略者发动九一八事变,进而占领了整个东北四省,中华民族到了最危险的时候。由于中日民族矛盾上升为主要矛盾,中国国内各阶级之间的矛盾下降到次要的和服从的地位,停止内战一致对外的呼声响彻中华大地。1937年,日本侵略者又挑起"七七"事变,大举进攻华北,中国进入全面抗战的历史时期。民族大敌当前,国共两党实现了第二次合作,抗日民族统一战线最终形成。孙中山的三民主义成为抗日民族统一战线的共同纲领和国共两党合作的政治基础。中国共产党郑重宣布:"孙中山先生

---

① 《毛泽东选集》第一卷,人民出版社1991年版,第47页。
② 《毛泽东选集》第三卷,人民出版社1991年版,第1036页。
③ 《毛泽东选集》第二卷,人民出版社1991年版,第368页。
④ 《毛泽东选集》第三卷,人民出版社1991年版,第1061页。

的三民主义为中国今日之必需,本党愿为其彻底的实现而奋斗。"①

中国共产党认为:"孙中山的三民主义是半殖民地的中国的民族解放的与民主主义的政治纲领。它要求推翻帝国主义在中国的统治,实行民族之独立解放,这就是它的民族主义;它要求推翻封建制度,实行民主政治,这就是它的民权主义;它要求节制资本和平均地权,这就是它的民生主义。"②所以,中国共产党提出在抗日战争时期应"重新整顿三民主义的精神,在对外争取独立解放的民族主义、对内实现民主自由的民权主义和增进人民幸福的民生主义之下,两党重新合作,并领导人民坚决地实行起来,是完全适合于中国革命的历史要求"的。因此,中国共产党"不但不拒绝三民主义,而且愿意坚决地实行三民主义",并且期望国共两党"一道实行三民主义,而且号召全国人民实行三民主义","共同一致为民族独立、民权自由、民生幸福这三大目标而奋斗"。③中国共产党还认为:"三民主义是中国民族革命与民主革命中的纲领,三民主义当作纲领与马列主义在民族民主革命中的纲领(共产党的最低限度纲领)在其主要的基本的口号与要求上没有冲突,而是一般的一致。"④所以,"对于中国共产党人,为本党的最低纲领而奋斗和为孙先生的革命三民主义即新三民主义而奋斗,在基本上(不是在一切方面)是一件事情,并不是两件事情"。⑤同时,中国共产党并不讳言,马列主义学说在阶级性上、在科学性上、在世界观上和在革命彻底性上等方面,同三民主义显然存在着不相一致的地方。求同存异,并不影响和妨碍抗日民族统一战线。中国共产党在各抗日根据地建立的民族统一战线的各级政权"所施行的政策都符合于孙中山三民主义的政策,绝对没有任何一项政策是违背孙中山三民主义的"。⑥这就是最好的证明。

抗日战争时期的中国国民党当权派,为了形势的需要,必须保留三民

---

① 《周恩来选集》上卷,人民出版社1980年版,第77页。
② 《中共中央抗日民族统一战线文件选编》下册,档案出版社1986年版,第313页。
③ 《毛泽东选集》第一卷,人民出版社1991年版,第259页。
④ 《中共中央抗日民族统一战线文件选编》下册,档案出版社1986年版,第315页。
⑤ 《毛泽东选集》第三卷,人民出版社1991年版,第1061页。
⑥ 《毛泽东选集》第三卷,人民出版社1991年版,第923页。

主义中的部分革命内容，主要是民族主义的某些革命内容。同时，为了维护其所代表的官僚资产阶级的利益，也必然要削弱和掩盖三民主义中的基本的革命精神，尤其是民权主义和民生主义，而同时却保存和发展了三民主义中某些消极和保守的因素，使其成为反共防共的思想武器，进而还企图抽去三民主义中的全部进步的革命的精神，同社会主义、共产主义学说完全对立起来。抗战时期的国民党当权派，既抗日联共，又亲美反共，尽管亲美与抗日当时并不矛盾，可是联共反共并存，显然是相互抵触的。由于抗日民族统一战线内部国共两党之间对于三民主义的见解从来没有取得过完全的一致，所以国共之间的摩擦不断发生，也从来没有停止过，而贯穿于全部抗日战争的始终。

至于国民党领导集团内部以汪精卫为首的投降派，由亲日反共滑到了降日反共，完全彻底地背叛了孙中山的三民主义，沦为遗臭万年的卖国贼。可是这帮民族败类仍然打着三民主义的旗号，胡说什么"三民主义就是要唤起全中国的人民，反抗欧美殖民主义的侵略，反抗欧美殖民主义的压迫"，对日本帝国主义则鼓噪什么"善邻友好"，还胡诌"使共产主义不能流毒于中国，不能流毒于东亚……也就是三民主义的根本精神"。[①] 真是无耻至极，这是地地道道的汉奸理论伪三民主义。汪精卫之流的卖国叫嚣仅只几年，就同日本军国主义者一起被反法西斯力量所埋葬。

在抗日战争时期，由于太平洋战争爆发后，以美国为代表的参加反法西斯战线的西方强国转而表明了支持中国坚持抗战的明确立场，加之中国共产党人和中国人民坚持了孙中山先生革命的三民主义的精神，因而以蒋介石为代表的国民党当权派虽然对抗日产生过动摇，终究没有投降日本帝国主义，虽坚持反共，但没有抛弃联共，统一战线终究继续维持到抗日战争胜利。中国共产党人无愧于民族战争中的中流砥柱。正是中国共产党倡导的，以国共两党共同合作为基础的，有全国广大工农商学兵各阶层参加的抗日民族统一战线，经过八年浴血奋战，在强大的国际反法西斯力量的支援下，

[①] 黄美真、张云编：《汪精卫伪国民政府的成立》，上海人民出版社1984年版，第211~217页。

终于在1945年赢得了中国近代史上第一次反对外国侵略者民族战争的胜利。这个胜利为中国人民最终战胜帝国主义及其在中国的代理人奠定了坚实的基础。

中华人民共和国的成立和三民主义在中国大陆的终结

抗日战争胜利后，中国面临着医治战争创伤，进行和平建设的艰巨任务。中国共产党声明："我们愿意与中国国民党及其他民主党派，努力求得协议，以期各项紧急问题得到迅速的解决，并长期团结一致，彻底实现孙中山先生的三民主义。"[①]"在和平、民主、团结基础上，实现全国统一、建设独立、自由和富强的新中国。"[②]1945年国共会谈双十纪要规定："关于和平建国的基本方针：一致认为中国抗日战争，业已胜利结束，和平建国的新阶段，即将开始，必须共同努力，以和平、民主、团结、统一为基础，并在蒋主席领导之下，长期合作，坚决避免内战，建设独立、自由和富强的新中国，彻底实行三民主义。"[③]中国共产党诚恳地表示了自己的愿望："我们的方针是争取蒋介石国民党继续向民主方面转变，以实现国家民主化，孤立国民党内部的反动派。"[④]

以蒋介石为首的国民党当权派，站在大资产阶级、大地主的立场上，竟然无视全国人民的热切期望，在美帝国主义支持下发动了中国历史上空前规模的内战，妄图一举消灭中国共产党及其领导下的中国解放区。蒋介石还大言不惭地宣称他在实行三民主义，说什么"反共战争乃是反侵略主义的民族战争"，"确信反共斗争必然走上三民主义的道路"，"反共战争乃是反极权主义的民主战争"，"使我们中国国民党成为革命民主的政党，而肩负其反共救国的使命"，还说什么"反共战争乃是为了每一个国民、每一

---

① 《中共中央解放战争时期统一战线文件选编》，档案出版社1988年版，第7页。
② 《中共中央解放战争时期统一战线文件选编》，档案出版社1988年版，第10页。
③ 《中共中央解放战争时期统一战线文件选编》，档案出版社1988年版，第287页。
④ 《中共中央解放战争时期统一战线文件选编》，档案出版社1988年版，第76页。

个家庭自由生活方式的社会战争"。①真是驴唇不对马嘴！中国共产党一语道破："原来他们的民族主义，就是勾结帝国主义；他们的民权主义，就是压迫老百姓；他们的民生主义呢，那就是拿老百姓身上的血来喝得越多越好。"②由于国民党反动派完全背叛了孙中山的三民主义，当然也就完全丧失了人民的信仰。时过不久，与全民为敌的蒋介石政府就"发现它自己处在全民的包围中"。③"空前的内战灾难压在人民的头上。这样，就逼得全国各阶层人民，除了团结起来打倒蒋介石以外，再无出路。"④国民党政权在大陆的统治陷入全面崩溃的境地。

早在20世纪20年代，当国民党右派竖起公开的反共旗帜后，以国民党内的左派为基础，逐渐形成的国民党民主派，坚持信仰新三民主义，他们在1948年结成新的政党——中国国民党革命委员会，"以实现革命的三民主义，建设独立、民主、幸福之新中国为最高理想"，认为"蒋氏在党为三民主义之叛徒，在国为四万万五千万人民之公敌"。⑤后来又声明，"遵行孙中山先生革命的三民主义之遗教"，而"革命的三民主义，必定是以新民主主义同其内容"，"又必须在中国的无产阶级政党——中共领导下，才有不再中途夭折的保证"。⑥

中国人民在中国共产党领导下，在三年多一点的时间内，很快地觉悟，并且把自己组织起来，形成了全国规模的革命统一战线，支援人民解放战争，打败了国民党反动政府，推翻了帝国主义在中国大陆的统治，于1949年10月1日建立了人民民主专政的中华人民共和国。中华人民共和国的成立，标志着无产阶级领导的人民大众的反对帝国主义、封建主义和官僚资

---

① 《中国国民党史文献选编（1894~1949）》，中共中央党校科研办公室1985年版，第535~536页。
② 《毛泽东选集》第二卷，人民出版社1991年版，第567页。
③ 《毛泽东选集》第四卷，人民出版社1991年版，第1224页。
④ 《毛泽东选集》第四卷，人民出版社1991年版，第1235页。
⑤ 《中国民主党派史纲（民主革命时期）》，河南大学出版社1988年版，第44~45页。
⑥ 《中共中央解放战争时期统一战线文件选编》，档案出版社1988年版，第324~325页。

本主义的中国新民主主义革命的胜利，亦即中国资产阶级民主革命的完成。由于中国的民族民主革命，作为一个历史阶段已经过去，资产阶级革命政纲三民主义因其历史使命的完成在中国大陆宣告终结。孙中山先生最忠实、最亲密的战友宋庆龄欣喜地看到了"孙中山的民族、民权、民生三大主义的胜利实现"。①

中国共产党领袖毛泽东不无感慨地回顾了中国革命的艰苦历程："一百多年以来，中国人民的先进分子，其中杰出者有如领导辛亥革命的伟大革命家孙中山先生，为了推翻帝国主义和中国反动政府的压迫，领导广大的人民，进行了不断的斗争，百折不挠，再接再厉，到现在，终于达到了目的。"②他庄严宣布："我们完成了孙先生没有完成的民主革命，并且把这个革命发展为社会主义革命。"③

历史的结论和启示

三民主义是中国国民党总理孙中山创立的资产阶级革命理论，基本上代表的是中国民族资产阶级的利益。中国共产党诞生之前的三民主义学说，是当时中国最进步的思想，对历史起着推进作用。国民党"一大"召开、改组以后的新三民主义，在当时的历史条件下，仍然起着进步作用，应予充分肯定。1912年孙中山领导的南京临时政府，直到1926年成立的广州国民政府，以及1927年宁汉合流前的武汉国民政府，执行的都是孙中山的三民主义。孙中山的三民主义，在中国近代史上一直起着积极的推动社会进步的作用，为中国人民反对帝国主义和封建主义统治，做出过重大贡献，也将永远在中国革命史上闪现着熠熠光辉。

1927年，国民党清共以后逐渐形成的以中国国民党总裁蒋介石为代表的"三民主义"，背离了新三民主义的三大政策，它基本上代表着亲美

---

① 盛永华：《宋庆龄对孙中山的理解和影响》，《人民日报》1991年5月26日。
② 《毛泽东选集》第五卷，人民出版社1977年版，第8页。
③ 《毛泽东选集》第五卷，人民出版社1977年版，第311页。

英的中国官僚资产阶级的利益。在历史上起到的基本上是消极的退步的作用。1927年建立的南京国民政府（包括抗战时期的重庆国民政府），直到1948~1949年在大陆上存在于南京、广州等地的国民政府，执行的就是这个蒋介石的"三民主义"。由于其反动性，已为中国人的大多数所抛弃，随着国民党统治在大陆的崩溃，已经被中国大陆人民送进了历史博物馆。

至于抗日战争初期，以中国国民党副总裁汪精卫为代表的亲日派，向日本侵略者投降拼凑个伪"中国国民党"，汪自任党"主席"，仍然标榜奉行三民主义，这是地地道道汉奸卖国贼的伪三民主义。汪精卫的伪三民主义，代表着一小撮投降日本帝国主义的买办资产阶级的利益。1940年至1945年期间存在过的南京伪国民政府，执行的就是这个伪三民主义。伪国民党和伪三民主义，早已在日本帝国主义战败投降之时，就彻底灭亡了，被中国人民永远扫进了历史的垃圾堆。

中华人民共和国成立以后，中国人民已经进入了历史的新时代。由于众所周知的原因，海峡两岸尚未统一，台湾地区有待回归祖国。40多年来，中国共产党在大陆执政，实行社会主义；而台湾仍由中国国民党执政，奉行三民主义，其实质就是资本主义。祖国的完全统一是中华民族的共同心愿。用"一国两制"方式实现和平统一，是邓小平理论的重要组成部分。"我们的政策是实行'一个国家，两种制度'"，[1] 谁也不吃掉谁，当为中国实现国家统一通情达理的最佳选择。

（原载《首都博物馆丛刊》1997年版）

---

[1]《邓小平文选》第三卷，人民出版社1993年版，第58页。

民国史暨民国北京史分期管见

一

　　中华民国史，简称民国史，系中国通史中断代史之一部，应为中华民国时代，即1912年中华民国临时政府在南京成立，大清帝国覆灭，到1949年中华人民共和国中央人民政府在北京建立，中华民国在大陆消亡，其间这38年的历史。民国史时代所在的20世纪上半期，虽是中国历史长河中的一瞬间，却是承前启后发生翻天覆地伟大变革的时代。进步与落后、革命与反动、内战与外战、统一与分裂，充满着民国时代的政治历史舞台。在这个从封建君主制度历经民主共和制度向人民民主制度过渡的时代，既涌现出难以数计的国家精英、民族豪杰，也产生过极少数量的枭雄祸首、汉奸败类。

　　1911年辛亥革命爆发，导致封建帝制废除，但反对帝国主义和封建主义的历史任务还远远没有完成，所以"帝国主义和中华民族的矛盾，封建主义和人民大众的矛盾"，依然是民国社会的主要矛盾。"而帝国主义和中华民族的矛盾，乃是各种矛盾中最主要的矛盾。"[①] 民国时代，就主体来讲，

---

① 《毛泽东选集》第二卷，人民出版社1991年版，第631页。

是帝国主义和中国封建势力、大资产阶级相勾结,占据统治地位。中国成为帝国主义列强共同宰割的半殖民地国家,其中部分时间、部分地区沦为殖民地。同时期,中国各族人民反对帝国主义、封建主义的斗争从来没有停止过。民国时代的社会经济形态,基本上是封建主义的自然经济与资本主义的商品经济并存,作为社会主义萌芽状态的新民主主义经济产生并获得初步发展。

中华民国史可以划分为三个大的时期,即南京临时政府时期(1912年)、北京政府时期(1912~1928年)和国民政府时期(1927~1949年)。

南京临时政府,始于1912年1月1日中华民国正式建立,孙中山就任首任临时大总统,止于4月1日孙中山被解职。时间虽然只有三个月,却是民国史上一个极为重要的时期。这个在古老的亚洲大陆上破天荒崛起的共和国,是辛亥革命的直接成果,这是中国资产阶级独自建立的革命的进步的国家政权,是中国历史的跃进,宣告了两千多年封建专制在中国的灭亡,开创了民主共和的新纪元。但是,中国资产阶级尚没有能力在强大的帝国主义与中国封建势力勾结之下长期维持自己的政权,犹如昙花一现,只闪过一瞬耀眼的光芒就陨灭了。

北京政府时期,始于1912年3月10日袁世凯在北京就任临时大总统,止于1928年6月3日"军政府大元帅"张作霖撤离北京。这16年又可分为三段。1912年3月到1917年8月为第一段。作为清末即已形成的北洋系军人集团首领的袁世凯,代表着帝国主义、封建势力以及买办资产阶级的利益,从资产阶级革命民主主义者孙中山手中夺取了民国政权,弄得此后的中华民国"徒有民国之名,毫无民国之实"。[①]1917年9月到1923年12月是第二段。孙中山不愧是一位不屈不挠的资产阶级革命家、伟大的爱国者。他执着地认定,法制和议会是民主共和的鲜明象征。由于北京政府拒绝恢复《临时约法》和召开国会,孙中山毅然高举"护法"旗帜,在广州成立"中华民国军政府",就任陆海军大元帅。这个革命政权的建立,标志着中国政局南北对峙的形成。此后的北京政府,虽然还是列强承认的中国政府,但实际上仅

---

① 《孙中山选集》下卷,人民出版社1966年版,第459页。

是中国北方政权而已。如下事件有助于加强南方政权：1919年中华革命党改称中国国民党，1921年孙中山在广州就任非常大总统，同年无产阶级政党中国共产党诞生，1923年孙中山在广州建立陆海军大元帅大本营。"孙先生以大半辈子的光阴从西方资产阶级文化中寻找救国真理,结果是失望。"① 他在绝望里，"欢迎中国共产党同他合作"。② 反对北洋军人政权的革命力量在发展壮大，动摇着北京政府的统治。1924年1月到1928年6月是第三段。1924年1月，中国国民党在广州召开第一次全国代表大会，宣布国民党改组，标志着国共两党合作的正式建立。随后组建国民政府和国民革命军，巩固广东革命根据地，进而誓师北伐，敲响了北京政府的丧钟，北洋军人统治集团的寿命不长了。

　　从1927年4月18日国民政府奠都南京，一直到1949年12月7日民国政府撤离成都，在中国大陆不复存在，是中华民国历史的第三个时期，即中国国民党执政时期。其间由于日本帝国主义的大举入侵，抗日战争爆发直至胜利，依次划分为抗战前、抗战中和抗战后三个阶段。

　　抗战前阶段，从1927年4月到1937年7月。这个阶段，国民党史称作十年建设时期，而共产党史叫作十年内战时期。最终还是侵华日军的炮声，迫使"建设"和"内战"都中止了。这个阶段又分为三段，1927年到1931年底是第一段。以蒋介石为代表的大资产阶级和大地主阶级，投靠美英帝国主义，镇压屠杀昨日的同盟者共产党人，成为南京国民政府的当权者，国民政府在以武力解决了北京政府的残余军事力量后，又用军事和政治手段，剪除了地方实力派武装，基本上确立了国民政府在全中国的统治地位。1932年初到1935年底是第二段。就在1931年，中国大地上发生了两件大事。一件是日本侵略者发动"九一八"事变,进而侵占东北三省。另一件是，中国共产党在其武装控制区域内，建立了"中华苏维埃共和国"政权。国民政府采取"先安内后攘外"的既定国策，迫使中共武装实行两万五千里战略大转移，终于在西北贫瘠的黄土高原站住了脚。这时，"中华民族到了最危险的时候，每个人被迫着发出最后的吼声。……"1935年底到1937年

---

① 《毛泽东选集》第四卷，人民出版社1991年版，第1515页。
② 《毛泽东选集》第四卷，人民出版社1991年版，第1471页。

夏是第三段。正是由于1935年日本帝国主义制造"华北事变",中国国民党和国民政府开始认识到日本侵略者的咄咄逼人态势,在这年11月召开的国民党"五全"大会上,表明了1931年以来从未有过的与日本帝国主义相抗争的新动向,而中共则在12月瓦窑堡政治局扩大会议上,制定了反对日本帝国主义的新策略。由于国共双方的共同意愿和一致努力,终于为结束武装对抗重新合作和抗日民族统一战线的建立奠定了基础,迎接了神圣的抗日民族解放战争的到来。

1937年7月7日卢沟桥畔的战火,揭开了全面抗战的序幕。八年抗战,可分两段,以1941年12月"珍珠港事变"为界。抗战爆发后,国共实现了第二次合作,团结全国各族各界人民进行艰苦卓绝的浴血奋战,打击了日本侵略者的嚣张气焰,打破了妄图短期灭亡中国的美梦,从而演变为旷日持久的战争。这时的中日之战,是不宣而战的两国之间的一场战争,中国独立支撑着日本强大的军事压力。珍珠港事变后,太平洋战争爆发,12月9日,美国正式对日宣战,中国成为世界反法西斯阵营东方重要成员,中国战区成为国际反法西斯战争东方主战场。此后由于国际反法西斯力量的强大,尽管日本在中国战场还有过大规模的军事行动,却已是强弩之末。1945年8月日本被迫宣布投降,9月2日中国抗日战争和世界反法西斯战争最终取得完全胜利。

抗战胜利后也可分为两段。从1945年秋到1947年夏,国民政府准备实行全面进攻中国共产党武装控制的解放区。这场被国民政府称之为"戡乱"的内战,是中国历史上规模最大范围最广的一场国内战争。国民政府企图最终消灭中国共产党及其武装。就在日本签降的当月,美国总统声明:"美国政府准备援助中国发展适中的武装力量,从维持国内和平与安全,并承担对中国解放区……的有效控制。"[①] 依毛泽东的认识,"这就是美国出钱出枪蒋介石出人替美国打仗杀中国人的战争"。[②] 1947年夏,这场战争的主动权已被中国共产党所夺取,人民解放军开始了战略大反攻,国民政府军被

---

① 李长久、施鲁佳主编:《中美关系二百年》,新华出版社1984年版,第120~121页。
② 《毛泽东选集》第四卷,人民出版社1991年版,第1484页。

迫转入战略防御,并迅速走向军事、政治和经济的全面崩溃。毛泽东指出:"这是一个历史的转折点。""这是一百多年以来帝国主义在中国的统治由发展到消灭的转折点。"①民国政府(1948年5月后,国民政府名称不复存在)最后在1949年12月撤离大陆,逃往台湾岛。中国国民党执政的中华民国政府在中国大陆的统治画上了句号。以中国共产党为执政党的中华人民共和国政府于1949年10月1日在北京建立,表明中国历史进入了一个全新的时代。

二

中华民国史,讲的是全国的情况,它的分期对于中国境内各个地方当不尽适宜。具体来说,民国北京史是北京地方史的一个组成部分,其分期还应以北京城在全国和地区中所处的地位作用为主要依据。依此,笔者拟将民国北京划分为民国政府的首都、北京政府的首都、国民政府的北方军政中心、中国沦陷区首邑、华北沦陷区首邑、国民政府的北方陪都和中国解放区首府共七个历史时期。

(一)民国政府的首都——直隶顺天府、京兆地方(1912-1917年)

1912年1月1日,中华民国临时政府在南京成立之时,北京还处在清朝政府统治之下,一时中国形成了"一个国家,两个政府"的局面。2月12日,清帝退位。3月10日,袁世凯在北京就任民国新任临时大总统,北京遂成为中华民国临时政府所在地。也就是说,南京临时政府不曾管辖过北京,北京就由大清国帝都直接变为民国的首都。北京的行政区划建制也未曾发生变动,沿袭清代称直隶顺天府。名义上属直隶省,因府治系中央国家机关驻地,故地位历来视省,直属中央。顺天府下设24个州县,辖境较今天北京市16个区大得多,而北京城习称"京师",依传统,西城属宛平县,东城属大兴县。1914年,废顺天府,脱离省属,直辖中央,定名"京兆地方",下辖20个县。

袁世凯当政后,镇压了"二次革命",暂时确立了北京政府在全国的统

---

① 《毛泽东选集》第四卷,人民出版社1991年版,第1244页。

治地位。1916年袁死后，情况发生了变化，把持北京政府的北洋系将领集团发生了分裂，导致经年军阀混战。由于南方力量的崛起，北京也将不再是统一的中华民国的首都。

（二）北京政府的首都——京都市、京都特别市（1917~1928年）

1917年9月10日，依据非常国会通过的《中华民国军政府组织大纲》，孙中山在广州就任陆海军大元帅职，即史称"护法军政府"的首脑。这意味着在中华民国版图上开始出现两个中央政府的格局。南北对峙局面形成，国内政局正在起变化，北京政府加快了走下坡路的脚步。

1925年7月，广州革命政权"大元帅府"改组的"国民政府"成立。一年后，北伐正式开始，矛头直指北京政府。到1927年夏，北京政府控制的地盘，只剩下直隶、山东、奉天、吉林、黑龙江、热河、察哈尔、绥远、宁夏和新疆十个省区，约占全国1/3，确是日薄西山，气息奄奄，朝不保夕了。这个期间的北京，若说是半壁江山的"首都"，当不为过。

北京政府于1914年6月在北京城区始设"京都市政公所"，由内务总长兼督办京都市政事宜。这个"市政公所"，权可看作是市政府的最早雏形，唯其职权尚远不及市政府为广。1922年6月，北京政府确定京都地方为"特别市"，遂设立"京都市政筹备处"。这个机构倒是可以看作是市政府的筹备处，但直到几年后北京政府结束，京都特别市政府机构也不曾建立起来。

这里还须说明的是，1927年国民政府奠都南京，正式宣布其为中华民国中央政府。在此后一年多时间里，中华民国确曾存在过"两个政府，两个首都"的短暂局面，这是新旧两个政权的过渡时期。

（三）国民政府的北方军政中心——北平特别市、北平市（1928~1937年）

1928年6月8日，国民政府军——国民革命军进驻北京。20日，北京改名北平，随之成为国民政府直辖的特别市。北平虽然失去了首都的地位，但实际上仍是北中国首府。国民政府先后在北平设立过一系列低于南京政府可是在北方还是职位最高的机构，如中央政治会议北平临时分会（1928~1929年）、国民革命军总司令行营（1928~1929年）、国民政府驻平办事处（1929~1930年）、陆海空军总司令部行营（1929~1930年）、陆海空军副司令行营（1931年）、北平政务委员会（1932~1933年）、国民政府军事委员会北平分会（1932~1935年）、国民政府行政院驻平政务整理委员会（1933~1935年）等等，这些临时性军事或行政机构辖境，均及于北方数省区。北平尽管不是首都，不是全国政治中心，但是有一个历史形成的事实却难以否认，这就是近代中国文化中心的地位。

"北平特别市"的名称，始于1928年，止于1930年，此后改为国民政府行政院辖市，简称"院辖市"。北平市仍是中央直辖市。在日本帝国主义侵入华北后，北平曾为起过"缓冲作用"的冀察政务委员会（1935年12月~1937年8月）的驻在地，其辖境只有冀、察、平、津四省市，且冀东、察北早已被日军侵占。日军铁蹄逼临北平城下，古城危在旦夕。

（四）中国沦陷区首邑——伪临时政府驻地"北京特别市"（1937~1940年）

1937年卢沟桥事变后不久，8月8日侵华日军踏进北平城，故都沦陷。10月12日，伪"北平地方维持会"擅改北平为"北京"，12月又更名为"北京特别市"。继1860年英法联军侵入北京，1900年八国联军侵占北京之后，这是近代北京第三次惨遭外国侵略者蹂躏，也是民国北京史上最黑暗最悲壮的一页。

当1937年12月13日民国首都南京被日军攻占的次日，日本"华北派遣军"立即宣布傀儡政权——所谓"中华民国临时政府"在北平成立，并以"北京"为"首都"。于是北平也就成了中国沦陷区，即关内（关外早已建成伪"满洲国"）日本占领区的所谓"首都"。这个非法政权机构组织残缺不全，"政府首脑"席位一直空缺。

（五）华北沦陷区首邑——伪华北政务委员会驻地"北京特别市"（1940~1945年）

1940年3月30日，业已投敌的前中国国民党副总裁、国民参政会议长、头号卖国贼汪精卫沐猴而冠，在日本侵略军刺刀之下，于南京就任伪"国民政府"代理"主席"，居然诡称"还都"南京，妄图否认设在抗战首都重庆的国民政府之合法存在。北平伪临时政府也在名义上纳入了巨奸汪氏治下,改称"国民政府华北政务委员会",仍设在北平,于是北平倒是名实相符地降为华北沦陷区首邑。历史上习惯把北平伪临时政府和伪华北政务委员会统称为"华北伪政权"。

华北伪政权下辖河北、山东、山西、河南四省,一个苏北行政区,北京、天津、青岛三个特别市,后来把苏北、河南两省区先后交给伪国民政府直辖。到1945年秋日本投降之际,华北沦陷县城大部已被延安总部统率的中国共产党武装力量所收复。其实,就是沦陷八年的北平城,也一直处于中共武装建立的平西、平北、冀东和冀中四块抗日根据地团团包围中。盘踞北平城里的日本侵略者及其走狗汉奸之辈,犹如瓮中之鳖,惶惶不可终日。

(六)国民政府的北方陪都——北平市(1945~1949年)

抗战胜利后,国民政府在北平先后设立过国民政府军事委员会委员长北平行营(1945~1946年)、国民政府主席北平行辕(1946~1948年)和"华北剿匪总司令部"(1947~1949年)等临时性军事行政机构,负责河北、山东、山西、热河、察哈尔、绥远、北平、天津、青岛等华北各省市军政事宜。北平是华北军政中心,但不是北方政治中心,因为同时期,在东北设立过东北行营、东北行辕和东北"剿总"等机构,在西北设立过西北行营、西北行辕和西北军政长官公署等机构,与北平相应机构平行。这个时期恰值内战正酣之际,北方已经形成东北、华北和西北三个各自独立又互有关联的三大战场,这样国民政府军事要人即使坐镇北平,恐亦无力驾驭整个北方战局。

1948年1月13日,国民政府颁布北平为"陪都"。尽管这纸政令在当时似乎不具实际意义,却也点明北平地位之重要。除首都南京外,只有抗战临时首都重庆是尽人皆知的陪都,北平就成了北方唯一的陪都(按:西安曾名西京,一度享有陪都地位)。其实,北平又何止作为陪都?君不见在1947年《中华民国宪法》条文中,并没有关于首都的条款。此出有因,在国民大会讨论过程中,相当数量的代表竟为建都南京还是北平争议不休,最终以在《宪法》中不做明确规定达成妥协。说实在的,中国究竟是以南京还是以北平为首都，对于一个濒临灭顶的执政集团来说，似乎已经失去了应有的意义。

抗战胜利后，在北平执政的中国国民党地方当局——北平市政府，在风雨飘摇中晃晃悠悠地存在了不到三个半年头。

（七）中国解放区首府——北平市（1949年）

1949年1月31日，北平和平解放，人民解放军北平前线先头部队开进北平城。2月3日，举行了隆重的入城式。古城获得新生，北平的历史揭开了崭新的一页，永远摆脱了半殖民地和殖民地城市的屈辱地位。此后的八个月，是民国北京史上最光辉的时期。

2月2日，中国人民解放军北平市军事管制委员会和北平市人民政府（均于1月1日在平郊建立）进驻城内，人民解放军北平警备区组成并进城执行任务。下半月，中国共产党中央华北局机关、华北人民政府和人民解放军华北军区机关先后自石家庄市迁到北平市，北平成为华北解放区首府。华北人民政府领导河北、平原、山西、察哈尔、绥远五个省人民政府和北平、天津两个直辖市人民政府。

3月25日，中国共产党中央委员会暨中央军事委员会（公开名称为中国人民革命军事委员会）和中国人民解放军总部迁来北平，北平从此成为中国解放区首府。中共中央和中央军委领导华北、东北、西北、华东、华中等各大解放区党政军机关，并指挥人民解放军各野战军部队向祖国南方和西部大进军，继续完成解放全中国的光荣使命。

9月下旬，中国人民政治协商会议在北平召开，根据会议决议，9月27日北平改名北京，迎接10月1日新中国的诞生，北京将成为中华人民共和国的首都。

（原载《北京文博》1996年第3期）

民国北京政治文化地位刍议

在华夏大地，中华民国时代指的是大清帝国灭亡后到中华人民共和国诞生前这个历史阶段。时间从民国元年（1912年）至民国三十八年（1949）年。民国时代从政治上讲，是中国从绵延两千年之久的封建专制制度向社会主义初级阶段人民民主制度过渡的时代。这短短的不足四十个春秋，却是中国历史长河中充满变革的翻天覆地的时代。在文化上这是传统的古代旧式文化向现代新式文化过渡的阶段。

民国时代的北京，在国家上层建筑领域中占有举足轻重的地位，实为海内其他任何城市都难于匹敌的。根据民国时代北京的具体情况，可以划分为四个历史时期：北京政府时期（1912~1928年）的北京，是中国的政治文化中心；南京政府时期（1928~1937年和1945~1949年）的北平，是北方政治中心和全国文化中心；日本占领时期（1937~1945年）的北平，是华北沦陷区的殖民统治中心；解放后华北人民政府时期（1949年2~9月）的北平，是中国解放区的政治和文化中心，下分述之。

北京政府时期的中国政治文化中心

北京政府统治北京的时期，为1912年2月12日清朝末代皇帝宣统皇帝退位以后至1928年6月8日国民政府军进驻北京以前的十六年。依实际情况又可分为几个阶段。1912年2月15日，临时参议院推举袁世凯为民国新任临时大总统，中经1913年10月10日就职首任正式大总统，1916年初一度自任"中华帝国皇帝"，到是年6月暴亡是第一阶段。1916年夏至1920年夏是第二阶段，黎元洪、冯国璋和徐世昌先后出任总统，段祺瑞、靳云鹏等先后任职国务总理，实权操于安徽系统武装力量集团手中。1920年夏至1924年秋是第三阶段，徐世昌、黎元洪和曹锟先后出任总统，张绍曾、高凌霨等先后任职国务总理，实权操于直隶（今河北）系统武装力量集团手中。1924年11月24日，安徽系统武装力量集团头面人物段祺瑞掌权就任临时政府执政，代行国家元首兼政府首脑职权，至1926年4月20日被赶下台后，一度由内阁总理代行国家元首职权。至12月1日奉天（今辽宁）系统武装力量集团首领张作霖出任"安国军总司令"，旋至1927年6月18日就任军政府陆海军大元帅，执行国家元首职权，至1928年6月3日离京返奉，北京政府结束，是第四阶段。

尽管这十多年中，北洋武装力量集团各派系先后控制着北京，名义上北京也是列强普遍承认的中华民国首都所在地，但自1917年情况就发生了变化。是年9月10日，民国国会非常会议推选前南京临时政府临时大总统孙中山为民国军政府海陆军大元帅，在广州就职。这个标明维护民国元年《临时约法》的军政府的成立，"标志着南北分立对峙局面的形成"。[①] 中经1921年5月5日孙中山在广州就任民国"非常大总统"，到1925年7月1日国民政府在广州成立，汪兆铭任主席。1926年12月国民政府迁往武汉，1927年4月18日国民政府奠都南京，直到北京政府结束。事实上，1917~1928年中国一直存在着南北两个互相对立的政权。也就是说，"1917年，北京政府

---

① 来新夏主编：《北洋军阀史稿》，湖北人民出版社1983年版，第212页。

及与之并存的广州政府"①的存在,此后十一年间,北京事实上不再是全中国的首都,仅是半壁江山北中国的首都,而北洋武装力量各个派系集团仍热衷于掌握北京政权。"因为北京好几个世纪以来一直是中国的首都,它成了政治统一的象征,谁占领了它谁就具有统治的合法性。""因为在一定时间内只能有一个全国性的政府,只能由一个军阀派系来统治。"②北京政府之所以重要,其原因之一还在于外国的承认。"对分裂的现实,列强仍坚持只有一个中国,在1928年前它的首都一直是北京。"③尽管当1928年6月北京政府结束前夕,它只控制着京兆、直隶、奉天、吉林、黑龙江、热河、察哈尔、绥远、宁夏和新疆十个省区,连半壁江山也称不上了。

　　北京政府时期的北京,既然是中国的政治中心,所以由于历史的发展,逐渐形成近代中国文化中心。北京具有得天独厚的条件发展文化事业,积淀了丰硕的中国优秀文化遗产,拥有近千年来留下的建都文物古迹,蕴藏着丰厚的传统的文化氛围。20世纪以来,欧美先进的新式文化事业如雨后春笋般在北京兴起,汇成一股不可阻挡的时代潮流。教育本来就是文化的基本内涵,学校则是教育的基本载体。高等学府的数量和质量,是文化事业发展的集中反映。北京政府时期,以国立北京大学为龙头,北京的新型文化教育事业得到迅猛的发展,尤其是到了20年代中期,北京居然"成为当时世界大城市中大学设立最多的城市"。④

　　根据1912~1913年制定的壬子癸丑学制,高等教育机构包括大学、专门学校和高等师范学校三种,可以分为公立、国立或省立,也可以私立,教会或世俗皆有。明确大学以"教授高深学术,养成硕学闳材,应国家需要"为宗旨,专门学校以"教授高等学术,养成专门人才"为宗旨,而高等师范学校则以"造就中学校、师范学校教员"为目的。民国初年,全国仅有一

---

①〔美〕费正清主编:《剑桥中华民国史》中译本第一部,上海人民出版社1991年版,第279页。

②〔美〕齐锡生:《中国的军阀政治(1916~1928年)》中译本,中国人民大学出版社1991年版,第182页。

③〔美〕费正清主编:《剑桥中华民国史》中译本第一部,上海人民出版社1991年版,第279页。

④　熊明安:《中华民国教育史》,重庆出版社1990年版,第782页。

所国立大学即北京大学，为清末之京师大学堂1912年5月改称。私立大学全国也只有几所，北京就有基督教会办的燕京大学（1919年由汇文大学等校组成），还有中国大学（1916年定名，原名国民大学，1912年创办）、朝阳大学（1916年定名，原名民国大学，1913年创立）和民国大学（1916年创建）等校。国立专门学校有北京法政专门学校（1912年组成）、北京医学专门学校（1912年建立）、北京工业专门学校（1912年成立）和北京农业专门学校（1914年成立）。国立高等师范学校则有北京高等师范学校（清末京师优级师范学堂1912年改称）和北京女子高等师范学校（1919年建立）。公立的还有陆军大学(1912年)、高等警官学校(1916年)和北京航空学校(1913年)等校。此外还有一批私立专门学校。

1922年颁布壬戌新学制，可以设立单科大学。在北京不但一些专门学校升格为单科大学，还出现了一大批私立大学。1923~1924年，国立北京法专、医专、工专、农专、高师和女高师，分别改为北京法政大学、北京医科大学、北京工业大学、北京农业大学、北京师范大学和北京女子师范大学，还建立了国立北京交通大学。20年代建立的私立大学还有中法大学（1920年）、华北大学（1922年）、辅仁大学（1925年，初名公教大学）、平民大学（1921年）、郁文大学（1923年）、畿辅大学（1924年）、孔教大学（1923年）、北京协和医科大学（1923年）等。新建的著名国立专门学校有北京艺术专门学校（1918年建校，1922年改为北京美术专门学校，1925年重建，更名为艺术专门学校）。

此外，北京政府时期在北京还建立了三处著名文化设施：京师图书馆、历史博物馆和故宫博物院。京师图书馆1912年（民国元年）开馆，1926年更名国立京师图书馆，1928年改名国立北平图书馆，1949年改名北京图书馆，今名中国国家图书馆。历史博物馆1912年创立，1926年开馆，定名国立历史博物馆，1929年改称国立北平历史博物馆，1949年改名北京历史博物馆，今名中国国家博物馆。故宫博物院于1924年清废帝溥仪被逐出皇宫后不久对公众开放，1925年建立故宫博物院，1927年国立故宫博物院正式对外开放。

以上事例说明，北京政府时期的北京，是无可争议的中国政治文化中心。

南京政府时期的北方政治中心全国文化中心

1928年6月8日,国民政府军进驻北京。6月26日,国民政府下令北京改名北平。北平不再拥有中国政治中心地位,但仍然是中国北方政治中心。国民政府时期的北平,先后设有一系列辖境及于华北以至北中国的军事行政机构,足见北平政治地位之重要。

1928年夏,先后组建国民革命军总司令行营(后改称陆海空军总司令行营)和国民政府办事处,它们都是国民政府军政机关在北平设立的派出机构。国民政府参军长何成浚将军任行营主任兼办事处主任,即国民政府在华北的全权军政代表。直至1930年初被华北地方割据势力集团头目阎锡山强行封闭。旋至1931年春,在北平又设立了陆海空军副司令行营,成为北中国的军事指挥机关。1932年春,北平政务委员会成立,是为北方行政机关。副司令行营同期改为北平绥靖公署。张学良将军出任政务委员会和绥靖公署主官。1932年秋,撤销北平绥署,成立国民政府军事委员会北平分会,主持北方军务,军事委员会委员长兼任北平分会委员长。张学良、何应钦两将军先后任职北平分会代理委员长。1933年夏,国民政府驻平政务整理委员会取代北平政务委员会。该委员会系为整理北方各省市政务而特设。黄郛将军任委员长职。1935年夏秋,国民政府驻平政务整理委员会和军事委员会北平分会先后停止办公。至年底,冀察政务委员会和冀察绥靖公署成立,宋哲元将军出任政务委员会委员长兼绥靖公署主任。冀察政务委员会是国民政府为处理河北、察哈尔、北平和天津四省市政务而设立的超省市的临时行政机关,而冀察绥靖公署则为办理四省市绥靖事宜而设,隶属于国民政府军事委员会委员长。该两军事行政机构,一直存在到1937年夏日军侵占北平时止。

1945年9月,日军投降抗战胜利后,立即在北平设立了国民政府军事委员会委员长北平行营,主管第十一、十二两战区在华北各省市的军事,李宗仁将军任行营主任。1946年10月,军事委员会业已撤销,委员长北平行营遂改为国民政府主席北平行辕,统辖国民政府在华北各省市的行政和军事机构，仍由李宗仁任行辕主任。北平行辕迟至1948年春撤销。1947年底，国民政府在北平设立了"华北剿匪总司令部"，统辖华北各省市军政事务，类同于军政长官公署职责，傅作义将军任总司令。该机构一直存在到1949年初国民党政权在北平结束。

南京政府时期的北平，虽然已不再具有全国政治中心的地位，由于新式文化教育事业的发展，业已奠定了全国文化中心比较坚实的基础。北平已拥有了一批在全国具有相当影响力的高等学府和其他文化机构，而且还培养了一批具有相当水平的学术人才。这样的"硬件"和"软件"不会由于国都的南迁而在短期内衰落或消失，所以可以这样说，在整个南京政府时期，北平仍不失为全国文化中心。政治故都与文化古都齐名，在北平从20世纪20年代末一直延续到40年代末。

南京政府时期对高等教育机构进行了一些改革和调整。根据1929年以来制定的《大学组织法》《大学法》《专科学校组织法》《专科学校法》等的规定，大学"以研究高深学术，养成专门人才"为宗旨，专科学校"以教授应用科学，养成技术人才"为宗旨。高等教育机构分大学、独立学院和专科学校三种。具备三个学院的才可称大学；不具备者可设立独立学院，取消单科大学；专门学校改称专科学校。抗战前国民政府时期的北平，高等教育机构进行了一系列的调整、组合，数量较前明显减少，质量已获稳步提高。20世纪30年代，国立北京大学设有文、理、法三个学院。1928年升格的国立清华大学设有文、理、法、工四个学院。1928年定名的国立北平大学，至1934年设有工、农、医、法商和女子文理五个学院。1929年定名的国立北平师范大学，1931年设有文、理、教育三个学院。私立燕京大学设有文、理、法三个学院。私立辅仁大学，1936年已设有文、理、农、教育四个学院。私立中法大学，到1934年设有文、理、医三个学院。一批不具备三个学院的昔日的大学，改称为学院，如原北京交大改称北平铁道管理学院，原协和医大改称北平协和医学院，朝阳大学改称朝阳学院，中国大学改称中国学院，华北大学改称华北学院，民国大学改称民国学院，畿辅大学改称北平铁路学院等。国立北京艺术专门学校改称北平艺术专科学校，私立京华美术专门学校（1924年建校）改为北平美术专科学校。1931年新建了北平市立体育专科学校。北京政府时期的一些军警高等学校这时在北平均不复存在。

1945年抗战胜利后，迁往西南、西北内地的高等院校纷纷迁回北平，原已停办的也在恢复，总体来讲，较之战前还是有所减少。1946年国立北京大学复校，扩充为设有文、理、法、工、农、医六个学院，国立清华大学也发展到含文、理、法、工、农五个学院。国立北平师范大学到1948年才得以恢复。未内迁的中国学院到1948年恢复中国大学校名，设有文、理、法三个学院。燕京大学、中法大学、北平铁道管理学院、北平协和医学院、朝阳学院、北平艺术专科学校等先后回平复校。辅仁大学未曾搬迁，坚持办学。被迫停办的华北文法学院（原名华北学院）、北平市立体专、北平铁专（原名北平铁路学院）也先后恢复。到1948年底，北平尚有国立和私立大学七所，国立和私立独立学院四所，国立、市立和私立专科学校各一所，共十四所高等院校。

在整个南京政府时期，首都南京是中国政治中心，北平只是北方政治中心。即使1948年初国民政府明令北平是北方唯一的陪都，充其量也只是中国第二政治中心，其实北平的全国文化中心地位也受到全国经济中心上海的挑战。上海不但拥有以中华书局、商务印书馆为代表的一批全国一流的文化出版机构，而且高等学校的数量早已超过北平。1948年上海拥有国立和私立大学十所（交通、复旦、同济、暨南、圣约翰、震旦、沪江、光华、大夏、大同），独立学院十几所、专科学校二三十所，成为名副其实的南方文化中心，由于历史的原因，屈居全国第二文化中心。北平依靠历史、规模、水平等传统因素，依旧维持着全国文化中心的地位。

日本占领时期的华北沦陷区殖民统治中心

1937年8月8日，日本侵略军占领北平城。10月12日，伪"北平治安维持会"擅改北平为"北京"。国民政府、中国共产党和广大国人均不承认。12月14日，即中国首都南京沦陷次日，伪"临时政府"在北平建立，民族败类王克敏出任伪"行政委员会委员长"，即伪政权首脑。1938年1月，日本"华北派遣军"司令部迁入北平，北平遂成为华北沦陷区殖民统治中心。

1940年3月30日，以卖国贼汪精卫为首的伪"国民政府"在南京成立。北平伪"临时政府"遂改为伪"国民政府华北政务委员会"。这个伪"华北政务委员会"辖境，即华北沦陷区。这个新的华北伪政权，依次由大汉奸王克敏、王揖唐、朱深和王荫泰出任"委员长"。在抗日战争时期，南京是日本"中国派遣军"司令部和伪"国民政府"驻地，是中国沦陷区殖民统治中心，而北平即使在伪"临时政府"时期，其辖境基本上也是华北沦陷区范围。

在抗战八年沦陷时期，日本侵略者对北平文化事业进行了极大程度的摧残。北平所有国立高等院校和大部分私立高等院校均被迫迁往西南、西北内地。北京大学和清华大学迁到云南，北平大学迁到陕西，北平师范大学迁往甘肃，燕京大学迁到四川，中法大学迁往云南，北平铁道管理学院、北平协和医学院迁往四川，朝阳学院、北平艺术专科学校迁到重庆，民国学院迁到湖南。华北学院、北平市立体育专科学校和北平铁路学院被迫停办。"城内硕果仅存的私立辅仁大学，实属万分幸运的"，"城内的另一个私立大学，是中国学院"。① 日伪当局为了粉饰太平，装点门面，陆续开办了几所高等院校，如伪"北京大学"（1939年）、伪"北京师范大学"（1941年）、伪"北京艺术专科学校"（1938年）、伪"北京外国语专科学校"（1941年）、伪"新民学院"（1838年）、伪"北京高等警官学校"（1938年）、伪"北京铁道学院"（1940年）等，以标榜"北京是华北文化中心"。

抗日战争时期，战时中国首都重庆，不仅是当时中国唯一合法政府驻地，由于高校大量内迁，该城已经聚集了30多所高校，从而成为毋庸置疑的抗战中国政治、文化中心。中国共产党中央驻地延安，则是"红色中国"——中国解放区政治、文化中心，而在日本占领区——中国沦陷区，根本谈不上什么"文化中心"。

解放初期的中国解放区政治文化中心

1949年1月31日，中国共产党统率的武装力量中国人民解放军进驻北

---

① 于力：《人鬼杂居的北平市》，群众出版社1984年版，第7页。

平城，北平宣告解放。2月中旬，中共华北中央局和华北人民政府迁驻北平，北平遂成为华北解放区首府。3月25日，中共中央、中央军委和人民解放军总部进驻北平，北平成为中国解放区首府，即中国解放区政治中心，至1949年9月中华人民共和国成立前夕，中国解放区已经扩展到中国领土的大部分：整个北方，即东北六省全部、内蒙古自治区、华北五省全部、西北五省全部，还有华东、华中的绝大部分地区。

北平解放后，人民解放军北平市军事管制委员会下属的文化接管委员会接管了北平的文化机关，随后华北人民政府和北平市人民政府对北平的高等院校进行了整顿和调整。保留北京大学、清华大学、北平师范大学、燕京大学、辅仁大学、北平协和医学院和北平艺术专科学校等校，撤销、停办中国大学、中法大学、朝阳学院、华北文法学院、北平铁道管理学院、北平市立体育专科学校、北平铁路专科学校等校，组建中国政法大学、中国交通大学。从老解放区迁来和新建的有华北大学（1948年4月在河北正定成立，设有工、农、教育、文艺四个学院，1949年4月迁北平）、华北军事政治大学（1948年5月在河北石家庄成立，1949年2月迁北平）和华北人民革命大学（1949年2月在北平成立）。至1949年夏，北平有公、私立大学十所，独立学院和专科学校各一所，北平堪称中国解放区文化中心还是没有疑义的。

（原载《首都博物馆丛刊》2002年版，
又载入《档案与北京史国际学术讨论会文集》2003年版）

民国北京中等学校发展轨迹述略

中国古代的传统教育，历经几千年，却无循序渐进形成系统的学制，因而没有初、中、高等级之区分。直到20世纪初，即光绪二十八九年，清政府先后颁布钦定、奏定两部《学堂章程》，这才正式确定了中国近代历史上最早的新型学制。这个史称"壬寅癸卯学制"规定，7岁（即6周岁）始入学，初等小学堂五年，高等小学堂四年，其上是五年制中学堂，与其并行的是初级师范学堂和中等实业学堂。中学堂之上则是三年制高等学堂或大学预科，皆相当于后来的高级中学。清末的中学堂有官立、公立和私立之分。官立即后来的公立，而公立则非后来的公立，却是后来的私立的一部分，即非官方法人团体或集体所立。清末的私立，专指私人即自然人所立。

在北京建立最早的注册立案的中学堂有四所，即宗室觉罗八旗中学堂、老顺天中学堂、五城中学堂和觉罗八旗中学堂。宗室觉罗八旗中学堂于光绪二十九年四月十三日（1903年5月9日）在北城安定门内郎家胡同前经正书院旧址开学，光绪三十年（1904年）改设为宗室觉罗八旗高等学堂。五城中学堂是光绪二十七年九月二十二日（1901年11月2日）在城南宣武门外琉璃窑西部（即今和平门外南新华街路西北京第一实验小学位置）设立，光绪三十四年（1908年）迁到琉璃窑东部（今南新华街路东北京师大附中所在位置）。光绪二十七年十二月初一（1902年1月10日）在北城鼓楼东大街后鼓楼苑创立的"求实学社"，一年后改名觉罗八旗中学堂，光绪三十年（1904年）又定名为求实中学堂。清末这还是一所出色的学堂。光绪二十九年七月初十（1903年9月1日）在北城地安门外东皇城根兵将局（今地安门东大街北京五中分校所在位置）设立的顺天中学堂，光绪三十三年二月二十三日（1907年4月5日）改为顺天高等学堂。

由于顺天中学堂业已改成顺天高等学堂，顺天府当局于宣统元年闰二月二十四日（1909年4月14日）又在皇城西安门内西什库后原天财库旧址（今西什库大街北部路西北京四中所在位置）建立了一所中学堂，仍取名叫顺天中学堂。宣统二年和三年（1910~1911年），又先后在东城史家胡同西口内原史可法祠堂旧址（今史家胡同小学位置）设立左翼八旗中学堂，在西城西四北受璧胡同（今西四北四条）西口内路北（今西四北四条小学位置）设立右翼八旗中学堂。这三所官立中学堂都建于宣统年间。

从光绪二十八年（1902年）到宣统三年（1911年），外省旅京同乡会先后在北京为本省子弟升入京师大学堂计，纷纷建立起各省旅京中学堂，原则上是每省一所。直隶（今河北）办了两所，顺直中学堂和畿辅中学堂。陕西和甘肃两省合办了一所陕甘中学堂，东北奉天（今辽宁）、吉林和黑龙江三省合办了一所东三省中学堂。其他省份的是：山西、山东、河南、江苏、安徽、江西、浙江、福建、广东、广西、湖南、湖北、四川、贵州和云南的共计15所中学堂。这些中学堂大多数分布在城南西部宣武门外，盖因这里是各省会馆聚集之地，房舍比较易于解决。

至清末，北京其他中等学堂还包括初级师范学堂、女子师范学堂、初等工业学堂、商业学堂以及东省俄文铁路学堂等。

据有关资料显示，至宣统三年（1911年），北京官办和民办的普通中学堂20多所共有男生1948名，无一名女生。即使加上其他中等学堂共约30所，也不过仅有学生2576名。当时北京人口以70万计，不过占全城总人口的3.5‰左右。

清末建立的老中学堂，存在至今者不过1/3。它们是：宗室觉罗八旗中学堂（今北京一中前身）、左翼八旗中学堂（今北京二中前身）、右翼八旗中学堂（今北京三中前身）、老顺天中学堂（今北京五中分校位置）、新顺天中学堂（今北京四中前身）、五城中学堂（今北京师大附中前身）、畿辅中学堂（今北京十四中前身）和山东中学堂（今北京一六一中南校区位置）八所。

民国初年的停滞

民国元年（1912年）元旦，中华民国临时政府建立。1月19日，临时政府教育部颁发《普通教育暂时办法》规定，从前各项学堂均改称为学校，并规定中学校为普通教育，中学校和初级师范学校修业期限均改为四年。9月3日，教育部公布学校系统令，小学校四年，高等小学校三年，中学校四年，均较清末学制各减一年，师范学校和甲种实业学校相当于中学校程度。这个学制在次年有所增补修改，史称"壬子癸丑学制"，成为民国初年通行全国的新学制。9月28日，民国北京政府发布《中学校令》，规定："中学校以完足普通教育，造成健全国民为宗旨。""专教女子之中学校，称女子中学校。""私人或私法人，得依本令之规定设立中学校为私立中学校。"①

民国元年7月2日，教育部令京师五城中学校改为北京高等师范学校附属中学校，遂成为民国北京第一所国立中学。京师学务局8月9日令，八旗高等学校和左右翼中学校，依次更名为京师公立第一、第二、第三中学校。10月3日，学务局照会顺天中学校，"自应依次定名为京师第四中学校"。②按照民国新学制，"高等学校"一词不确，于是顺天高等学校（即老顺天中学堂）在新顺天中学堂改名为京师四中后，自行改名为"顺天中学校"。至于那些清末的所谓公立的，其实是民办的中学堂纷纷更名。如公立求实中学堂10月4日更名私立求实中学校，公立山东中学堂11月22日更名私立山东中学校等。但不少外省旅京中学由于种种原因，在民国

---

① 中国第二历史档案馆编：《中华民国史档案资料汇编》，第三辑教育，江苏古籍出版社1991年版，第282页。
② 北京市档案馆藏J4全宗2目录3卷，京师学务局元字第232号文稿。

初年多数停办。

到民国三年（1914年）统计，京师注册中学校只有16所。它们是：国立北京高师附中，京师公立第一、第二、第三、第四中学校，京兆公立第一中学校（顺天中学校改名），京师公立第一女子中学校（民国二年，即1913年创立，今北京一六一中前身），私立中学校9所，即求实、畿辅、山东、河南、安徽五所老中学和民国二年（1913年）新建的中国公学大学部附属中学、毓英中学校（天主教会主办）、私立第一女子中学校、中央女学校。以上中学中的14所（无高师附中和中央女校）的学生总数为1894名。

到民国八年（1919年）"五四"运动发生时，北京的注册中学仍然只有16所，它们是：高师附中，女师附中（民国六年，即1917年建立，今北京师大实验中学前身），京师一中、二中、三中、四中、女一中、京兆一中，私立中国大学附中（原中国公学附中）、求实、畿辅、山东、河南、安徽、毓英和正志中学校（民国四年，即1915年创建，今首都师大附中前身）。这16所中学学生的总数是2734名，按当时北京人口80万计，中学生比例仍与清末相当，无明显增长。

至于师范学校和实业学校，这时有：北京师范学校（原京师初级师范学堂改称）、私立尚义女子师范学校（民国二年，即1913年建）和甲种农业学校（民国五年，即1916年乙种农业学校升格）。

以上情况表明，民国初年（1912~1919年）北京的中等学校和中等教育，基本上维持清末水平，处于停滞阶段。

"五四"以后的发展

民国八年（1919年）"五四"运动前后兴起的新文化运动，是一场思想解放运动，提倡科学与民主，开展平民教育，猛烈抨击封建旧文化，揭开了中国近代教育发展史上新的一页，迎接了教育改革和兴办学校的热潮。

民国十一年（1922年）11月1日，北京政府大总统公布《学校系统令》，提出"适应社会进化之需要"，"发挥平民教育精神"，"注意生活教育"，"使教育易于普及"①等办学原则。初等教育改为六年,初小四年,高小两年,比原来又减少一年。中等教育六年,初中、高中各三年,取消大学预科,比原来的中学加大学预科也减少了一年。师范学校和职业学校与初高中并行。这个新的"壬戌学制"系以美国教育体制为蓝本,一改清末民初模仿日本教育体制的两种旧学制。新学制不只贯穿了民国中后期,也影响了整个20世纪中国教育体制。实践证明,壬戌学制比较切合中国实际,还是有生命力的。

20世纪20年代的北京,出现了民国史上仅见的兴办中学潮。一批有志于发展中等教育的有识之士,创建了数十所私立中学。这些学校是:黎明中学、四存中学、怀幼中学、励志中学、平民中学(今四十一中前身)、香山慈幼院中学部、两级女中、大同中学(今二十四中前身)、志成中学(今三十五中前身)、北方中学、温泉中学(今四十七中前身)、文治中学、育德中学、弘达中学(今二龙路中学前身)、东城中学、大中公学(今二十二中前身)、培根女中、清明中学、艺文中学、民国大学附中、华北中学、惠中女中、孔教中学、春明公学、清真中学、市民中学、五卅中学、民正中学、民铎中学、翊教女中、明诚中学、自强中学、进德中学、八德中学、唯民中学、新生中学、西北公学(今回民学校前身)等等,犹如雨后春笋,纷纷建立。而同期公立中学发展,却裹足不前,只增加了一所市立平民中学(后改公立五中)。

这里要讲一下隶属于欧美基督教和天主教系统的教会中学,它们是私立中学的重要组成部分,教会学校的师资设备一般较好,比非教会私立学校强得多,一般公立学校也比不了。这些学校创建普遍比较早,是从初等教育甚至学前教育着手,而中等教育一般还是在20世纪一二十年代才普遍建立起来。清末对于教会兴办的教育机构,不闻不问,并不要求履行审核立案手续。民国北京政府基本上沿袭清末政策,机构不注册政府也不管。为了得到中国社会的认可,20世纪20年代,这些教会学校普遍先后在中国地方教育行政机关注册立案,以为其毕业生在中国社会升学就业取得合法资

---

① 中国第二历史档案馆编:《中华民国史档案资料汇编》,第三辑教育,江苏古籍出版社1991年版,第102~103页。

格身份。这些学校中有基督教会办的育英中学（今二十五中前身）、贝满女中（今一六六中前身）、汇文中学、慕贞女中（今一二五中前身）、崇德中学（今三十一中前身）、笃志女中（今鲁迅中学前身）、崇实中学（今二十一中前身）、崇慈女中（今一六五中前身）和培华女中，天主教会办的盛新中学、光华女中（若瑟女师改组，今三十九中前身）、佑贞女中。民国十五年至民国十六年，（1926~1927年），基督教会又新办了燕京大学附属女子高级中学和三基初级中学。

"五四"以来，特别是新学制公布后，北京私立中学大量涌现，教会中学纷纷注册，到民国十七年（1928年）6月，北京政府结束前夕，北京的普通中学已获得空前的大发展，总数超过60所，学生达到一万人左右，大约占到当时全市人口的10‰。

相对来讲，同时期师范学校和职业学校的发展不如普通中学。这时有公立师范学校(北京师范学校,民国十六年即1927年改名)、公立职业学校(前身是清末的官立初等工业学堂)、私立职业学校（甲种农业学校民国十三年即1924年改名），还有私立同仁高级护士职业学校（民国七年即1918年建）、私立务本女子职业学校（民国八年即1919年建）和私立人右商业学校（民国十三年即1924年建立）。

北伐战后的整顿

民国十七年（1928年）6月8日，国民政府军进驻北京。首都改设南京，北京遂改名北平。根据国民政府民国二十一年（1932年）12月24日公布的《中学法》："中学应遵照中华民国教育宗旨及其实施方针，继续小学之基础训练，以发展青年身心，培养健全国民，并为研究高深学术及从事各种职业之预备。"[①] 又据民国二十四年（1935年）6月21日教育部公布的修正中学规程规定："中学为严格训练青年心身，培养健全国民之场所。""中学分

[①] 中国第二历史档案馆编：《中华民国史档案资料汇编》，第五辑第一编教育（一），江苏古籍出版社1994年5月第1版，第414页。

初级中学及高级中学,修业年限各三年。初级中学、高级中学合设者称中学,单设者称初级中学或高级中学。"① 国民政府在这段时期,系以整顿提高为主,并未刻意追求学校数量的增长和学生人数的增加,也没有进行比较大的改革举措。

到民国二十四年(1935年)底,即"一二·九"运动在北平爆发之时,北平的普通中学大约在70所上下。公立的11所是:国立北平师大附中,国立北平师大女附中(原北京女师大附中),国立东北中山中学(民国二十三年即1934年迁平),河北省立北平高中(原京兆高中),北平市立一中、二中、三中、四中、五中、女一中、女二中(民国二十四年设),私立的有求实中学、豫章初中、嵩云初中(原河南中学)、燕冀初中(原畿辅中学)、山东中学、中国学院附中(原中国大学附中)、成达初中(原正志中学)、孔德中学(今二十七中前身)、四存中学、励志初中、平民中学、两吉女中(原两级女中)、大同中学、志成中学、北方中学、温泉初中、文治中学、镜湖中学(民国二十年即1931年设)、华北中学、弘达中学、大中中学(原大中公学)、培根女初中、艺文中学、惠中女初中、孔教初中、春明女中(原春明公学)、翊教女中、进德中学、西北中学(原清真中学)、求知初中(民国十八年即1929年设)、五三初中(民国十八年即1929年设)、育华中学(民国十九年即1930年设)、中法大学附属高中(民国十九年设)、东方高中(民国十九年设)、精业中学(民国二十年即1931年设)、立达初中(民国二十年设)、华光女中(民国二十年设)、东北中学(民国二十年设)、协化女初中(民国二十年设)、成城中学(民国二十一年即1932年设)、念一中学(民国二十一年设)、中华中学(民国二十一年设)、卍字初中(民国二十三年即1934年设)等校。私立教会学校有:育英中学、贝满女中、汇文中学、慕贞女中、崇德中学、笃志女中、崇实中学、崇慈女中、培华中学、今是中学、燕京大学附属初中(民国十八年即1929年设)、上义中学(民国二十二年即1933年上义师范改设)、盛新初中、光华女中(民国十八年即1929年若

---

① 中国第二历史档案馆编:《中华民国史档案资料汇编》,第五辑第一编教育(一),江苏古籍出版社1994年版,第422~423页。

瑟女中改设)、佑贞女中、辅仁大学附中(民国十八年即 1929 年建,今十三中和一五六中前身)。这时,私立中学约占所有中学总数的 5/6 以上。这里也有这样一个原因,国民政府教育部不允许私立师范学校存在,这些学校只能改组为普通中学,私立中学占了绝对优势。

到民国二十六年(1937 年)初夏,北平大约 70 所普通中学,共有中学生 24733 名,约占当年全市人口 15‰,其中女中学生占到了中学生总数几近 2/5。

至于说到中等师范学校和职业学校,这时有市立师范学校、市立高级职业学校(原市立职业学校)、市立高级商科职业学校、成达师范学校、才正高级商业职业学校(基督教会办的)、同仁高级护士职业学校、京华艺术科高级职业学校、香山慈幼院高级土木科职业学校、中国高级戏曲职业学校、北平艺术科职业学校、大良高级护士职业学校等十余所公私立中等学校。

北伐战争以后,直到"七七"事变以前,这 9 年中,北平的中等教育经过整顿,学校数量略有增长,学生数量明显增加,教学质量总体上比 20 世纪 20 年代有所提高,达到民国时期最高水平。

沦陷期间的衰退

民国二十六年(1937 年)7 月 7 日卢沟桥事变爆发,全面抗战开始。侵华日军于 8 月 8 日占领北平,10 月 12 日日伪当局擅改北平为"北京",12 月 14 日又成为伪临时政府所在地。民国二十九年(1940 年)3 月 30 日,以汪精卫为首的伪国民政府在南京建立后,北平成为伪华北政务委员会驻地。日伪华北政权对北平教育事业进行了严重的摧残。由于战乱和殖民当局的迫害,先后被迫停办和关闭的普通中学有:豫章、励志、成城、文治、两吉、温泉、卍字、崇德、笃志、今是、孔教、翊教、中法附中、精业、东北、协化、中华、燕京附中、三基、培华和念一(后被改为"定一")等二十几所,为纪念日军制造济南惨案被难同胞而命名的"五三"中学被强制改名"明德"。同时期日伪当局只开办了几所中学,这里有亲日分子开办的"兴亚高中"和"觉生女中",日本基督教会办的"崇贞女中",以及新华中学、南堂中学和培元中学这么几所而已。日伪当局先后强行把几所私立中学改为市立中学，将华北改为六中，将镜湖改为七中，将育英改为八中，将汇文改为九中，将崇实改为十中，将香山慈幼院女中（前身是幼稚师范）改为女三中，将贝满改为女四中，将慕贞改为女五中，将崇慈改为女六中。还把河北省立高中改成市立高中，把河北省立女子职业学校改成市立女子职业学校。据日伪当局民国二十九年（1940年）6月统计，当时公私立普通中学只有52所，中学生总数为17747名，加上师范学校和职业学校，总共也只有19273名，约占当年全市人口163万的11‰，明显低于"七七"事变前的水平。

民国三十三年（1944年）北平的普通中学不足60所，它们是："北京师大"附中、女附中、"北京"高中、一中、二中、三中、四中、五中、六中、七中、八中、九中、十中、女一中、女二中、女三中、女四中、女五中、女六中，私立的有求实、嵩云、燕冀、山东、中国大学附中、成达、四存、平民、大同、志成、北方、文治、弘达、大中、惠中、春明、进德、西北、明德、育华、立达、华光、上义、盛新、光华、佑贞、辅仁附中、竞存、兴亚、觉生、崇贞、新华、南堂和培元。

至于中等职业学校，本来为数不多，停办的却不少，有北平艺术科职校、同仁高级护士职校、香山慈幼院高级土木科职校、弘毅铁路科职校、才正高级商业职校、中国高级戏曲职校、大良高级护士职校、兴华家事职校、仁光高级护士职校等。到民国三十三年尚存的师范学校和职业学校有：市立师范学校、市立女子职校、市立高级工业职校、市立高级商业职校、市立初级商业职校（民国三十一年即1942年建立）、私立公益高级助产职校、私立进山高级商业职校（民国三十三年改建）、育青女子高级职校（民国二十九年建立）八所而已。

总之，北平沦陷八年期间中等教育没有发展只有倒退，大约相当于20世纪30年代初的水平。

抗战以后的复苏

民国三十四年（1945年）8月15日，日本宣布投降。9月3日，抗日战争胜利结束。10月间，国民政府重建北平市政府，市教育局对全市中等学校进行甄别和接收。取缔"兴亚"，改建中正中学；改组"觉生"，建立文华女中；接收"崇贞"，改为女四中。育英、汇文、崇实、贝满、慕贞、崇慈六校恢复私立，华北中学重建。陆续复校的私立学校还有孔教、协化、法勤（原成城）、中华、卍字、崇德、笃志、燕京附中等校。后来又新建了八中（民国三十六年初商改）。新建的私立中学有世熙（原职校改）、东方初中、成志学校、商育中学、惜阴中学、建华初中、近智中学、九三中学、功德初中等。民国三十六年（1947年）据北平62所中学统计，共有学生32186名，加上师范和职校达到33945名，大约占到全市人口170万的近20‰，为民国时期最高点。

民国三十七年（1948年）底，北平全市普通中学有：国立北平师范大学附属中学和女子中学、河北省立中学和高级中学、北平市立第一至第八中学、市立第一至第四女子中学，私立有求实中学、嵩云初中、燕冀中学、山东中学、中国大学附中、成达中学、孔德中学、四存中学、平民中学、大同中学、志成中学、北方中学、文治中学、弘达中学、大中中学、艺文中学、惠中女初中、孔教初中、春明女中、进德中学、西北中学、五三中学、育华中学、大成中学、立达初中、华光女中、协化女初中、法勤中学、华北中学、中华中学、卍字初中、文华女中、中正中学、新华中学、世熙中学、东方初中、成志初中、商育中学、惜阴中学、建华初中、近智中学、民国中学、九三中学、颐和初中、温泉初中、燕山初中、维新中学、培德初中、自忠初中、香山慈幼院初中、奋斗中学等校，私立教会中学有育英中学、贝满女中、汇文中学、慕贞女中、崇实中学、崇慈女中、崇德中学、笃志女中、燕京大学附属初中、培元初中、上义中学、盛新中学、光华女中、佑贞女中、辅仁大学附中、竞存中学、南堂中学、耕莘中学、铸新中学等校，总共达到80余所普通中学，为民国时期最高点。

到民国三十七年冬，北平的中等师范和职业学校公立的有：国立成达师范学校、北平市立师范学校、河北省立北平女子职业学校、北平市立高级工业职业学校和高级商业职业学校，私立的有：公益高级助产职业学校、仁光高级护士职业学校、正风女子高级职业学校、育青女子高级职业学校、进山高级商业职业学校、惠童职业学校、宏仁助产护士职业学校、道济高级护士职业学校、北宁高级助产职业学校、大华高级工业职业学校，公私立共达15所之多。

此外，由于战乱影响，东北和华北有相当一部分中等学校学生于民国三十七年（1948年）春夏涌入北平城。南京政府教育部将它们编成旅平国立中学，有东北第一、第二临时中学，热河临时中学，山西第一、第二临时中学，河北临时中学，学生总数达上万名。还有流亡来平的张家口察省中学、保定中学、保定女中、保定师范、保定女师等秋冬时节挤进北平城的学生上千名。这给面临崩溃边缘的民国政府北平市政当局又添了不少麻烦。

解放初期的调整

民国三十八年（1949年）元旦，中国人民解放军北平市军事管制委员会和北平市人民政府宣告成立。月底，北平城和平解放。是年春，市人民政府文教局对全市公立中学实行接管，并着手对私立中学进行调整和改造。

二、三月间，先将滞平的东北一、二临中，东北中山中学，热河临中，山西一、二临中，河北临中，热蒙师范，察省中学，保定中学，女中，师范，女师，四存中学，农业职校，以及石门联中、昌黎女师等共19个单位15000多师生分别遣送回东北和华北各解放区。会同华北人民政府有关部门接管了在平河北省立高中、省中和女职三校。对于私立学校，整体上予以维持，根据不同情况，进行一些必要的和可能的整顿和改造。对于政治上反动的学校则进行接管或代管，然后改组、合并或停办。撤销四存中学，男部并入八中，女部并入女一中。停办大众中学（原中正中学改名）。文华女中撤销，并入师大女附中。停办九三中学和东方初中，并入师大附中。大中中学改组为育德中学。志成中学改组为新生中学。中国大学附中撤销，并入新生中学（后又独立为新英中学）。接管并停办颐和初中。先后停办建华初中、香山慈幼院中学部、大成中学和铸新中学，自忠初中办理结束，取缔民立中学和惠童职校，取缔大华职校等，此外还进行了一些调整，如将求实、进德两校合并为新知中学，西北中学改组为回民学院，成达师范和燕山初中撤销并入。此外,还将业已划入北平市辖范围的位于门头沟的门城中学(原名介寿中学)由政府接管建立市立九中。

据民国三十八年(1949年)8月的不完全统计,经过初步调整,北平全市普通市立中学13所,私立中学57所,另有市立师范学校2所,市立职业学校2所和私立职业学校8所,共计中等学校82所。但新建九中和两所职校未计入,未备案私立中学和职校各一所未列入,辅仁、燕京、中法三大学附中均未列入。这82所中等学校中共有学生32749名,其中女生11204名,占1/3以上。

总之,解放初期北平市中等学校经过初步的调整,为中华人民共和国建立以后中等教育的发展奠定了基础,为首都北京教育的普及和提高做了必要的准备工作。

(原载《首都博物馆丛刊》2001年版,
《北京教育史志丛刊》2001年第4期转载)

民国北京高等学校变迁纪略

从严格意义上讲,中国高等教育肇始于近代。这个高等教育是建立在初等和中等普通教育基础上的专门教育。严格地说,高等学校在中国也不过百年左右的历史。20世纪上半期的民国时代,是中国教育和学校发展史上的一个极为重要的阶段,是承前启后从古代传统教育向现代化教育转型的过渡期,为中华人民共和国教育大发展奠定了基础。

民国时期北京的高等教育,在中国占有举足轻重的地位。无论是前期作为国都,还是后期作为北方陪都,除抗战沦陷期间以外,北京(北平)一直是毋庸置疑首屈一指的文化中心。著名高等学府则是这个文化中心的重要载体。民国时期的北京,又是全国爱国学生运动的中心,其中高等学校学生成为运动的先锋和中坚。北京著名的高等学校,聚集了一批我们民族的学术精英,这既包括其名师,亦涵括其所培养的名人,他们之中的不少人在我们国家起到栋梁作用。从一定意义上讲,认识民国北京的高等学校,不仅是爱国主义教育的需要,对于21世纪的科教兴国战略,也有其不可替代的重要的历史借鉴作用。

整个民国时期,北京的教育,尤其是高等教育及其载体高等学校,几乎完全依政局的变动而变迁。与政局变化同步,成了这一时代的基本特征。

本文依此划分为五个历史时期。

北京政府时期（1912~1928年）

1912年1月19日，民国政府颁令"从前各项学堂，均改称学校"，学校的名称自此沿用至今。9月3日公布学校系统令，以此为基础形成的"壬子癸丑学制"，构成民国初年通行的学制系统。建立在初等小学校四年、高等小学校三年和中学校四年基础之上的高等学校，包括大学、专门学校、高等师范学校以及其他高等学校，预科一至三年（大体相当于今普通高级中学），本科三至四年（大体相当于今专科和本科）。这个学制的实行，是对封建传统教育的重大革新，是中国教育发展史上的巨大进步，为我国近代教育的发展开辟了道路，并为以后的教育改革创造了前提。根据1912年颁布的《大学令》《专门学校令》和《师范学校令》的规定："大学以教授高深学术，养成硕学闳材，应国家需要为宗旨。""专门学校以教授高等学术，养成专门人才为宗旨。""高等师范学校以造就中学校、师范学校教员为目的。"除公立（当时为国立或省立）外，私人或私法人也可设立大学和专门学校，唯不得设立高等师范学校，从而改变了清末"凡高等以上学堂全归官办"的一统天下局面。至于高等师范学校无私立，则是中国教育迄今坚持的一贯做法。

（一）国立高等学校的建立

北京大学。成立于1898年的京师大学堂，1912年5月改名北京大学，成为民国初年全国第一所也是唯一的一所国立大学。初始分设文、理、法、商、农、工6科39门，1914年农科独立，1917年商科停办，1919年工科裁撤，仅余文、理、法3科，1919年门改称系。1917年初，学界泰斗蔡元培就任北京大学校长，进行了一系列改革和整顿，主张思想自由，倡导兼容并包，实行民主办学，确立教授治校，北京大学面貌大为改观，朝向近代大学轨道上迅跑，遂成为全国高等学校的楷模。1919年"五四"运动前后的北京大学步入民国史上的"黄金时代"，绵延长达近十年之久，对全国文化教育界产生了广泛的深远的影响。

北京高等师范学校。1912年5月,京师优级师范学堂改名北京高等师范学校。其前身系1902年建立的京师大学堂附设师范馆,是中国近代第一所新式师范教育机构。

北京法政专门学校。1912年8月成立,系由1905~1909年先后建立的法律学堂、法政学堂和财政学堂合并组成。1914年,由前殖边学堂和满蒙文高等学堂合并组成的"筹边高等学校"撤销并入。

北京工业专门学校。1903年建立的京师高等实业学堂,1912年7月改名北京高等工业学校,11月又改称北京工业专门学校。

北京医科专门学校。1912年10月建立,其前身是1903年京师大学堂创设的医学实业馆,次年改称医学馆,1907年停办。

北京农业专门学校。前身是1905年创办的京师大学堂农科。1914年2月脱离北京大学独立,改建为北京农业专门学校。

北京女子高等师范学校。前身是1908年创建的京师女子师范学堂,1912年改称北京女子师范学校,1919年4月升格改名为北京女子高等师范学校。

北京蒙藏专门学校。1913年3月开办,1916年曾一度停办,后来改称蒙藏学校,以中学为主,附设专门部。

俄文法政专门学校。前身是1899年开设的东省铁路俄文学堂,1912年改为俄文专修馆,1921年9月改名俄文法政专门学校。

北京美术专门学校。1918年4月北京美术学校成立,1922年6月升格改名为北京美术专门学校,中等部和师范班均停办。

(二)私立高等学校的创立

中国大学。孙中山先生创办,1913年4月国民大学开学。1914年1月改称中国公学大学部,1917年改名中国大学,设文、法、商三科。

中华大学。1912年创办法政大学,1913年改名中华大学,1917年12月停办后并入中国大学。

朝阳大学。1913年9月民国大学创立,1915年5月改名朝阳大学,设法、商两科。

明德大学。前身是1912年在湖南创建的明德学校专门部，1913年迁来北京改名明德大学，1916年停办。

民国大学。1916年5月创建，设文、法、商三科。

燕京大学。美国基督教会创办，1919年由汇文大学和华北协和大学合并组成，次年协和女子大学并入。

中法大学。1920年成立，法文预备学校为其前身。1924年后设孔德、服尔德、居礼和陆谟克四个学院。

民国初年北京还存在过的私立专门学校有：中央法政专门学校、化石桥法政专门学校、新华商业专门学校、京华美术专门学校、豫人法政专门学校、京师法政专门学校、女子法政专门学校、通才商业专门学校、外国语专门学校和世界语专门学校等，仅几年就销声匿迹了。

（三）军警和其他公立专门学校

陆军大学。1906年开办于保定，1912年迁来北京，随即改名陆军大学，一直存在到1932年。

警官高等学校。前身是1901年开办的警务学堂，1916年2月警官高等学校建立，存在到1934年。

北京航空学校。1913年9月在北京开设的全国第一所航空学校，一直存在到1928年。

军事学校还有中央陆军测量学校、陆军军需学校、陆军军医学校、陆军兽医学校和宪兵学校等。

部立北京税务学校，1908年创立税务学堂，1912年改名税务学校，为专门学校，修业四年，存在到1933年。

部立北京盐务学校，1920年创办，专门学校性质，修业四年，存在到1935年。

（四）20世纪20年代的改建大学潮

1917年，北京政府颁布《修正大学令》，允许建立单科大学。1922年，颁布"学校系统改革案",即"壬戌学制",规定高等学校是建立在初小四年、高小二年、初中三年和高中三年基础之上,高等学校取消预科。这个学制较前更为完善,一直推行到整个民国时期。新法制的实行,促成了20世纪20年代改办和新建大学潮。

国立专门学校和其他高等学校改建大学始于1923年。3月间,北京交通大学建立,其前身是1909年创立的铁路管理传习所。同月,北京农业专门学校改称北京农业大学。7月,北京高等师范学校改称北京师范大学。同时期,北京法政专门学校改称北京法政大学。1924年1月,北京医学专门学校改称北京医科大学。3月,北京工业专门学校改称北京工业大学。5月,北京女子高等师范学校改称北京女子师范大学。1925年8月,北京女子大学设立。1926年3月,俄文法政专门学校改名中俄大学。

而私立大学则多为新建。平民大学1922年1月创建,设商、文、法三科。华北大学1922年6月成立,设文、法两科。郁文大学1923年5月建立。创建于1906年的协和医学校,1923年改名北京协和医科大学,为美国基督教会主办。中国孔教总会1923年5月创设孔教大学。1924年9月畿辅大学建立,设铁路管理等三科。同年,中央法政专门学校改名中央大学。1925年,罗马天主教会创办公教大学,两年后更名辅仁大学。此外,这个时期出现的私立大学还有:东方大学、文化大学、南方大学、新民大学、正志大学、务本女子大学、国际大学(后改人文大学)、新闻大学(后改民族大学)、民治大学、公民大学、政治大学、东亚大学、进群大学、神州大学等,一时间北京竟成为世界上大学最多的城市。不过这些大学水平低、规模小,几年过去,大部分均已不复存在。

(五)若干国立大专学校合组"京师大学校"

1927年8月,北京政府下令,将北京的九所国立高等学校合并组成国立京师大学校。它们是:北京大学、师范大学、女子师范大学、女子大学、法政大学、工业大学、农业大学、医科大学和美术专门学校,分设6科5部,文科、理科在原北京大学第一、二院,法科一院在原国会众议院,二院在原北京大学第三院,三院在原法政大学,工科、农科、医科分别在原工业大学、农业大学、医科大学。师范部在原师范大学,女子一部在原女子师范大学,女子二部在原女子大学,美术专门部在原美术专门学校,还有商业专门部。北京政府教育部总长兼京师大学校长。

事变前国民政府时期(1928~1937 年)

1928 年 6 月 8 日,国民革命军进驻北京,国民政府时期开始。国都业已南迁,北京改名北平,降为北方政治中心,但仍不失全国文化中心地位。1929 年 7 月 26 日,国民政府颁布《大学组织法》和《专科学校组织法》,规定大学以研究高深学术、养成专门人才为宗旨,须具备三个学院以上才能称大学,否则只能称独立学院,本科修业一般为四年。专科学校则以教授应用科学、养成技术人才为宗旨,修业年限二至三年。该两法是我国近代高等教育的第一次正式立法,在《大学令》《专门学校令》的基础上,体制周密日臻完善,为高等教育质量的提高创造了前提,较北京政府时期的教育立法前进一步。事变前国民政府时期的北平,高等学校数量明显减少,但教育质量显著提高,几所著名大学进入民国"鼎盛期",在全国占有显赫地位。

(一)综合大学的建立

国立北平大学。1928 年 7 月,京师大学校改组为国立中华大学,11 月又改称北平大学。这时的北平大学规模庞大,囊括了平、津、冀三省市的公立大学。文学院由原北京大学第一院和河北大学文科组成,理学院由原北京大学第二院和河北大学理科组成,法学院由原北京大学第三院、北京法政大学、河北大学法科和天津法政专门学校组成,第一工学院即原北京工业大学,第二工学院即原天津北洋大学,农学院即原北京农业大学,医学院即原北京医科大学,第一师范学院即原北京师范大学,第二师范学院即原北京女子师范大学,艺术学院即原北京美术专门学校,俄文法政学院即原中俄大学。后经几次调整,至 1934 年只余五个学院:女子文理学院、法商学院、工学院、农学院和医学院。

国立清华大学。1928 年 8 月建立，其前身是 1911 年创立的清华学堂，1912 年改称清华学校，1925 年始设大学部。至 1932 年已设有文、理、法、工四个学院，是高等学校中迅速崛起的后起之秀，名声大噪。

国立北京大学。1929 年 8 月，北京大学脱离北平大学，重获独立，设文、理、法三学院。1932 年建立研究院，分设文、理、法三科研究所，培养硕士和博士研究生。

国立北平师范大学。1929 年 8 月脱离北平大学重新组建，成为 20 世纪三四十年代全国唯一的师范大学。1931 年原北京女子师范大学脱离北平大学，并入北平师范大学。师范大学设有文、理、教育三个学院，还设有研究院。

私立燕京大学。1929 年中国人首次出任燕京大学校长，并改组学校结构，设文、理、法三个学院，1934 年增设研究院。20 世纪 30 年代燕京大学发展成为全国著名学府。

私立辅仁大学。1929 年中国人开始担任辅仁大学校长，这时设有文、理、教育三个学院，后增设农学院。1933 年辅仁大学由美国本笃会转交美德两国圣言会接办，仍属天主教会系统。

私立中法大学。1931 年服尔德、居礼、陆谟克和孔德四个学院分别更名为文、理、医和社会科学四学院，1934 年裁撤社会科学学院并入文学院。

私立东北大学。1923 年在沈阳创建，1931 年 11 月迁来北平，有文、理、法、工、教育五个学院。1932 年锦州交通大学迁来并入为交通学院。1935 年理、教育、交通三学院停办，1936 年工学院迁陕西，1937 年春文、理两学院亦迁离北平，东北大学在北平不再存在。

（二）独立学院的建立

私立中国学院。1930 年 10 月，中国大学改称中国学院，设文、法、商三科。
私立朝阳学院。1930 年 11 月，朝阳大学改称朝阳学院，设法、商二科。
私立华北学院。1930 年 11 月，华北大学改称华北学院，只有政法科。
私立民国学院。1930 年 12 月，民国大学改称民国学院，设文、法两科。
私立北平协和医学院。1929 年北京协和医科大学改名为北平协和医学院，中国人出任院长。该院办学宗旨是实行可与欧美最好的医学院校相媲美的高水平医学教育，为中国培养了一批超一流的医学人才，蜚声海内外。

国立交通大学北平铁道管理学院。1928年7月北京交通大学改名第三交通大学，8月又改称交通大学交通管理学院分院。1929年2月改名交通大学北平交通管理学院，7月再改称交通大学北平铁道管理学院。

至于平民大学和郁文大学，均于1930年改称平民学院和郁文学院，分别于1933年和1935年停办。此外，1930年和1931年还建立了北平国医学院和华北国医学院，均未立案。两所国医学院分别在1945年和1949年停办。还有一所私立的北平文治学院，1928年成立时名文史政治学院，1931年改名文治学院，大约又存在了两三年就停办了。

（三）专科学校的建立

国立北平艺术专科学校。1934年艺术学院脱离北平大学，独立组建北平艺术专科学校，设绘画（国画和西画两组）、图案（图案和图工两组）和雕塑（雕刻和塑造两组）三科。

市立北平体育专科学校，1934年8月建立，是唯一北平市属高等学校，培养体育师资，修业三年。

私立北平铁路专科学校。1928年10月畿辅大学改名北平铁路大学，1933年8月改名北平铁路学院，1936年秋又改称北平铁路专科学校。

私立北平美术专科学校，1924年创立，曾名北平美术学院、京华美术专科学校，1933年定名为北平美术专科学校。

还有所1907年基督教青年会创办的财政商业专门学校，1931年改称商业专科学校，1935年又改为才正高级商业职业学校，是个相当于高中的职业学校，已不属本文纳入范围。

抗战沦陷时期（1937~1945年）

1937年7月，侵华日军制造卢沟桥事变，29日中国驻军撤离北平城。8月8日，日军占领北平。10月12日，日伪当局擅改北平为"北京"，直至1945年日本宣布投降后，8月21日才恢复北平名称。9月3日，抗日战争胜利结束。

北平沦陷八年期间,日伪当局对高等教育进行了极大程度的摧残,多数院校被迫撤往西部地区,一些院校被迫停办,只有个别院校在极端困难的条件下继续坚持办学。此外,日伪当局为了标榜粉饰"华北文化中心",也建立了几所官办院校,推行殖民文化。

(一)国立和部分私立院校西迁

国立北京大学、国立清华大学与天津私立南开大学撤到湖南,组成"长沙临时大学",1937年11月开学,设文、理、法、工四个学院。1938年迁云南,更名"国立西南联合大学",5月在昆明开课,设文、理、法商、工和师范五个学院。

国立北平大学、国立北平师范大学与天津国立北洋工学院及省立河北女子师范学院撤到陕西,合组"西安临时大学",1937年11月开学。1939年迁汉中,更名"国立西北联合大学",8月又改称国立西北大学,设文、理、法商三个学院,工、农、医三学院均已分离独立,教育学院也分离独立改设国立西北师范学院,1940年迁往甘肃兰州。

国立交通大学北平铁道管理学院,1938年迁到湖南湘潭,1939年又迁贵州平越(今福泉市),改称交通大学贵州分校,1944年再迁四川璧山(今属重庆市)。

国立北平艺术专科学校,1937年秋迁往江西九江,1938年与杭州艺术专科学校合组国立艺术专科学校于湖南,1939年又迁贵阳、昆明,1941年迁璧山,1943年迁到重庆。

私立朝阳学院1937年秋迁湖北沙市(今荆州市沙市区),1938年迁成都,1941年再迁四川巴县(今重庆市巴南区)。

私立民国学院1937年秋迁河南开封,再迁湖南长沙,1938年迁益阳、溆浦,1941年迁宁乡,1944年迁安化,直至1945年抗战胜利后改称民国大学,但未能回返北平。

私立中法大学,1938年秋被迫停课,遂设立驻滇办事处,1939年和1941年,理学院、文学院先后迁往昆明,而医学院则迁往法国里昂。

私立燕京大学，校舍 1941 年太平洋战争爆发后被日军强占，1942 年在四川成都复校上课。

私立北平协和医学院于 1941 年 12 月被日军强占，次年 1 月被迫停办，1943 年在四川成都恢复教学。

迁往西部地区的北平十几所高等院校，客观上大大促进了西南、西北落后的高等教育的发展，起到相当大的作用。

（二）处境艰难的留平院校

根据重庆国民政府教育部《处理在战区以内上课之各专科以上学校办法》之规定，在沦陷区内上课之学校，必须向教育部备案，未经教育部核准而设立的学校概不予以承认。这样，在沦陷的北平，重庆国府承认坚持办学的高等学校，实际上只有两所，即辅仁大学和中国学院。

辅仁大学因与德国天主教圣言会的关系，德国人任职教务长，德日同为轴心国之故，日伪不便追究，尚可办学，然"全校同人备受艰辛"，日伪"嫉视摧残变本加厉"。中国学院虚与日伪周旋，"刻苦经营"，"不受敌伪资助"。故两院校在抗战期间，集合了一批不愿沦伪之文人学者，又聚集了众多不甘到伪校就学之青年，鼎盛一时，名声大振。1944 年两院校学生共达 6000 名之多，空前未有，竟成一景。

另华北学院房舍被占，暂避湖广会馆难以维持，只得停办。又北平铁路专科学校于事变后不久改办铁路职业学校，未几即停办。只有市立北平体育专科学校，勉强延续到 1943 年，校舍被占改设为日侨子弟外城国民学校而停办。

（三）日伪当局兴办的高等院校

伪"国立北京大学"系伪临时政府教育部 1939 年 1 月设立，下设农、医、工、理、文、法六个学院，占用原北京大学、北平大学、中法大学和朝阳学院房舍。

伪"国立北京师范大学"，伪华北政务委员会教育总署于 1941 年 11 月建立，由 1938 年 4 月设立的伪"国立北京师范学院"和"国立北京女子师范学院"合并组成,占用原北平师范大学教理学院和原北平大学法商学院第三院房舍。

伪"国立北京艺术专科学校",1938年5月设立,占用原北平艺术专科学校房舍。

伪"国立北京外国语专科学校",1938年3月设立外国语学校,1941年改为外国语专科学校,以日语为主。

伪"国立新民学院",1938年1月成立,占用原北平大学法商学院第一院房舍。1941年后瘫痪,1944年停办。为培养伪政权官员的干部学校,随之建立伪"国立华北行政学院",继续培养伪政权官员。

伪"高等警官学校",1938年3月建立,占用原北京大学法学院房舍。

伪华北交通公司所属"北京铁道学院",1940年设立,占用原私立北平铁路学院房舍。

伪"国立师资讲肄馆",1938年4月建立,为教育学院性质,培训中学师资,约在1943年停办。

以上院校全由日伪当局建立并控制,无一私立院校。1945年日本投降后多作鸟兽散。

胜利后南京政府时期(1945~1948年)

抗战胜利后,1945年10月10日在北平举行了华北日军签降仪式,中国政府恢复在华北地区行使主权。依据1946年《中华民国宪法》,南京政府于1948年1月12日公布了《大学法》和《专科学校法》,规定大学"以研究高深学术养成专门人才为宗旨",分为文、理、法、医、农、工、商等学院,具备三学院以上者可称为大学,不合者为独立学院。专科学校则"以教授应用科学养成技术人才为宗旨"。大学修业四至六年,专科学校修业二至四年。这段时期北平的高等教育基本上只办了三件事:一件是日伪当局设立的院校的甄审和接收,又一件事是原有院校的迁返、复学和开学,再一件事则是内战波及的东北、华北一些院校迁来北平"避难"。

（一）日伪当局兴办的院校的甄审与接收

沦陷期间日伪当局在北平兴办了一些院校。仅只适合殖民统治需要的，必然随侵略者的战败而殉葬，尚有可资利用的就只有伪北京大学六个学院、伪北京师大和伪北京艺专三院校。1945年12月建立"国立北平临时大学"，分设八个补习班，其中第1~6补习分班，分别接收伪北京大学理、文、法、农、工、医六个学院的师生。第7分班接收师范大学的，第8分班接收艺术专科学校的。这些院校师生，经为期半年的甄审，北平临大随之撤销。通过甄审的师生分别为有关院校所接收，这项工作遂于1946年暑期完成。

（二）原有院校的迁返、复学和开学

国立北京大学，国立西南联合大学于1946年5月宣布结束，三校各自进行迁返。北京大学于10月间复校开学。由于接收了北平临时大学第1~6分班的大部分，至1947年8月，北京大学已拥有文、理、法、医、工、农六个学院的阵容。

国立清华大学，亦于1946年10月复校开学，也接收了北平临时大学的部分师生。这时清华大学设有文、理、法、工、农五个学院，规模也超过了战前。

私立燕京大学，由于该校有部分师生未能西迁滞留北平，故得以先期于1945年10月复校上课，西迁师生则于1946年返平。该校仍设文、理、法三个学院。

私立中法大学，1946年11月返平复校开学，仍设文、理、医三个学院。

私立朝阳学院于1946年2月返平复学，只余法科一科。

国立北平铁道管理学院，1946年11月返平复学，更改校名，与上海交通大学脱离关系遂成独立学院。

国立北平艺术专科学校，1946年8月返平复校，接收了北平临时大学第8分班（即艺术分班），还有"中英文教基金会"所属"中国美术学院"并入，设有绘图、图案、雕塑、陶瓷和音乐五科。

私立北平协和医学院，迟至1948年10月才在北平举行复学开学典礼。

国立北平师范大学的情况比较复杂,由于教育部已不准国立北平大学返平复校,也不拟北平师范大学返平复校。该校师生强烈要求返平,教育部勉强同意西北师范学院部分师生返平设立"国立北平师范学院",有北平临时大学第7分班(即师范分班)并入,1946年10月开学。返平师生呼声甚高,直至1948年11月"复大"成功,仍名国立北平师范大学,仍设文、理、教育三个学院。

国立北平蒙藏学校于抗战胜利后,也自四川返平复校,设有师范专科部。

私立华北文法学院,由于日军侵占院舍而被迫停办的华北学院,1945年秋即在原址复学,1946年改名华北文法学院,设文、法两科。

市立北平体育专科学校,当年亦因日伪当局肆意侵占而被查封,1945年11月即行复校,次年2月恢复上课,设体育和体育师范两科。

私立北平铁路专科学校,业已停办十年之久,直到1948年10月才复校上课,设路政、工程两科。

私立辅仁大学未曾撤离北平,胜利后于1945年9月即行开学,设文、理、教育、农四个学院。

私立中国大学,抗战期间未曾离平,1945年10月开学。1948年6月"复大"成功,中国学院名称废除,设文、理、法三个学院。

(三)东北、华北暂迁北平的院校

国立东北大学,该校1937年由私立改国立,1938年自陕西迁四川,1946年迁返沈阳复校。不到两年光景,1948年4月又跑来北平,校部和文、理、工、农四个学院散居内城各处。国立长春大学暂居东城。国立长白师范学院来自吉林,暂居东城。国立沈阳医学院暂居东城。国立东北中正大学暂居南城。女子文理学院、沈阳师范专科学校、辽海商船专科学校以及锦州大学先修班等来自东北的院校学生共达五六千人,分居北平城内十几处地方。

此外还有来自太原的国立山西大学和来自河北保定的省立农学院学生共约一千人也挤进北平城。

这些"外来户"都是1948年跑来的,绝大多数谈不上什么正常教学活动。

北平解放初期（1949年）

1949年元旦，中国人民解放军北平市军事管制委员会和北平市人民政府在西郊成立，2月2日入城办公。北平和平解放结束了南京国民党政权在北平的统治。北平市军事管制委员会文化接管委员会(简称"军管会文管会")教育部负责高等学校接收工作，华北人民政府高等教育委员会负责高等学校管理事宜。

清华大学、北平师范大学和北京大学分别于1949年1月10日、2月27日和28日由军管会接管，5月初三校分别成立校务委员会。

华北人民革命大学1949年2月在北平西郊成立。华北军事政治大学1948年5月在河北石家庄成立，1949年2月迁来北平。华北大学1948年4月在河北正定成立，前身是1937年在陕西延安创建的陕北公学，1939年在河北阜平成立的华北联合大学，设有工、农、教育和文艺四个学院。1949年4月迁入北平城。

北平铁道管理学院于1949年3月5日由中国人民革命军事委员会铁道部接管，7月8日与唐山铁道工程学院、石家庄华北交通大学共同组成中国交通大学。

北平艺术专科学校于1949年3月24日由市军管会接管后，是年秋与华北大学文艺学院合并，后组成"国立艺术学院"。

北平体育专科学校于1949年3月24日由市军管会接管后，随即撤销并入北平师范大学体育系。

中国大学于1949年3月26日由市军管会接管后宣布停办，其文法学院和理学院师生分别并入华北大学和北平师范大学。

朝阳学院1949年6月由华北人民政府司法部接管，随即撤销，原址于8月9日改建为中国政法大学。

华北文法学院1949年春由市军管会接管后撤销，师生转入华北人民革命大学和华北大学。

北平铁路专科学校于1949年春由市军管会接管后撤销，其师生并入北平铁道管理学院。

中法大学于 1949 年 6 月 18 日由市军管会接管后撤销，文法学院师生并入北京大学和南开大学，理学院并入华北大学。

至于天主教会和基督教会办的辅仁大学、燕京大学和北平协和医学院，迟至 1950~1951 年由中央人民政府教育部接管。1952 年辅仁、燕京分别撤销并入北京师范大学和北京大学。

旅平外地大专院校均于 1949 年 2 月由市军管会接管。东北大学、长春大学、长白师范学院、沈阳医学院、东北中正大学、辽南海事商船专科学校、锦州大学先修班等约 6500 人，即行遣返东北解放区。河北农学院于 2 月 10 日接管后，200 余名师生遣返冀中解放区。山西大学于 2 月 22 日接管后，700 多名师生遣返晋中解放区（省会太原尚待解放）。其中也有拒返者，如长白师范学院部分师生逃离华北解放区南下，追随溃逃的国民党政府军跑到了海南岛。

历经风风雨雨短暂 38 年的民国时代，离开我们已经过去了半个多世纪。在民国教育史上，北京几所著名高等学府，至今在中国以至世界都有其地位。北京大学、清华大学、北京师范大学和北京协和医学院四校名称保持至今，生命力依然旺盛。中国人民大学（前身是华北大学）、北京理工大学（前身是华北大学工学院）、中国农业大学（前身是北京大学、清华大学和华北大学三校的农学院）、北京交通大学（前身是中国交通大学）和中央美术学院（前身是北平艺术专科学校和华北大学艺术学院）等院校，虽然校名几度变更，仍然属于名校系列。这些院校业已成为我们国家文化教育方面宝贵的物质财富和精神财富。这些著名学府还有一个共同的特点，历史上都曾经在祖国西南、西北大地的土壤中汲取营养。可以预料在 21 世纪科教兴国、西部大开发中，首都北京老资格的名牌院校将做出新的更大的贡献。

参考书目

①陈景磐编著：《中国近代教育史》，人民教育出版社 1983 年版。

②熊明安：《中华民国教育史》，重庆出版社 1990 年版。

③申晓云主编：《动荡转型中的民国教育》，河南人民出版社 1994 年版。

④郑登云编著:《中国高等教育史》上册,华东师范大学出版社1994年版。

⑤顾显中编著:《中国战时教育》,正中书局民国二十九年(1940年)版。

⑥中国人民政协西南地区文史资料协作会编:《抗战时期内迁西南的高等院校》,贵州民族出版社1988年版。

⑦吴惠龄、李壑编:《北京高等教育史料》第一集,北京师范学院出版社1992年版。

⑧汤用彤等编著:《旧都文物略》,书目文献出版社1986年版。

⑨陈宗蕃编著:《燕都丛考》,北京出版社1991年版。

⑩马芷庠:《老北京旅行指南》,北京燕山出版社1997年版。

⑪邓云乡:《文化古城旧事》,中华书局1995年版。

⑫丁守和、劳允兴主编:《北京文化综览》,北京师范学院出版社1990年版。

⑬首都图书馆地方文献部藏有关民国北京高等学校的图书资料。

⑭北京市档案馆藏有关民国北京高等学校的档案资料。

（原载《首都博物馆丛刊》2000年版，
《北京教育史志丛刊》2001年第2期转载）

冀察地区抗日民族统一战线的形成

冀察地区，系指 1935~1937 年期间，国民政府设置的"冀察政务委员会"管辖的地区，包括当时的河北、察哈尔两省和北平、天津两市。以平津为核心的冀察地区是华北的重心，具有重要的战略地位。九一八事变后东北沦陷，冀察与伪满毗邻成为抗日前沿阵地，军事地位更为重要。在冀察地区建立抗日民族统一战线，对华北抗战具有重要意义，对全国抗战亦有重要作用。中共北方局书记刘少奇执行党的民族统一战线政策，为争取冀察地区国民党当权者宋哲元及其统率下的二十九军合作抗日做出了杰出的贡献。

1935 年的华北局势和国共对策

1935 年日本侵略者加紧对华北五省——河北、察哈尔、绥远、山西和山东（包括北平、天津和青岛三市）的侵略活动。6 月 9 日，日本"华北驻屯军"参谋长酒井和驻北平武官高桥向国府北平军分会代委员长何应钦递交驻屯军司令官梅津《觉书》一件。何在得到国府行政院长汪精卫电复后，于 7 月 6 日复函承诺了日方要求。双方达成的这个协议，史称《何梅协定》。连日方也认为："这个协定，使中国蒙受了自己的军队在自己国土上因外国的压力而自行撤退的奇耻大辱。"①它断送了中国在河北省和北平、天津两市的大部分主权。6月27日，察哈尔省代主席秦德纯与日本关东军奉天特务机关长土肥原在北平又达成了使察哈尔省大部沦为"非武装区"（即中国军队撤离）的《秦土协定》。10月29日，高桥和驻屯军参谋中井向新任河北省主席商震要求，撤销北平军分会和罢免北平市长，国民党政府一一照办。更有甚者，11月25日，河北省蓟密兼滦榆两区行政督察专员殷汝耕在日本人唆使下，公然在通县建立脱离国府管辖的伪政权"冀东防共自治委员会"，河北东部20余县遂沦陷。在日方"华北政权特殊化"的要求下，12月18日在北平建立了"冀察政务委员会"。这是一个国民党政府与日本妥协的产物，17名委员中，亲日派占了7名，委员长是宋哲元。日方认为："以宋哲元为首的、基本上符合日本愿望的冀察政务委员会。这个政权组织虽然不是完全脱离南京政府，却是准备与日本合作的。""将来的华北政权可以利用冀察政务委员会作它的核心。"②1935年日本帝国主义在华北制造的这一系列事件，总称"华北事变"。其结果使民族危机空前严重，正如12月9日清华大学救国会《告全国民众书》中所说的："眼见华北的主权，也要继东三省热河之后而断送了！""华北之大，已经安放不得一张平静的书桌了！"③富有爱国传统的北平学生在中国共产党的感召和领导下，在市学联的具体组织下，于1935年12月9日和16日，举行了两次声势浩大的示威游行，向国民党当局请愿。这就是历史上著名的一二·九运动。学生们的爱国行动虽然遭到了军警的武力镇压，但他们的壮举迅速得到各地学生和民众的热烈响应。它标志着全国抗日救亡运动走向新高潮。这次运动的直接结果是唤起了广大民众普遍要求抗日的民族意识，促使国民党政府提早走上抗战道路。

面对急剧恶化的华北形势，以蒋介石为代表的国民党中央当局也看到了问题的严重性。当10月7日日相广田提出要求国府正式承认"满洲国"时，

---

① 《土肥原秘录》中文译稿，第29页。
② 《中国近代对外关系史资料选辑》下卷第一分册，上海人民出版社1997年版，第236页。
③ 《一二·九运动资料》第一辑，人民出版社1981年版，第97页。

国府实感不能接受。11月19日，蒋介石在国民党五全大会上作报告说："溯自九一八事变发生以还，继续不断的上海事件、华北事件，接踵而来，全国上下，均陷于极度烦闷痛苦之中。"若到了和平绝望的时期与牺牲的最后关头，则"当听命于党国，下最后之决心"，并将"抱定最后牺牲之决心，而为和平最大之努力，期达奠定国家，复兴民族之目的"，作为国民党"救国建国唯一之大方针"。① 它反映了国民党当局同日本帝国主义之间的矛盾进一步加深情况下出现的前所未有的新动向，对日妥协外交已开始发生动摇，在国民党内部以蒋介石为首的亲英美势力得到加强，而以汪精卫为首的亲日派势力有所削弱。11月20日，蒋介石致电商震："如平津自由行动，降敌求全，则中央决无迁就之可能，当下最后之决心。"② 28日，蒋介石写到："日寇横暴状态，已无和平之望，故毅然断行——一面抗议其日军在华北之暴行与土肥原之胁迫，一面准备如'华北自治'发表，则明示为日寇以军力所逼成，规戒华北之主管。"③ 12月7日，在国民党中政委会议上，蒋介石在谈到处理华北问题的原则时，对行将成立的冀察政委会权限给予限制："冀察一切内政、外交、军事、财政，必须保持正常状态，不得越出中央法令范围以外。""绝对避免自治名义与独立状态。"④ 1936年元旦，蒋介石发表广播演说："我们国家的情势，现在很危险急迫，时时刻刻都在危急存亡之中。""我们要挽救四万万同胞共同所有的中华民国，复兴历史文化最悠久、最光荣的中华民族。"⑤ 当月，他在接见全国中学师生代表的讲话中强调："现在日本人当然是企图在华北造成第二个'满洲国'，但是绝对没有那样容

---

① 《中国近代对外关系史资料选辑》下卷，第一分册，上海人民出版社1997年版，第281~283页、第286页。

② 〔日〕古屋奎二编：《蒋总统秘录》第十册，中译本，台湾中央日报社1975年版，第75页。

③ 〔日〕古屋奎二编：《蒋总统秘录》第十册，中译本，台湾中央日报社1975年版，第81页。

④ 〔日〕古屋奎二编：《蒋总统秘录》第十册，中译本，台湾中央日报社1975年版，第83页。

⑤ 〔日〕古屋奎二编：《蒋总统秘录》第十册，中译本，台湾中央日报社1975年版，第86页。

易。"① 从以上蒋氏言论不难看出，华北处于危急之时，国民党中央当局感到妥协外交很难行通，表示了准备抵抗的意图。

对于华北事变造成的民族危机，中共临时中央局早在1935年6月就指出："华北这次事变的发展，已扩大到全中国的范围，而引起了中国的新的危机。"② 8月1日，中共中央和中华苏维埃政府发表《为抗日救国告全体同胞书》（即《八一宣言》），原则提出建立广泛的全民族的抗日民族统一战线的建议。10月，中共中央又明确提出：党的"总的策略方针是进行广泛的统一战线，这就是说党要联合一切抗日讨蒋的力量来打倒日本帝国主义消灭蒋介石"。③ 12月，中共中央政治局扩大会议在陕北瓦窑堡召开，讨论了形势，分析了国内阶级关系的新变化，批评了"左"倾关门主义，确立了抗日民族统一战线的策略路线。这次会议是中国共产党在从内战到外战的历史重大转折时刻举行的一次极为重要的会议，它标志着中国共产党关于抗日民族统一战线策略路线的正式形成。1936年3月，中共北方局发表宣言指出："一切政策，一切努力为着一个基本的目的，即战胜日本帝国主义及其中国的走狗，挽救中国民族的危亡，实现中国民族的独立自由和领土的完整。一切具有这一共同目标的中国同胞，不问他们是属于哪一阶级，哪一党派……都应该联合起来共同奋斗。一切与此目的相反的人，都应该认为汉奸卖国贼，起而攻之。因为抗日救国，是中国全民族目前最迫切最中心与最高的任务。"④

通过华北事变和国共对策，已经可以看出如下事实：国民党政府虽然仍然执行对外妥协对内征服的误国政策，但是业已感到在日本帝国主义日益加紧的侵略面前，不能再继续无休止地退让下去。五全大会后已经出现了准备抵抗日本帝国主义的新动向。而中国共产党召开的瓦窑堡会议，适时

---

① 〔日〕古屋奎二编：《蒋总统秘录》第十册，中译本，台湾中央日报社1975年版，第84页。
② 中央统战部、中央档案馆编：《中共中央抗日民族统一战线文件选编》中册，档案出版社1985年版，第3页。
③ 中央统战部、中央档案馆编：《中共中央抗日民族统一战线文件选编》中册，档案出版社1985年版，第22页。
④ 中央统战部、中央档案馆编：《中共中央抗日民族统一战线文件选编》中册，档案出版社1985年版，第116页。

地确定了具有重大意义的建立抗日民族统一战线的策略路线。总之，华北事变以来，国共两党均对各自过去的政策进行了不同程度的调整，逐渐正视在华北和中国业已发生新的民族危机的严酷现实，也就是在这时，国民党政府提出要求与中国共产党接触的愿望，得到中共方面的积极响应，以谈判两党联合抗日的问题。中共中央代表刘少奇通过北方局的下属系统派出代表，前往南京进行为建立抗日民族统一战线而举行的国共两党关系破裂近十年来的初次秘密谈判。

北方共产党人争取同冀察国民党当局合作抗日

（一）刘少奇主持中共北方局，坚决贯彻执行民族统一战线政策

1936年4月初，刘少奇来到天津，主持中共北方局工作。当时中央给他的任务是："指导华北党的工作，进行统一战线工作，并且在全国范围内宣传党的新政策。"①他坚定地执行了党中央关于建立抗日民族统一战线的政策方针，对长期存在于党内的"左"倾关门主义进行了系统的批判。他看到当时北方党的情况是："党中央的正确路线还没有传达到白区来，华北党组织还是被错误路线统治着。这种错误路线……是当时执行党的统一战线新政策的主要障碍。"②4月5日，刘少奇给北平的同志写了一封信，严厉批评了"少数先进分子的冒险行动"，说："这是足以陷自己于孤立的行动。"③指出它"将给北平人民的救国统一战线以极大的损害"，"这不简单是错，而且是罪恶啊。"④

4月10日，刘少奇发表《肃清关门主义与冒险主义》，从理论上批判"左"倾机会主义路线。明确指出："今天的形势，是日本帝国主义要把中国从半殖民地的地位，变为完全殖民地的地位。""党的策略任务，就是要用极广泛的民族统一战线，去团聚各阶级、阶层、派别及一切抗日反卖国贼的分

---

① 《刘少奇选集》上卷，人民出版社1981年版，第245页。
② 《刘少奇选集》上卷，人民出版社1981年版，第247页。
③ 《刘少奇选集》上卷，人民出版社1981年版，第250页。
④ 《一二·九运动资料》第二辑，人民出版社1982年版，第13~16页。

子和力量，开展神圣的民族革命战争，去战胜日本帝国主义及其在中国的走狗。""这时如果我党不能完全肃清关门主义与冒险主义，那就谈不上广泛的民族统一战线，广大民众的抗日反汉奸运动，就不会在我党的领导之下开展起来，那就要障碍着我党和革命的前进。"①他判断："我们对宋哲元及冀察政务委员会作了一些研究之后，认为他们虽是日本培养起来的代理机关，但在全国救国运动高涨的情势下，还是动摇的，还不甘愿卖国当汉奸，还有转向抗日的可能。"②

刘少奇使北方党的工作摆脱了长期以来严重的"左"倾机会主义的影响，还在组织上进行了整顿。这样，中共北方局就承担了在华北，特别是在冀察地区建立抗日民族统一战线的重大历史责任。

（二）日本加紧侵略华北，宋哲元由妥协渐趋强硬

华北事变后，日本加紧了侵略中国的步伐，1936年1月，日本政府仍然坚持"处理中国的主要目标，在于援助完成以华北民众为中心的自治"。"先求逐步完成冀察两省及平、津两市的自治。""在冀察政务委员会的自治机能还未充分发挥时，支持冀东自治政府的独立性，如果冀察的自治到达大体上可以信任的时候，尽快使之合流。"③日本为实现它的企图，决定施加军事压力，增兵华北，迫使宋哲元就范。3月间，日本驻华武官致电陆相称："宋哲元唯听从南京命令，致我方威令不能完全行使。……为谋恢复我方自治工作的轨道，实有压迫宋哲元服从吾人之必要。为此，增强支那驻屯军乃其先决条件。"④4月17日，日本政府决定增兵，"中国驻屯军"兵力较前大为加强，其司令官改由天皇任命。5月14日，新增日军开始在秦皇岛登陆。在加紧军事侵略的同时，日本还加剧了经济侵略，以伪满和大连港为陆海基地，利用冀东伪政权控制的长城关口和渤海口岸，猖狂进行走私活动，

---

① 《刘少奇选集》上卷，人民出版社1981年版，第23~24页。
② 《刘少奇选集》上卷，人民出版社1981年版，第250页。
③ 《中国近代对外关系史资料选辑》下卷，第一分册，第238页。
④ 〔日〕古屋奎二编：《蒋总统秘录》第十册，中译本，台湾中央日报社1975年版，第97页。

仅在 1936 年 4 月份一个月内，就使中国关税减少 800 万元，占全国关税月收入的 1/3，使中国财政蒙受重大损失。走私日货充斥华北城乡，给中国经济造成严重混乱。中国民族资本置于被扼杀的境地，民族危机日益加深。

5 月 28 日，在刘少奇的直接部署下，在日本"中国驻屯军"驻地天津，当大批日军开到时，成千上万不甘当亡国奴的学生和市民，张起了"反对日本增兵华北示威大游行"的横幅，发出"武装保卫华北"的呼喊。爱国学生和市民的正义行动，激起了强烈的社会反响。这时二十九军爱国官兵被压抑了的抗日愿望又被激发。冀察当局对于日方的强横要求，开始采取抵制态度。5 月 30 日，宋哲元就天津日本报纸发表《警告宋哲元》一文对报界谈话说："日本在华北增兵，及设立驻平旅团司令部事，均于手续不合，拟请日方加以解释，现在吾人主要目的即保持主权，值此危急之秋，切盼政府速有办法。"① 这时宋哲元公开宣称他将全力维护华北主权。对于学生爱国行动，一改去冬的镇压而为同情乃至辩护。他认为："津市学生游行事件，日方表示颇认为严重，实则学生尚无轨外行动。"② 6 月 2 日，二十九军代表在北平接见请愿学生，"对学生爱国行为深为赞许"，"向学生表示决不撤退，二十九军将士于必要时决不会辜负民众的期望"。③ 被日军无理逮捕的天津学生，也通过冀察当局的交涉而获释放。这时宋哲元的态度，日本大使川樾还是看得很清楚的，他说："日本陆军以为宋哲元已为日本收买，实则宋哲元亦支那人也，绝不愿日本夺取支那领土。"④ 6 月 13 日，中共北平党组织了学生和民众举行示威游行，召开了钟楼大会，第一次打出了"欢迎二十九军继续抗日"的横幅，喊出了"要求政府立即出兵抗日"等口号。这次学生的行动还争取到警察的同情。曾几何时，处于对立状态的爱国学生和二十九军广大官兵在共同抗日的大前提下，开始走到一起来了。

5 月 24 日，刘少奇适时提出要"抛去一切狭隘的对人'不容忍'的傲慢的废物，不管什么党派，什么团体，什么样式的个人，你们都要去招致来，

---

① 张蓬舟主编：《近五十年中国与日本》第二卷，四川人民出版社 1985 年版，第 174 页。
② 《国闻周报》第 13 卷，第 22 期。
③ 《救国时报》，第 40 期。
④ 《抗战前华北政局史料》，第 205 页。

在抗日救国共同目标下，联合起来"。①6月19日，他又阐明："民族统一战线的问题，是中国目前的中心问题，是我们战胜侵略者的中心关键。"② 中共北方局坚定地执行抗日民族统一战线政策，保持和巩固了一二·九运动的成果，取得了初步的成功。

（三）国民党对日态度进一步变化，共产党实行逼蒋抗日方针

日本侵略者的步步紧逼，迫使国民党中央当局对日政策也在逐步变化中。1936年7月，蒋介石在国民党五届二中全会发表演说称："我们临到这个国难严重关头，应当不惜牺牲来御侮救亡"，"中央对外所抱的最低限度，就是保持领土主权的完整"，"假如有人真要强迫我们承认伪国等损害领土主权的时候，就是我们不能容忍的时候，就是我们最后牺牲的时候"。"从去年十一月全国代表大会以后，我们如遇有领土主权再被人侵害，如果用尽政治外交方法而仍不能排除这个侵害，就是要危害到我们国家民族之根本的生存，这就是我们不能容忍的时候。到这时候，我们一定作最后之牺牲。"③ 8月间，中共领导人毛泽东写信赞扬宋哲元："先生情殷抗日"，"今日寇得寸进尺，军事政治经济同时进攻，先生独立支撑，不为强寇与汉奸之环迫而丧所守"。④

8月5日，中共中央指出："我们认为北方党的工作，自胡服（按：即刘少奇）同志到后，有了基本上的转变，主要的表现在政治领导的加强，纠正了过去河北党中严重的关门主义倾向。""表现在努力扩大抗日战线，不仅企图建立华北各界救国联合而且能顾及全国，在学生、军队、农民等群众中，均有较好的成绩。""这些主要转变，是已奠定了胜利的基础，开展着光明灿烂的伟大前途。"还特别指出："你们在二十九军中所采取的新办法，

---

① 《一二·九运动资料》第二辑，人民出版社1982年版，第33页。
② 《一二·九运动资料》第二辑，人民出版社1982年版，第35页。
③ 《中国近代对外关系史资料选辑》下卷，第一分册，上海人民出版社1977年版，第286页。
④ 中央统战部、中央档案馆编：《中共中央抗日民族统一战线文件选编》中册，档案出版社1985年版，第209页。

是完全正确的。"①

日本侵略者鼓动"华北自治"仍不死心。8月7日，日本内阁四相会议依然坚持"在华北方面，促成与日、满两国经济上、文化上的融合和合作，同时努力使华北成为日、满、华共同防御苏联扩展赤化的特殊地区"。②11日日本政府又提出："处理华北的要点，在于援助完成以华北民众为主的分治政治，在该地区建设巩固的防共亲日满地带。""对该地区政权采取从内部领导的方式；同时使南京政权确实承认华北的特殊性，对华北分治不采取牵制行动；进一步给予华北政权以一种特殊的而又总括性的自治权限。""首先应全力以赴地进行冀察两省明朗化工作。"使冀东伪政权"成为冀察政权的模范"。"如冀察政权的分治机构能到达足以信任的地步，则使冀东地区与该政权合流。"③

考虑到日本侵略的加紧和以蒋介石为代表的国民党中央当局态度的变化，9月1日，中共中央发出《关于逼蒋抗日问题的指示》明确提出："目前中国人民的主要敌人，是日本帝国主义，所以把日本帝国主义与蒋介石同等看待是错误的，'抗日反蒋'的口号，也是不适当的。"继而指出："在日本帝国主义继续进攻，全国民族革命运动继续发展的条件下，国民党中央军全部或其大部有参加抗日的可能，我们的总方针应是逼蒋抗日，一方面继续揭破他们的每一退让、妥协、丧权辱国的言论与行动，另一方面要向他们提议与要求建立抗日的统一战线，订立抗日协定。""我们目前的中心口号，依然是'停止内战，一致抗日'。"④"逼蒋抗日"是中国共产党真心愿意建立抗日民族统一战线的一个重大决策，"今天，中国人民和许多爱国官员，都热切盼望两党为了民族救亡的目标团结起来。他们热切希望结束

---

① 中央统战部、中央档案馆编：《中共中央抗日民族统一战线文件选编》中册，档案出版社1985年版，第187~191页。
② 《中国近代对外关系史资料选辑》下卷，第一分册，上海人民出版社1977年版，第301页。
③ 《中国近代对外关系史资料选辑》下卷，第一分册，上海人民出版社1977年版，第291~293页。
④ 中央统战部、中央档案馆编：《中共中央抗日民族统一战线文件选编》中册，档案出版社1985年版，第251页。

内战。这一点不实现，抗日运动就会遇到极大的障碍"。①

（四）华北日军加紧挑衅，冀察当局备战转向积极

1936年夏秋，侵华日军不时向二十九军挑衅，局势甚为紧张，大有一触即发之势。10月20日起，华北日军在平郊进行长达半个月的演习，日本坦克在北平街头耀武扬威，给城郊农民带来极大的灾难。被激怒了的二十九军针锋相对地也从11月11日开始了秋季大演习。这时正在冀察视察的国民政府代表看到二十九军将士"无时无地不在准备与日本人厮杀"。②北平清华、燕京两大学学生代表应邀前往演习现场参观，并向官兵赠送"国之干城"锦旗。宋哲元即席讲话，申述维护领土主权的决心。

刘少奇认为："要准备抗日战争，没有军队的参加是不可能的。我们为了争取华北的军队抗战，进行了艰苦的工作。"③这些工作对于二十九军及宋哲元本人转向抗日，起了相当大的推动作用。

（五）张群、川樾会谈破裂，秦德纯表态支持抗日

9月中至12月初，国府外长张群同日本大使川樾进行了八轮会谈。日方提出日中经济合作、华北五省自治等要求。中方则提出废除《塘沽协定》、《何梅协定》，取消冀东伪政权，取缔华北走私和撤退华北日军等主张。由于双方提案大相径庭，未能达成协议。其间，蒋介石曾面见日使，态度亦较过去强硬。英国报纸评论说，中国不想"吃耳光，赔笑脸"，这还是九一八事变以来第一次。它反映了国民党政府的对日态度比二中全会时又向前迈进了。

12月12日，在市救国学联组织下，北平大中学生为支援绥远抗战，要求释放上海爱国领袖举行示威游行，向国民党政府提出冀察当局出兵冀东、收复察北等要求。傍晚，宋哲元的代表、北平市长秦德纯来到学生中间表

---

① 《毛泽东一九三六年同斯诺的谈话》，人民出版社1979年版，第118~119页。
② 《抗战前华北政局史料》，第217页。
③ 《刘少奇选集》上卷，人民出版社1981年版，第249页。

态:"诸位是爱国的,二十九军也是爱国的,二十九军的爱国心是不让诸位的。"① 对于学生们的要求,秦表示完全接受。冀察当局从"动摇于中国人和汉奸之间","但,最后终于投到中国人的路上"。② 一年前镇压爱国学生运动的二十九军和冀察当局,终于接受了"一致对外,共同抗日"的呼吁。可以说,冀察地区的抗日民族统一战线初步形成了。

冀察地区抗日民族统一战线形成

1936年12月,西安事变爆发,张、杨通电抗日救国。在中共代表调停下,事变最终和平解决。它对于推动国共合作,团结抗日起了重大作用,因而成为国内战争走向民族战争的转折点。刘少奇于1937年元旦撰文,认为:"西安事变的和平解决,可以成为全中国大局好转之关键。""西安事变,不独没有引起中国大规模的内战,使抗日战争推迟,而且可以使中国的内战停止,全国的抗日战争提早。"③ 中共提出并坚持的"停止一切内战,一致抗日"的民族统一战线政策,已经在全国范围内开始取得成功。

1937年2月10日,中共中央电国民党五届三中全会称:"西安问题和平解决,举国庆幸,从此和平统一团结御侮之方针得以实现,实为国家民族之福。"并就"当此日寇猖狂,中华民族存亡千钧一发之际",特提出"停止一切内战,集中国力,一致对外"等五项要求,愿做出"在全国范围内停止推翻国民政府之武装暴动方针","坚决执行抗日民族统一战线之共同纲领"等四项保证。④ 在这次全会上,宋庆龄、孙科等14人联合提出议案:"近半年来,迭次接中国共产党致我党中央委员会书函通电,屡次提议国共合作,联合抗日,足证团结御侮已成国人一致之要求。最近西安事变,尤足证实

---

① 《一二·九运动资料》第二辑,人民出版社1982年版,第195页。
② 《一二·九运动资料》第二辑,人民出版社1982年版,第197页。
③ 中央统战部、中央档案馆编:《中共中央抗日民族统一战线文件选编》中册,档案出版社1985年版,第349页。
④ 中央统战部、中央档案馆编:《中共中央抗日民族统一战线文件选编》中册,档案出版社1985年版,第385~386页。

此点。虽与本党向处敌对地位之中国共产党,亦愿停止危害本党政权之企图,拥护统一抗日。"①这次全会宣言中承认,"和平统一""为全国共守之信条"。"和平统一之目的,在集中整个国家整个民族的力量,以排除当前之国难。"在对日关系上表示"超过忍耐之限度,而决然出于抗战"。②蒋介石在全会期间的谈话中,部分答复并且接受了中国共产党提出的要求。"国民党三中全会是一个有重大意义的会议","它是表示国民党政策开始转变"。③因此,国民党五届三中全会标志着在全国范围内以国共两党合作为基础的抗日民族统一战线初步形成。

到1937年初,在华北,日本侵略者梦寐以求的"华北特殊化"仍未能实现。宋哲元在新年发表《文告》说:"我们是中华民国的国民,一定要自强。"④2月初,宋哲元面告秦德纯:"日本种种无理要求,皆关系我国主权领土之完整,当然不能接受。"⑤下半月,秦德纯向蒋介石表示:"二十九军与冀察政务委员会,分隶军委会、行政院……自当遵循委座意旨,支持华北局面。"⑥当月,宋哲元发表《告同胞书》说:"国家三大要素,即主权、土地、人民,誓本军人天职,尽力保护之。"⑦日本面对如此情景,无可奈何地哀叹:"以日满华亲善,建立缓冲地带为目的的冀察政权,完全改变了性质。"⑧

依据国民政府命令,4月2日,冀察政务委员会增补抗日派冯治安等三人为委员,同时撤销了亲日派王克敏等三人委员职,一改过去维持平衡的

---

① 中央统战部、中央档案馆编:《中共中央抗日民族统一战线文件选编》中册,档案出版社1985年版,第604页。
② 中央统战部、中央档案馆编:《中共中央抗日民族统一战线文件选编》中册,档案出版社1985年版,第607~608页。
③ 中央统战部、中央档案馆编:《中共中央抗日民族统一战线文件选编》中册,档案出版社1985年版,第439页。
④ 《冀察政务委员会公报》,第95期。
⑤ 台湾《传记文学》第一卷第一期,第26页。
⑥ 《文史资料选辑》第52辑,第241页。
⑦ 沈思:《政府抗战的准备》,第43~44页。
⑧ 日本防卫厅战史室编:《华北治安战》中译本上册,天津人民出版社1982年版,第7页。

局面。在对待共产党和民众抗日活动方面，冀察当局也采取较过去更为宽大的政策。当时二十九军中有不少高级军官与中共北平党组织建立了工作联系，军副参谋长张克侠即为其中之一。中共还派遣了秘密代表专门去做宋哲元和其他二十九军将领的统战工作。5月，宋哲元置日军禁止华北学生军训于不顾，决定实施暑期军训计划，吸收了大量抗日学生参加。中共党组织还通过民族解放先锋队、北平市救国学联等进步团体，利用一切可能的机会，与二十九军官兵接触，展开抗日救亡宣传鼓动工作，大力支持官兵的抗日热情。

在冀察政委会内，由于以宋哲元为首的二十九军主要将领对日态度的变化，抗日势力大增，亲日势力下降，特别像宋的亲信、坚决主张抗日的冯治安这样人物的进入，其作用是明显的。政委会大权几乎已由宋哲元、秦德纯和冯治安等人所垄断。二十九军的军师长官分别兼任了平、津、冀、察四省市地方行政主官，有效地控制着冀察地区的局面。日本侵略者企图利用冀察政委会为工具控制华北的图谋显然遭到了严重的挫折。当卢沟桥事变爆发之际，宋哲元对冀察绥靖主任公署官员讲话时明确表示："今后局势不论怎样变化，我宋哲元绝不当汉奸，绝不卖国！"①

冀察地区国民党军政当权者宋哲元，在1935年华北事变中是个对内反共、对外妥协的地方实力派人物，由于民族危机日益严重，民众抗日呼声强烈，他终于不再踌躇，毅然走上了抗日的道路。1937年7月7日，宛平城头响起二十九军抗击日军的枪声，揭开了神圣的抗日战争全面爆发的序幕。刘少奇主持的中共北方局，取得了十年中国共产党"在白区工作中空前未有过的成绩"。②他无愧于党的"正确路线在白区工作中的代表"。③

综观冀察地区以国共两党合作为基础的抗日民族统一战线的形成过程，具有如下特点：

1. 冀察地区抗日民族统一战线的倡导者——刘少奇领导下的北方共产

---

① 《七七事变（原国民党将领抗日战争亲历记）》，天津人民出版社1982年版，第275页。
② 《刘少奇选集》上卷，人民出版社1981年版，第251页。
③ 《毛泽东选集》第3卷，人民出版社1991年版，第975页。

党人在统一战线的整个形成过程中,从理论到实践都做出了重大贡献,但却一直处于不合法的地位。因此,共产党人的活动主要是通过党所领导的进步学生和其他抗日组织、爱国人士进行的,而以著名的一二·九运动开始的爱国学生运动贯穿于全过程。

2.冀察地区抗日民族统一战线的重要参加者是以宋哲元为首的军政一体的冀察当局。它参加统一战线的过程,是它从动摇于日本帝国主义和国民党中央政权之间,最终倒向完全服从于国民政府的过程。在冀察当局内部一直存在着抗日派和亲日派之间的激烈斗争,抗日派逐渐占了明显上风。

3.冀察地区由于地处当时华北抗日前沿阵地,时时受到日本侵略者的袭扰,广大各阶层民众对此皆有痛切感受。因此,冀察地区抗日民族统一战线的群众基础是坚实的、稳固的,使统一战线的形成过程加速,形成时间提前。

4.冀察地区的抗日民族统一战线不但没有组织形式,而且连最起码的形式也不具备,仅仅是冀察地区爱国的国民党人、共产党人、各界爱国民众和爱国人士为了一个共同的抗日愿望或早些、或晚些、或坚决、或迟疑地走到一起来了,处于同一战线之中。

毋庸讳言,冀察地区抗日民族统一战线的形成,迎接了伟大的中华民族全国抗战的到来。

(原载《首都博物馆文集》1991年版,署名李寅)

中日南口之战与平北敌后抗战

"民族至上""国家至上"是抗日战争时期"全中国人民所接受所实行"的口号。"'民族至上'的口号就等于民族利益高于一切","在这个意义上,一切个人利益、阶级利益、党派利益,都应该服从总的民族利益"。"在帝国主义侵略下的殖民地和半殖民地以及被帝国主义战争所蹂躏的一些弱小国家","当他们整个民族需要合力御侮的时候,这个国家的作用,便成为对抗外来帝国主义侵略以求自己民族独立解放的统一机关了","所以在这些国家中民族解放的利益,是各阶级所共有的,'保卫祖国'的口号,也就适用,而'国家至上'也就有他严重的历史意义"。"因此,'民族至上'、'国家至上'的口号,在中国,在一切殖民地半殖民地及被侵略的弱小国家是革命的。"[①] 这是当年中共领导人周恩来为重庆《新华日报》所写的社论文章《民族至上与国家至上》中的语句,其基本观点在今天看来依然是正确的。

在整个20世纪三四十年代抗日民族解放战争历史阶段,"中华民族至上""中华民国至上"毋庸置疑是完全正确的。我们"不能仍然囿于以往那

---

① 新华日报、群众周刊史学会编:《坚持团结抗战的号角》,重庆出版社1986年版,第101~112页。

种国共斗争的模式,而应该从整个国家、整个民族的角度"①研讨抗日战争时期的历史,当然也包括对中日南口之战给以客观公允的历史评价。

南口血战,恭祭民族忠魂

1937年8月,在河北省昌平县(今北京市昌平区)西北部以南口镇为中心的区域,中国国民政府军与侵华日军展开了一场攻守阵地战,即中日南口之战。

日军参战部队,初为隶属关东军的铃木重康中将所部第11独立混成旅团和酒井镐次少将所部第1独立混成旅团。随后从朝鲜半岛调来川岸文三郎中将所部第20师团,最后又从日本广岛调来精锐部队板垣征四郎中将所部第5师团。中国参战部队主力始终是第7集团军前敌总指挥兼第13军军长汤恩伯中将所部,即第89师王仲廉少将部和第4师王万龄少将部。参战的还有第17军军长兼第84师师长高桂滋中将部及其所部第21师李仙洲少将部,以及第94师朱怀冰少将部,第72师陈长捷少将部,独立第7旅马延守少将部等约计6万兵员。表面看来,中国兵力不少,实际上当年中国一般一个师的人员编制只及日军半个师团,且枪炮武器配备均有明显差距。而且日军每个师团均拥有坦克、战车数十辆,各种机动和非机动车辆上千,战马数千匹,而这些我军皆一无所有。

南口之战中国政府军指挥官汤恩伯,浙江武义农家出身,日本士官学校毕业生,曾任南京中央陆军军官学校(其前身即黄埔军校)教官,1932年任第89师少将师长,1935年升任第13军中将军长,1936年协助傅作义上将所部第35军在绥远(今内蒙古自治区中西部)抗击日伪军,一举收复百灵庙(今达尔罕茂明安联合旗驻地)。

中国军队8月3日始抵南口前线,遵令"星夜赶筑工事,静镇慎守,严督勤巡"。6日奉命"固守半月","死守不失"。8日日军首攻战线左翼德

---

① 郭德宏:《论抗日战争史研究中的若干重大问题》,《历史教学》2005年第11期。

胜口。至 10 日，南口激战，我军阵地已被敌炮轰平，官兵仍奋战死守。14 日战事异常激烈。第 529 团罗芳珪团长率部与突入阵地的敌军坦克鏖战。面对从未见过的"铁怪"，勇士们爬上坦克，把手榴弹投进坦克车内。以中华男儿血肉之躯与钢铁战车肉搏，彰显一片赤子报国之心。是日击毁坦克 6 辆，暂时阻扼了敌人前进，打击了日军的嚣张气焰。战至 15 日，战事空前猛烈，我军仍顽强防守南口两翼山头阵地。至 22 日，居庸关阵地被敌攻破。25 日晨，日军发动全线总攻，我军一线将士已伤亡大半。26 日我军官兵完成既定任务奉命撤离阵地。是役我军以伤亡 3 万余官兵的代价，粉碎了日军"三日内可攻下南口"的狂言。爱国将士的英勇事迹，鼓舞着奋起抗战的全国亿万军民。

8 月 31 日，中国共产党机关刊《解放》周刊发表评论说："南口以及整个平绥线上前敌将士的忠勇，不管在敌人炽烈的炮火和大规模使用毒气的进攻底下，他们名符其实的战斗到最后一人。""这一页光荣的战史，将永久与长城各口抗战、淞沪两次战役鼎足而三，长久活在每一个中华儿女的心中。""每一个热血的中华儿女，将永久地记忆着南口平绥线上慷慨牺牲的烈士们的名字。""我们对南口牺牲的烈士们致最大的敬意。""中华民族绝不会灭亡！""最后的胜利仍将是我们的！"①

10 月间，中共领导人毛泽东指出："中国进行了坚决英勇的抗日民族自卫战，虽是遭受了暂时的部分的失利，但是这一民族自卫战：1. 空前地发扬了中华民族的伟大与坚决勇敢的精神，打破了过去的'恐日病'，给了日寇相当的打击；2. 空前地巩固了中国内部的团结与统一，表示了中华民国的新气象；3. 使十年来对立的国共两党重返合作，使国民党有了决定的转变。"②

翌年 3 月 12 日，毛泽东在延安发表讲话说："从卢沟桥事变以来，东方历史上未曾有过的大战已经打了八个月。敌人是倾全国的力量来打，目标是灭亡中国，战略是速战速决。我们呢？也是倾全国的力量来抵抗，目标

---

① 北京昌平政协文史委、区志办编：《南口战役》，中国文史出版社 2007 年版，第 83~84 页。

② 《毛泽东文集》第二卷，人民出版社 1993 年版，第 48 页。

是保卫祖国，战略是持久奋斗。八个月中，陆、空两面，都做了英勇的奋战，全国实现了伟大的团结，几百万军队与无数人民都加入了火线，其中几十万人就在执行他们的神圣任务当中光荣地壮烈地牺牲了。这些人中间，许多是国民党人，许多是共产党人，许多是其他党派及无党无派的人。""中华民族绝不是一群绵羊，而是富于民族自尊心与人类正义心的伟大民族，为了民族自尊与人类正义，为了中国人一定要生活在自己的土地上，绝不让日本法西斯不付重大代价而达到其无法无天的目的。""我们要使全中国人都有这种明确的认识与坚固的信念，都懂得最好的持久战方针，在中央政府与蒋委员长领导下，在这回大战中，齐心一致，一定要把亡国奴或亡国奴威胁的锁链摆脱掉。"①

北平沦陷，战斗未有穷期

　　南口之战打响之际，1937年8月8日，日本侵略军在河边正三少将旅团长兼北平入城司令率领下，从永定门、朝阳门和广安门开进北平城。近代饱受凌辱的古都，又一次陷入了深渊。忆往昔，1860年10月13日，英法联军闯进安定门，帝都被占领了一个多月。1900年8月14日，美、英、俄、日军队攻入东便门、广渠门、东直门和朝阳门，八国联军占据北京城一年有余。此次日军占领北平城，竟达八年多。

　　1937年8月20日，日本侵略者卵翼下的伪北平市政府建立。前清遗老、民初政要、行将就木的"北平地方维持会"会长江朝宗，不甘寂寞出任伪市长。10月12日，该"地方维持会"擅改北平为"北京"（国共均不予承认）。12月14日，即侵华日军占领中国首都南京次日，伪临时政府在北平组成，1938年元旦举行"成立典礼"，北平遂成为傀儡政权的"首都"。1937年8月底，在天津组建的日本"华北方面军"也在1938年1月将其司令部迁驻北平，于是北平成为日本在华北的殖民统治中心。当1940年3月30日，以国民党前副总裁汪精卫为首的伪国民政府在南京粉墨登场时，北平伪临时

---

　　① 《毛泽东文集》第二卷，人民出版社1993年版，第113~115页。

政府改称"华北政务委员会",成为汪伪政权在华北的代理机构。北平城仍然是华北沦陷区敌伪统治中心。

日军占领北平期间,重庆国民政府和延安中共总部的地下抗日组织活动从来没有停止过。民众自发的抗日活动也此伏彼起,接连不断。古都北平不曾屈服,战斗未有穷期。

沦陷的北平城,长期处于中共八路军抗日武装的团团包围中。一位著名作家是这样描述的:

> 如果以北平城里为圆心,画一个圆圈,那敌人在北平的统治半径,还不到六十里地。东直门外,去通州的路上,有冀东军分区部队,控制了这条华北和东北之间的走廊;南面,大红门(离北平永定门不过三十里)一带,就有晋察冀第十军分区部队活动;西边呢?出西直门不到六十里,便有我们的抗日政权;北面出德胜门,十三陵、昌平、怀柔一带是平北解放区。
>
> 所以说,北平敌人的统治半径不到六十里,六十里以外,便有公开抗日政权和八路军;六十里以内,甚而至于北平市内呢?敌人也不敢相信这里面没有抗日活动。①

冀热察边,谱写抗敌新篇

卢沟桥事变后大约一年时间,几乎整个华北以国民政府军为主体的正规战争基本结束,冀、鲁、晋、察、绥五省大部皆已沦陷。同时期,中共八路军开赴华北敌后战场,遵照毛泽东关于"整个华北工作,应以游击战争为唯一方向"②的指示,纵横驰骋在大河南北,长城内外。关于抗日游击战争,毛泽东是这样讲的:"在抗日战争的全体上来说,正规战争是主要的,游击战争是辅助的。""游击战争虽在战争全体上居于辅助地位,但实占据着极其

---

① 周而复:《解放区晋察冀行》,上海书报杂志联合发行所1949年版,第105页。
② 《毛泽东文集》第二卷,人民出版社1993年版,第23页。

重要的战略地位。""抗日战争中国共两党的分工,就目前和一般的条件说来,国民党担任正面的正规战,共产党担任敌后的游击战。"①第18集团军(即第八路军)中将总司令朱德是这样阐述的:"抗日游击战争是在日本帝国主义侵略中国领土这一历史条件之下产生出来的。它的实质,是一切不愿做亡国奴的同胞为了救死求生而采取的一种最高、最广泛的斗争方式。"②

1937年南口之战战场所在的平北地区,位于北平至张家口的平绥铁路以东、北平至承德一线的铁路以西的地处河北、热河和察哈尔三省边界一带,山势险峻,战略地位重要,是伪华北、伪满洲国和伪蒙疆三个伪政权统治区的结合部。遵照毛泽东、朱德等关于"创建冀热察边区根据地"③的指示,八路军开始了艰苦的开辟平北抗日根据地的工作。因为"没有根据地,游击战争是不能够长期地生存和发展的,这种根据地也就是游击战争的后方"。"建立根据地的基本条件,是要有一个抗日的武装部队,并使用这个部队去战胜敌人,发动民众。"④"离开了群众,就根本谈不上抗日游击战争,而抗日游击战争的全部秘密就在于它是一种群众运动,一种群众抗日自卫的武装斗争方式。"⑤

平北地区敌伪兵力较强,驻有日军第15独立混成旅团、第2独立混成旅团、关东军第9守备队,还有伪满、伪蒙军。1938年夏,八路军第4纵队一部第一次进入平北,停留了三个月。1939年早春,奉中共延安总部指示,建立了隶属于晋察冀军区的"冀热察挺进军",八路军第120师中将副师长萧克任挺进军司令员。这年夏天,挺进军第34大队开进平北,仅仅活动了一个月,又被迫撤离。迨至1940年初,挺进军第9团开进昌平后七村,很快组建了抗日县政府。随后主力第10团来到平北,迅速打开局面,平北党政军领导机关相继建立。为此,中共中央北方分局机关报《抗敌报》发表

---

① 《毛泽东选集》第二卷,人民出版社1991年版,第552~553页。
② 《朱德选集》,人民出版社1983年版,第31页。
③ 晋察冀抗日根据地史料编委会、中央档案馆编:《晋察冀抗日根据地》第一册(文献选编上),中共党史出版社1989年版,第190页。
④ 《毛泽东选集》第二卷,人民出版社1991年版,第418页、第423页。
⑤ 《朱德选集》,人民出版社1983年版,第32~33页。

社论说:"在敌人深远后方的冀察热边担负着开展游击战争的伟大任务的八路军挺进军,光荣地发展了平北抗日根据地。""把平北的广大人民从敌人的残酷的压迫与榨取下解放出来。""这一个光辉的胜利,对于今后华北游击战争的坚持与开展,特别是对于冀察热游击战争的坚持与开展,无疑具有异常伟大的意义。"①1941 年,幅员 2.5 万平方公里、拥有人口 40 多万的平北大块抗日游击根据地业已形成。1942 年,延庆西北部的海陀山区成为平北抗日根据地的中心区。至 1945 年夏,平北抗日根据地已经发展成拥有人口 83 万、10 个抗日县政权。平北军民为此也付出了重大代价。挺进军第 10 团首任团长白乙化等六名县、团级正职干部光荣殉国。他们以自己的实际行动"站在抗日战争的最前线,为保卫祖国流尽最后一滴血"。②1945 年 8 月 23 日,在晋察冀军区统一指挥下,平北军分区部队作为冀察二级军区主力,一举解放察哈尔省省会、伪蒙疆首府张家口市。不久,除昌平等四座县城外,平北地区全获解放。平北敌后抗战的最后胜利,是中国共产党坚持人民军队、人民战争路线的辉煌胜利。

追昔抚今,国共血浓于水

中国国民党肇始于 1894 年建立的兴中会,1919 年定名为中国国民党,1924 年召开第一次全国代表大会。中国共产党则是在 1921 年举行的第一次全国代表大会上宣告成立的。国共两党都是中国近代历史上具有重大影响和举足轻重地位的政党,在两党关系史上曾经有过两次合作。1924 年至 1927 年,国共首次合作,当时"国民党仅有广东一省尚不十分巩固的政权,和数量不很大的军队",而"共产党没有自己的政权和军队"。主要斗争目标是推翻北京政府军阀统治政权。1937 年至 1946 年,国共二次合作。这时的国民党已经"有了全国性的政权和强大的军事力量,以及全国的舆论机关",

---

① 姚依林:《论八路军在平北发展新的根据地》,《抗敌报》1940 年 6 月 13 日。
② 这是中共六届六中全会对本党党员的命令,《毛泽东选集》第二卷,人民出版社 1991 年版,第 521 页。

而共产党也"有自己的军队和独立的地区,在全国有很大的政治影响"。"这次合作的主要斗争对象是日本帝国主义。"①在中国共产党倡导的以国共合作为基础的抗日民族统一战线旗帜下,"中国国民党和中国共产党领导的抗日军队","前仆后继,浴血奋战,面对敌人的炮火勇往直前,面对死亡的威胁义无反顾,以血肉之躯筑起了捍卫祖国的钢铁长城,用气吞山河的英雄气概谱写了惊天地、泣鬼神的壮丽史诗"。②终于战胜了日本法西斯,取得了中国近代历史上空前的民族解放战争的伟大胜利。

在举国欢腾抗战胜利的1945年8月,中国国民党总裁、国民政府主席、军事委员会委员长蒋介石与中国共产党主席、中共中央军委主席毛泽东在陪都重庆举行了历史性会见。为商讨战后国家大计,国共双方发表了《会谈纪要》(即《双十协定》)。但是,由于人所共知的原因,国人热切期盼的"中国和平民主新阶段"未能实现。

光阴荏苒,物换星移,历史已进入21世纪。2005年,中国共产党总书记、国家主席、中央军委主席胡锦涛与中国国民党主席连战在首都北京举行了会见和会谈。这是两党关系史上的一件大事。双方发表《会谈新闻公报》说:"这是六十年来国共两党主要领导人首次会谈,具有重大的历史和现实意义。"两党达成共识,建构台海两岸和平发展框架,为促进中华民族伟大复兴、开创中华民族亮丽未来而努力。

(原载《北京历史与文化论文集》,2007年版;后收入《昌平文史资料》第8辑,2008年版,《血战南口》和《战地》创刊号转载,2015年版。
原名《南口战役与平北抗战》)

---

① 这段引文均见任弼时:《中国抗日战争的形势与中国共产党的工作和任务》,中央统战部、中央档案馆编:《中共中央抗日民族统一战线文件选编》下,档案出版社1986年版,第124页。
② 胡锦涛:《在纪念中国人民抗日战争暨世界反法西斯战争胜利60周年大会上的讲话》(2005年9月3日),《人民日报》2005年9月4日。

华北伪政权初探

抗日战争时期,中国沦陷区按地域划分主要存在过4个傀儡政权,即以长春为中心的东北伪政权,以北平为中心的华北伪政权,以张家口为中心的内蒙伪政权和以南京为中心的南方伪政权。它们都是日本帝国主义"分而治之"政策的产物,其间皆为"国家"或"准国家"关系。

早在抗战初期,毛泽东就提出"研究沦陷区"。他认为:"中国沦陷区问题,是日本帝国主义的生死问题。"[①] 当年一名日本军国主义分子曾经狂妄叫嚣:"华北必须在事实上成为日本帝国的真正组成部分。"[②] 可见敌人经营华北用心之良苦。

华北伪政权出笼——北平伪临时政府

日本帝国主义在侵占中国东北后,进而向内地扩大侵略。关东军借口"危

---

① 《毛泽东新闻工作文选》,新华出版社1983年版,第44页。
② 〔美〕J.博伊尔:《中日战争时期的通敌内幕(1937~1945年)》中译本上册,商务印书馆1978年版,第145页。

害""满洲国"治安,图谋乘机入侵华北。日本军方"认为在华北可以很容易地建树起第二个满洲国",①所以,"自从'满洲事变'以来,日本的陆军总是在华北惹麻烦而不断地策划新事件"。②1933年,日军占领山海关,侵占热河省,挑起长城战火,迫使中国军队撤离冀东。1935年又搞了华北事变,造成冀东伪政权的既成事实,并加紧执行"华北特殊化"。1936年增兵华北,步步压进。1937年7月7日,日军终于挑起卢沟桥事变,大举进占华北,妄图吞并整个中国。

日本军人"对于中国的优越感很强,对于帝国主义侵略对象的中国怀有强烈的领土野心"。③侵略军迫不及待地从日本列岛和朝鲜半岛开往华北。7月底至8月初,北平、天津沦陷,9月下旬河北省城陷落,11月上旬山西省城陷落。这时关东军也从坝上草原进占了察哈尔和绥远两座省城。南下的日军攻入山东、河南两省境内。华北山河城池,或已丧失,或将沦亡。8月31日,日本"华北派遣军"在天津组成。

1937年12月13日,侵入长江三角洲的日军攻占了中国首都南京。次日,"华北派遣军"就在北平(伪机构已于10月12日改称"北京")扶植所谓"中华民国临时政府"。日本军方明确提出:"新政权不是华北地方政权,而应是取代南京政府的中央政府。其政令得在日军势力范围内所属全部地区普遍行施。"④同日,日本首相近卫声明:"国民政府已经不成其为一个政府了","如果随着国民政府的垮台而出现了一个新的政权,那么日本就只有考虑采取与之共存共荣的具体措施,别无他法"。⑤

伪"临时政府"发表《宣言》,胡诌国共合作共同抗日是"构衅邻邦,同种相噬",无耻自诩"天下兴亡,匹夫有责"。伪"临时政府"委员有:行政委员长兼行政部总长王克敏、议政委员长兼文教部总长汤尔和、司法

---

① 〔日〕岩渊辰雄:《日本军阀祸国史》中译本,第153页。
② 〔日〕岩渊辰雄:《日本军阀祸国史》中译本,第140页。
③ 〔日〕藤原彰:《日本近现代史》中译本,第3卷,商务印书馆1983年版,第59页。
④ 日本防卫厅战史室编:《华北治安战》中译本上册,天津人民出版社1982年版,第53~54页。
⑤ 〔美〕J.博伊尔:《中日战争时期的通敌内幕(1937~1945年)》中译本上册,商务印书馆1978年版,第99~100页。

委员长董康、治安部总长齐燮元、法制部总长朱深、灾区救济部总长王揖唐、北京特别市长江朝宗、河北省长兼天津特别市市长高凌霨8人。这些人都是北洋军阀时代的政客，连日本政界的有识之士都认为，他们"实际均为人所不齿之流氓地痞集团"。①伪政权以五色旗为"国旗"，以北平为"首都"。直到1938年1月1日，伪政府才举行"就职典礼"。由于伪政权仰人鼻息，所以3日王克敏发表谈话时，对于施政方针还表示"恕难奉告"，4日才公布了只有三条不足百字的《临时政府组织大纲》。1月20日，"华北派遣军"司令部进驻北平，寺内司令官发表谈话说："余此次奉调来京，其重要任务为统率军队，并因华北成立新政府，而北京为其首都，余深愿援助新政府，协力于明德新民政治之实现，此余私衷所欣盼者也。"②

就是这样一个傀儡政权，刚刚拼凑出笼就急忙向全国各地发电，借以表明"新中央政府"之意。直到1938年1月底，总共才收到单位和个人"祝贺"电、函不到50件。其中有"蒙古联盟自治政府"、"晋北自治政府"、"山东治安促进会"等伪组织，叛国投敌的前驻朝鲜的几名外交官，以及旅居朝鲜、台湾和日本的一些卖国贼亲日派之流。这个傀儡政权"没有在取得国际承认问题上作出认真的努力，就连日本自己也从未表示过要承认它"。③

日本近卫内阁1938年1月16日发表对华声明说："帝国政府今后不以国民政府为对手，而期望真能与帝国合作的中国新政权的建立和发展。"④18日又补充说："为了否认国民政府，只要承认新政权，就可以达到目的，因为尚未到达正式承认中华民国临时政府的时期。"⑤日本外相表示："日本政府要等待事态的发展，不会立即承认任何其他政权。不论实际上将承认哪一个政府，华北的政权都将构成该政府的基本力量。"⑥而当时的日本陆军还

---

① 《中国中日关系史研究会会刊》，1990年第1期，第33页。
② 北平《新民报》，1938年1月21日。
③ 〔美〕J.博伊尔：《中日战争时期的通敌内幕（1937~1945年）》中译本上册，商务印书馆1978年版，第124页。
④ 复旦大学历史系编：《中国近代对外关系史资料选辑》下卷第二分册，第92页。
⑤ 复旦大学历史系编：《中国近代对外关系史资料选辑》下卷第二分册，第93页。
⑥ 〔美〕J.博伊尔：《中日战争时期的通敌内幕（1937~1945年）》中译本上册，商务印书馆1978年版，第109页。

是"把华北政权明确地看作中央政府"。①

3月28日,以日本海军为背景,"华中派遣军"扶植建立起华中伪政权"维新政府"。事先在24日日本内阁制定的《调整华北及华中政权关系纲要》规定:"华中维新政权是作为一个地方政权而成立的,以中华民国临时政府作为中央政权,尽快促其合并统一。"②9月22日,在日本主子导演下,临、维两伪政府在北平建立了伪"中华民国政府联合委员会",产生了以王克敏为"主席委员"的"常任委员会",包括临府的王克敏、王揖唐、朱深3人和维府的"行政院长"梁鸿志、"立法院长"温宗尧、"内政部长"陈群3人。

伪临时政府充其量仅仅是华北伪政权,它的统辖区域,从来没有超越"华北派遣军"驻扎区域。1938年1月,北平、天津和河北3个省市伪公署建立,山东、河南和山西3省伪公署分别在3月、4月和6月成立,1939年1月又组建了"青岛特别市公署"。7月设立的"苏北行政专员公署"也由临府代管。伪临府辖境只是华北沦陷区的4省3市1行政区。就是在这些地区中,"日军所占领的不过是'点'和'线'而已,或者说仅是'点'更较为符合实际的情形"。③"就是北平——临时政府的首都——这首都的权力仅能到达城墙以外极少的数英里罢了。"④由于日军"进一步继续进攻的余力已尽,以后的七年间,在这再也不能伸展的战线上虽多少有些进退,基本上没有发生什么变化"。⑤到1940年春,据伪政权资料,河北省有10个伪县署不能进驻县城,两县不能派出县知事,山东省7座县城未能占领,山西省38个县不能设立伪机构,河南省东北部还有3县没有伪机构,占全省2/3的中部、南部和西部还由中国抗战政府控制着。至于苏北,17个县中伪政权控制过半的只有两个县,有一个县完全由抗日民主政权控制。伪临时政府"始终未能达到中央集权的程度",特别是县行政,"实际上是以日军兵团长及其政

---

① 〔日〕秋定鹤造:《东条英机(东条生平和日本陆军兴亡秘史)》中译本,第170页。
② 张蓬周主编:《近五十年中国与日本》第3卷,四川人民出版社1987年版,第50页。
③ 〔日〕重光葵:《日本侵华内幕》中译本,解放军出版社1987年版,第328页。
④ 〔英〕J.贝特兰:《华北前线》中译本,第315页。
⑤ 〔日〕远山茂树等:《昭和史》中译本,第106页。

务幕僚担任的特务机关长,承担县政的领导"。①

华北伪政权延续——"华北政务委员会"

1938年11月3日,日本近卫内阁发表第二次对华声明,一面贬斥"国民政府仅为一地方政权而已",一面鼓噪"日满华三国合作","建设东亚新秩序"。②12月22日,又发表第三次对华声明,要求中国"同满洲国建立完全正常的外交关系",还要求"在华北和内蒙地区在资源的开发利用上积极地向日本提供便利"。③中国国民党总裁、国民政府军委会委员长蒋介石说:"中国若承认了他的'东亚新秩序'和'日满支'协同关系,就是将中国全部领土变成日本所有的大租界。这样一来,中国若不是变为他的奴属国也就是降为保护国,而且实际上就是合并于日本。"④而身居国民党副总裁、国民参政会议长要职的汪精卫竟然"响应敌方谬论","不惜自附汉奸","通敌祸国",逃离重庆后于12月29日发表叛国投敌声明"艳电"。日本政府决定起用汪精卫建立新的中国伪中央政权。后来"华北派遣军"降格为新建的"中国派遣军"的下属,司令官也由上将杉山元换为中将多田骏。

经历了长达一年多时间的日本军界内部的权力分配,以及汉奸奴才们的讨价还价达成妥协。由于事实上形成的中国南北方沦陷区"大体上以徐州为界分为两部分,北部以北平为中心,南部以上海为中心,这个界线是按照华北军和华中军的守备区域来划分的,完全是人为的分界。南北两地区,在政治上、经济上完全像两个国家"。⑤1939年6月6日,日本内阁五相会议通过《建立中国新中央政府方针》,提出了汪精卫的首席位置和临时、维新两伪政府的加入,确定了"中央政府与地方政府之关系,以分治合作为原

---

① 日本防卫厅战史室编:《华北治安战》中译本上册,天津人民出版社1982年版,第149页。
② 复旦大学历史系编:《中国近代对外关系史资料选辑》下卷第二分册,第94页。
③ 复旦大学历史系编:《中国近代对外关系史资料选辑》下卷第二分册,第94页。
④ 张蓬周主编:《近五十年中国与日本》第3卷,四川人民出版社1987年版,第381页。
⑤ 〔日〕重光葵:《日本侵华内幕》中译本,解放军出版社1987年版,第145页。

则"。①10月30日,日本制定的《临时政府和新中央政府之间关系的调整要领》中规定:"鉴于华北地区与日满两国在国防上、经济上有加强合作的特殊性","该地区作为局部地区处理"。"临时政府改为华北政务委员会,并有处理军事之权。"②华北政务委员会"是在国民政府主席之下行使极高的自治行政权,这一点是明确的"。③12月30日,日汪签订《新关系调整纲要》,规定了"华北与日满两国在国防上、经济上为强度结合地带之特殊性",因而仅仅是"废止临时政府之名称,重新由华北政务委员会暂时继承既成事实"。④也就是说,汪精卫不得染指华北。

1940年3月30日,以汪精卫为首的伪国民政府在南京粉墨登场,它以南京为"首都",以加有"和平反共建国"字样黄色三角布条的红地青天白日旗为"国旗",以示与重庆国民政府有别。

伪临时政府3月30日发表《宣言》称:"国民政府改组还都宣布两端,实现和平与实施宪政,均与临时政府素所揭橥并无二致,旨趣皆属相同,统一可期奠定,故三月三十日国民政府还都典礼之际,即行宣言解消。"⑤同日,伪国民政府发布《华北政务委员会组织条例》规定:"国民政府为处理河北、山东、山西三省及北京、天津、青岛三市境内防共、治安、经济及其他国民政府委任各项政务,并监督所属各省市政府,设置华北政务委员会。"还规定在防共、治安、开发资源、调节经济、对外贸易等方面均"得为便宜之处置","为维护华北治安得设置绥靖军并指挥之"。⑥同日,"华北政务委员会"发表《成立布告》说:"前临时政府所办事项,本会当继承,暂维现状。"⑦

---

① 张蓬周主编:《近五十年中国与日本》第3卷,四川人民出版社1987年版,第280页。

② 黄美真、张云编:《汪精卫伪国民政府的成立》,上海人民出版社1984年版,第719页。

③ 黄美真、张云编:《汪精卫伪国民政府的成立》,上海人民出版社1984年版,第781页。

④ 张蓬周主编:《近五十年中国与日本》第3卷,四川人民出版社1987年版,第405页。

⑤ (伪临时)《政府公报》第140期。

⑥ 《华北政务委员会公报》,第1~6期合刊,第4~6页。

⑦ 《华北政务委员会公报》,第1~6期合刊,第77页。

伪华北政委会常委 7 人为：委员长兼内政总署督办王克敏、财政总署督办汪时璟、治安总署督办齐燮元、实业总署督办王荫泰、教育总署督办汤尔和、建设总署督办殷同、政务厅长朱深。

其实，伪华北政委会和伪临时政府除了名称不同外，实质丝毫无异，伪国民政府在华北仅徒具虚名而已。"华北派遣军"早在 1940 年度第一期"肃正建设"纲要中就已写明："随着中央政府的成立，根据华北的特殊地位，为了在国防、经济、思想各方面形成一个与日满紧密合作的地带"，在国防方面，"首先必须树立日本对华北的政治支配力"，在经济方面，"对于棉花煤炭等，应与日满交流……为充实日满的总体力量做出贡献"，在思想方面，"建设一个由真正的中日合作思想控制的华北"。① "华北特殊化"是日本的既定"国策"，在华北沦陷区甚至连五色旗还照旧悬挂，不过把它"改为"新民会的旗帜罢了。

至于华北伪政权的管辖范围，虽然明文规定只限河北、山东、山西三省，但因继承伪临府之故，辖区未有变动。到 1941 年，日本"中国派遣军"制定的《华北、华中接壤地带处理纲要》中称："华北、华中接壤地带中，华北方面军作战地区内的河南省北部，在目前仍维持现状，徐海道及淮北地区，在 1942 年初从华北分离，改为国民政府的直辖区域。"苏北的 1 市 17 县和安徽淮北的 4 县"因接近南京，农产品、盐、矿产资源颇丰，既富有经济力量，又为铁路、运河等交通中枢，汪主席（按：指汪精卫）早就强烈要求移交该地区"。② 1942 年 1 月，苏北、淮北 22 个县市组成以徐州为首府的"苏淮特别区"，2 月划离华北由伪国民政府直辖。而河南省部分直到 1945 年夏，"华北派遣军"司令官基于伪国民政府代主席陈公博的要求，才"允许由南京伪政府接管河南"。③

---

① 日本防卫厅战史室编：《华北治安战》中译本上册，天津人民出版社 1982 年版，第 241~242 页。
② 日本防卫厅战史室编：《华北治安战》中译本上册，天津人民出版社 1982 年版，第 239 页。
③ 邢汉三：《日伪统治河南见闻录》，第 266 页。

日本"华北派遣军"卵翼下的傀儡

华北沦陷区是日本帝国主义的殖民地，华北伪政权是日本占领军的傀儡政权。"没有帝国陆军的财政和军事支持，它们根本就建立不起来，也根本无法生存下去。""在中国的日本帝国主义者不仅想要建立一批自治政权，而且决心要把这些政权紧紧地挂在他们各自的司令部之下。"①华北伪政权的全部政治、军事、经济和思想文化活动均受到日本侵略者严密控制。

日本对于华北的方针是，政务工作"受陆军大臣的直接领导"，"统治监督占领地区内的行政。即对华北有关全面的重要事项，可直接指导华北政务委员会"，或"根据需要"（主要指有关经济事项），由"兴亚院华北联络部""担任幕后指导"。②在伪政权机构中，"日本顾问广泛地控制着一切政府事务"。③依据1938年4月"华北派遣军"司令官和伪临府行政委员长签署的关于派遣日本顾问的《协议》："日本顾问和同级的临时政府的官员'事先'就一切政务事宜'进行无保留的磋商。'"而事实上，"只要司令官决定某某去当顾问，那就可以了"。日本顾问"他们以比他们所应服侍的主子更为有权势"。其实，日本顾问"许多人是完全不称职的"，有的"对中国的历史、文化或经济竟一无所知"。可是"连芝麻大点的事情"也得找他们"商量"。④日本"陆军方面的某些人士对于建立一个自治的'华北国'颇为热衷"。"华北政权的许多军事和民政顾问都是先前在满洲国任过职之后调过来的。""那

---

① 〔美〕J.博伊尔：《中日战争时期的通敌内幕（1937~1945年）》中译本上册，第116~117页。
② 日本防卫厅战史室编：《华北治安战》中译本下册，天津人民出版社1982年版，第33页。
③ 〔美〕J.博伊尔：《中日战争时期的通敌内幕（1937~1945年）》中译本上册，商务印书馆1978年版，第131页。
④ 〔美〕J.博伊尔：《中日战争时期的通敌内幕（1937~1945年）》中译本上册，商务印书馆1978年版，第131~132页。

些在建设满洲国有过某些成功经验的人员负起了建设华北的责任。"①"华北派遣军"统治监督全部华北伪政权的行政，还直接负责河北、北平、天津3省市的"政务指导"，山西、山东、河南3省由当地日本驻军负责"政务指导"。华北和省级，日军派设"顾问部"。各地具体事务由日本陆军设在各地的特务机关负责，道、市、县派驻"联络员"。1938年1月23日，日本首相宣布，日本政府对华北伪政权"处于监护地位"。12月16日，日本"对华院"改称"兴亚院"，这是首相担任总裁的日本政府对华政策的"枢轴"机构，它驻北平的"华北联络部"，担当华北伪政权的"外部监督"。"联络部"首任长官为"华北派遣军"特务部长喜多诚一中将，次长为根本博少将，继任长官为森岗皋少将（后升中将），次长为盐泽清宣少将。1942年11月，兴亚院联络部由日本使馆事务部取代。盐泽清宣中将出任驻北平公使，继任为楠本实隆中将。

在军事上，日军侵入华北后，一些叛国投敌的原国民党军以及土匪、地主武装组成最初的伪军。对其中战斗力较强又比较坚决亲日的给以"剿共军"的名称，由伪政权发给军费，令其在当地日军指挥下担任"治安警备"。日军仍怕"剿共军"遗患未来，故采取所谓保留精干逐步淘汰的方针。至于其他降日部队，则给以"皇协军"称号，暂发经费，日后逐步解散。

为了建立一支平时"维持治安"、战时随同日军作战的"正规"伪军，1938年5月10日，伪治安部设立陆军军官学校。1939年10月1日，建成为数1.5万人的第一批"正规"伪军——"治安军"。"总司令"齐燮元宣称，"治安军"为"担任维持华北治安之唯一军队"。"华北派遣军"参谋长栗原幸雄中将说："要建设治安军，与日军提携，确保华北安定"，"日本军对此亦抱有莫大之期待"。②伪《新民报》社论说："治安军""纯粹为兴亚反共之军队"。③"治安军"是由日军"派出军事顾问专任指导"④的，它的每个营里

---

① 〔美〕J.博伊尔：《中日战争时期的通敌内幕（1937~1945年）》中译本上册，商务印书馆1978年版，第145页。
② （伪华北）《陆军军官学校校史》，第1期下册。
③ 北平《新民报》1940年1月15日。
④ 日本防卫厅战史室编：《华北治安战》中译本上册，天津人民出版社1982年版，第239页。

都有日军教官。日军企图使"治安军"主力达到能不依靠日军独立承担确保治安的任务。后来"治安军"通过几次扩军，号称拥有 10 万之众。

日本在华北沦陷区的经济政策，首先是控制金融，1938 年 2 月 11 日在北平建立"中国联合准备银行"，总裁汪时璟，顾问阪谷喜一。先后向日本借贷 5 亿日元为资本，3 月 10 日起发行和日元等值的钞票"联银券"。这样日军可以通过操纵兑换率筹集军饷，进行经济掠夺，伪政权也可弥补税收。华北沦陷区的金融活动纳入日本的体制，同中国广大未沦陷区相隔裂。1939 年 3 月，"联银券"成了华北沦陷区统制的唯一通货。同时，这个银行还垄断了华北的外汇。该行存在 7 年多时间内，发行"联银券"共达 1238 亿元之巨。

1938 年 3 月 26 日建立的"日华经济协议会"，负责制订华北的所谓经济和工业发展计划。11 月 7 日成立的"华北开发公司"，总裁大谷尊由，拥有资本 3.5 亿日元，它是日本官商垄断资本的合资公司，以掠夺华北各种资源，特别是被称为"二白"（棉、盐）、"二黑"（煤、铁）为主的战略资源为目的。它后来扩展到 64 个子公司，其中最大的就是"华北交通公司"，1939 年 4 月 14 日成立，总裁宇佐美宽尔，资本 3 亿日元，该公司控制了华北 6000 公里以上的全部原有和新建的铁路，还控制着 1 万公里以上的公路以及水运交通系统。喜多曾称"华北交通公司"不仅是开发产业的骨干，而且对防共和国防的使命重大。其职员 8 万中，日、"满"人竟占到 2 万之多。其他的公司还有：华北电信电话公司（总裁井上乙彦）、华北盐业公司（董事长内田敬三）、华北电业公司（副总裁内藤熊喜）、中华航空公司（总裁儿玉常雄）、中日实业公司（副总裁高木陆郎）、华北房产公司（董事会长平乎勘次郎）、华北矾土公司等等。建立这些公司的企图是明确的，因为"日本对占领区的统治，始终是以掠夺中国的资源和耗尽中国的资财为目的的"。[①]

日本在思想文化方面控制华北，主要是通过"新民会"进行的。它是 1937 年 12 月 24 日在北平成立的，宣称"以奉行新民主义，为与政府一体

---

① 〔日〕依田憙家：《日本帝国主义和中国》中译本，北京大学出版社 1989 年版，第 343 页。

的民众团体"。① 而它的许多高级职员都是日本人,"华北派遣军"特务部文化组长小泽开策出任第一任总务部长。它所推行的"新民主义",被第一任中央指导部长缪斌吹嘘为"继续五千年往圣的绝学,开创万世太平之计"。② 其实它不过是中国腐朽没落的封建思想与日本竭力推行的殖民地顺从奴才思想的大杂烩罢了。

"新民会"标榜为"华北唯一组织之民众团体",因而它的触角伸向社会各个层面,从其下设的五花八门的"分会"即可一目了然。有政府职员分会、教育分会、国医分会、国剧分会、艺曲分会、古乐分会,也有电车分会、电话分会、电灯分会、自来水分会、印刷分会、汽车夫分会、报夫分会、人力车夫分会、粪夫分会,还有农民分会、啤酒分会、纸香分会、旧货买卖分会等,真是三百六十行无所不包。它的活动范围可谓水银泼地,无孔不入。它监视和干涉着人们的全部思想和行动,勒令人们必须这样做,而绝不能那样做,完全成了日本人顺从的奴仆。"该组织的发起并非出于民众的要求,而是官办的御用团体,是在日本庇护下的所谓'日本新民会'。"③

太平洋战争爆发前后的1941年、1942年两年,是新民会猖獗活动的高峰。1942年底,新民会各地各种分会达到13490个,会员3643199人。"华北派遣军"表示将"不惜一切努力推动新民会的发展",而这"绝对需要日本及日本人的大力支援","日军宪兵以及日本侨民等都必须挺身而出,促使中国人的新民运动顺利开展"。④

日本"对华新政策"和伪政权的覆灭

1941年12月,日本发动太平洋战争(日伪称"大东亚战争")后,加

---

① 北平《华北日报》1937年12月24日。
② 《北京档案史料》,1986年第3期,第61页。
③ 日本防卫厅战史室编:《华北治安战》中译本上册,天津人民出版社1982年版,第482页。
④ 日本防卫厅战史室编:《华北治安战》中译本上册,天津人民出版社1982年版,第52~53页。

强了对华北的掠夺。"华北派遣军""承担着培养和补给日军战斗力的任务",还要"尽最大努力供应我国(按:指日本)所需要的战争资源",①确立"华北是日华合作的模范地区,担负着完成大东亚战争兵站基地的任务"。②日本"向南方发展(按:指日本侵略东南亚和南太平洋地区)就需要进一步扩大华北资源的利用"。③可是日本侵略者的好景不长,仅仅过了半年时间,即1942年夏季开始,"由于中途岛战败后,所罗门海战与瓜达尔卡纳尔岛攻防战也相继失败,太平洋的战局已完全改观。日本丧失了太平洋的制海权和制空权"。④日本为了挽救败局,动员起它的伙伴、喽啰和傀儡充当其殉葬品,1942年11月1日,日本建立"大东亚省",撤销了"兴亚院",负责"实施有关大东亚地区的各项政治事务"。

  战局迫使日本调整政策,1942年12月21日御前会议通过《为完成大东亚战争而决定的处理中国问题的根本方针》,提出汪伪国府的参战"是打开日本和中国的现状的一大转机,应根据日、华合作的根本精神,专心加强国民政府的政治力量",决定"极力调整占领地区内的地方特殊性,加强国民政府对地方政府的指导"。"当前的对华经济措施,以增加获取战争必需的物资为主要目标;设法重点开发和取得占领地区内的重要物资。"⑤这就是日本所谓的"对华新政策",它的主要目的是"加强汪伪政权的一元统治","通过它来榨取我沦陷区的物资和人力","变成其在'决战'中的粮仓与武库"。⑥汪伪政府于1943年1月9日"参战"后,日军对华北伪政权的控制实际上丝毫未放松,不过改变一下手法而已。日本陆军的特务机关改为陆

---

  ① 日本防卫厅战史室编:《华北治安战》中译本上册,天津人民出版社1982年版,第57~58页。
  ② 日本防卫厅战史室编:《华北治安战》中译本上册,天津人民出版社1982年版,第76页。
  ③ 日本防卫厅战史室编:《华北治安战》中译本上册,天津人民出版社1982年版,第115页。
  ④ 〔日〕井上清:《天皇的战争责任》中译本,第151页。
  ⑤ 复旦大学历史系编:《中国近代对外关系史资料选辑》下卷第二分册,第195~196页。
  ⑥ 延安《解放日报》1943年4月27日。

军联络部（原兴亚院联络部改为公使馆），"但实际业务和组成人员暂时仍与过去相同"。撤销"县联络员"，"全部改为以新民会参事的身份从侧面对中国（按：指华北伪政权）方面进行援助"。① 至于汪伪插手华北，"华北派遣军"警告说："勿过于采取急剧的中央化，使华北妨碍帮助大东亚战争。"充其量汪伪在华北也只是得到一些表面上的东西而已。华北最终取下了"五色旗"，1943年2月9日挂上了与汪伪政府直辖区域完全相同的旗帜。新民会改组后，推举汪逆当"名誉会长"，换了一面表示"大东亚共存共荣"的"亚"字旗。汪伪政府设立了一个"军事委员会驻华北办事处"，华北"治安军"的名称废除，改称为"华北绥靖军"，并更换成与汪系伪军相同的军旗和军徽。在"淮海省"（即前"苏北行政区"、"苏淮特别区"）停用"联银券"，汪伪的"中储券"成为这里唯一的通货。从日本方面来看，华北的战略物资"直接对完成战争及重要产业的生产具有极大的影响"，② 岂能容许汪伪借口"华北中央化"染指华北伪政权。

1944年秋，"华北派遣军"高参寒川上校供认，华北沦陷区的"治安状况"是："治安良好"的只有3个特别市和7个县（占1.4%），有139个县（占31.5%）日军不能部署兵力，"不得不听任中共活动"，还有295个县（占66.9%）属于"中间地区"，这里"民心多倾向共产党"。"同太平洋战争爆发时比较，治安状况恶化情况十分明显。"③ 进入1945年，日军在太平洋战场节节败退，美军登陆菲律宾成功。在中国战场上，日军也被迫收缩兵力，不得不放弃一些地区。在华北，八路军已经开始了局部反攻。这时沦陷区经济形势"日益险恶"，连军用物资"也逐渐难以确保"，"联银券继续增加发行"，"通货膨胀，民不聊生"。而华北的"共军纠集各地武装团体，以进

---

① 日本防卫厅战史室编：《华北治安战》中译本下册，天津人民出版社1982年版，第276页。

② 日本防卫厅战史室编：《华北治安战》中译本下册，天津人民出版社1982年版，第329页。

③ 日本防卫厅战史室编：《华北治安战》中译本下册，天津人民出版社1982年版，第440页。

行总反攻的姿态逐渐向日军势力范围渗入"。①1945年2月，伪华北政委会末任委员长王荫泰在《就职宣言》中哀鸣："外则环境艰难，值我俶扰之际，内则经济枯竭，抱恫涂炭之忧。"尽管"殚精竭力，一再支撑，华北一隅，仍叨天庇，前瞻后顾，良用欷歔"。②连北平伪《华北新报》在题为《实行全面配给》的社论中也不得不承认这样的事实："现在之食粮配给，每人每月五市斤，其数未免过少，无论如何节约，亦不足一个月之食用。"③种种迹象表明，日伪统治末日将至。

1945年8月8日，苏联对日本宣战，百万红军攻入中国东北，关东军迅速土崩瓦解。8月13日，王荫泰发出布告声嘶力竭叫喊："近以谣诼繁兴，人心浮动"，要求民众"慎守常规，各安生理"，否则"无论官民，一律爰以军法惩治"。④第二天，即8月14日日本就宣布无条件投降了。10月10日，日本"华北派遣军"在北平签降。11日，伪华北政务委员会为重庆国民政府军事委员会委员长北平行营接收，历时近8年的华北伪政权彻底覆灭。

附：华北沦陷区历任日军首脑和伪政军头目

日本"华北派遣军"司令官
寺内寿一上将（1937.8—1938.11）
杉山元上将（1938.11—1939.9）
多田骏中将（1939.9—1941.7）
冈村宁次上将（1941.7—1944.8）
冈部直三郎上将（1944.8—1944.12）
下村定上将（1944.12—1945.8）
根本博中将（1945.8—1945.10）

---

① 日本防卫厅战史室编：《华北治安战》中译本下册，天津人民出版社1982年版，第459页。
② 北平《华北新报》1945年2月16日。
③ 北平《华北新报》1945年3月19日。
④ 北平《华北新报》1945年8月14日。

"临时政府"行政委员会委员长——王克敏（1937.12—1940.3）

"国民政府"华北政务委员会委员长

  王克敏（1940.3—1940.6，1943.7—1945.2）

  王揖唐（1940.6—1943.2）

  朱　深（1943.2—1943.7）

  王荫泰（1945.2—1945.8）

"治安军"总司令——上将齐燮元（1939.10—1940.3）

"华北绥靖军"总司令

  上将齐燮元（1940.3—1943.11）

  上将杜锡钧（1943.11—1945.2）

  上将门致中（1945.2—1945.8）

（原载《首都博物馆文集》1992年版）

北平外围抗日根据地

抗战时期，沦陷的北平长期处于八路军的团团包围之中。对此情况，当年，周而复曾做了如下描述：

> 如果以北平城里为圆心，画一个圆圈，那敌人在北平的统制（治）半径，还不到六十里地。东直门外，去通州的路上，有冀东军分区部队，控制了这条华北和东北之间的走廊；南面，大红门（离北平永定门不过三十里）一带，就有晋察冀第十军分区部队活动；西边呢？出西直门不到六十里，便有我们的抗日政权；北面出德胜门、十三陵、昌平、怀柔一带是平北解放区。
> 所以说，北平敌人的统制（治）半径不到六十里，六十里以外，便有公开抗日政权和八路军；六十里以内，甚而至于北平市内呢？敌人也不敢相信这里面没有抗日活动。①

这段叙述，是抗战时期北平外围抗日根据地从无到有、从小到大发展

---

① 周而复：《解放区晋察冀行》，上海书报杂志联合发行所1949年版，第105页。

的真实写照。下面对各抗日根据地的创建、发展概况及其特点分述于下。

平西抗日根据地

平西抗日根据地位于北平以西,平绥线(今京包线)和平汉线(今京广线京汉段)之间,地处伪河北省津海道西北部(后为燕京道西部)和伪蒙疆察南政厅(后为宣化省)南部辖境,包括昌平、宛平(今北京市丰台、石景山、门头沟三个区的一部分)、房山(今北京市房山区)、良乡(今北京市房山区良乡镇及其附近)、涿县(今涿州市)、涞水、怀来、涿鹿、宣化、蔚县等县全部或一部。这里大部分地区是层峦叠嶂的崎岖山地,海拔2000米以上的小五台山、灵山矗立其间,永定河、拒马河及其支流穿山而过,地势险峻,沟壑纵横。"山地建立根据地之有利是人人明白的。"[①]平西大部地区人烟稀少,经济文化落后,交通闭塞。

早在北平陷落之初,西郊就出现过一支抗日游击队,他们成功地袭击了德胜门外第二监狱。这支队伍后来成为八路军晋察冀第5支队,继续在平西进行抗日武装斗争。1938年3月,晋察冀第1军分区政委邓华率主力一部组成第11支队开进平西,在地方党和群众支持下,先后建立起宛平、宣(化)涿(鹿)怀(来)、房(山)涞(水)涿(县)和房(山)良(乡)4个抗日县(联合县)政权,一直存在到9月。

1939年2月,"冀热察挺进军"在平西组建,八路军120师副师长萧克任司令员。不久,中共冀热察区党委建立,马辉之任书记。3月7日,冀西第4专署在平西涞水峨峪村建立,专员杜伯华。专署辖宛平、宣涿怀、房良、涞(水)涿(县)4个县(联合县)和涞(水)涿(县)办事处,全专区人口超过30万。至此,东起门头沟,南接紫荆关,北抵桑干河,西傍小五台山范围内的平西抗日根据地基本形成。

1940年3月,敌伪9000余人,分十路"扫荡"平西以后,平西抗日根据地的政区有所调整。原属冀西第1专署的蔚县划入平西,宛平改设昌(平)

[①]《毛泽东选集》第2卷,人民出版社1991年版,第419页。

宛（平）联合县，房良与涞涿两个联合县并为房（山）涞（水）涿（县）联合县。6月，为适应全边区民主大选，冀西第4专署按晋察冀统一序列改为第6专署，专员朱其文。11月，宣涿怀联合县撤销。年底，边委会设立冀北办事处，辖第6专署、第11专署和第14专署，办事处主任由朱其文兼任。

1941年，敌伪在华北发动"强化治安"运动，加紧"扫荡"根据地。保卫平西成为发展平北和坚持冀东的中心环节，挺进军设立了平西军分区。原涞涿办事处改称涞水县。平西辖昌宛、涞水、房涞涿、昌（平）宛（平）房（山）和蔚县等5个县（联合县）。年底，冀北办事处改为只辖第6和第14两个专署。

1942年2月，冀热察区党委和挺进军撤销，平西划归北岳区建制，设立第11地委和第11军分区。第6专署调整为辖昌宛、涞水、房涞涿和蔚县等4个县（联合县）。这一年，由于敌人继续推行"治安强化"运动，根据地缩小了，平西只剩下12万人口。

1943年，形势逐渐有所好转，根据地又恢复和发展起来。平西辖昌宛房、涞水、房涞涿、蔚县、蔚（县）阳（原）宣（化）和怀（来）涿（鹿）等6个县（联合县），其中后两县位于察南，系新建县。

1944年，敌后抗战形势根本好转。9月30日，晋察冀边区全面调整行政区划，平西党、政、军机构分别改划为冀察区党委、行署和军区领导下的第11地委、第11专署和第11军分区。这时平西辖昌宛房、涞水、房涞涿、怀涿和昌（平）宛（平）怀（来）5个县（联合县）。

1945年，随着我军局部反攻的进行，平西改变了被敌人分割支离破碎的景况，斗争范围不断扩大，有时活动甚至达于北平近郊的长辛店、丰台附近。随着形势的迅速发展，平西的联合县逐步撤销。抗日战争结束时，第11专署辖昌宛、宛平、房山、良乡、涞水和涿鹿6县。

平北抗日根据地

平北抗日根据地位于北平以北，平绥线和平古线（南段为今京承线京密段，北段沿潮河谷至古北口，今已拆除）之间，地处伪华北临时政府河北省燕京道北部,伪蒙疆联合自治政府宣化省东北部,察哈尔盟东南部和伪满洲国热河省西南部,即三个伪政权统治区结合部。包括昌平、怀柔、密云、顺义、延庆、怀来、宣化、龙关(今赤城县龙关镇及其附近)、赤城、崇礼、丰宁(今丰宁满族自治县)和滦平等县全部或一部。平北北部是海拔1000米左右的塞上高原,中部是军都山地,潮河、白河及其支流绕行其间,南部是肥沃的华北平原西北端。整个平北农、林、渔、牧皆有,经济较富庶,交通较便利。唯这里日伪统治已久,殖民秩序早已建立。当平北根据地建立之时,热河境内两县已经沦陷8年,其他各县也多已沦亡4~5年。且平北地近伪华北政府的首府北平和伪蒙疆政府的首府张家口以及伪热河省会承德等城市,敌伪统治力量较强。这些给建立平北根据地带来很大的困难。

1938年6月,八路军第4纵队一部,在伍晋南率领下到昌平、怀柔一带坚持了三个月的武装斗争,建立起昌(平)滦(平)怀(来)联合县。1939年,挺进军第34大队在昌平十三陵一带活动了一个月。这年11月,冀热察区党委和挺进军提出创建冀热察"三位一体"的任务,确定了"发展平北"的战略目标。

1940年上半年,挺进军主力7团、9团、10团先后在钟辉琨、苏梅、白乙化、段苏权、程世才等率领下进入平北,随之建立了中共平北工委(书记苏梅)和平北军分区(司令员程世才)。7月,组建晋察冀第14专署,专员张致祥。专署设立了昌(平)延(庆)、丰(宁)滦(平)密(云)、龙(关)延(庆)怀(来)和龙(关)赤(城)4个联合县。至此,以海陀山区为中心的平北大块抗日游击根据地形成。这个光辉的胜利,对于"华北游击战争的坚持与开展,特别是对于冀察热游击战争的坚持与开展,无疑具有异常伟大的意义"。①是年冬,又建立了崇(礼)宣(化)龙(关)办事处。

从1940年底到1941年初,是平北根据地发展的"黄金时代"。挺进平北的主力部队积极开展游击战争,使平北根据地东西两部地区人口达到30多万。1941年6月,平北已有昌延、丰滦密、龙延怀、龙赤、龙(关)崇(礼)赤(城)5个联合县和滦(平)昌(平)怀(柔)办事处。发展平北的战略

---

① 姚依林:《论八路军在平北发展新的根据地》,《抗敌报》1940年第384期社论。

目标基本完成。

1942年是平北开展抗日活动极为艰难的一年,敌人对根据地的进犯加强了,全年达到1554次之多。1943年2月,平北分为两块,东部划归冀东;西部由平西领导,建立了由平西地委领导的平北地分委,由平西军分区领导的平北支队和由平西专署领导的平北办事处。平北办事处辖昌延、龙延怀、龙赤和龙崇赤4个联合县。这年,形势逐渐好转,至年底,平北的巩固区和游击区总人口数已经达到60万以上。

1944年秋,边区调整建制,平北根据地建立了冀察区党委、行署和军区领导下的第12地委、第12专署和第12军分区。这时,平北辖昌延、龙延怀、龙赤、龙崇赤、龙(关)崇(礼)宣(化)和滦(平)昌(平)怀(柔)顺(义)6个联合县。

1945年初,平北已经发展成为有83万人口的大块根据地,于是平北撤销了大部分联合县,重新划分为昌平、延庆、龙关、赤城、崇礼、宣(化)怀(来)、怀(柔)顺(义)和赤(城)(沽)源8个县(联合县)。随着察南、平北战役的胜利,平北根据地空前猛烈地扩大,八路军攻占了崇礼、赤城两县城,游击活动扩展到北平近郊,并一度攻入沙河镇,逼近北苑。至抗日战争结束时,平北大部地区已获解放,建立了昌平、延庆、龙关、赤城、崇礼、宣怀、怀顺、丰宁、滦平和丰滦密10个县(联合县)政权。

平东(即冀东西北部)抗日根据地

位于北平以东的冀东西北部抗日根据地在北宁线(今京哈线京沈段)和平古线之间,位置在伪华北政府河北省冀东道西北部(后为燕京道东部)及伪满热河省部分地区,包括密云、平谷、顺义、通县、香河、三河、蓟县、兴隆等县全部或一部。它的北部是燕山西部山地,海拔2000多米的雾灵山(又称雾龙山)雄峙北部长城线上,南部是富饶的潮白河与蓟运河之间广阔的平原。这里经济、文化发达,交通便利,物产丰富。虽然,1935年日伪就在通县建立了冀东伪政权,开始了对这一地区的统治,但是平东广大群众中蕴藏着强烈的抗日情绪。1933年,密云、怀柔一带曾是国民政府17军和 59 军进行"长城抗战"的战场；以后，吉鸿昌领导的"抗日同盟军"余部也在这里战斗过。1937 年，通县发生的伪冀东保安队哗变反正事件，迫使冀东伪政府迁往唐山。

1938 年 2 月，中共中央军委主席毛泽东电示，"雾龙山为中心之区域，有广大发展前途",[①] 提出应派精干前往开辟根据地。4 月下旬，宋时轮、邓华所部八路军第 4 纵队到达蓟县靠山集（今属平谷县）一带。7 月 6 日，中共冀东地方组织秘密策划的人民抗日大起义开始发动（史称"冀东暴动"）。一时间，10 万武装战士英勇奋起，摧垮了敌伪政权，震撼了沦陷近三年的冀东大地。八路军第 4 纵队和新组成的冀东抗日联军共同决定，建立冀察热宁军区和行政委员会。9 月 1 日，中共中央和中共北方局发出贺电："今以十万分的高兴，庆祝抗日联军反日、反汉奸起义的胜利及与八路军纵队的汇合"，并提出"创造冀热边新的抗日根据地"，"建立冀东抗日政权"[②] 的任务。冀东抗日武装先后攻占了昌平、平谷、兴隆、蓟县等 9 座县城，建立了昌（平）滦（平）密（云）、密（云）平（谷）蓟（县）、兴（隆）滦（平）丰（宁）和平谷、蓟县等 11 个抗日县政府。10 月，冀东抗日武装西撤平西，冀东抗日武装斗争暂时转入低潮。留下的千余人仍坚持小规模的游击战争，而政权工作暂时停止。

1939 年 7 月，中共冀热察区党委领导下的冀东区党分委建立。9 月，冀热察挺进军第 13 支队在冀东组成。1940 年 1 月，晋察冀边委会冀东办事处成立，主任朱其文。4 月，以盘山为中心的蓟（县）平（谷）密（云）联合县设立。8 月，冀东办事处扩建为晋察冀第 13 专署，专员焦若愚。10 月，平（谷）密（云）兴（隆）和蓟（县）宝（坻）三（河）两个联合县组建。这时，挺进军第 13 支队也已改称晋察冀第 13 军分区，司令员李运昌。这年秋季，中共冀东区党分委设立了领导平东的西部地委。至 1941 年春，冀东基本上实现了建立大块抗日游击根据地的任务。

1941 年 5 月起，华北伪"治安军"主力开进冀东，扬言要与日军"提携"，"彻

---

① 《晋察冀军区抗日战争史》，军事科学出版社 1986 年版，第 48 页。
② 《解放》杂志，1938 年第 51 期，第 6 页。

底覆灭共军"。冀东军民艰苦奋战，奋勇杀敌。战斗中，冀东军分区副司令员包森壮烈牺牲。是年冬，八路军越过长城，建立了承（德）滦（平）兴（隆）办事处。1942年11月，平密兴联合县改称平（谷）三（河）密（云）联合县。

1943年，冀东地委确定当年的基本任务是，恢复1942年被敌人"蚕食"变质的根据地基本区，并巩固山区，开辟新区。2月间，丰滦密联合县自平北划入冀东区，不久，承滦兴办事处撤销。

由于冀东抗日游击战争的迅速恢复和发展，1943年7月，冀东地委、专署分别扩建为中共冀热边特委、冀热边行署。特委下设5个地委，行署下设5个专署。位于北平以东的冀东西北部成立冀热边第1地委、第1专署。冀热边第1专署辖平（谷）三（河）蓟（县）（原平三密改设）、丰滦密、承（德）兴（隆）密（云）〔新建县〕和蓟（县）遵（化）兴（隆）〔新建县〕4个联合县。

1944年，冀东西北部抗日根据地进一步发展。2月，设立承（德）兴（隆）办事处。7月，设立了三（河）通（县）顺（义）联合县。8月，建立了蓟县办事处。10月，三（河）通（县）香（河）办事处（7月建）改建为联合县。

1945年1月，冀热边特委改称冀热辽区党委，冀热边行署改称冀热辽区行署，冀东军分区也扩建为冀热辽军区。原冀热边第1地委改称冀热辽第14地委，书记李子光；原冀热边第1专署改称冀热辽第14专署，代专员李光汉；新建冀热辽第14军分区，司令员舒行。这时，第14专署辖平三蓟、承兴密、三通香、三通顺和丰滦密5个联合县和蓟县办事处。2月，蓟县办事处改称"包森县"，4月又改称蓟南县。5月，丰滦密划回平北的冀察第12专署。8月间，第14军分区部队加紧对敌人的反攻，一度攻入顺义县城，进入通县机场。至9月抗日战争结束时，第14专署辖平三蓟、三通香、三通顺、承兴密和蓟南5个县级政权。

平南（即冀中大清河北）抗日根据地

北平以南的冀中大清河北抗日根据地，位于平汉线、北宁线和津保公路之间的三角地区，包括大兴、宛平、良乡、涿县（今涿州市）、新城（今高碑店市）、容城、雄县、霸县（今霸州市）、永清、固安和安次（今廊坊市安次区）等县的全部或一部分地区，处于伪河北省燕京道南部、津海道西部和保定道东北部。这一地区是一望无际的平原，永定河、大清河及其支流密布其间，土壤肥沃，气候适宜，农业发达，交通便利。尤其是战略地位极为重要，历来为兵家必争之地。大清河北一带地近平津，群众文化水平较高。一二·九运动时，平津学生曾到这里进行过广泛的抗日爱国宣传活动，给这里的农民留下了深刻的印象。

1938年2月，吕正操所部"人民自卫军"派出独立第1团组成"北上先锋队"，前来大清河北开辟工作，很快打开了局面。4~5月间，冀中区党、政、军领导机构相继建立。9月，在霸县成立了冀中第5军分区，朱占奎任司令员。1939年春，冀中第5专署成立。1940年春，冀中第5专署划归冀北办事处领导（1941年划回冀中）。6月，大清河北党、政、军机构分别改为晋察冀第10地委、第10专署和第10军分区。

1941年6月10日，日军对第10军分区发动规模空前的大"扫荡"，大清河北全部沦为敌占区和游击区。一年以后，冀中根据地也全部成为敌占区和游击区。1941~1942年，大清河北地区重新建立起4个联合县，其中第三联合县包括宛平县的部分地区。

1943年上半年，大清河北恢复了部分游击根据地。1944年，第10军分区主力曾袭击过大兴县青云店据点，甚至打到北平近郊的长辛店火车站。这年秋后，冀中区党、政、军领导机关恢复，大清河北重新调整了领导机构负责人：中共第10地委书记旷伏兆，第10军分区司令员刘秉彦，第10专署专员宋志毅。年底，大清河北地区有第一（涿县、新城、定兴、容城和雄县各一部）、第二（新城、雄县和霸县各一部）、第三（永清、安次、固安和宛平各一部）、第四（永清、安次、固安和霸县各一部）几个联合县和平南办事处（县级，后改设平南县，1945年初撤销）。共辖40个区和2650个行政村。

1945年6月，冀中军区发动大清河北战役。8月大反攻中，八路军攻占容城、永清和安次县城（今廊坊市安次区东安庄），一度进占北平南苑。至9月抗日战争结束时，大清河北已建立大兴、安次、固安、永清、霸县、雄县、容城、新城、定（兴）新（城）、新（城）涿（县）和涿（县）良（乡）宛（平）11个县（联合县）政权。

北平外围抗日根据地的若干特点

（一）经济文化发展状况极不平衡。平郊各根据地的地形和经济差异很大，既有贫瘠的山沟，也有富庶的河谷，还有广阔肥沃的平原。不同地区的群众文化水平甚至开化程度也相差甚远。这就决定了各地区必须采取不尽相同的政策，才能使各个根据地都能获得发展和巩固。

（二）战略地位重要，敌我斗争异常激烈。在整个华北，没有比北平外围对敌人更具有威胁力的根据地了。它地处华北、"蒙疆"和"满洲国"三个伪政权统治的结合部，包围着北平，逼近张家口、保定、承德和天津。太平洋战争爆发后，华北又成了敌人的"大东亚战争的兵站基地"。因此，在这里敌我双方的军事、政治、经济斗争一直很激烈。

（三）有中共晋察冀边区党委（中共晋察冀中央分局）的统一领导。北平外围的4个抗日根据地，在抗战时期，自始至终一直在彭真、聂荣臻和程子华等同志先后主持的中共中央北方分局（晋察冀分局）的统一领导下进行工作。这样，即便于统一调配干部，调动兵力，又有利于各根据地之间协调一致地开展对敌斗争。战争年代，党自上而下的一元化领导是敌后抗日根据地存在和发展的关键。

（四）有八路军主力在，就有抗日政权。由于北平外围地区的地位极其重要，敌我双方争夺激烈，这里几乎每座城镇甚至每个村庄的归属，都是敌我双方军事力量反复斗争的结果。因此，只有相当数量的八路军主力的存在，并战胜敌人，才有可能建立抗日政权；反之，主力部队减少或撤出，抗日政权就难以维持和存在。

（五）大量的联合县政府长期存在。联合县的设立，本是整个晋察冀抗日民主政权建设的一个特点，而在北平外围，这个特点尤其鲜明和突出。联合县是在接近敌占区的地方建立的抗日政权。由于北平外围敌我斗争从来激烈尖锐，于是，联合县就成了这里政权建设中的普遍形式。

（六）大量的两面负担的村政权长期存在。由于敌我军事力量的激烈斗争，北平外围抗日根据地的大片地区长期属游击区，这些地区的村政权既是抗日的地方基层政权，也是表面服从敌伪的区乡政权。这种，"两面政权"是特定环境中出现的一种特殊形式，它与抗日根据地巩固区的政权形式不同，与敌占区更不同。

附：北平外围抗日根据地党政军领导机构变化示意表

地区		1939年	1940年	1941年	1942年	1943年	1944年	1945年
平西	党	冀热察平西地委	冀热察平西地委	冀热察平西地委	北岳11地委	北岳11地委	晋察冀11地委	冀察11地委
	政	冀西4专署	晋察冀6专署	冀北6专署	冀北6专署	晋察冀6专署	晋察冀6专署	冀察11专署
	军	冀热察挺进军	冀热察挺进军	冀热察平西军分区	晋察冀11军分区	晋察冀11军分区	晋察冀11军分区	冀察11军分区
平北	党		冀热察平北工委	冀热察平北地委	北岳12地委	北岳平北地分委	晋察冀平北地分委	冀察12地委
	政		晋察冀14专署	冀北14专署	冀北14专署	晋察冀平北办事处	晋察冀平北办事处	冀察12专署
	军		冀热察平北军分区	冀热察平北军分区	晋察冀12军分区	晋察冀平北支队	晋察冀平北支队	冀察12军分区
平东	党		冀东区党分委	冀东西部地委	冀东西部地分委	冀热边1地委	冀热边1地委	冀热辽14地委

· 116 ·

续表

地区		1939年	1940年	1941年	1942年	1943年	1944年	1945年
平东	政		晋察冀13专署	晋察冀13专署	晋察冀13专署	冀热边1专署	冀热边1专署	冀热辽14专署
	军		冀热察冀东军分区	冀热察冀东军分区	晋察冀13军分区	晋察冀13军分区	晋察冀13军分区	冀热辽14军分区
平南	党	冀中5地委	冀中10地委	冀热察10地委			冀中10地委	冀中10地委
	政	冀中5专署	冀中11专署	冀北11专署			冀中10专署	冀中10专署
	军	冀中5军分区	冀中10军分区	冀热察10军分区			冀中10军分区	冀中10军分区

（原载《北京党史研究》1989年第4期，后收入《北京党史专题文选》第2辑，1993年版，原名《北平外围抗日根据地的创建发展和政区沿革》）

晋察冀抗日根据地的冬学运动

抗日战争时期的敌后游击战争,基本上是中国共产党领导下有千百万民众参加的人民战争。当时的首要任务是抗战,同时要生产,也要搞文化。因为"没有文化的军队是愚蠢的军队,而愚蠢的军队是不能战胜敌人的"。① 中共中央发布的《抗日救国十大纲领》中明确指出:抗日的教育政策要"提高人民民族觉悟的程度"。《各抗日根据地文化教育政策讨论提纲(草案)》中也指出:"发展社会教育,是使文化教育工作成为群众运动的最好方式。"② 在华北敌后抗战的堡垒——晋察冀边区,坚持"发挥高度的民族精神,加强抗战力量","提高一般民众的文化水准"③等原则。1938年1月边区政府成立后,努力克服由于战争造成的社会动荡、民众生活的艰苦,以及社会上落后保守意识的影响等困难,从当年冬天起,连续坚持一年一度,每年为期三个月的冬学运动,向广大民众进行形势和任务的宣传教育。"只要在

---

① 《文化工作中的统一战线》,《毛泽东选集》第3卷,人民出版社1991年版,第1011页。
② 中共中央主办《共产党人》,1941年第15期,第7页。
③ 《晋察冀边区军政民代表大会决议案》,《晋察冀抗日根据地史料选编》上册,河北人民出版社1983年版,第21页。

我国还存在文盲现象,那就很难谈得上政治教育","文盲是处在政治之外的,必须先教他们识字"。① 所以必须把识字和明理结合起来进行。

当年晋察冀边区 80% 以上的民众是文盲。抗战前,边区的农民群众同文化教育几乎是绝缘的。在阜平等县的一些山沟里,方圆 10 公里左右的若干村庄中,竟然找不到一个识字的人。文盲众多,文化很低,就不可能摆脱愚昧落后的状态。抗日战争基本上是农民的革命战争,没有广大农民群众的自觉参加,发挥他们的伟大力量,很难想象能够长期坚持战争并取得胜利。对农民的教育工作,就是使他们从抗战的认识走到抗战的行动过程中必不可少的宣传工作。当时的中共中央机关报《解放日报》社论指出:"农村中的成人,是目前紧张的战争与生产任务的首要担负者,他们的教育虽不免有种种困难,但他们提高一步,战争与生产即可提高一步,正如立竿见影。"② 因此,利用一切可能的机会,到千百万缺乏文化政治生活的广大农民群众中去进行广泛深入的社会教育,提高他们的文化政治水平,是边区不可忽视的主要任务之一。提高农民的文化政治水平,使他们从"目不识丁"的无知境地中解放出来,以适应抗战形势发展的需要,就成了边区工作的当务之急。农民群众终年操劳农事,没有充裕的时间,所以就必须抓紧农活较少、较为闲暇的冬季进行突击性的教育工作。冬学运动,就是利用冬季在农村进行的具有广泛群众性的政治文化教育运动。由于边区年年办冬学,逐渐形成为一种经常性的群众教育制度,以冬学为主要形式的农民社会教育,就成了边区的一大"特长"。

晋察冀抗日根据地,到 1938 年初冬,已发展到拥有 71 个县的规模。本文反映的是北岳区和冀中区的情况,至于冀东区,由于资料缺乏,只好暂付阙如。

冬学依照群众习惯和实际情况,一般按年龄、性别和识字多少等分班编组。当时划分的标准是:"不识字和识一二百字的都是文盲;识字在

---

① 《新经济政策和政治教育委员会的任务》,《列宁全集》中文第 2 版第 42 卷,第 200 页。
② 《论普通教育中的学制与课程》,《解放日报》第 1 版,1944 年 5 月 27 日。

四五百字以上，对于简单文告半认识不认识的是半文盲；识字在一千二百字以上，对普通文告能认识了解其意的是非文盲。"① 冬学教育的对象很广泛，号召男女老少进冬学，重点则是村干部、民兵和男女青壮年（男 16~45 岁，女 16~25 岁）中的文盲、半文盲。在冬学运动中，要求共产党员争当积极分子，起到模范带头作用，成为冬学运动的核心。民兵和各群众抗日团体的会员上冬学的积极性很高。冬学多在夜晚上课，叫夜校。有的妇女班也在白天上课，叫午校。

  冬学教员的要求是积极抗日，忠实于民族的优秀分子。一般由小学教员兼任，也有中学学生担任的，还临时抽调部分党政民机关工作人员、驻军政治工作人员任教员。另外每年冬学开学前，还培训一批在乡高小以上程度的青年任教员。冬学教员均为义务性质，抗战勤务则适当减免，以保证教学备课时间。此外，冬学还广泛采用"小先生制"，即发动小学高年级成绩好的学生（由教员选择）参加冬学辅导工作。这样，既弥补了冬学教员的不足，还使学生在社会工作中得到锻炼。为此，边区政府曾在 1939 年 11 月发布过《小学辅导冬学运动实施办法》的文件。

  冬学运动在农村基层党组织领导下，组织有小学校长和教员、各群众抗日团体代表以及开明士绅参加的冬学运动委员会，负责筹划、督促和检查，具体教学工作由村教育委员负主要责任。边区要求中心小学在冬学运动中起指导作用，要求加强村"民族革命室"（也叫"救亡室"）、"救国堂"、俱乐部等机构，作为社会教育的园地。中心市镇设民众教育馆，作为社会教育的机关，以配合冬学运动的开展。还广泛设立读报组、设置黑板报，进行普及冬学运动的宣传。冬学进行检查、测验、竞赛，建立考勤、请假等规章制度。冬学地点多利用小学教室、村"救亡室"和寺庙等公用建筑，也有租用较大民房者。设备从简，讲求实用。

  晋察冀边区抗日战争时期的冬学运动，可划分为三个阶段。

  第一阶段，从 1938 年冬到 1940 年冬，这三个年度是冬学发展时期。

---

 ① 晋察冀边区行政委员会：《关于整理与建立民校的指示》，《边政导报》第 4 卷，1942 年第 7、8 期合刊，第 3 页。

这段时期的冬学运动，贯彻了文化政治并重，侧重政治教育的方针。1938年12月6日，边区党的机关报《抗敌报》发表的《开展冬学运动》一文中说："关于冬学问题，首先须要把它当作今天政治动员工作中的中心任务之一，使它真正担负起战争动员中的组织任务。"1939年12月19日，《抗敌报》社论《开展冬学运动，提高抗战力量》中指出："冬学运动必须要和当前的政治任务密切联系起来，坚持抗战，坚持团结，坚持进步，反对投降妥协，反对分裂倒退，应成为冬学运动的中心内容。"1941年1月12日，《晋察冀日报》(《抗敌报》1940年11月7日起改此名)社论《猛烈地开展冬学运动》强调："冬学运动应提高到政治的高度，时间有限，必须抓紧中心。今年冬学的中心内容应该是生动地、深入地进行《双十纲领》(按：即中共中央北方分局1940年8月13日颁布的《晋察冀边区目前施政纲领》，共20条。——笔者注)的解释和教育。"而"冬学运动在游击区，必须当作与敌寇、汉奸开展思想文化斗争的重要武器"。与此同时，冬学运动并没有放松文化教育，"开展群众教育工作，首先要扫除文盲"。[1] "冬学运动，是一种有力的文化政治运动，这也是边区文化教育建设的重要环节。"[2]

　　这段时期冬学运动的特点反映在教材方面，在于启发群众抗战的积极性和坚定抗战胜利的自信心，发扬民族的自尊心。课程中有宣讲时事和抗战基本知识，讨论、识字、讲故事等，有的还设军事课。在1939年冬学教材大纲中有这样的课文内容："开展冬学运动，识字读报，扫除文盲，明了国家大事。""保卫边区，保卫家乡，巩固边区，反扫荡，反汉奸，反投降，准备反攻，是边区人民的神圣任务。""我们要不怕艰苦，不怕牺牲，坚持抗战到最后胜利！"

　　这三个年度，北岳、冀中两区冬学运动的开展情况如下表所示：[3]

---

[1] 《怎样加强教育训练工作》，《抗敌报》社论，1939年3月13日。
[2] 《猛烈地开展冬学运动》，《晋察冀日报》社论，1941年1月12日。
[3] 晋察冀边区(北岳区)据1938年、1939年、1940年三个年度的冬学运动总结(摘要)。冀中区据《冀中五年教育工作的报告》(作者刘皑风)、《冀中区经济文化建设简述》(作者张帆)和《冀中教育建设概况》(作者亦敏)，河北省档案馆存。又，冀中区冬学所数均为民校和识字班合计数。

年度	北岳区		冀中区		附注
	冬学所数	学员人数	冬学所数	学员人数	
1938年	3966	181794	2047	69826	26县统计
1939年	5379	390495	5188	331621	27县统计
1940年	8373	520808	1213	338004	七分区7县统计

北岳区1938年度冬学，三、四两个分区（均在冀西）开展较好。三分区1188所，84902人，四分区1161所，35407人。阜平、曲阳、完县（今名顺平）、唐县、定县（今定州市）、行唐、灵寿、平山等县成绩显著。三分区还注意了动员妇女入学。二分区（在晋东北）五台县成绩也较突出。1938年度，北岳区冬学学员平均识字五十至三百不等。1939年度，三、四分区仍居前列。尤其在动员妇女入学方面，超过前一年度的三四倍，在游击区，甚至离敌人据点、公路半公里的村庄都建立了冬学。新乐县上冬学的占人口60%。阜平、完县、唐县、定县、五台等县是全边区的先进县。1940年度，北岳的巩固区到游击区，几乎都达到一个村庄一所冬学，甚至有一村数所者。以前薄弱的二分区也赶上来了，冬学数比前一年度，盂县增加四倍，平定增加三倍多，曲阳的冬学学员数竟跃增十一倍。二分区减少全文盲四万四千多人。五分区（在雁北）以前几乎没办过冬学，这年也办起了四百所，学员达二万四千多人。一些老先进县成绩依然出众，该年度全文盲减少数，阜平是一万四千多人，唐县是三万六千多人，定北是二万多人。五台、盂县学员平均识字均超过一百。这一年度党员的模范作用也较以往更好。唐县党员全部入冬学，而且识字普遍比党外群众高得多。群众中也涌现出一些先进人物，如涞源十区的王帆，以前是文盲，这时已成为冬学教员。平山县有模范冬学103所，"模范识字先锋员"1595人。五台冬学模范村39个，"学习英雄"237人，优等学员759人。几年来，在妇女参加冬学方面，冀中七分区女学员人数的增长，从一个侧面反映出妇女对抗战认识的提高和对学文化的迫切要求。该分区妇女冬学学员，1938年度是7976人，占学员总数的25.13%。1939年度增为48391人，占31.62%，而1940年度

达 160153 人，占 47.38%。妇女先进典型也不乏其人。蠡县徐庄女青年徐某，1939 年入冬学，1940 年已识字七八百，还当上了妇救会干部，并被选为村代表会副主席。

第二阶段，从 1941 年冬到 1943 年冬，这三个年度是冬学的坚持时期。

从 1941 年，我华北敌后抗日根据地进入了极端困难的时期。侵华日军连续对我发动空前残酷的大"扫荡"，敌寇实行灭绝人性的烧光、杀光、抢光的"三光"政策，使我边区军民遭到严重损失。冀中、冀东、雁北、晋东北几乎全部变质为游击区，冀西、冀北根据地也大为缩小，再加上 1942 年至 1943 年华北大旱，我们的困难真是大极了。

几年来开展冬学运动的效果表明，它对坚持长期抗战，教育动员广大农民群众参加抗战是不可少的。所以，即使在非常艰苦的环境中，晋察冀边区的冬学运动仍然顽强地坚持下来了。1941 年 10 月，中共中央北方局在关于冬学的公开信中指出，开展冬学运动"在于借此灌输与启发民众民族抗战意识，促进与加强他们的政治水平"。"特别应注意于长期反'扫荡'战争的动员与配合，使得广大民众从速动员起来，积极准备与参加反'扫荡'战争。"这一年度的冬学运动贯穿着开展锄奸教育，举行公民誓约运动，号召和动员广大人民群众积极参战参军等项内容。更加强调全体党员上冬学，干部带头上冬学。北岳区党委也在关于开展冬学运动的决定中说，本年度冬学运动的任务，"更重要的还在于启发广大人民认识敌后抗战环境的新困难及克服这些困难的具体条件，加强广大人民对坚持长期斗争，巩固抗日根据地的教育，从思想上政治上精神上去动员教育广大人民，更加积极地准备可能到来的更加严重、更加残酷的斗争局面"。[①]

根据党的指示，1941 年度的冬学教材鲜明地贯彻了发扬民族气节，进行反"扫荡"教育的内容。当时北岳区文救会编写的冬学教材第九课《提高民族气节，发扬英勇牺牲的精神》中有这样的内容："'杀身成仁，慷慨就义'，这是咱们中华民族的光荣传统。'头可断，血可流，杀身事小，失

---

① 晋察冀北岳区党委宣传部：《关于开展冬运的决定》，1941 年 10 月 25 日，河北省档案馆存。

节事大'，这是我们中华民族四千年来的革命气节。我们中华民族是一个有骨气的民族。""我们边区的老百姓，经过四年的抗日战争，更都是头可断而节不可辱的。""我们要发扬英勇牺牲的精神！"

在异常困难的条件下，1941年度冬学还是取得了不小的成绩。北岳区冬学达到2894所，学员233592人。阜平、平山、灵寿、行唐、井陉、平定、五台、广灵等县文盲入学率仍高达82%。北岳区冬学学员平均识字一百。也出现了一些先进典型。涞水上港的张凤，一冬识字六百，还动员了二十个人上冬学。十一分区（在平西）昌宛接敌区的一个村庄，冬学坚持了两个月零八天，而且测验成绩良好。

该年度冬学运动结束后，边区政府公布了《边区民众学校暂行规程》的条例，还同时发出关于整理和建立民校的指示信。指出：民众愚昧，建立新民主主义社会是不巩固的，民众必须受教育，尤其是青少年。要求巩固区每村有民校，游击区有小学的村庄都要有民校。指示信注意到冬学结束后组织民校，以巩固冬学运动成果。

1942年7月，刘少奇同志提出，在1942年秋、冬季和1943年大规模进行社会教育的"目的是为了提高群众的政治觉悟程度"，点明"主要还不是为了提高群众的文化水平"，并说明以后的社会教育"提高文化仍是主要目的"。这段时期"是为了在思想上巩固这些群众在我们党的影响之下，不致因为某种变动与挫折而动摇群众对我们的信仰"。①

1942年10月，边区政府关于冬学教育的几点指示中说："我们要在冬学里提高群众的政治认识，坚定胜利的信心，我们要把冬学办成为粉碎敌伪'思想战'的有力武器。"提出"坚决向游击区去开展（冬学）"，"把冬学教育作为政治攻势的有力手段"。强调巩固区群众参加冬学，才能成为有能力的公民，游击区群众坚持上冬学，才能不受敌人的欺骗，才不致成为聋子和傻子。该年度冬学教育明确应以政治教育为主，游击区则应把全部力量集中于政治教育。巩固区在识字教育、组织教育中要贯彻坚定抗战胜利信

---

① 《克服困难，准备反攻，为战后建立新中国创造条件》，《刘少奇选集》上卷，人民出版社1981年版，第228页。

心,反"扫荡",反"蚕食",反特务奸细,反敌伪"治安强化运动",加强民族气节教育,反自首运动等。在课程安排上,巩固区政治、组织课共占60%,识字课占40%。游击区则只上政治课,识字课附带进行。教学标准要求达到把政治教育内容深入每个学员并且变成行动。边区政府和抗联在加强1943年度冬学工作的指示中指出:"今年的冬学运动,必须使之成为改造根据地群众思想,巩固抗日民主思想阵地的运动。"要普遍进行反法西斯的民主思想教育,以坚定抗战胜利的信心。

第三阶段,1944年冬季,是冬学的调整时期。

由于党的正确领导,整风运动、大生产运动取得很大的成果,为在冬学运动中更好地贯彻新民主主义教育政策奠定了强有力的思想基础和较为丰富的物质基础。1944年边区已经全面度过了最艰苦的岁月,群众生活普遍达到衣食无虞甚至有余。晋察冀边区控制地区基本上恢复到1940年的局面。我八路军并已向敌伪展开了局部反攻。我们敌后抗日根据地的面貌焕然一新。在这样的条件下,我们的任务是进一步提高人民群众的政治觉悟和文化程度。边区政府1944年2月发出通知,要求各地在冬学运动的基础上,巩固区争取重点民校经常化,游击区也要进行经常性的民校教育。

1944年10月,边区政府发出关于开展冬学运动的指示,在冬学运动的方针、内容、重点等方面做了一系列的改变和调整。指示说:"历年冬学运动把重点放到政治教育方面",而"今年的冬(学)运(动)一般的以提高群众文化为中心,着重开展识字运动,而以政治教育生产教育为辅"。并且"发动群众自办冬学","试行民办公助与自愿的原则"。在内容上,"一般的以文化课为主","文化课以识字为主"。"政治课以反法西斯为主。""在游击区应与对敌政治攻势、经济斗争相结合。"生产课以组织起来为中心进行。在课程比例上,巩固区文化课占60%,政治、生产课占40%,游击区和新开辟地区政治等课程占60%,文化课占40%。办学的一些具体政策更加灵活,不强求划一,还强调抓先进模范典型。

1944年度冬学运动开展最好的还是最有基础的三、四分区普遍而持久。阜平各村都建立了冬学,曲阳游击区96%的行政村都有民校。冀中八分区的冬学也普遍建立。该年度开展了"民办公助"办冬学的活动。这项政策允许群众按照自己的需要和意愿来办学。群众根据当时的具体情况,结合实际需要,照顾生产和生活,因地因人制宜,创造出多种学习方式,从而提高了农民办学的积极性。群众迫切需要的最基本的读写算能力得到提高,因而效果是显著的。当时出现了三种办学类型:一种是在原来基础上发展起来的新民校。由村干部或小学教员组织群众,根据群众意愿进行改革,学制、课程、教材等都由群众讨论决定,自选校长和冬学委员会成员。也有在县、区干部直接帮助下搞起来的。另一种是新型的"民办公助"冬学。龙华(易县大龙华一带析置新建县)由著名的模范教员桑文义办起来的三尖峪冬学就是一例。这所学校由劳动英雄赵洛林带头,荣誉军人杨振芳任教员,满足了群众生产生活提高以后对文化知识的渴望。还有一种是同生产、战斗、文化等工作相结合的学习组织。如灵丘青年民兵英雄姬继海领导的拨工组,结合战斗、生产学文化,这个小组37人,识字都在二百以上,其中只有一个人不会开路条。老年人讲:"娃娃们要跟人家姬继海,一定学得错不了。"还有妇女做鞋组、纺织组、运输队、编席组、剧团等与生产、文化相结合的教育组织。

综上所述,整个抗日战争期间,晋察冀边区的冬学运动一直是在战火炽烈、战斗频繁的条件下进行。它在反侵略战争中,促进了广大农民群众的觉醒。它在敌后抗日根据地的新民主主义教育文化建设事业中,建立了不可磨灭的功绩。它给我们留下了许多有益的经验。

首先,冬学运动要开展成有广大农民参加的群众运动,就必须在党的领导下用各种各样的方法把农民的积极性调动起来,使他们自觉自愿上冬学。以党员干部积极入学的实际行动来影响带动群众入学。放弃领导,听任自流,冬学办不起来。总之,只要真正发动了群众,得到群众的支持和拥护,辅之以切实可行的规章制度,冬学就能够办起来,并且能够办好,农民还是欢迎的。

其次,冬学运动既然是利用农民冬闲时间进行,那就一定要同群众的冬季生产相适应。如果我们忘记了农民群众生产的问题,哪怕是把其他一切问题都解决了,冬学还是办不好的,原因就是搞生产比起学文化眼前效果更明显具体。不抓冬季生产只抓办冬学的办法,在群众中是通不过的,显然脱离群众。

最后,冬学运动既然是群众运动,那就要结合当时当地实际情况,满足农民的合理要求,做到学用一致,立竿见影,以提高他们的学习兴趣和自信心。学了就能用,群众的学习热情也就提高了,文化知识也记得牢,不易忘。一定要注意教学效果,节省群众的人力物力和精力,不搞形式主义,不走过场。

还有,教员问题是冬学运动在普及基础上提高的关键,是个带根本性的问题。由于广大农村文化教育水平相当低,教员数量少质量差的状况普遍存在,不少县的冬学教员多为半文盲,难以称职。若仅依靠小学教员代课,使用中学生,尚远不敷需要。"小先生制"固然有其积极意义,但究竟小孩子年纪还小,懂事不多,社会知识太少,尽管热情很高,效果并不理想。而调动农村中闲散的有一定文化知识的人,加以必要的培训,担任冬学教员,还是可取的。也就是说,要调动一切积极因素尽量解决好师资问题。

还应看到,榜样的力量是无穷的。在开展冬学运动中,树起一批群众办学中涌现出来的模范冬学、模范教员、模范学员等先进典型,以推动一般,这对群众还是很有说服力的,可起到较好的示范作用,有利于办好更多的冬学。

(原载《首都博物馆文集》1989年版,署名李寅)

晋察冀抗日根据地的小学教育

晋察冀抗日根据地是抗战时期中国共产党领导建立的华北第一个敌后根据地，其幅员南抵太原、石家庄、沧县一线，北到塞外草原，西自北同蒲铁路沿线，东达渤海之滨。含北岳（1940年前称路西，1944年划为冀晋和冀察）、冀中和冀热辽（始称冀东，1943年夏至1945年初称冀热边）三个行署级战略区。晋察冀边区范围包括今河北省大部（不含冀南），山西省东北部以及北京、天津两市全部。

1937年8月25日，中国共产党发表《抗日救国十大纲领》，其中第八项"抗日的教育政策"为："改变教育的旧制度旧课程，实行以抗日救国为目标的新制度新课程。""实施普及的义务的免费的教育方案，提高人民民族觉悟的程度。""实行全国学生的武装训练。"[①] 这是中国共产党领导的各抗日根据地教育工作的总方针。

---

① 中央档案馆编：《中共中央文件选集》第十一册，中共中央党校出版社1991年版，第330页。

边区小学教育的恢复和发展

　　1938年1月，晋察冀边区军政民代表大会在河北省阜平县召开，宣告晋察冀抗日根据地临时政权——晋察冀边区行政委员会成立。大会通过的《文化教育决议案》制定了"发挥高度的民族精神，加强抗战力量"等基本原则，在整顿学校教育中提出"恢复乡（村）镇的初级小学和高级小学，一律于春季开学，学生男女兼收"，"将小学的课本重行编订，主要的使内容适应抗战"，"重行检定小学教师"，"小学校完全免费"，"改变学生生活及课程编制"，"废除旧有形式主义的编制，采取军事化"，"组织儿童团、歌咏队等，做实际活动"①一系列举措的原则要求。

　　边区战前的小学教育，随着国民政府军的撤退而瓦解，直到边区政府建立后，根据地内社会秩序渐趋稳定，边府下令各地小学限期复课。战乱之后复课不易，要修缮校舍，编撰课本，培训师资，筹集经费。边区自上而下一整套教育行政系统，从边府教育处到各专署和县府教育科，直到区和村公所的基层教育行政部门先后组建。边区政权机关要求驻军占用的校舍尽快撤离，被毁校舍尽力修复，还要寻找民房或寺庙暂充校舍。其实，抗战的"晋察冀没有辉煌的教室。随便一间房子，一座树林，一片河滩，或是山坡，或是山顶，随处都是学生们的课堂"。② 由于各级领导的重视，民众办学积极性高涨，到1938年夏收时，边区各地小学基本上都复了课，边区各行政村普遍重新建立起初级小学。至于初小的教育经费，系由各村合理负担解决。这是当时比较完善的筹款办法，本着有钱出钱的原则，实行较为合理的公平负担，以每家农户的财产多少、收入高低和消费水平统一计算，由村民评议会议决确定。

　　根据地建立之初，有相当一批小学教师参加了抗日武装、民主建政和

---

　　① 中央档案馆等编：《晋察冀抗日根据地——文献选编》上册，中共党史资料出版社1989年版，第82~83页。
　　② 李公朴：《华北敌后——晋察冀》，生活·读书·新知三联书店1979年版，第140页。

群众团体工作。在冀西的曲阳、阜平等县，小学教师离开原岗位的竟占到4/5。师资匮乏成了边区普遍性的问题。为此，以专区和县为单位，开办师资短期训练班。1938~1939年，冀中培训了6354名小学教师（其中女教师占10%），1940年，路西和冀中又培训了9759名小学教师（其中女教师占8%）。

1938年，边区政府发布关于设立中心小学及其任务和办法的指示。为使学校间发生更多的横向联系，形成一个教育网，选择校址适中、规模较大、办得较好的一处学校为核心，定为中心小学。要求中心小学的教职员具有较高的学识水平和较好的政治素质，以成为其他学校的表率。

1939年9月27日，中共中央在对冀察晋工作的指示中提出："党在小学教员中的工作必须加强。"[①]1940年2月18日，中共中央书记处指出："小学教师是小学教育、壮丁教育、社会教育与家庭教育的主要环节，为此目的须选择一些适宜而且可能当小学教师的党员，使之固定在小学教育的战线上。"[②]

关于教材问题。边府教育处1938年春为解决复课无教材的燃眉之急，组织人手赶编了临时小学国语课本六册。但这套课本编纂粗糙，不切实用。1939年冬，教育处又编辑了抗战时期初小国语和常识课本各八册。这套课本形式较完整，考虑到由浅入深、由简而繁、循序渐进的原则，知识面较广泛，但也还存在着与现实斗争联系不够，以及部分课文政治口号化的倾向。到1940年夏，边区政府为贯彻加强抗战教育，又重新修订了初小全套国语和常识课本，改行秋季始业。这次编辑宗旨是：提高儿童文化政治水平，培养抗战意识，增强革命道德品质。这套课本具有强烈反映抗战的内容，但课本中有关政治的课文竟占到3/4以上，还存在着课文编排脱离实际，故事、韵文和应用文比例过小的问题。

1940年3月18日，中共中央书记处发出关于开展抗日民主地区的国民教育的指示，同年11月15日，中央宣传部发出关于各抗日根据地内小学

---

① 中央档案馆编：《中共中央文件选集》第十二册，中共中央党校出版社1991年版，第177页。

② 中央档案馆编：《中共中央文件选集》第十二册，中共中央党校出版社1991年版，第307页。

教育的指示。中央认为:"开展抗日民主地区的国民教育,是当前深入动员群众参加与坚持抗战,培养革命知识分子与干部的重要环节。"①"我党应当积极进行普及的新民主主义的国民教育。"②

边区党——中共中央北方分局遵照中央指示精神,于 1940 年 4 月 20 日发出关于国民教育的指示:"确定国民教育的基本内容是新民主主义的教育,即是以马列主义的理论与方法为出发点的关于民族民主革命的教育与科学的教育。"在学校教育中,"尽可能恢复与建立各地小学校,以求达到每行政村有一个初级小学,每区至少有一个两级小学,以建立广泛的小学网"。"大批培养男女小学教员","大量动员学龄儿童入学"。在加强党对国民教育的领导方面,明确提出:"要提高小学教员……的社会地位,对其中的优秀分子给以各种的奖励。"③ 同年 8 月 13 日,北方分局在《关于晋察冀边区目前施政纲领》中提出:"在提高国民文化水准及民族觉悟的目标下,实行普及的义务的免费的教育,建立并健全学校教育,至少每行政村设一小学,每行政区设一完全小学或高小。"④

1941 年 1 月 15 日,边区政府在告全边区同胞书中,提出普及教育的奋斗目标:"在今年我们要做到每一个行政村有一个小学校,学龄儿童入学者要达到百分之六十,每一个区要有一个高小,每一个高小要吸收三个免费生。"⑤ 同月边区政府发出关于普及国民教育的指示,提出动员儿童入学的标准与要求,"学龄儿童规定为七足岁至十足岁的男女儿童","动员儿童入学不仅求数量发展,且须注意巩固儿童入学","特须注意大量女子入学",

---

① 中央档案馆编:《中共中央文件选集》第十二册,中共中央党校出版社 1991 年版,第 328 页。
② 中央档案馆编:《中共中央文件选集》第十二册,中共中央党校出版社 1991 年版,第 563 页。
③ 中央档案馆等编:《晋察冀抗日根据地——文献选编》上册,中共党史资料出版社 1989 年版,第 330~332 页。
④ 中央档案馆等编:《晋察冀抗日根据地——文献选编》上册,中共党史资料出版社 1989 年版,第 403 页。
⑤ 河北省档案馆等编:《晋察冀抗日根据地史料选编》下册,河北人民出版社 1983 年版,第 10 页。

"动员初小毕业儿童，尽可能地入高小"。指示要求"在小学内建立半日随习制度吸收贫苦子弟入学"，"小村庄建立巡回小学以吸收更多的儿童入学"。①

边区政府1941年4月10日公布《边区小学校暂行办法》规定：小学教育的任务为："实施普及义务教育，培养抗战建国的健全公民。"小学教育的方针是："一、发扬儿童国家民族意识与优良品质。二、培养儿童普通的科学智能。三、启发儿童对社会发展的初步认识。四、培养儿童对劳动生产之正确认识与习惯。五、养成儿童优良生活习惯，促进儿童身心发育健康。"②实行初小四年制，高小二年制。每学年两个学段，秋季始业。高小由县政府领导，初小由村公所领导。课程比例规定，初小国语30%，算术25%，常识20%，歌咏、图画、手工等共15%，体育游戏10%；高小国语25%，算术20%，政治10%，自然10%，历史地理10%，歌咏、图画、手工等共15%，军事体育10%。初高小一律不收学费，高小经费县里统发，初小经费各村自筹。根据边区政府1940年7月颁布的小学儿童半日随习办法和1941年2月颁布的贫寒儿童随学办法，半日随习生以学习国语、算术和常识等主课为主，上课时间以上午为宜，主课进度和毕业年限与普通小学同。

边区的儿童组织——抗日儿童团，吸收7~14岁的儿童入团。其宗旨为："团结全边区儿童打日本救中国。"儿童团要"拥护与推动边区的抗战教育，努力学习抗战建国的知识和本领"，"动员儿童参加各种抗日救亡工作"，"粉碎日寇汉奸对儿童的奴化教育及顽固分子投降派的反动教育"。③边区政府为了发展儿童教育，提倡各地小学组建儿童团，并把组织扩大到全村，强制适龄儿童一律入团。村青救会主任或小学教师担任儿童团指导员。为了协调好儿童团与小学校的关系，边区政府1942年1月22日决定，学校不得

---

① 河北省档案馆等编：《晋察冀抗日根据地史料选编》下册，河北人民出版社1983年版，第16~17页。
② 晋察冀边区行政委员会：《边政导报》第3卷，1941年第14~15期合刊。
③ 河北省档案馆等编：《晋察冀抗日根据地史料选编》上册，河北人民出版社1983年版，第358页。

干涉儿童团的工作,儿童团在校内要保证教学计划的完成,亦不得干扰学校的行政工作。参加社会活动,既是学校教育一方面的工作,又是儿童团活动的重要内容,学校与儿童团应共同协商。

1942年春,为了扩大反法西斯统一战线,边区撤销了原有的少先队和儿童团,代之以国际流行的童子军。童子军是少年儿童学习军事、进行军事体育训练的组织。凡年满8岁到17岁的男女少年儿童,均可自愿加入。其中12岁以下的组成幼童军。边区的童子军,最先在学校里和巩固区的村庄建立起来,其活动由村青救会组织。

边区的小学教育抗战以来获得迅速的恢复和发展。据路西和冀中两区54个县的统计,1939年春有初小5490所,高小91所,学生239819人,到年底初小达到6921所,高小142所,学生增加到367727人。1940年,全边区小学总数为7697所。学龄儿童入学率,在1940年路西区为57%,1941年冀中区为75%。冀中区的小学教育发展的具体情况如表所示。[①]

年月	县数	初小(所)	高小(所)	学生人数	女生比例
1937	26	4482	164	282040	10%
1938.8	26	3445	76	170360	13%
1939.10	21	2166	35	123029	26%
1940.8	23	3142	178	316369	42%
1941.8	28	3597	290	454053	26%

从上表中不难看出,全边区教育最为发达的冀中区小学数目,几年工夫就恢复到战前的水平,而学生人数则远远超过了战前,其中女生入学率更有了迅猛的提高。

---

① 刘皑风:《冀中五年教育工作经验总结》,冀中行署1943年4月油印件,河北省档案馆存。

边区小学教育的调整和改革

1941~1942年,日本侵略者和华北伪政权先后发动了五次"治安强化运动",加紧对抗日根据地的"扫荡"和"蚕食"。随着太平洋战争的爆发,敌人把华北作为它的"后方兵站基地",更加强了疯狂的掠夺。这时又遭遇了多年罕见的大旱灾,晋察冀根据地陷入极为困难的境地。巩固区面积缩小,游击区扩大,根据地弄到几乎没有饭吃、没有衣穿的地步。敌伪乘机加紧推行奴化教育,我边区政府适时提出"面向游击区,开展游击区教育工作"的号召,广大的游击区多由巩固区蜕变成的,克服困难,坚持第一线的教学工作,恢复抗日小学,并争取和掌握了一些敌伪小学,从而打击和削弱了敌伪的奴化教育。游击区的小学一般有三种类型:第一种是抗日学校,"一面"的抗日小学完全进行抗日民主教育,不见敌人面;而"两面"的抗日小学,对敌人是公开"合法"的,实际上以伪装形式进行抗日教育。第二种是中间的两面学校,对敌不忠,对我也应付,教学内容陈旧,我们的任务是争取和改造它们成为抗日的学校。再有一种就是亲敌伪的学校,有一面的,与抗日毫无关系,也有两面的,同抗日有点联系,但实际上仍忠于敌伪。对于这类学校,我们应分别情况,或者打击,或者争取。在游击区进行小学教育的组织形式和教学方法,应以取得较大教学效果为原则。在游击根据地,尽量建立一面的和两面的抗日小学。在敌人新蚕食的地区,争取中间小学变为抗日两面小学。还要尽力争取敌伪小学的教师,使其为抗日多做些工作。至于教材,抗日一面小学,应坚持使用抗日课本。抗日两面小学,争取国语和常识两科使用抗日课本。1943年3月4日,边区政府发出纪念4月4日儿童节的指示信,提出在游击区和接敌区儿童中普遍开展"五不运动",即"一、不上鬼子学,不念鬼子书;二、不听鬼子话,不参加鬼子的会;三、不吃鬼子糖,不买鬼子的东西;四、不上鬼子当,不告诉鬼子一句实话;五、不受鬼子骗,不参加鬼子的少年团"。[①] 到这年秋后,我们已经逐渐掌

---

① 晋察冀边区行政委员会:《边政导报》第5卷,1943年第4期。

握了游击区小学的多数,许多学校成为抗日的两面小学,艰苦的工作取得了可观的效果。

边区政府为了适合农村特点,1943年春节过后,通令各地小学一律改行春季始业,即恢复1940年夏以前的形式。

1943年4月10日,边区政府发出关于整理小学、加强儿童生产教育的指示。整理小学的目的是:"(一)适当地紧缩小学数目,减少教师数目,提高现任教师质量,并争取更多的学龄儿童入学。(二)适当地改善小学教师待遇,并减轻灾区人民对教育经费的负担。(三)改变教学方式,加强儿童的生产教育,配合当前生产救灾的政治任务。"[①] 整理小学的办法是:所有高级小学一律与附近中心小学合并为完全小学(实际上只能是两级小学),加强中心小学的作用。至于初级小学的整理范围,则着重于巩固区内的灾区及偏僻小村。在较大村庄仍以全日制为主,酌设半日随习班,如学生较少,改为半日二部制,使学生半日学习,半日生产。一般村庄,以半日制为主要方式,有的则实行巡回制。有些偏僻贫困的小村,学校可暂缓开办或暂时停办。凡学校改为半日制的,要争取更多的学龄儿童入学。关于加强学生的生产教育,指示中说:(一)通过各科教学,启发儿童重视并参加生产活动,养成劳动的习惯;(二)高小或全日制小学,星期六下午定为劳动日;平时对贫困的学生,应准许利用课外活动时间干家务活;(三)二部制和巡回制小学,学生在不上课时,一律参加生产劳动;(四)按学生的年龄、体力和性别编组,进行生产活动的管理;(五)教师对领导学生参加生产与学习并重,对学生的生产成绩,应视为学生成绩的一部分。总之,整理小学,加强儿童生产教育,是灾区教育行政部门的中心工作,应与生产救灾工作联系起来进行。

边区早在恢复教育建设开始时起,就不断进行教学改革工作,提倡学生参加生产劳动。到1943年,由于天灾人祸,农民生活困难,儿童必须参加生产,否则就很难坚持教学活动,所以明确提出加强生产教育,进一步打

---

① 晋察冀边区行政委员会教胜字第4号(1943年4月10日)文件,河北省档案馆存。

破了传统的办学方式,也得到了学生家长们的赞扬:"现在的小学比过去好多了,学念书又学做活,真是文武双全,现在的小学真是庄稼人的小学了。"①教学形式的改革,尤其是在贫困又缺乏劳动力的村庄,成了普及教育的关键。开展生产教育,不但增强了儿童的动手能力,而且通过劳动收入还改善了办学的条件。处理好学生学习和生产的关系,相得益彰。

由于敌我斗争的残酷,冀东的小学教育长期不能提到议事日程,随着形势的逐渐好转,冀热边行署1944年第三季度中心工作纲要中,列举了开展国民教育的内容。纲要认为:"开展国民教育,特别是小学教育,是民族后辈思想文化培植的园地,是对敌文化教育斗争的重要阵地。"纲要还提出加强小学教育的领导,并把小学教师提高到办好小学教育灵魂的地位来认识。

小学教育的改革是与边区教育的恢复和发展同步进行的,其间存在着摸索和实验的过程。边区最初提出的是普及教育和义务教育的口号,后来机械地搬来国民党政府统治区"强迫教育"的做法,也曾采用所谓"评议"的办法,只要群众评议应该入学的儿童,不入学对其家庭就强行处罚,引起农民的非议。1940年后,边区教育行政部门还推行过所谓"正规化",没有考虑敌后根据地的特点,既达不到"正规"要求,又限制了适龄儿童的入学机会。教训迫使人们考虑,边区的小学到底应该怎样办?

边区政府1944年10月2日发出关于研究与试行"民办公助"小学的指示,指出:"过去边区的小学教育虽已做过许多工作,有过不少的成绩,但由于……缺乏坚强的群众观点,凡事多从主观出发,不知走群众路线,所以不论教育内容、教学方式或教学时间往往不照顾与不适合群众需要。为了普及教育,便采用强迫、评议、处罚等办法,为了推行'正规化'与单纯的财政观点,便大量合并与取消'不像样'的小学,完全不顾及群众意见,这样自然便造成小学教育脱离群众的现象。"②指示提出民办小学的方针就是

---

① 《人民教育》社编:《老解放区教育工作经验片断》,上海教育出版社1979年版,第115页。

② 晋察冀边区行政委员会政字第1号(1944年10月2日)文件,河北省档案馆存。

走群众路线,把小学交给群众自己去办,即发动群众的力量,根据群众自己的意愿来办群众自己的学校。至于学校的形式、教学的内容等均由群众自行决定,学校行政和组织由群众自己管理,经费由群众自筹,教师由群众自聘,这样小学教育才能更好地适合群众的需要,更好地为群众服务,也才易于教育的普及。这种民办小学与公助是不能分离的,需加强领导,不可放任自流,并随时注意解决群众办学遇到的困难,并及时纠正可能随时出现的偏向。指示指出:"民办公助"是一个新的教育方针,把小学由官办改为民办是一个长期的改造和建设的过程,不可轻率从事和急于求成。边区政府特指定以阜平为试点县,其他各县可选择条件较好的村庄和小学进行实验,以吸取经验,然后普遍推广。民办学校的推行,使山区小村的孩子们也获得了宝贵的学习机会。边区群众热烈拥护民办小学的热情溢于言表,他们说:"共产党真行,又提出民办来了。""这才真正是咱们庄稼人的学校呢。"[1] 此后,民办学校在边区有了飞跃的发展,小学教育出现了新气象,收到了很好的成效。到1945年,全边区的民办小学数目达到了7000多所。

余 论

抗日战争时期在中共中央和北方局统一领导下,晋察冀边区党和政府一贯重视和关怀国民教育工作。边区的国民教育包括以冬学运动和民校教育为基本内容的成人教育[2]和以初等教育即以四年制初小为主的小学教育为基本内容的儿童教育两个方面。边区的小学教育大体上沿着恢复——发展——调整——改革的轨道走过了一条不平坦的道路。1938~1941年,边区小学教育的恢复和发展与边区的建立和扩大几乎同步,这时以巩固区为主,基本上采取的还是传统的办学方式。1942~1943年,边区进入极为艰难的时期,根据地缩小,游击区扩大,旧的"正规化"办学模式受挫,不得不进行大幅度

---

[1] 《人民教育》社编:《老解放区教育工作经验片断》,上海教育出版社1979年版,第187页。

[2] 拙文《晋察冀抗日根据地的冬学运动》,载《首都博物馆国庆四十周年文集》,中国民间文艺出版社1989年版,第124~130页。

的调整,一方面提高了对战时游击区办学的认识,另一方面加强了生产教育。1944~1945 年,边区已经渡过了难关,根据地得到恢复和新的发展,边区的小学教育也逐渐摸索出一条行之有效的"民办公助"普及初小教育的途径。这时,抗日战争已处于胜利的前夜。总之,历经七年多的实践,边区终于找到了一条基本符合晋察冀农村情况的、具有时代和地方特点的新民主主义性质普及儿童初等教育比较成功的模式。晋察冀抗日根据地的小学教育,为中国老解放区教育史谱写了值得一书的篇章。

(原载《首都博物馆丛刊》1993 年版,署名李寅)

冀鲁边区从抗战到解放

题记：那是20世纪60年代初的一个多雨的秋天，余离开了T城，来到陌生的冀鲁边境的韩村。这里是抗战前夜冀察政务委员会委员长宋哲元将军批准设立的新海设治局驻地。余初到此，放眼原野，天地之间只隔一线，地上泛着白花花的盐碱，植被稀疏，洼大村稀。农民住着有梁无柱的土坯房，吃着一年到头离不开的野菜代食。这里还没有沥青路，也没有自来水，有灯而无电。这里尚富渔盐之利，不过饮用水都是苦涩的。这里的文化还是落后的，全县在新中国成立前连一所中学也没有。在这片民风淳朴的老区，余还听到过各种各样的历史故事，有汉代武帝城的传说，有明代燕王扫北的遗事，更多的则是八路军游击队攻打鬼子的岗楼、还乡团的卷土重来、王徐庄子攻坚战的敢死队等。无论情愿与否，余将整个青春时光都给予了这片土地。直到20世纪80年代初的又一个秋天，余才离开这里，前往S城，回到阔别已久熟悉而又陌生的城市。冀鲁边，余终生难忘。

冀鲁边抗日根据地的创建

冀鲁边地处华北平原东部，渤海湾西南岸，纵跨河北、山东两省，在津浦铁路以东、海河以南、黄河以北。边区面积3万多平方公里,当年人口约600万,绝大多数为汉族,少数民族中,回民有近10万人,主要分布在盐山、新海(今黄骅市)和沧县一带。冀鲁边具有重要战略地位:"东临渤海,西胁津浦,南凭黄河,北迫平津。"(《冀鲁边区进行曲》歌词)这里在抗战大部分时间中,对日伪控制下的唯一南北陆路交通大动脉津浦铁路线(直到1944年日军才勉强打通平汉线)和要冲天津、沧县、德县和济南等地构成严重威胁,有力地支援了全国抗战。

(一)津南人民武装起义和"抗日救国军"的诞生

1937年卢沟桥事变后,日军大举入侵华北。7月30日天津沦陷。日军第十师团沿津浦线南进,9月24日占领沧县,随后攻入山东省,经激战,11月3日德县失守,鲁北门户洞开。国民政府山东军政首脑韩复榘脱逃,日军遂于12月27日占领省会济南。年底,冀鲁边国民党地方政权基本瓦解。

面对当时局势,中共北方局将津南特委从河北省委划属山东省委领导。10月27日北方局指示:"在被敌占领区域,共产党与八路军以自己名义,公开直接去动员群众。"[①]11月15日又指示:"目前在华北,旧的政治机构已被日寇破坏,而日寇与汉奸的政权还没有在广大的乡村与大多数小的城市建立起来,在这些地方,我党公开直接动员与武装民众的权利和自由已经有了。目前我党在华北就是要进一步独立自主地去领导游击战争,动员最广大的群众参加游击战争,争取广大的乡村成为游击战争的根据地。"[②]这时津南和鲁北两特委并为冀鲁边工委(书记于文彬)。工委在盐山旧县组织起"民众抗日救国总会"(主任马振华),随后在冀鲁边各县建立了13个分会,还成立了以农民为主体1000多人的"民众抗日救国军",原津南特委军事委员邢仁甫任司令。

1938年初,日伪势力逐渐渗入冀鲁边,鱼龙混杂的"救国军"骤减到500多人,活动范围只达旧县及其附近。为眼前生存计,"救国军"改隶国

---

① 《中共中央抗日民族统一战线文件选编》下册,档案出版社1986年版,第52页。
② 《刘少奇选集》上卷,人民出版社1981年版,第94~95页。

民政府,番号为"军委会别动总队第31游击支队",司令仍为邢仁甫。是年春,支队先后夺取盐山、无棣、乐陵和庆云等县城,支队控制了以乐陵为中心,西起宁津,东到庆云,北到南皮、盐山一带的地域,队伍又扩大到1200多人。这时,工委已与山东省委失去联系,书记于文彬又不幸牺牲,原津南特委书记马振华出任工委临时领导,工委几经周折又找到河北省委。河北省委随即派出一批干部支援冀鲁边,杨靖远来后任支队副司令,还指示工委应尽快与晋冀豫省委(后改建为冀南区党委)联系。入夏,支队还占有乐陵、庆云两座县城,而日伪势力已伸展到冀鲁边的十几座县城,对支队构成包围的态势。

(二)八路军"东进抗日挺进纵队"进驻冀鲁边

1938年4月21日,中共中央发出《对平原游击战的指示》。5月,毛泽东指出:"河北平原、山东的北部和西北部平原,已经发展了广大的游击战争,是平地能够发展游击战争的证据。"① 为了打破冀鲁边的艰难处境,中央军委决定,以八路军115师343旅685团2营为基础组建永兴大队(大队长曾国华,政委李宽和),随129师行动。又以129师工兵连为基础组建津浦支队(支队长孙继先,政委潘寿才)。两支部队奉命挺进冀鲁边,7月8日开进乐陵城。晋冀豫省委还派来宣传部长马国瑞,担任新建冀鲁边军政委员会书记,曾国华、孙继先、邢仁甫和李启华为委员。根据6月8日毛泽东电示,凡属我党领导,已得到广大群众拥护,又邻近友党友军的游击队,以用八路军名义为宜。"第31游击支队"8月改为八路军第6支队(司令员邢仁甫,副司令员冯鼎平,政委王叙坤)。

到9月下半月,冀鲁边已在津南建立了6个县政府(盐山、宁津、东光、庆云、南皮和沧县),都委派了县长,于是设立了津南专署,即"冀南行政主任公署第6区行政督察专员公署",驻盐山旧县,专员杨靖远。北方局批准,组建冀鲁边特委,隶属于冀南区党委,书记李启华。

9月27日,八路军总部派出的115师343旅政委肖华率领的旅机关进

---

① 《毛泽东选集》第2版第2卷,人民出版社1991年版,第420页。

入乐陵城,冀鲁边3支部队的统一指挥"东进抗日挺进纵队"组成,肖华任司令员兼政委,政治部主任符竹庭,参谋长邓克明,津浦支队改称第4支队(司令员孙继先,政委潘寿才),永兴大队改称第5支队(司令员曾国华,政委王叙坤),第6支队名称不变(司令员邢仁甫,政委周贯五),另设两个独立团:7团和8团。重组冀鲁边军政委员会,书记肖华,委员是符竹庭、马国瑞、李启华和邢仁甫。挺进纵队的组成和军政委员会的改组,标志着冀鲁边抗日根据地初创成功。

这时的冀鲁边,地方上的党政暂由冀南区党委和行政主任公署领导,军事上则暂隶129师,以后将划属115师。当时边区的工作方针是巩固津南和发展鲁北。1938年12月,专员杨靖远在盐山牺牲。这年挺进纵队东进,创建了新海县政府。是年底,津南专署已辖有8个县政权:盐山、庆云、乐陵、宁津、东光、南皮、沧县和新海。边区抗日武装也发展到1万多人。

(三)冀鲁边区党政军领导机关建立

1938年秋后,国民政府山东省主席沈鸿烈和河北省主席鹿钟麟共同策划"冀鲁联防"。暂编第1军军长高树勋率部开进冀鲁边,在津南各县重建政权。1939年初,日军第27师团和第7混成旅团分别扫荡津南和鲁北,两万多兵力径直向乐陵、庆云中心区猛扑过来。为避敌锋芒,抗日武装主动撤离各县城。这年春夏,挺进纵队撤离了冀鲁边。

中共山东分局和115师指示,要克服一切困难坚持冀鲁边,并调整了边区领导机构,周贯五任冀鲁边军政委员会书记,马振华和李广文分任津南和鲁北地委书记。1939年内,鲁北建立了专署,驻临邑县境。无棣、商河、陵县(今德州市陵城区)、临邑、济阳、平原、禹城先后建立起抗日政权。至此,冀鲁边区已有两个专署和15个县政府。

1940年春,冀鲁边组成津南和鲁北两支队,分别由周贯五和杨忠指挥,统属鲁西军区(司令员兼政委肖华)。这年秋冬,马振华在宁津牺牲。北方局指示,冀鲁边设区党委,代理书记李启华,下设3个地委(津南西部为1地委,鲁北为2地委,津南东部为3地委)。冀鲁边部队整编为115师教导第6旅,代旅长兼政委周贯五,政治部主任杨忠,下设第16、17、18三个团。又成立了冀鲁边军区，代司令员兼政委周贯五，政治部主任杨忠，下设3个军分区（津南西部为1分区，鲁北为2分区，津南东部为3分区）。后又建立冀鲁边区行政公署，主任张耀曾，副主任张永逊，下设3个专署（津南西部为1专署，鲁北为2专署，津南东部为3专署）。

到1940年底，冀鲁边区已在广大农村建立起得到初步巩固的抗日根据地，津南又新成立了吴桥县政府，宁津北部鬲津河一带设立了鬲津县，盐山南部新设立了靖远县（为纪念已故专员杨靖远），鲁北建立了德县政府。这时冀鲁边区行政公署辖3个专署19个县如下：沧县、南皮、东光、吴桥、鬲津、宁津（以上6县属1专署），商河、临邑、济阳、陵县、德县、平原、禹城（以上7县属2专署），盐山、靖远、庆云、新海、无棣、乐陵（以上6县属3专署）。冀鲁边已逐步建成为山东抗日根据地的6大战略区之一（其他5个是鲁西、鲁中、鲁南、胶东、清河）。

冀鲁边坚持抗战和夺取胜利

（一）在抗击日伪顽叛斗争中艰苦奋战的冀鲁边

抗战全面爆发后，中共领导的八路军深入华北敌后开展游击战争，创建和发展了根据地和游击区。日本侵略者惊呼："中共势力对华北治安的肃正工作，是最强硬的敌人。"[1]1941年春开始，日伪在华北推行"治安强化运动"，力图加强殖民统治。华北伪政权称："确立治安，厥为今日最大急务。"[2]"治安强化运动""俾为新生之华北扫除唯一病癌之中共"。[3]冀鲁边区是华北环境最艰苦、斗争最复杂的区域之一。边区领导机关被迫撤离宁（津）乐（陵）庆（云）中心区，向盐山、新海一带转移。为加强军事指挥计，115师派黄骅于7月间来到冀鲁边，任教导6旅副旅长兼军区副司令员。9月上旬，军区政治部主任杨忠在鲁北惠民牺牲。

---

[1] 日本防卫厅战史室编：《华北治安战》中译本上册，天津人民出版社1982年版，第127页。
[2] 《北京档案史料》，1986年第3期，第29页。
[3] 《北京档案史料》，1986年第4期，第56页。

1941 年冬，日本发动太平洋战争，急于把华北建成"大东亚战争的后方兵站基地"，更加紧了对华北抗日根据地的围剿扫荡。1942 年春，115 师派邢仁甫回冀鲁边，任教导 6 旅旅长兼军区司令员。4 月间，刘少奇代表中央指示，冀鲁边战略地位重要，一定要想尽一切办法坚持。军区首长决定，16、17 两团主力和部分县大队合编成军区独立团，转移到清河军区黄河口一带整训，16、17、18 三个团的司、政机关分别并入 3、2、1 军分区，部队精简整编后继续留在冀鲁边坚持斗争。

　　1942 年初夏，日本华北派遣军司令官冈村宁次亲自指挥日伪军扫荡冀鲁边，我 1 分区遭严重损失，地委书记、专员等领导干部在东光壮烈牺牲。扫荡后，冀鲁边绝大部分根据地变了质。7 月 15 日，八路军彭德怀副总司令指出："平原抗日根据地，在某些地区（主要指冀中、冀鲁边、冀南等地区。——原编者注）已起了质的变化。""这种新的形势，主要表现在平原地区，而且是长期的，甚至在某些平原地区不到战略反攻形势下，不可能恢复像过去那样的大块根据地。"① 在困境中，为加强党的领导力量，平原分局指派王卓如来到冀鲁边，任边区党委书记兼军区政委。此后，边区领导机关就流动在盐山、新海两县东部沿海一带。为冀鲁边生存计，这年夏秋，115 师指示冀鲁边部队南下，以便打通与清河区的联系。9 月底，两区联络通道在黄河口附近打通，这对冀鲁边的生存发展至关紧要。

　　冀鲁边是日伪在华北施行重点扫荡的一个地区，到 1942 年冬，敌人已在这里修了 1400 公里的封锁沟，4000 公里的公路、岗楼、据点密布于村镇。冀鲁边驻有日军 3600 多人，伪军上万人，还有顽军近万人活动，而八路军则只有 5000 多人。冀鲁边的境况太残酷了。1943 年 1、2 月间，我 2 分区副司令员和 3 分区正、副司令员先后在临邑、庆云和阳信殉国。

　　1943 年夏，冀鲁边领导机关中发生了严重的叛乱事件。6 月 30 日，军区副司令员黄骅、参谋主任陆成道等领导同志 5 人在新青县（新海、青城合并后名称，即今黄骅市）大赵村遇害。凶手竟是军区司令员邢仁甫指使的手枪队长冯冠魁（土匪出身）。边区党第一把手王卓如在极为艰险复杂的

---

① 《军史资料》，1985 年第 1 期，第 1 页。

处境中，团结其他领导同志采取了一系列的紧急措施，力挽狂澜，紧急处置，查办了邢仁甫，任命刘贤权为军区代司令员。9月17日，山东军区任命周贯五为军区司令员兼政委。这次事件后，冀鲁边已难于驻足，边区领导机关转移到清河区境内。

1943年下半年，冀鲁边1分区坚持在东光、宁津、吴桥一带活动，2分区坚持在陵县、济阳、齐河一带活动，3分区在新青、盐山、庆云一带活动。在冀鲁边还活跃着一支地方武装，这就是1940年夏组建的回民大队，1941年扩编为回民支队（支队长刘震寰，政委王连芳），主要在新青东南部一带活动。

1941~1943年，冀鲁边行政区划变化如下，1941年在宁津东部设立振华县（纪念已故原津南地委书记马振华），鲁北开辟齐（河）济（阳）县，1942年新海西部设青城县，年底又与新海并为新（海）青（城）县。鲁北新建德平县政府，析商河、济阳和惠民各一部建杨忠县（纪念已故军区政治部主任杨忠）。齐河、禹城各一部并为齐禹县，平原、禹城各一部并为平禹县，又建立了阳信县政府。这时，冀鲁边的绝大部分农村都变成了两面政权。1943年，东光、南皮和吴桥部分地区合组东（光）南（皮）吴（桥）县，撤销鬲津县，宁津并入振华县。

（二）冀鲁边与清河并为渤海区夺取抗战胜利

1944年1月11日，遵中共山东分局和八路军115师之命，冀鲁边与清河并为渤海区。主要负责人是：区党委书记兼军区政委景晓村，副书记王卓如，军区副政委兼区行政公署主任刘其人，副主任李人凤，军区司令员杨国夫，副司令员龙书金。渤海区下设6个分区，原冀鲁边划为4个分区，津南西部为1分区，东部为3分区，鲁北西部为2分区，东部为4分区。军区主力整编为4个团，即直属团、16团、17团和垦利独立团。

1944年春，新换防接任鲁北防务的日军第59师团，被迫放弃黄河口地区，我4分区局面随之打开，占领利津，攻克滨县（今滨州市滨城区）。1、2分区也先后占据乐陵、南皮、临邑等县城。至年底，冀鲁边农村根据地基本恢复。这年，冀鲁边回民支队改称渤海回民支队，配合军区主力作战，屡获战绩，7月间曾攻占盐山苏基据点（今海兴县城）。至抗战末期，支队编制已达1500多人。

1944年，冀鲁边的东南吴县撤销，分建为东（光）南（皮）和东（光）吴（桥）两县。年底，原冀鲁边的4专26县为：1专辖沧县、东南、东吴、振华、乐陵5县；2专辖德县、陵县、临邑、平禹、齐河、济阳、德平、商河、杨忠9县；3专辖盐山、靖远、新青、庆云、阳信5县；4专辖惠民、无棣、沾化、滨县、蒲台（今滨州市南部和博兴县北部一带）、利津、垦利（利津东部新建）7县。

1945年，渤海军区部队在春夏季攻势中，解放了庆云、德平、沾化、蒲台等县城。遵照中央8月10日指示："准备于日本投降时，我们能迅速占领所有被我包围和力所能及的大小城市、交通要道，以正规部队占领大城及要道，以游击队民兵占小城。"①8月19日冀鲁边部队解放临邑，22日解放吴桥、阳信。奉8月22日中央军委指示："一般应以相当兵力威胁大城市及要道，使敌伪向大城要道集中，而以必要兵力着重于夺取小城市及广大乡村，扩大并巩固解放区。"②9月2日日本签订降书，军区部队向拒不向我投降的日伪军攻击。9月1日解放惠民，4日解放济阳，9日解放盐山，10日解放宁津，17日解放无棣，24日解放新海，26日攻占商河。至此，渤海区除中等城市沧县城（今沧州市城区）和德县城（今德州市德城区）以外，其余20多座县城（均系小城布）全获解放。抗日战争作为一个历史时期宣告结束。

冀鲁边全部解放和政区调整

1945年9月，津南的渤海1、3分区并为1分区，盐山并入靖远，新青改为黄骅（纪念已故冀鲁边军区副司令员黄骅），鲁北的陵县改称匡五县（纪念1941年牺牲的第一位抗日县长吴匡五）。1945年冬，冀鲁边的行政区划为：

---

① 中央档案馆编：《中共中央文件选集》第15册，中共中央党校出版社1991年版，第215页。

② 中央档案馆编：《中共中央文件选集》第15册，中共中央党校出版社1991年版，第243页。

1专署辖沧县、东南、东吴、振华、乐陵、庆云、靖远、黄骅8县及海防办事处；2专署辖德县、平禹、齐河、临邑、匡五、德平、商河、济阳8县；4专署辖惠民、阳信、无棣、沾化、滨县、蒲台、利津、垦利8县，共计3个专署24个县和1个办事处。

  1946年春，东南、东吴两县撤销，恢复南皮、东光、吴桥3县。这时，渤海区领导机关驻惠民，析县城置惠民市。6月12日，攻占伪军盘踞的德县城，设立德州市政府，至此鲁北全部解放。渤海区与冀南区连成一片。8月，原属冀中区的津南县（1945年7月设立，驻中旺）划归渤海1分区。是年秋，冀鲁边行政区划为：1专署辖沧县、南皮、东光、吴桥、振华、乐陵、庆云、靖远、黄骅、津南10县；2专署辖德州市、德县、平北（平原县铁路以东新设，驻王明川村）、禹城、齐河、临邑、匡五、德平、商河、济阳9县；4专署辖惠民市、惠民、阳信、无棣、沾化、滨县、蒲台、利津、垦利8县。共计3个专署2个市和27个县。

  1947年6月15日，青沧战役中渤海军区部队一部协同晋察冀野战军攻占沧县城，至此，冀鲁边地区全获解放，渤海区与冀中区也连成了一片。沧县城解放后析置沧市。这时，冀鲁边拥有3个专署3个市和27个县：1专署辖沧市、沧县、南皮、东光、吴桥、振华、乐陵、庆云、靖远、黄骅、津南10县；2专署辖德州市、德县、平北、禹城、齐河、临邑、匡五、德平、商河、济阳9县；4专署辖惠民市、惠民、阳信、无棣、沾化、滨县、蒲台、利津、垦利8县。

  1948年6月7日，渤海区行政公署训令："为适应形势的发展与工作的需要，决定各专员公署作为一级政权。"① 此前，专员公署系区行政公署的派出机关。8月1日，1专区的沧市、沧县、津南、黄骅4县市划属冀中8专区。1948年秋，冀鲁边行政区划为：1专区——南皮、东光、吴桥、振华、乐陵、庆云、靖远7县；2专区——德州市、德县、平北、禹城、齐河、临邑、匡五、德平、商河、济阳、杨忠（重建，析惠民、济阳各一部，驻仁凤镇）10县；4专区——惠民市、惠民、阳信、无棣、沾化、滨县、蒲台、利津、

---

① 河北省档案馆藏革命历史档案，全宗247，目录1，案卷6，件号16。

垦利8县,共3专区2市25县。

1949年春,德州市成为渤海区首府,改为专级市,惠民市撤销,析无棣、沾化各一部设海滨县,驻北集村。5月1日,区行政公署训令:"中共中央曾经有个一律恢复县区原名的传达,故我渤海区凡因纪念烈士而更名的县区,均应立即遵照中央传达,迅速恢复县名原名。"① 于是,振华、靖远、匡五3县分别恢复宁津、盐山、陵县原名,杨忠更名惠济。8月15日,山东省人民政府令渤海区行政公署,将1、2、4专署分别定名为沧南、泺北和垦利。

1949年秋,冀鲁边行政区划如下:沧南专员公署(驻南皮),辖南皮、东光、吴桥、宁津、乐陵、庆云、盐山7县;泺北专员公署(驻临邑),辖德县、平北、平原、禹城、齐禹(驻原齐河城)、齐河(驻晏城)、临邑、陵县、德平、济阳、商河、惠济、河西(析铁路以西长清、肥城两县各一部新建,驻赵官镇)13县;垦利专员公署(驻阳信),辖惠民、阳信、滨县、蒲台、利津、垦利、沾化、无棣、海滨9县;德州市为区行政公署直辖。

中华人民共和国成立后不久,渤海区行政公署,沧南、泺北、垦利3专员公署,平北、齐禹、惠济、河西、海滨5县均撤销。冀鲁边各县市分别划属新建德州、惠民两专区,冀鲁边地区作为特定的历史地理实体不复存在。

(原载《首都博物馆丛刊》1994年版)

---

① 河北省档案馆藏革命历史档案,全宗247,目录1,案卷13,件号13。

附：冀鲁边区区域图

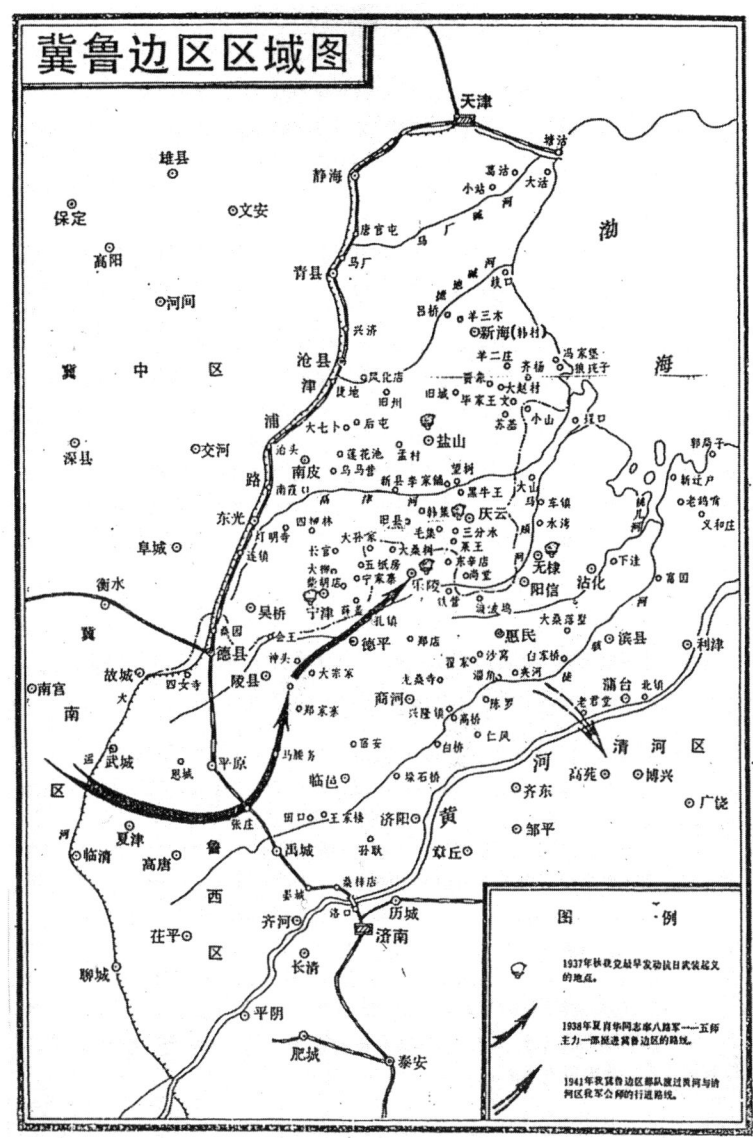

（此图原载《艰苦奋战的冀鲁边》，浙江人民出版社1984年版。）

"纪念北平和平解放50周年展览"浅谈

"纪念北平和平解放50周年展览",初名"和平解放北平50周年纪念展",系由中共北京市委宣传部、北京市文物局和北京市档案局三家主办,首都博物馆、北京市档案馆和正阳门管理处三家承办。1999年1月26日在正阳门箭楼开幕。在半个月的展期内,观众达7万多人次,在社会上引起较大的反响,不少观众写下了热情的留言,对展览的教育作用予以肯定。

笔者接受起草该展览陈列大纲的任务后,先后起草了初拟稿、初稿、修改稿、送审稿等打印稿,历时达四个月。该展览的宗旨是要"用马列主义的历史唯物主义观点","歌颂以毛泽东为代表的老一辈无产阶级革命家的丰功伟绩,缅怀为和平解放北平作出不朽贡献的无数革命战士和一切爱国人士,教育广大群众,特别是青少年一代认识党的光辉历史"。最后定稿的陈列大纲,实际上是集思广益的集体智慧的结晶。

展览以图片为主,使用了图片170多幅,陈列文物(含复制品)80多件,另有一个原址复原和一个大型模型。其中照片和文物均由三部分组成:一部分是首都博物馆原馆藏品,占其中的大部分;一部分是北京市档案馆提供的,占有相当部分;还有一部分是这次筹展过程中采集到的或发掘到的,也占有一定的比例。

今将筹展过程中涉及的几个方面的问题，略施笔墨予以说明。

一

展览突出表现了中共中央军委的英明决策和果断指挥，突出表现了毛泽东主席的战略统帅地位和作用，突出表现了人民解放军的强大与胜利，突出表现了中国人民解放军北平入城式。

1948年9月至1949年1月，中共中央军委在三个多月的时间内，在东北、华东和华北战场，动用了东北、中原、华东三支野战军和华北野战兵团，接连发动了三场空前规模的战略大决战，即辽沈、淮海和平津三大战役。北平和平解放则是平津战役的重要组成部分，意味着战役的胜利结束，也标志着人民解放战争战略大决战的全部胜利。由此看来，北平和平解放，在中国人民解放战争以至中国民族民主革命斗争中均占有重要地位。

应当说，平津战役的发动本身就体现了中共中央军委的英明。1948年11月中旬，东北野战军单独进行的辽沈战役刚刚结束，以伤亡近7万人的代价，历时近两个月，歼灭国民党军东北总部47万人，赢得东北九省全部解放。而在以徐州为中心的鲁苏皖豫四省边境地区的战场上，兵力并不占优势的华东和中原两野战军联合作战的淮海战役刚刚开始，在人们尚难预料战役进程的情况下，中共中央军委果断决定，东北野战军停止休整，夜行晓宿秘密入关。11月16日、17日、18日三日连发电报，催促东北野战军火速隐蔽入关，揭开了平津战役的序幕。

1948年11月11日，中央军委主席毛泽东在给东北野战军的电报中指出，根据"我全军九、十两月的胜利……业已根本上改变了敌我形势"。所以，"根本上打倒国民党……大概只需再有一年左右的时间即可达到了"。① 三天以后，即11月14日，毛泽东为新华社写的评论《中国军事形势的重大变化》中明确指出："中国的军事形势现已进入一个新的转折点，即战争双方力量对比已经发生了根本的变化。人民解放军不但在质量上早已占有优势，而

---

① 《毛泽东文集》第五卷，人民出版社1996年版，第193~194页。

且在数量上现在也已占有优势。这是中国革命的成功和中国和平的实现已经迫近的标志。"①同日，在毛泽东亲自修改过的新华社述评《蒋介石政府正在覆没》中写道："蒋介石的政治、经济、军事各方面的基础根本上已在崩溃，他的什么'优势'已经不存在了。""人民解放军消灭全部反动军队的日子已经不远了。"②中央军委就是在这种情况下抓住战机的。为适应形势发展的需要，在平津战役发起以后，东北野战军主力部队入关以前，"平绥线作战受军委直接指挥"。③

中共中央军委高瞻远瞩，深刻分析了全国战场形势，又敏锐地意识到国民党军华北总部傅作义集团50多万兵力控制着平津地区，但是战是和、是守是走，都没有最终决定，尚在犹豫之中。为全国战局计，中央军委决心要把傅作义集团抑留华北，力求全歼。在战役进程中，考虑到傅作义的具体处境，争取以和平方式解决北平问题是可能的，对于国家、民族和人民都是有益的。关于北平问题和平解决的谈判，前后历时一个半月，一直是在中央军委的直接授意下进行的，最终取得了成功。

由于中共中央军委对平津战役的指导和指挥给予了更多的关注，中央军委的作用更为突出，所以展览开始第一部分的第一个标题就是"中央军委英明决策"，向观众展示了军委毛泽东主席和四位副主席，即朱德总司令、周恩来总参谋长、刘少奇总政治部主任和彭德怀副总司令的大幅照片，以及中央军委驻地、军委作战室照片，给观众以深刻的印象。

毛泽东主席是伟大的马克思主义理论家、政治家和军事家，他长期担任中国共产党、中华人民共和国和中国人民武装力量最高领导职务，人民解放战争时期他任职中共中央主席、中央军委主席，以其雄才大略指挥战略大决战赢得了胜利，其战略统帅地位举世公认。平津战役，尤其是和平解放北平，堪称精湛的政治军事斗争的杰作。展览的一个鲜明的特点就是，尽量突出毛泽东对平津战役和北平问题和平解决的战略指导作用，所以，凡

---

① 《毛泽东选集》第四卷，人民出版社1991年版，第1360页。
② 《毛泽东新闻工作文选》，新华出版社1983年版，第373~375页。
③ 《毛泽东文集》第五卷，人民出版社1996年版，第209页。

毛泽东本人起草的、拟稿的、修改的各种有关重要文电稿，均尽量署名披露，能用手迹的就不用打印稿，能用全文的就不用部分，以使观众充分领略毛泽东作为统帅对战役的至关重要作用。

展览向观众展现了毛泽东的肖像、办公室、在军委作战室，以及在西苑机场检阅炮兵、坦克兵部队，与民主党派负责人、与傅作义将军的合影，此外，除去在中共七届二中全会上讲话、在天安门上宣读中央人民政府成立公告、香山双清别墅等照片外，还有有关文照达14幅之多。这些文照是：1948年11月14日为新华社写的评论《中国军事形势的重大变化》，12月11日为军委起草的给东北野战军的电报《关于平津战役的作战方针》手稿全文，12月17日为军委起草的给东北野战军的电报《充分注意保护北平工业及重要文化古迹》手稿全文，12月22日为平津前线司令部起草的"约法八章"布告，1949年1月1日为军委起草的给林彪的电报《关于与傅作义谈判的六点方针》手稿全文，1月5日修改的东北野战军《告华北国民党将领书》手稿全文，1月14日代表中共中央关于时局的声明全文，1月16日为平津前线司令部起草的给傅作义将军敦促和平解决北平问题的公函，1月16日为军委起草的给平津前线总前委关于准备攻占北平力求避免破坏故宫等文化古迹的电报指示全文，2月1日起草的为新华社写的述评《北平问题和平解决的基本原因》部分手稿，4月2日起草的对傅作义将军通电的复电手稿全文，4月21日起草的以中国人民革命军事委员会主席和中国人民解放军总司令名义发布的向全国进军的命令手稿全文，4月25日起草的以军委主席和解放军总司令名义发表的《中国人民解放军布告》部分手稿以及8月13日亲临北平各界代表会议发表演讲的报道。尤其是《平津战役的作战方针》手稿全文复制件，引起观众极大的兴趣，均以一睹为快。又如披露的1949年1月1日军委电报手稿中明确提出："……和平的解放北平。傅氏立此一大功劳，我们就有理由赦免其战犯罪……"这一重大有影响的政策原则，成为力争和平解决北平问题的政策基础。

展览使用了与毛泽东直接有关的照片和文照达24幅之多，约占所有展览照片的1/7，向观众充分展示了以毛泽东为代表的老一辈无产阶级革命家对平津战役、和平解放北平和人民解放战争胜利的不朽贡献。

展览还突出表现了人民解放军的强大与胜利，这是紧扣展览主题的。毛泽东在《北平问题和平解决的基本原因》中明确指出："和平地解决北平问题的基本原因是人民解放军的强大与胜利，难道还不明显吗？"① 展览第一部分"兵临城下"反映的就是这个问题，"平津前线陈兵百万"和"四面八方包围北平"两个小标题则更具体化、形象化了。东北野战军进关、与华北野战兵团会师、平津前线部队序列表、"练好本领打北平"等一系列照片表明，人民解放军是一支无坚不摧、不可战胜的人民子弟兵。"兵临北平城下"大型模型表现了人民解放军13个军50万兵力团团包围驻守北平城的国民党军华北总部8个军建制25万兵员的详情，给人们以大军压城城欲摧的气势。

展览中另一部分反映人民解放军的强大与胜利的是，迁到北平的中央军委和解放军总部发出向全国进军令，"百万雄师过大江"，红旗漫卷西风，人民解放军进行了中国历史上罕见的全国大进军，迅速解放了祖国大陆，夺取了中国民族民主革命的伟大胜利。

展览还突出表现了中国人民解放军北平入城式。除展示入城式行进路线图以外，还选用了10幅照片，展示了装甲兵、炮兵、骑兵和步兵行进的阵容，平津前线和北平市首长在正阳门箭楼上检阅人民子弟兵，人民解放军开进东交民巷，预示着中国人民将成为中国广大领土上的真正的主人。参加入城式的人民解放军所到之处都受到北平市民的热烈欢迎，人民军队和人民群众融为一体。北平城在沸腾，人们纵情欢呼北平解放。

北平入城式意义重大。毛泽东在中共七届二中全会上指出，人民解放军北平入城式是对人民解放战争两年半作战的总结（从1946年夏算起）。北平解放是由全国各个战场的胜利打出来的，所以这个入城式是全体中国人民解放军的入城式。人民解放军进驻北平城，标志着中国共产党领导的人民武装革命斗争发展到一个新的阶段，即22年以土地革命斗争为主，以农村为重心开始转向以城市为重心的革命斗争，行将取得全国范围的胜利。以后的事实证明了北平解放的深远意义。

---

① 《毛泽东文集》第五卷，人民出版社1996年版，第250页。

二

展览尽力反映了以傅作义将军为代表的在国民党军华北总部中占多数的爱国官兵对和平解决北平问题的重大功绩，尽力反映了以何思源先生为代表的爱国人士对北平和平解放的重要贡献，尽力反映了中共北平地下党同志对北平解放的特殊贡献，尽力反映了各方对保护古都北平的文化遗产和设施之共识。

傅作义将军是中华民国史上的著名战将，以抗战时期作战建功名扬海内，唯日降后积极追随国民党政府"剿匪戡乱"，走上歧途。至人民解放军包围北平以后，通过各方有识人士之力促，傅将军审时度势，毅然决然果断行动，接受中共提出的和平条件，同意北平问题和平解决，并发表文告称是为了"迅速缩短战争，获致人民公议的和平，保全工业商业基础与文物古迹，使国家元气不再受损伤"诸因。驻北平城国民党军大部当即遵从总部指示，先后撤离市区，开入指定地点。这正如傅作义将军在全国通电中所说："北平的和平工作，自1月22日开始，现已圆满完成。地方未曾遭受破坏，人民的生命财产没有遭受损失，文物、古迹、工商、建筑也都得到保全。北平的和平解决，蒙全国各方所称许。"[①] 傅将军通电次日，毛泽东主席立即复电，充分肯定其历史功绩："北平问题的和平解决，贵将军与有劳绩。贵将军复愿于今后站在人民方面，参加新民主主义的建设事业，我们认为这是很好的，这是应当欢迎的。"[②]

北平问题的和平解决，是采用和平手段解决战争问题的成功榜样，而北平问题和平解决之所以成功，首先当然是由于人民解放军继东北全部解放之后，在华北又取得张家口、新保安和天津的胜利，加上北平城内外人民的共同努力，很关键的一点就是傅作义将军认清形势，没有进行无谓的抵抗，从而避免了无谓的牺牲和破坏，符合了人民的利益，傅将军也因此

---

① 北京市档案馆编：《北平和平解放前后》，北京出版社1988年版，第176页。
② 《毛泽东文集》第五卷，人民出版社1996年版，第272页。

不但将功折罪,而且为人民立了大功。展览概要地通过照片和文字反映了这一过程。第二部分"和平谈判"所用照片占总数的 1/3 以上,有 60 多幅。三个小标题是:"多方争取促进和谈","三次谈判达成协议","和平解决彪炳史册"。这部分以毛泽东与傅作义交谈、周恩来会见傅作义、傅作义将军肖像,还有傅作义通电和毛泽东复电 5 幅照片为结尾,形成一个"功垂青史"的高潮。

"北平人民,包括劳动人民、资产阶级及绅士们在内,一齐渴望和平解决。""一月十九日北平人民的十一个代表出城和人民解放军公开接洽","代表中的一个是前北平市长何思源……这一次总算做对了。又一个代表是吕复……又一个代表是……康同璧女士。其余是官办的民众团体的代表。……他们总算是代表了真正的民意"。[①] 这个由北平、天津、河北、山西、绥远、察哈尔和热河 7 省市参议会推举的"华北人民和平促进会"代表团由 11 人组成,何思源出任首席代表。1982 年何思源先生病逝后,新华社发布的消息概括了他的贡献:"为北平的和平解放积极奔走,遭到了国民党特务的暗害,寓所被炸,他和他的夫人受伤,小女儿不幸牺牲。但他不畏强暴,忍痛带伤,坚定地与其他代表同到前线与我方洽谈,为北平的和平解放事业作出了重要贡献,受到了人民的赞扬。"[②]

基于上述原因,展览除展出何思源、吕复和康同璧三人的个人肖像照外,还选用了当年何思源全家六人的合影。合影照上有被害的何鲁美,还有现任全国人大副委员长、民革中央主席、中央社会主义学院院长何鲁丽当年的影像。另外又选用了两张有关报照。在这里充分肯定了以何思源为代表的爱国民主人士的功绩,体现了中国共产党统一战线政策的成功。

在争取北平解放过程中,有一支重要的力量建立了特殊的功绩,作出了不可磨灭的贡献,这就是中共北平地下党的同志们。据统计,当北平解放时,有中共地下党员 3367 人,他们活跃在各个战线上,长期隐蔽默默地奉献着自己的青春乃至生命,为人民解放事业献出了自己的一切。北平地

---

① 《毛泽东文集》第五卷,人民出版社 1996 年版,第 250 页。
② 《人民日报》1982 年 5 月 10 日。

下党是在中共华北中央局城市工作部长刘仁直接领导下工作的。聂荣臻时任华北局第三书记，他在回忆录中说："刘仁和他领导的地下工作的同志，确实是可钦可敬的。"①他说，地下党利用各种关系，获取了大量的情报，使得我平津前线指挥机关对驻北平国民党军内部情况基本上做到了一清二楚。尤其是地下党员傅作义的女儿傅冬菊了解到她父亲细微的言行动态，对平津前线领导机关决策极为有利，这在古今战例中应当说是相当罕见的。我们在展览中，向观众展现了刘仁、傅冬菊和她的直接领导崔月犁的照片。还找到了一幅地下党于1949年1月2日实测绘制的内城第七区敌军布防图的照片。大概这类布防图北平城内各地区都有，这使得人民解放军对北平城的敌军驻防了如指掌。也正由于地下党工作的特殊性，没有能留下大量的实际斗争照片，也就成了展览的一个缺憾。应当说，相对来讲，中共北平地下党为北平解放作出的贡献和在展览中对他们事迹的反映是很不成比例的。实际上，他们是北平解放的一支重要的"方面军"。

展览以一定量的照片和文物反映了保护古都北平的文化遗产和设施，保护市民生命财产是祈望北平问题和平解决各方逐渐达成的共识。中共中央和中央军委重视保护祖国文化遗产。1948年12月17日毛泽东主席起草的军委给东北野战军的电报中，说到北平西北郊"系重要文化古迹区"，应予注意"在作战时减少损失"。②西北郊解放后，中共中央特地找到清华大学古建筑专家编写《全国重要建筑文物摘目》，其"主要目的在供人民解放军作战及接管时保护文物之用"。1949年1月16日，毛泽东拟稿以军委名义电示平津前线总前委称："此次攻城，必须做出精密计划，力求避免破坏故宫、大学及其他著名而有重大价值的文化古迹。"并叮嘱说："让敌人去占据这些文化机关，但是我们不要攻击它，……即使占领北平延长许多时间，也要耐心这样做。"

以傅作义将军和何思源先生为代表的驻北平国民党军多数高级将领和北平各阶层代表人士深明大义，甚至不惜牺牲身家性命也要保住古城和市

---

① 《聂荣臻回忆录》（下），解放军出版社1984年版，第700页。
② 《毛泽东文集》第五卷，人民出版社1996年版，第227页。

民免遭战火，这是为了民族和人民利益的爱国进步行动。毛泽东评价傅作义"这件事总算是做得对的"，说何思源"这一次总算做对了"，这是人民给予他们的肯定。由此，国共双方在北平问题和平解决上达成了共识。

展览在保护北平文物和文化设施方面给予了相当程度的重视，有关文照和照片使用了13幅，数量是可观的。

当年华北党政军主要负责人之一，时任平津卫戍区政治委员的薄一波同志说过："这次北平解放，我们大炮在城外架起，不战而胜。人民不死伤，建筑不破坏，兵士不伤亡。人家规规矩矩地把军队交给我们。这是人民解放军与人民创造的新方式。这个方式是有历史意义的。这个方式是一个伟大的创造。"① 这是关于北平问题和平解决的精辟结论。

三

"纪念北平和平解放50周年展览"是一个思想性、政治性很强的展览，除本身具备的学术性外，还要注意其群众性。笔者在起草和修改大纲以至在整个筹展过程中尽可能慎重，尽可能防止不发生重大原则性的失误。

在处理中央和地方的关系上，展览自始至终突出了中共中央和中央军委的领导作用，中央对北平问题的关心和指导，全国战场和华北各省市对北平解放创造的良好条件和热情支援。北平的和平解放是贯彻中国共产党关于促进新民主主义革命迅速取得全国胜利指导方针的结果，为加速解放全国的进程创造了极为有利的条件，在中国革命史上占有重要的地位。北平的和平解放，同时也是正确运用中国共产党的统一战线方针政策，争取一切爱国进步力量的成功实践，具有深远的历史意义和重大的现实意义。通过展览，要使广大观众特别是青年学生加深对没有共产党就没有新中国的认识和理解，深入进行革命传统教育，从而进一步激发人们热爱祖国、热爱首都的情感，铭记历史，振奋精神，为21世纪建设好社会主义祖国做出

---

① 1949年2月5日《中共北平地下党会师大会简报》，转载自《北京党史》1999年第2期，第29页。

应有的贡献。

展览中有个人们非常敏感而又不可回避的问题，就是如何对待和处理林彪这个历史人物在平津战役中的作用问题。笔者认为，应当根据马克思主义的辩证唯物主义和历史唯物主义的观点，实事求是地评价。当年林彪任职中共平津前线总前委委员和书记，人民解放军平津前线司令员，东北野战军（后改为第四野战军）司令员，即平津前线党和军队的最高指挥者，在中共中央军委和毛泽东主席领导下，具体负责直接指挥平津战役，为夺取胜利作出了自己的贡献，这是不可更改的历史事实，其重大功绩应当予以肯定。1989年，江泽民任职中共中央军委主席后不久，确定了33名（后增为36名）已故和健在的为中国人民解放事业做出重大贡献的中国共产党历史上的军事指挥家为中国人民解放军军事家，其中就有林彪，这是历史的结论。本展览中使用了林彪单人照，其规格与总前委委员、平津前线政治委员罗荣桓，总前委委员、华北局书记、华北军区兼平津卫戍区司令员聂荣臻，华北局书记、华北军区兼平津卫戍区政治委员薄一波三人规格相同，列于罗、聂、薄三人之前。展览还在其他四幅首长合影照中出现过林彪。林彪个人照在整个展览中低于中央军委主席，四位副主席，以及北平市党政重要领导彭真、叶剑英（两人均在中共中央和解放军总部担任重要领导职务）。展览这样处理比较复杂的历史人物，没有在观众中引起异议，应当说是比较恰当的。

在本展览筹展过程中，对有些较有影响的历史事件发生的地点，通过实地调查进行了澄清和订正。20世纪80年代中期，解放军出版社曾经出版过一本关于北平和平解放较有影响的小册子，书中把为和平解决北平问题而举行的三次谈判的地点分别写为三河县、蓟县和通县。经笔者核实，事实是这样的：第一、二次谈判地点都在蓟县，当时的平津前线司令部在县城大约正南的孟家楼，而谈判地点则在县城西南（不是书中说的东南）的八里庄，司令部根本就不曾在三河县，谈判也没在三河进行过。第三次谈判地点确在通县境内，但这时的司令部不是在县西，而是在县城东北的宋庄。我们在展览中向观众展示了平津前线司令部设在蓟县和通县的旧址照，也展示了三次谈判地点的原址今貌。为此，笔者曾在《北京文物报》1999年第 1 期发表了《平津前线指挥所及北平和谈地点寻觅》的短文,以正视听。

中国摄影家协会主办的《中国摄影报》1999 年第 10 期撰文介绍了《纪念北平和平解放 50 周年展览》。内称:"此次展览使用照片再现北平和平解放这一历史过程,表现出精心的构思和出色的编辑意识。""这种细致的编辑工作体现出展览严肃的历史态度和认真负责的精神。"笔者以为,这是对展览设计工作的肯定和鞭策。

(原载《首都博物馆丛刊》1999 年版)

附：展览陈列大纲

序　厅

雕塑造型

反映 1948 年 9 月至 1949 年 1 月，人民解放战争战略大决战——辽沈、淮海和平津三大战役的磅礴气势，人民解放军无坚不摧的英雄气概，彰显中共中央军委领异的英明正确。

灯箱模型地图

反映东北、华北和华东战场，人民解放战争三大战役发展的简要进程。

前　言

1949 年 1 月 31 日，在中国革命史上光耀千秋，这一天，北平宣告和平解放，千年古都回到了人民手中。

北平的和平解放，是人民解放战争取得决定性胜利的标志，是中国共产党高超政治智慧和斗争艺术的结晶，是中国共产党团结一切爱国人士共同努力的结果。北平的和平解放，极大地鼓舞了全国人民，推动了全国战局的发展,加速了中国革命胜利的进程。北平的和平解放,保全了举世闻名的文化古都,不仅为即将诞生的新中国定都北京准备了条件,而且对其后首都北京深远的发展具有重大的意义。

为了纪念和平解放北平 50 周年这一光辉的节日,再现半个世纪前波澜壮阔的历史画卷,我们举办这个展览——献给往昔的峥嵘岁月,更献给辉煌灿烂的明天。

第一部分　兵临城下

1948 年 11 月,在全国战场上军事形势发生了重大转折,即人民解放军在质量和数量上均已占有优势,"这是中国革命的成功和中国和平的实现已经迫近的标志"。中共中央军委在辽沈战役胜利结束、淮海战役业已开始之际,决定立即发动平津战役,解放华北。

东北野战军、华北军区野战兵团和地方部队百万兵力部署平津前线,将国民党军傅作义集团分割包围在平、津、张地区,切断了其西退与南撤的道路。人民解放军迅速合围北平。中共地下组织配合作战部队,迎接解放。

一、中央军委英明决策

照片:

1. 中共中央主席、中央军委主席　毛泽东
2. 中共中央军委副主席、人民解放军总司令　朱德
3. 中共中央军委副主席、人民解放军总参谋长　周恩来
4. 中共中央军委副主席、人民解放军总政治部主任　刘少奇
5. 中共中央军委副主席、人民解放军副总司令　彭德怀
6. 中共中央和中央军委驻地,华北解放区北岳区建屏县西柏坡村(今属河北省石家庄市平山县)
7. 毛泽东和周恩来在军委作战室
8. 毛泽东在西柏坡的办公室

9.毛泽东起草的中国军事形势的重大变化手稿照

10.毛泽东起草的平津战役作战方针手稿照

二、平津前线陈兵百万

表格：

人民解放军平津前线参战部队序列

照片：

1.中共平津战役总前委书记、平津前线司令员、东北野战军司令员林彪。

2.中共平津战役总前委委员、平津前线政治委员、东北野战军政治委员罗荣桓。

3.中共平津战役总前委委员、华北军区兼平津卫戍区司令员聂荣臻。

4.中共华北中央局第二书记、华北军区兼平津卫戍区政治委员薄一波。

5.为实现军委战略部署，东北野战军部分主力先期秘密入关。图为跨越长城行军途中。

6.东北野战军主力正在穿过村落，挺进关内。

7.东北野战军主力正在通过山海关开进关内。

8.华北人民热烈欢迎入关作战的东北野战军将士。

9.东北野战军和华北野战军胜利会师。

10.东北野战军和华北野战军胜利会师报照。

表格：

平津战役人民解放军战略意图和实施过程简表

照片：

1.平津前线司令部1948年12月驻地，冀察热辽解放区冀东区蓟县孟家楼村（今属天津市）。

2.平津前线司令部1949年1月驻地，冀东区通县宋庄（今属北京市通州区）。

3.平津总前委三位委员在一起研究作战方案。

4. 林、罗、聂、刘亚楼、谭政、黄克诚、肖华等首长在平津前线。

5. 华北野战军首长聂荣臻、杨得志、罗瑞卿、杨成武、李井泉在平津前线。

6. 平津总前委、华北和北平党政领导人在一起。

三、分割包围腰斩长蛇

图表：平津战役第一阶段及围困北平示意图

照片：

1. 1948 年 12 月中旬，人民解放军四面八方包围北平的报照。

2. 人民解放军野战部队穿越古长城八达岭，挺进居庸关。

3. 人民解放军占领南苑机场。

4. 人民解放军占领丰台。图为缴获的敌军坦克。

5. 人民解放军攻抵北平近郊的报照。

6. 在敌军没有接受和平解决之前，人民解放军立足于打的准备。这是某部在宛平城演练攻坚。

7. 包围北平的人民解放军修筑工事，准备攻城。

8. 包围北平城的人民解放军高射炮部队严密监视敌人动向。

9. 中共中央华北局城工委编印的《平津调查丛刊》。

10. 中共北平地下党绘制的城内敌军布防图。

11. 地下党组织职工进行护厂活动，防止敌人破坏的报照。

柜内文物：

第一组：（均为复制件）

1. 中共中央评中国军事形势，一年左右打倒国民党的传单。

2. 中共中央军委部署平津战役指示手稿。

3. 中国人民解放军平津前线司令部布告传单。

4. 东北野战军首长《告华北国民党将领书》手稿。

第二组：（原件或复制件）

1. 中共中央华北局关于党的平津地下组织配合部队作战和接管城市工作的指示。

2.冀热察解放区支援前线担架教材。
3.昌平县老区东营村的支援前线账本。
4.报道人民解放军包围北平的《北岳日报》。
第三组：
1.中共北平地下党同志使用过的照相机。
2.北平地下党领导刘仁的笔记本。
3.地下党工作人员使用过的文件包。
4.地下党工作人员使用过的毛毯。

第二部分　和平谈判

为使古都北平免遭战火破坏，人民解放军对国民党军在军事打击的同时，实行政治争取，在中共地下组织有力配合及民主人士的多方敦促下，经过多次谈判，终于签署了关于和平解决北平问题的协议。傅作义将军率部接受改编，北平和平解放。

一、多方争取，促进和谈

照片（第一组）：
1.1949年1月14日，毛泽东关于时局的声明，提出著名的和平谈判八项条件。
2.北平文化界民主人士拥护毛泽东八项主张报照。
3.到达解放区的李济深等民主人士五十五人联合声明，拥护毛主席八项和平主张。
4.中国民主同盟等民主党派响应毛主席八项和平主张通电。
表格：
中共北平地下组织系统表
照片（第二组）：
1.中共中央华北局关于平津地下组织在接管城市中应做工作的指示

（1948年12月13日）。

2. 中共中央华北局城工部宣传解放军城市政策的一封信。

3. 刘清扬关于发动人民运动早日解放平津给萧明的信。

4. 傅冬菊像，傅作义将军长女，系中共党员。她对促使傅作义接受和平解决北平问题，起过特殊的作用。

5. 崔月犁像，北平地下党学委负责人，是促使傅作义接受和谈的地下党重要人物。

6. 刘厚同像，傅作义的老师，深受傅的尊敬，他力促傅接受和谈，其与中共地下党组织也有密切往来。

7. 马占山像，当年东北江桥抗战著名人物，曾与傅作义、邓宝珊结为兄弟，是他推荐请来邓宝珊为傅的谈判代表。

照片（第三组）：

1. 何思源为和平奔走报照。

2. 何思源先生1948年全家合影照。图左为长女何鲁丽，图右为幼女何鲁美。

3. 何思源、吕复、康同璧等一行"华北人民和平促进会"代表团出城与解放军接洽报照。

4. 吕复、康同璧像。

5. 接待何思源一行的人民解放军第41军政委莫文骅将军。

二、三次谈判达成协议

表格：

驻北平国民党军序列

1. 人民解放军平津前线司令部与国民党军华北总部第一次谈判，1948年12月中旬在冀东解放区蓟县八里庄举行。图为八里庄村景。

2. 人民解放军谈判代表、东北野战军作战处长苏静与国民党军华北总部代表、《平明日报》社长崔载之和记者李炳泉。

3. 1948年12月22日，人民解放军华北第二兵团一举攻克新保安，全歼傅系王牌三十五军。图为攻占指挥所所在的钟楼和被缴获的军旗。

4.1948 年 12 月 24 日,人民解放军华北三兵团攻占察哈尔省会张家口,歼敌五万四千人。这是重获解放的张家口大境门。

5.1948 年 12 月 30 日,中共中央电贺华北大捷报照。

6.1949 年 1 月 1 日,中共中央军委关于与傅作义谈判方针的电报。内称若通过和谈解放北平,"傅氏立此一大功劳,我们就有理由赦免其战犯罪"。

7.1949 年 1 月 7 日,傅作义派出第二次谈判代表,华北总部少将处长周北峰和民主同盟中常委、燕京大学教授张东荪到达八里庄。图为周、张两人照。

8.1949 年 1 月 10 日,东北野战军和华北总部签署《谈判纪要》,双方达成初步协议。

地图:
和平解决北平问题谈判地点示意图

照片:
1.1949 年 1 月 14 日,东北野战军和华北总部第三次谈判地点通县五里桥村(今属北京市朝阳区)。

2.傅部谈判代表、华北总部中将副总司令邓宝珊,他被称为傅的灵魂。

3.1949 年 1 月 15 日,人民解放军经过 29 小时激战,一举攻克天津市,生俘守军司令陈长捷和副司令林伟俦。这是攻占天津警备司令部的情景。

4.1949 年 1 月 16 日,毛泽东起草,以平津前线首长名义致傅作义函,敦促和平解决北平问题的通牒。

5.这是平津前线司令部和华北总部达成的《关于北平和平解决问题的协议书》原稿照。

三、和平解决,彪炳史册

表格:
1.人民解放军平津前线司令部改编前驻北平国民党军建制表
2.北平联合办事处组成人员表

照片（第一组）：

1. 根据协议，国民党军华北总部驻北平部队从 1949 年 1 月 22 日起撤出北平城，接受和平改编。这是到达指定地点的部队受到当地群众的迎接。

2. 傅作义派郭宗汾等参加联合办事处给叶剑英的复信（1949 年 1 月 29 日）。

3. 陶铸为军队改编与人员处理方案致傅方代表函（1949 年 2 月 18 日）。

4. 中国人民解放军东北野战军关于受编部队师以上军官的任命令。

5. 参加北平和平解放证明书。

照片（第二组）：

1. 毛泽东起草的中共中央军委关于保护北平文化古城和文物古迹的两件电报（1948 年 12 月 17 日、1949 年 1 月 16 日）。

2. 林、罗、刘、谭关于保护北平文化设施给中央军委的电报（1948 年 12 月 14 日）。

3. 故宫

4. 北海

5. 颐和园

6. 北京大学红楼

7. 清华大学

8. 燕京大学

照片（第三组）：

1.1949 年 2 月中旬，傅作义、邓宝珊一行来到中共中央驻地西柏坡，这是周恩来与傅、邓合影。

2.1949 年 3 月 25 日，毛泽东在北平西苑与前来欢迎的傅作义合影。

3.1949 年 4 月 2 日，毛泽东对傅作义通电的复信手稿照，毛泽东充分肯定傅作义对和平解放北平的历史性贡献。

柜内文物

第一组：（复印件或原件）

1. 中共中央军委关于保护北平文化古城的指示电文（1948 年 12 月 17 日，1949 年 1 月 16 日）。

2. 中共华北局城工部宣传解放军城市政策的一封信(原件)。

3. 人民解放军东北野战军和国民党军华北总部代表签署的和平解决北平问题协议书。

4. 毛泽东主席关于傅作义通电复函手稿。

第二组:(均为原件)

1. 陶铸给郭宗汾、焦实斋、周北峰的信。

2. 傅部待编部队名称及主官姓名驻地表。

3. 中国人民解放军东北野战军战字第四号命令。

4. 参加北平和平解放原国民党机关人员回籍证明书。

第三组:(均为原件)

1. 傅作义派郭宗汾等参加联合办事处给叶剑英的复信(1949年1月29日)。

2. 叶剑英关于联合办事处秘书主任变更事致陶铸等人的信(1949年2月10日)。

3. 北平联合办事处证明放行路条。

4. 北平联合办事处为物资接管委员会航空处开具的证明书(1949年2月3日)。

第三部分　欢庆解放

1949年1月31日,古都北平宣告和平解放,由于中国共产党的英明决策,人民解放军东北和华北两支野战军的无敌威力,广大人民群众的热情支持和北平人民渴望和平,以及国民党军大多数爱国官兵不愿继续内战,北平问题终于和平解决,闻名于世的历史文化名城完整地获得解放,北平从此开始了人民民主的时代。

一、警备部队接管城防

照片：

1.1949年1月31日，人民解放军先头部队41军121师开进西直门，宣告北平解放。

2. 人民解放军从国民党军手中接收北平城门防务。

3. 人民解放军接防的一些北平城门钥匙。

4. 北平宣告解放号外报照。

5. 人民解放军北平军事管制委员会入城布告照。

6. 北平市人民政府入城办公布告照。

7. 人民解放军北平警备司令部成立布告照。

8. 中共中央电贺平津解放报照。

9. 人民日报（北平版）代发刊词：为建设人民民主的新北平而奋斗报照。

10. 毛泽东起草的新华社述评：北平问题和平解决的基本原因报照。

二、人民解放军入城式

地图：
中国人民解放军北平入城式行进路线图

照片：

1.1949年2月3日，人民解放军平津前线司令部首长在正阳门箭楼上检阅参加入城式的人民子弟兵。

2. 参加入城式的装甲兵部队。

3. 参加入城式的炮兵部队。

4. 参加入城式的骑兵部队。

5. 行进在前门大街的步兵队伍。

6. 人民解放军部队驶入东交民巷——昔日帝国主义者盘踞近半个世纪的使馆区。

7. 人民解放军驶过美国领事馆门前。

8. 行进在鼓楼前大街上的人民解放军部队。

9. 北平市民在前门大街热情欢迎人民子弟兵。

10. 青年学生爬上装甲车，纵情欢呼北平解放。

三、庆祝北平解放大会

照片：

1.1949年2月12日，在天安门广场举行有20万人参加的庆祝北平解放大会，这是大会主席台天安门城楼。

2. 北平市军管会主任兼北平市长叶剑英将军在大会上讲话。

3. 参加大会的人民解放军将士。

4. 庆祝北平解放的游行宣传卡车。

5. 在东长安街游行的群众队伍。

6. 欢庆解放的群众游行队伍一角。

7. 打着"建设新北平"横幅的游行队伍。

8. 参加游行的石景山钢铁厂工人队伍。

柜内文物

第一组：（原件或复制件）

1. 北平宣告解放捷报

2. 北平市军管会布告

3. 北平市人民政府布告

4. 平津卫戍司令部布告

5. 北平学联为北平解放告同学书

第二组：（均为原件）

1. 入城纪律守则

2. 接管人员工作条例及接管纪律

3. 把城市政策纪律坚持贯彻到底

4. 警备北平城市工作经验总结

第三组：（均为原件）

1. 北平市军事管制委员会胸章
2. 北平市人民政府徽章
3. 中国人民解放军平津卫戍司令部发放的汽车通行证
4. 北平市军事管制委员会发放的临时通行证（三角旗）

第四部分　定都北京

北平和平解放，文化古都完整无损，和平接管举世瞩目。砸烂旧的统治机构，建立人民民主政权，为建设人民的新首都而奋斗。

1949年3月25日，中共中央、中央军委和人民解放军总部迁驻北平。中共中央和中央军委在北平领导指挥人民解放军向全国大进军，祖国大陆迅速获得解放。

1949年9月21日，中国人民政治协商会议在北平召开，在华北人民政府基础上组建中央人民政府。9月27日，北平改称北京。

1949年10月1日，中华人民共和国在北京庄严成立。毛泽东向全世界宣告："占人类总数四分之一的中国人从此站起来了。"

一、和平接管约法八章

表格：

1. 中共北平市委组成人员表
2. 北平市军管会主任、副主任名单
3. 北平市人民政府市长、副市长名单
4. 人民解放军北平警备区司令员兼政治委员、副司令员、副政治委员名单

照片（第一组）：

1. 中共中央政治局委员、北平市委书记彭真
2. 中共北平市委第一副书记、北平市军管会主任、北平市人民政府市

长叶剑英

  3. 中共北平市委第二副书记赵振声（即李葆华）

  4. 北平市军管会副主任谭政

  5. 北平市人民政府副市长徐冰

  6. 北平警备区司令员兼政治委员程子华

照片（第二组）：

1. 中共北平市委关于进行接管北平工作的通告（1948年12月21日）。

2. 中国人民解放军平津前线司令部约法八章（1948年12月22日）。

3. 北平市民在观看"约法八章"布告。

4. 北平市军管会接收国民党"中央银行"，设立中国人民银行。

5. 人民解放军战士守卫国立北平图书馆。

6. 人民解放军守卫重要文物古迹。

7. 北平市军管会行将接管国立北京大学的布告原稿。

8. 北平市人民政府公安局肃清特务布告。

9. 北平市军管会物资接管委员会工作总结报告部分照（1949年4月16日）。

10. 北平市人民政府接管工作总结（1949年5月1日）。

二、建设人民的新首都

照片：

1. 1949年3月上半月，中共七届二中全会在西柏坡村举行。这是中国革命全国胜利前夜召开的一次极其重要的会议。毛泽东在会议上指出："辽沈、淮海、平津三大战役以后，国民党军队的主力已被消灭。""我们很快就要在全国胜利了。"还说我们占领南京以后，"在北平召集政治协商会议，成立联合政府，并定都北平"。图为毛泽东在这次会议上作报告。

2. 中共七届二中全会结束后，3月25日，中共中央、中央军委和解放军总部离开西柏坡迁来北平。从此，"党的工作重心由农村移到了城市"。图为毛泽东主席在北平西苑机场上与前来欢迎的各民主党派负责人合影。

3. 毛泽东主席在西苑机场检阅人民解放军炮兵部队。

4. 毛泽东主席在西苑机场检阅人民解放军装甲兵部队。

5. 中共中央、中央军委迁到北平后,办公地点暂设西郊香山。这是毛泽东主席的办公地点——双清别墅。

6. 毛泽东主席亲临北平市各界代表会议,发表讲演,号召"为克服困难,建设人民的新首都而奋斗"。

7. 新政治协商会议筹备会议1949年6月15日在北平召开,准备召开新的政治协商会议,成立民主联合政府。这是毛泽东主席同与会代表合影。

8. 新政治协商会议——中国人民政治协商会议1949年9月21日在北平召开,这是会场大门——新华门。毛泽东主席在开幕式上向全世界宣布:中国人民从此站起来了。

9. 1949年10月1日,毛泽东主席在天安门城楼上宣读中央人民政府公告。

10. 毛泽东主席亲自升起天安门广场上的第一面五星红旗,中华人民共和国宣告成立。

三、全国大陆迅速解放

照片:

1. 毛主席、朱总司令发布的向全国进军的命令(1949年4月21日)。

2. 中国人民解放军布告(1949年4月)。

3. 中国人民解放军第二野战军和第三野战军于1949年4月20日夜发动渡江战役,万船齐发,百万雄师迅速摧毁国民党军千里长江防线,这是渡江部队抵达南岸登陆的照片。

4. 1949年4月23日,人民解放军攻占国民党政权统治中心南京,这是占领"总统府"的情景。

5. 1949年5月27日,人民解放军解放全国最大的工业城市上海。

6. 1949年10月14日,人民解放军解放华南最大城市广州,这是占领由南京迁来的国民党政府"行政院"。

7. 人民解放军进驻西南最大城市重庆。

8. 人民解放军开入新疆。

9. 人民解放军进驻西藏首府拉萨。

灯箱地图：

1949年的中国政区图。反映北平解放后，人民解放军遵照毛泽东主席和朱德总司令向全国进军的命令，突破长江天险，一举占领南京，解放大江南，挺进大西北、大西南，宣告国民党政权在中国大陆的灭亡，中华人民共和国中央人民政府在北京成立。其中反映湖南、绥远、新疆、云南、西康和西藏6个省级行政区是通过和平方式解放的。

柜内文物：

第一组：(印模)

1. 中国人民解放军北平市军事管制委员会关防

2. 军管会物资接管委员会印

3. 军管会文化接管委员会印

4. 中国共产党北平市委会印

5. 北平市人民政府印

6. 北平市警备司令部关防

第二组：

1. 《北平市政报》创刊号

2. 北平市人民政府接管工作总结

3. 刘仁任职市委组织部长时的证件

4. 北平市军事管制委员会布告（金字第一号）手稿

5. 北平解放初期流通货币：

旧版人民币、冀南币、长城币和东北币

第三组：

1. 毛主席、朱总司令复电绥远起义董其武将军手稿。（复制件）

2. 毛主席、朱总司令复电新疆起义陶峙岳将军、包尔汉主席手稿。（复制件）

3. 华北解放纪念章

4. 中南解放纪念章

5. 西北解放纪念章

6. 西南解放纪念章

7. 全国解放奖章

8. 中国人民政治协商会议徽章

结束语

北平和平解放已经整整 50 年了。半个世纪以来中国共产党领导全国各族人民经历了沧海桑田的辉煌历程，伟大祖国和首都北京都发生了翻天覆地的变化。中华民族像巨人一样屹立于世界的东方，古老的北京以改革开放的崭新面貌吸引着世界的目光。抚今追昔，心潮澎湃。我们一定铭记以毛泽东为代表的老一辈无产阶级革命家的丰功伟绩，铭记为和平解放北平做出历史性贡献的无数革命战士和一切爱国人士。我们要继往开来，在以江泽民同志为核心的党中央领导下，高举邓小平理论的伟大旗帜，昂首阔步迈向新世纪。

放映厅

放映关于北平和平解放的历史纪录片剪辑

史地考证

民国北京政府华北政区沿革
（1912~1928年）

1912年2月12日，宣统帝退位，大清国寿终。3月10日，民国新任临时大总统在北京就职，北京政府肇始。1928年6月3日，民国军政府陆海军大元帅撤离北京，历时16年多的北京政府结束。民国北京政府一直由清末即已形成雏形的北洋系将领执政，历史上习称北洋政府。

北京政府伊始，沿袭清末政区，华北地区有顺天府，直隶、山西、山东3省和内蒙古地方。后来顺天府演变为京兆地方，内蒙古地方分为热河、察哈尔和绥远3个特别行政区域。

一、直隶顺天府、京兆地方（特别行政区域）

顺天府位于直隶省境内，因系京师所在，地位视省。下设西、北、东、南4路厅，领州5县19。

西路厅，治宛平县卢沟桥（今北京市丰台区宛平城），领宛平（今北京市城区西部和门头沟区一带，治所在京师西城地安门外迤西）、大兴（今北京市城区东部和大兴区一带，治所在京师东城交道口南）、房山（今北京市房山区）、良乡（今北京市房山区良乡地区一带）4县和涿州（今河北省涿州市）

1州。

北路厅，治昌平州巩华城（在今北京市昌平区沙河镇），领顺义、平谷、密云、怀柔4县（今均为北京市辖区）和昌平州（今昌平区）1州。

东路厅，治通州城，领通州（今北京市通州区）、蓟州（今天津市蓟州区）2州，三河（今河北省三河市）、香河（今划河北省）、武清、宝坻、宁河（以上3县今为天津市辖区）5县。

南路厅，治大兴县黄村（今北京市大兴城区），领霸州（今河北省霸州市）1州，固安、永清、东安（今廊坊市区）、文安、大城、保定（今文安县新镇镇一带，以上各县今均划河北省）6县。

1913年2月，由于废州改县，州不再是一级行政单位。顺天府的昌平州、通州、蓟州、霸州和涿州分别改为昌平县、通县、蓟县、霸县和涿县。全府领县24。

1914年1月，东安县改名安次县。6月，保定县改名新镇县。是月，宁河、大城、文安、新镇4县划属直隶省，顺天府领县20。

1914年10月，《京兆地方区域表》公布。中央政府所在地方称京兆，京兆地方依原顺天府区域辖县，计20县：宛平、大兴、良乡、房山、昌平、怀柔、密云、平谷、顺义、通县（以上10县均在今北京市），涿县、霸县、固安、永清、安次、香河、三河、蓟县、宝坻、武清（以上10县今在河北省和天津市）。顺天府尹公署改为京兆尹公署，完全脱离直隶省。

1914年6月，北京城区设立"京都市政公所"，内务总长兼督办京都市政事宜。

1922年6月，京都地方定为特别市，仍由内务总长兼理市政事宜，遂设立"京都市政筹备处"，但特别市迄未成立，直至北京政府结束。

京都市城郊划分为24个警区，即内城左、右一至四和中一、二计10区（相当于今北京市东城和西城2区二环路以内地域），外城左、右一至五区计10区（相当于今北京市东城和西城2区南部外二环路以内地域），城郊为东南西北四郊区（相当于今北京市朝阳、丰台和海淀3区大部分地域）。

二、直隶省

省治保定府，领府 11、直隶州 7、散州 12、县 110、直隶厅 3 和散厅 1。下分述之。

保定府，府城清苑县（今河北省保定市城区和清苑区），领祁州（今安国市）、安州（今安新县）2 州，清苑、满城（今保定市满城区）、安肃（今保定市徐水区）、定兴、新城（今高碑店市）、雄县、容城、高阳、蠡县、博野、望都、唐县、完县（今顺平）、束鹿（今辛集市）14 县。

正定府，府城正定县，领晋州（今晋州市）1 州，正定、获鹿（今石家庄市鹿泉区）、井陉、平山、灵寿、阜平、行唐、新乐（今新乐市）、无极、藁城（今石家庄市藁城区）、栾城（今石家庄市栾城区）、元氏、赞皇 13 县。

顺德府，府城邢台县（今邢台市城区和邢台县）。领邢台、沙河（今沙河市）、南河、平乡、广宗、巨鹿、任县、内丘和唐山（今隆尧县）9 县。

广平府，府城永年县，领磁州（今磁县）1 州，永年、邯郸（今邯郸市城区和邯郸县）、成安、肥乡、广平、曲周、鸡泽、威县、清河 9 县。

大名府，府城元城县（今大名县大名镇一带）。领开州（今河南省濮阳市城区和濮阳县）1 州，元城、大名、南乐、清丰、长垣（以上 3 县今划河南省）、东明（今划山东省）6 县。

河间府，府城河间县（今河间市），领景州（今景县）1 州，任丘（今任丘市）、河间、肃宁、献县、交河（今泊头市）、阜城、东光、吴桥、故城、宁津（今划山东省）10 县。

天津府，府城天津县（今天津市城近郊区），领沧州（今沧州市城区和沧县）1 州，天津、静海（今划天津市）、青县、南皮、盐山、庆云（今划山东省）6 县。

永平府，府城卢龙县，领滦州（今滦县）1 州，迁安（今迁安市）、卢龙、乐亭、昌黎、抚宁（今秦皇岛市抚宁区）、临榆（今秦皇岛市区一带）6 县。

承德府，府城承德县（今承德市城区和承德县），领平泉州（今平泉县）1 州，承德、滦平、隆化、丰宁（今丰宁满族自治县）4 县。

朝阳府,府城朝阳县（今辽宁省朝阳市城区和朝阳县），领朝阳、建昌（今凌源市和建昌县）、建平、阜新（今阜新市城区和阜新蒙古族自治县，以上4县今划辽宁省）和绥来（今内蒙古自治区库伦旗库伦镇一带）5县。

宣化府,府城宣化县（今张家口市宣化区和宣化县），领蔚州（今蔚县）、保安州（今涿鹿县）、延庆州（今北京市延庆区）3州，宣化、万全（今张家口市城区和万全县）、怀安、西宁（今阳原）、怀来、龙门（今赤城县龙关镇一带）、赤城7县和围场厅（今围场满族蒙古族自治县）1厅。

易州直隶州（今易县），领涞水和广昌（今涞源）2县。

定州直隶州（今定州市），领曲阳和深泽2县。

赵州直隶州（今赵县），领宁晋、高邑、临城、柏乡和隆平（今隆尧县隆尧镇一带）5县。

深州直隶州（今深州市），领安平、饶阳和武强3县。

冀州直隶州（今衡水市冀州区），领衡水（今衡水市桃城区）、武邑、枣强、南宫（今南宫市）和新河5县。

遵化直隶州（今遵化市），领丰润（今唐山市丰润区）和玉田2县。

赤峰直隶州（今内蒙古自治区赤峰市区），领林西和开鲁2县（今均划内蒙古自治区）。

口北3直隶厅：张家口厅（今张北县）、独石口厅（今沽源县）和多伦诺尔厅（今内蒙古自治区多伦县）。

（以上各府、州、县、厅除注明者外，今均在河北省境内。）

1912年8月，围场厅自宣化府划属承德府。9月，绥来县改称绥东县。

1913年1月，撤销府、州、厅，皆以县论。2月，全省各府均裁府留县，各州均废州改县。废元城，入大名。5月,原承德、朝阳和赤峰3府州改设3道：承德道，驻承德县，辖承德、滦平、丰宁、隆化、平泉和建昌6县；朝阳道，驻朝阳县，辖朝阳、建平、阜新和绥东4县；赤峰道，驻赤峰县，辖赤峰、开鲁、林西和围场4县。

1913年6月，原河间、天津、永平和遵化4府州并为渤海道，原保定、正定、易、定、深5府州并为范阳道，原顺德、广平、大名、赵、冀5府州并为冀南道，原宣化府和口北3厅并为口北道。4道辖县下分述之。

渤海道，驻天津县，辖28县：天津、静海、青县、沧县、南皮、盐山、庆云、任丘、河间、肃宁、献县、交河、阜城、景县、故城、吴桥、东光、宁津、遵化、玉田、丰润、卢龙、迁安、滦县、乐亭、昌黎、抚宁和临榆。

范阳道，驻清苑县，辖40县：清苑、满城、安肃、定兴、新城、雄县、容城、安新、高阳、蠡县、博野、祁县、望都、唐县、完县、束鹿、正定、获鹿、井陉、平山、灵寿、阜平、行唐、新乐、无极、晋县、藁城、栾城、元氏、赞皇、易县、涞水、广昌、定县、曲阳、深泽、深县、安平、饶阳和武强。

冀南道，驻大名县，辖37县：邢台、沙河、南和、平乡、广宗、巨鹿、任县、内丘、唐山、永年、邯郸、磁县、成安、肥乡、广平、曲周、鸡泽、威县、清河、大名、南乐、清丰、开县、长垣、东明、赵县、宁晋、高邑、临城、柏乡、隆平、冀县、衡水、武邑、枣强、南宫和新河。

口北道，驻宣化县，辖13县：宣化、万全、怀安、西宁、蔚县、保安、怀来、延庆、龙门、赤城、张北（原张家口厅）、独石（原独石口厅）和多伦（原多伦诺尔厅）。

到1913年底，全省计7道132县。

1914年1月，祁县改名安国，广昌改名涞源，开县改名濮阳，西宁改名阳原，保安改名涿鹿，龙门改名龙关，建昌改名塔沟。6月，安肃改名徐水。是月，文安、大城、新镇和宁河4县自顺天府划直隶省渤海道，全省计136县。这时，省会自清苑迁到天津。又，渤海道改称津海道，范阳道改称保定道，冀南道改称大名道。

1914年7月，长城以北的承德、朝阳、赤峰3道全部和口北道一部计17县划出给热河和察哈尔两特别行政区域，全省余4道119县。8月，津海、保定两道定为一等道，大名道为二等道，口北道为三等道。

1915年8月，据《县佐官制》，县内要津设立县佐。全省设立县佐有：天津葛沽（今天津市津南区葛沽镇）、沧县孟村（今孟村回族自治县孟村镇）和李村（今黄骅市齐家务乡一带）、盐山羊二庄（今黄骅市羊二庄回族镇）、河间束城（今河间市束城镇）、故城郑镇（今郑口镇）、迁安大障子（今青龙满族自治县青龙镇）、滦县倴城（今滦南县倴城镇）和榛子镇、遵化半壁山（今兴隆县半壁山镇）、临榆干沟（今青龙满族自治县干沟乡）、文安胜芳（今霸州市胜芳镇）、大城王吉（今天津市静海县王口镇）、宁河芦台（今天津市宁河区芦台镇）、束鹿小辛（今辛集市小辛庄乡）、易县南管头、涞水玉斗（今赵各庄镇一带）、定县李亲顾（今定州市李亲顾镇）、怀来矾山堡（今涿鹿矾山镇）、大名牙厘集（今魏县牙里镇）和金滩集（今魏县魏城镇）、邢台西黄村（今邢台县西黄村镇）、永年临洺关（今临洺关镇）、清河油坊（今油坊镇）、磁县马头（今邯郸市马头镇）和彭城（今邯郸市彭城镇）、冀县官道李（今衡水市冀州区官道李镇）、宁晋百尺、长垣三春集（今山东省东明县三春乡）和濮阳井店（今河南省内黄县井店镇）等30余处。

1916年8月，决定县下划区，下设甲牌，一甲含十牌，一牌含十户。

1916年10月，决定设天津特别市，但直至北京政府结束亦未实行。

据1923年10月公布的《中华民国宪法》第124条："地方划分为省、县两级。"1924年6月，内务部令裁撤道制。但是年10月北京政变发生，这部宪法停止执行。道制因而得以一直延续到1928年6月。

1925年6月，决定在唐山（今唐山市城区）、石家（今石家庄市城区）、辛集（今辛集市区）、束鹿旧城（今辛集市旧城镇）、高阳、深泽、获鹿（今石家庄市鹿泉区）、磁县、永年和大名设市，但事后基本没有施行。这年8月，将石家庄和休门合并，遂有"石门市政公所"之设，即今石家庄市区之雏形。

三、山西省

省治太原府，领府9、直隶州10、散州6、县85和直隶厅13。

太原府，府城阳曲县（今太原市城区和阳曲县），领岢岚州（今岢岚县）1州，阳曲、太原（今太原市晋源区）、徐沟（今清徐）、榆次（今晋中市榆次区）、太谷、祁县、文水、交城、岚县、兴县10县。

汾州府，府城汾阳县，领永平州（今吕梁市离石区）1州，汾阳、平遥、介休（今介休市）、孝义（今孝义市）、宁阳（今中阳）、石楼、临县7县。

平阳府，府城临汾县（今临汾市尧都区），领吉州（今吉县）1州，临汾、洪洞、汾西、岳阳（今安泽）、浮山、翼城、曲沃、襄陵（今襄汾县襄陵镇一带）、太平（今襄汾县汾城镇一带）、乡宁10县。

蒲州府，府城永济县（今永济市），领永济、虞乡（今永济市虞乡镇一带）、临晋（今临猗县临晋镇一带）、猗氏（今临猗县城关镇一带）、万泉（今万荣县万泉乡一带）和荣河（今万荣县宝井乡一带）6县。

潞安府，府城长治县（今长治市城郊区和长治县），领长治、长子、屯留、襄垣、黎城、潞城（今潞城市）和壶关7县。

泽州府，府城凤台县（今晋城市城区和泽州县），领凤台、阳城、沁水、高平（今高平市）和陵川5县。

大同府，府城大同县（今大同市城区和大同县），领应州（今应县）、浑源州（今浑源县）2州，大同、怀仁、山阴、阳高、天镇、广灵和灵丘7县。

朔平府，府城右玉县，领朔州（今朔州市朔城区）1州，右玉、左云、平鲁（今朔州市平鲁区）3县。

宁武府，府城宁武县，领宁武、神池、五寨和偏关4县。

霍州直隶州（今霍州市），领离石和赵城（今洪洞县赵城镇一带）2县。

隰州直隶州（今隰县），领蒲县、大宁和永和3县。

绛州直隶州（今新绛县），领河津（今河津市）、稷山、闻喜、绛县和垣曲5县。

解州直隶州（今运城市解州镇一带），领安邑（今运城市区一带）、夏县、平陆和芮城4县。

沁州直隶州（今沁县），领沁源和武乡2县。

辽州直隶州（今左权县），领榆社和和顺2县。

平定直隶州（今阳泉市区和平定县），领盂县和寿阳2县。

忻州直隶州（今忻州市区），领定襄和静乐2县。

代州直隶州（今代县），领崞县（今原平市）、五台和繁峙3县。

保德直隶州（今保德县），领河曲1县。

口外13直隶厅（今均划入内蒙古自治区）：归化城厅（今呼和浩特市区一带）、绥远城厅（今呼和浩特市新城区一带）、丰镇厅（今丰镇市）、兴和厅（今兴和县）、陶林厅（今察哈尔右翼中旗科布尔镇一带）、宁远厅（今凉城县）和林格尔厅（今和林格尔县）、清水河厅（今清水河县）、托克托厅（今托克托县）、武川厅（今武川县）、萨拉齐厅（今土默特右旗萨拉齐镇一带）、五原厅（今五原县）和东胜厅（今鄂尔多斯市东胜区）。

1912年5月，析徐沟县清源乡一带置清源县（今清徐县清源镇一带），析平定县乐平乡一带置乐平县（今昔阳县），析潞城县平顺乡一带置平顺县，析朔州马邑乡一带置马邑县（今朔州市马邑乡一带）。至此，全省有89县。

1913年2月，撤府、州、厅改县。9府均撤府留县。16州中唯绛州撤销改名新绛县。13厅中只有归化城厅改称归化县、绥远城厅改称绥远县。4月裁绥远县入归化县。

1913年8月，原太原、汾州、潞安、泽州4府和辽、沁、平定3直隶州并为中路道，原大同、朔平、宁武3府和忻、代、保德3直隶州并为北路道，原平阳、蒲州2府和霍、隰、绛、解4直隶州并为河东道，原口外各直隶厅合组归绥道。时全省4道117县。下分述之。

中路道，驻阳曲县。辖43县：阳曲、太原、清源、徐沟、榆次、太谷、祁县、交城、文水、岚县、岢岚、兴县、汾阳、平遥、介休、孝义、石楼、宁乡、永年、临县、长治、长子、屯留、襄垣、黎城、潞城、平顺、壶关、凤台、阳城、沁水、高平、陵川、辽县、和顺、榆社、沁县、沁源、武乡、平定、乐平、寿阳和盂县。

北路道，驻代县。辖27县：大同、怀仁、山阴、应县、浑源、灵丘、广灵、阳高、天镇、左云、右玉、平鲁、朔县、马邑、宁武、神池、五寨、偏关、忻县、定襄、静乐、代县、繁峙、五台、崞县、保德和河曲。

河东道，驻安邑县运城镇。辖35县：临汾、洪洞、岳阳、浮山、翼城、曲沃、太平、襄陵、乡宁、吉县、汾西、永济、虞乡、临晋、猗氏、万泉、荣河、解县、安邑、夏县、平陆、芮城、新绛、绛县、垣曲、闻喜、稷山、河津、霍县、赵城、灵石、隰县、蒲县、大宁和永和。

归绥道，驻归化县。辖12县：归化、武川、陶林、兴和、丰镇、宁远、和林格尔、清水河、托克托、萨拉齐、五原和东胜。

1913年12月，归绥道划属绥远城将军管辖，全省余3道105县。

1914年2月，乐平改名昔阳，凤台改名晋城，太平改名汾城，宁乡改名中阳，永年改名离石。6月，岳阳改名安泽。是月，中路道改称冀宁道，北路道改称雁门道。8月，定冀宁道为一等道，河东道为二等道，雁门道为三等道。

1915年3月，清源、平顺和马邑3县裁撤，安邑县驻地移运城镇，与道同治。6月，雁门道移驻大同县，并改为二等道。

1917年5月，清源和平顺2县重新设立。

1918年3月，析离石县方山镇一带置方山县，安邑县驻地又迁回原地，与道分治，至此，全省3道105县的建制一直维系到北京政府结束。

四、山东省

省治济南府，领府10、直隶州3、散州8和县96。下分述之。

济南府，府城历城县（今济南市历城区），领德州（今德州市德城区））1州，历城、长清、章丘（今章丘市）、邹平、齐东（今邹平县九户乡一带）、长山（今邹平县长山镇一带）、新城（今桓台）、淄川（今淄博市淄川区）、济阳、临邑、德平（今临邑县德平镇一带）、陵县、平原、禹城（今禹城市）、齐河15县。

泰安府，府城泰安县（今泰安市区），领东平州（今东平县）1州，泰安、莱芜（今莱芜市）、新泰（今新泰市）、肥城（今肥城市）、平阴、东阿6县。

武定府，府城惠民县，领滨州（今滨州市城区）1州，惠民、商河、乐陵（今乐陵市）、海丰（今无棣）、阳信、沾化、利津、蒲台（今滨州市南部一带）、青城（今高青县青城镇一带）9县。

东昌府，府城聊城县（今聊城市东昌府区），领高唐州（今高唐县）1州，聊城、堂邑（今聊城市堂邑镇一带）、茌平、博平（今茌平县博平镇一带）、清平（今高唐县田城镇一带）、恩县（今平原县恩城镇一带）、冠县、莘县、馆陶（今划河北省）9县。

兖州府，府城滋阳县（今济宁市兖州区），领滋阳、宁阳、曲阜（今曲阜市）、泗水、邹县（今邹城市）、滕县（今滕州市）、峄县（今枣庄市峄城区一带）、汶上、阳谷和寿张（今阳谷县寿张镇一带）10县。

曹州府，府城菏泽县（今菏泽市牡丹区），领濮州（今河南省范县蒲城镇一带）1州，菏泽、郓城、巨野、城武（今成武）、单县、曹县、定陶、范县（今划河南省）、观城（今莘县观城镇一带）、朝城（今莘县朝城镇一带）10县。

沂州府，府城兰山县（今临沂市城区），领莒州（今莒县）1州，兰山、郯城、费县、蒙阴、沂水、日照（今日照市城区）6县。

青州府，府城益都县（今青州市），领益都、临淄（今淄博市临淄区）、博山（今淄博市博山区）、高苑（今高青县高城镇一带）、博兴、乐安（今广饶）、寿光（今寿光市）、昌乐、临朐、安丘（今安丘市）和诸城（今诸城市）11县。

莱州府，府城掖县（今莱州市），领平度州（今平度市）1州，掖县、昌邑（今昌邑市）、潍县（今潍坊市城区）3县。

登州府，府城蓬莱县（今蓬莱市），领宁海州（今烟台市牟平区）1州，蓬莱、黄县（今龙口市）、招远（今招远市）、栖霞（今栖霞市）、莱阳（今莱阳市）、海阳（今海阳市）、福山（今烟台市福山区）、文登（今威海市文登区）、荣成（今荣成市）9县。

临清直隶州（今临清市），领夏津、武城和邱县（今划河北省）3县。

济宁直隶州（今济宁市任城区），领嘉祥、金乡和鱼台3县。

胶州直隶州（今胶州市），领高密（今高密市）和即墨（今即墨市）2县。

1913年2月，裁府留县，裁州改县，全省有107县。5月，原济南、泰安、青州3府各一部和武定府全部合组岱北道，原兖州、曹州、沂州3府各一部和济宁直隶州全部组成岱南道。原济南、泰安、兖州、曹州4府各一部，东昌府和临清直隶州全部合组济西道。原登州、莱州两府和胶州直隶州全部，青州和沂州两府各一部，合并组成胶东道。全省共设4道。

1914年2月，海丰改名无棣，乐安改名广饶，宁海改名牟平，新城改名耏水。6月，兰山改名临沂，耏水又改桓台。岱北道改称济南道，岱南道改称济宁道，济西道改称东临道。8月，济南和胶东两道均列为一等道，济宁道列为二等道，东临道列为三等道。

各道驻地和辖县如下：

济南道，驻历城县，辖27县：历城、章丘、邹平、齐东、长山、桓台、淄川、济阳、齐河、长清、肥城、泰安、莱芜、新泰、商河、乐陵、惠民、阳信、无棣、沾化、利津、滨县、蒲台、青城、高苑、博兴和博山。

济宁道，驻济宁县，辖 25 县：滋阳、汶上、宁阳、曲阜、泗水、邹县、滕县、峄县、济宁、嘉祥、金乡、鱼台、临沂、郯城、费县、蒙阴、莒县、沂水、菏泽、郓城、巨野、成武、单县、曹县和定陶。

东临道，驻聊城县，辖 29 县：聊城、堂邑、清平、茌平、博平、高唐、恩县、馆陶、冠县、莘县、临清、夏津、武城、邱县、德县、平原、禹城、临邑、德平、陵县、东阿、平阴、东平、寿张、阳谷、朝城、观城、范县和濮县。

胶东道，驻福山县烟台，辖 26 县：福山、蓬莱、黄县、招远、栖霞、莱阳、牟平、荣成、文登、海阳、掖县、平度、昌邑、潍县、高密、胶县、即墨、日照、诸城、安丘、昌乐、临朐、益都、寿光、临淄和广饶。

1922 年 11 月，定青岛为特别市，以青岛市街台东、台西两镇界址为市辖区域。但此决定直至北京政府结束迄未实行。

五、内蒙古地方·热河、察哈尔和绥远特别行政区域

（一）内蒙古地方

民国初年，内蒙古地方沿袭清制，直属蒙藏事务局（1914 年 5 月改称蒙藏院），下属 6 盟 28 部 61 旗。下分述之。

哲里木盟 4 部 10 旗：科尔沁部右翼前旗（今属兴安盟）、中旗（今属兴安盟）、后旗（今并入前旗）、左翼前旗（今并入后旗）、中旗、后旗、扎赉特旗（今属兴安盟）、杜尔伯特旗（今黑龙江省杜尔伯特蒙古族自治县）、郭尔罗斯部前旗（今吉林省前郭尔罗斯蒙古族自治县）、后旗（今黑龙江省肇源县）。该盟暂由奉天省（今辽宁省）兼管。

昭乌达盟 8 部 11 旗：扎鲁特部左、右翼旗（今并为扎鲁特旗）、奈曼旗、喀尔喀部左翼旗（今库伦旗一部）、翁牛特部左、右翼旗（今并为翁牛特旗）、敖汉旗、阿鲁科尔沁旗、巴林部左、右翼旗和克什克腾旗。

卓索图盟 2 部 5 旗：喀喇沁部左翼旗（今辽宁省喀喇沁左翼蒙古族自治县）、中、右翼旗（今并为喀喇沁旗）、土默特部左、右翼旗（今辽宁省阜新蒙古族自治县）。

以上昭、卓两盟，暂由热河都统兼管。

锡林郭勒盟5部10旗：乌珠穆沁部左、右翼旗（今两旗重划为东、西乌珠穆沁旗）、浩济特部左、右翼旗（今划入锡林浩特市和西乌珠穆沁旗）、阿巴哈纳尔部左、右翼旗（今并为锡林浩特市）、阿巴嘎部左、右翼旗（今并为阿巴嘎旗）、苏尼特部左翼旗和右翼旗。

察哈尔部8旗4牧厂群：正蓝旗、正白旗、镶白旗（以上两旗今并为正镶白旗）、镶黄旗（以上4旗今划入锡林郭勒盟）、正黄旗（今察哈尔右翼前旗一带）、镶红旗、镶蓝旗（以上两旗相当于今察哈尔右翼中旗一带）、正红旗（今察哈尔右翼后旗一带）。商都牧厂群（相当于今商都、化德、康保等县一带）、明安牧厂群（相当于今兴和、尚义、张北等县一带）和太仆寺左、右翼牧厂群（相当于今太仆寺旗以及多伦、沽源、崇礼等县一带）。

以上锡林郭勒盟和察哈尔部暂由察哈尔都统兼管。

乌兰察布盟4部6旗：四子部落（今四子王旗）、喀尔喀部右翼旗（即达尔罕旗）、茂明安旗（以上两旗今并为达尔罕茂明安联合旗）、乌拉特部前、中、后旗。

伊克昭盟1部7旗：鄂尔多斯部左翼前旗（今准噶尔旗）、中旗（即郡王旗，今伊金霍洛旗）、后旗（今达拉特旗）、右翼前旗（今乌审旗）、前末旗（即扎萨克旗，今并入伊金霍洛旗）、中旗（今鄂托克旗和鄂托克前旗）、后旗（今杭锦旗）。

归化城土默特部左翼旗（今土默特左旗）和右翼旗（今土默特右旗）。

以上乌、伊两盟和归化城土默特部均暂由绥远城将军兼管。

套西二部旗：阿拉善厄鲁特旗（今阿拉善左、右二旗）、额济纳土尔扈特旗（今额济纳旗），以上二部旗今均划入阿拉善盟。该二部旗暂由甘肃省兼管。

1913年10月，套西两旗和伊盟鄂尔多斯右翼前、中两旗，共4旗暂归宁夏将军（翌年7月改称宁夏护军使）节制。

（二）热河特别行政区域

1914年7月6日，民国大总统令：以热河、察哈尔和绥远各属，僻在边陲，毗连蒙境，直隶和山西两省行政难以控制，故特划分由各该都统、将军直接管辖。唯热、察、绥均系边圉重镇，军民事务极为冲繁，绥远城将军亦着改为都统，与热、察划一。三都统下设三道尹，军民汉蒙事宜一体治理。

1914年7月，热河特别行政区域区划为：

热河都统府驻承德县，下设一道二盟。

热河道，驻承德县，为一等道，辖承德、滦平、丰宁、隆化、平泉、围场、塔沟（8月改名凌源）、建平、朝阳、阜新、绥东、开鲁、赤峰、林西14县和经棚设治局（今内蒙古自治区克什克腾旗经棚镇一带，1913年2月析置，1914年11月改县）。

卓索图盟，辖喀喇沁左、中、右翼旗，土默特左、右翼旗，锡埒特库伦旗（即小库伦旗，今库伦旗一带）和唐古特喀尔喀旗（今并入库伦旗和奈曼旗）7旗。

昭乌达盟，辖喀尔喀左翼旗、奈曼旗，敖汉左、右翼和南旗（三旗后并为敖汉旗）、翁牛特左、右翼旗、阿鲁科尔沁旗、扎鲁特左、右翼旗、巴林左、右翼旗和克什克腾旗13旗。

1924年2月，开鲁县析置鲁北设治局（今扎鲁特旗鲁北镇一带）。1925年9月，析巴林左、右翼旗地置林东设治局（今巴林左旗林东镇一带）。1926年7月，析阿鲁科尔沁旗地置天山设治局（今阿鲁科尔沁旗天山镇一带）。至此，热河特别行政区域下辖15县、3设治局和20旗，直至特别行政区域结束。

（三）察哈尔特别行政区域

1914年7月，察哈尔成为特别行政区域，都统府驻张北县，下设一道一盟又一部。

兴和道，驻张北县，为二等道。辖张北、沽源（1915年独石改名）、多伦、兴和、丰镇、凉城和陶林（以上4县系1914年7月自绥远划来）等7县。

锡林郭勒盟5部10旗，察哈尔部左、右两翼8旗和4牧厂群，皆同前述。

1917年4月，析太仆寺左、右翼牧厂和察哈尔左翼镶白旗地，置宝昌招垦设治局（今太仆寺旗宝昌镇一带）。又析张北、兴和、陶林3县和商都牧厂地，置商都招垦设治局。1918年11月，该局改设商都县。1922年8月，析兴和、丰镇和凉城三县地，置集宁招垦设治局，年底改设集宁县（今乌兰察布市集宁区）。1925年3月，析张北、商都二县地，置康保招垦设治局。

6月,宝昌和康保两设治局改设宝昌县和康保县。至此,察哈尔特别行政区域下辖11县18旗又4牧厂群。

(四)绥远特别行政区域

1914年7月,绥远成为特别行政区域,同时将与察哈尔部右翼4旗犬牙交错的东4县划给察哈尔特别行政区域。绥远城将军府改设绥远都统府,仍驻归绥县(系归化县1914年3月更名)。绥远下设一道二盟又二旗。

绥远道,驻归绥县,定为一等道。辖归绥、武川、托克托、和林格尔、清水河、萨拉齐、五原和东胜8县。

乌兰察布盟4部6旗、伊克昭盟1部7旗,均同前所述。还有原由绥远城将军直辖的归化土默特部左、右翼两旗。绥远共计8县15旗。

1920年5月,析武川、五原二县地置固阳设治局,1922年12月改设固阳县。1923年3月,析萨拉齐县置包头设治局(今包头市城区)。1925年7月,析五原县地置大佘太设治局(今乌拉特前旗大佘太镇一带)和临河设治局(今巴彦淖尔市临河区)。1926年6月,包头设治局改建为包头县。至此,绥远特别行政区域下辖10县2设治局15旗,直到特别行政区域结束。

(原载《北京档案史料》1995年第4期)

国民政府前期华北政区沿革
（1928~1937年）

1927年4月18日，国民政府定都南京，这时全国尚未统一，华北仍处于北京政府控制之下。1928年国民革命军继续北伐，6月8日进驻北京。是年夏，国民政府统辖了整个华北地区。华北面积120多万平方公里，人口8000多万，包括河北、山东、山西、绥远、察哈尔、热河6省，北平、天津、青岛3市和威海卫行政区。

1928~1937年，国民政府管辖华北的政治（行政）机关有：

中央政治会议北平临时分会，1928年7月成立，主席李煜瀛，代主席阎锡山（11月张继任主席，次年2月商震任代主席），负责指导河北、热河两省区和北平、天津两特别市，1923年3月裁撤。此前，中央政治会议太原分会于1928年2月成立，主席阎锡山，负责指导山西、绥远和察哈尔3省区。

国民政府驻平办事处，1929年3月组成，主任何成浚，1930年1月方本仁任代主任，同年3月被反对南京国民政府的陆海空军副司令兼平津卫戍总司令阎锡山下令封闭。1930年9月，业已自命为"陆海空军总司令"的阎锡山在北平出任"国民政府主席"，但迅即崩溃，阎锡山所部晋绥军撤离平津和华北平原。

1930年9月，东北边防军进驻平津河北。1932年1月，以陆海空军副司令兼东北边防军司令长官张学良为主席的东北政务委员会迁驻北平，2月改称北平政务委员会。这时辽宁、吉林、黑龙江3省已被日本侵占，北平政务委员会的实际管辖范围只有河北、热河、察哈尔3省和北平、天津2市。1933年3月日军侵占热河后，北平政务委员会于6月撤销。

国民政府为整理北方各省市之政务，特设行政院驻平政务整理委员会，1933年6月在北平成立，管辖河北、山东、山西、察哈尔、绥远5省和北平、天津、青岛3市及威海卫行政区，委员长黄郛。1935年6月，政务整理委员会总参议王克敏任代理委员长。同年9月，委员会撤销。

国民政府为处理河北、察哈尔两省和北平、天津两市政务便利起见，特设冀察政务委员会，1935年12月在北平成立，平津卫戍司令宋哲元任委员长。1937年7月，张自忠任代理委员长。日军侵占北平后，同年8月被强行解散。

抗战前9年期间，国民政府华北各省市区政区沿革分述于下。

一、北平市和天津市

中国国民党在中国大陆执政时期，北平是华北的政治军事中心。抗战前在北平设立的华北政治（行政）机关如前所述。同时期，在北平设立的指挥华北军事的机关有：国民革命军总司令行营（1928~1929年，主任白崇禧），陆海空军总司令行营（1929~1930年，主任何成浚，继任方本仁），陆海空军副司令行营（1931年，秘书长王树翰），北平绥靖公署（1931~1932年，主任张学良），国民政府军事委员会北平分会（1932~1935年，代理委员长张学良，继任何应钦）和冀察绥靖主任公署（1935~1937年，主任宋哲元）。

1928年6月20日，中央政治会议议决，国民政府28日令，北京改名北平，为特别市，直辖于国民政府。北平暂以原步军统领衙门管界为管辖范围，是年秋，北平内城左、右一、二、三、四和中一、二10个区重划为内一、二、三、四、五、六6区，外城左、右一、二、三、四、五10个区重划为外一、二、三、四、五5区，以上内外11个城区为今东城、西城2区内外二环路以内部分。城郊设东、南、西、北4区，为今二环路以外和朝阳、丰台、海淀3

区各一部。全市 15 个区，各区设区公所，下设坊、里、邻，有街巷 3284 条，村庄 1849 个。总面积 533 平方公里（其中城区 46 平方公里），人口 130 万（其中城区 89 万）。

1930 年 5 月 20 日，南京国民政府决定取消特别市，改为行政院辖市。但平津未能立即执行。10 月 15 日，东北边防军司令长官令北平暂隶河北省，北平遂改为省辖市。12 月 30 日，北平才改隶国民政府行政院，始成为院辖市。

1928 年 6 月 12 日，国民革命军进驻天津。26 日，国民政府任命天津特别市首任市长。全市设东、南、西、北、中 5 区和 4 乡区，前德、奥、俄 3 国租界收回后改为特别第一、二、三区。各区公所下设坊公所，间、邻为居民自治单位。全市人口 138 万。

1930 年 10 月，由于天津又成为河北省会，遂改特别市为省辖市。1931 年 1 月，比租界收回后划为特别第四区。1935 年 6 月，河北省政府迁离天津，始成为国民政府行政院辖市。天津市辖各区相当于今和平、河西、南开、红桥、河北和河东 6 区全部或大部。

二、河北省

1928 年 6 月 28 日，国民政府令直隶省改名为河北省，京兆地方裁撤并入。7 月 4 日，河北省政府成立于天津，10 月 12 日迁到北平。1930 年 10 月 15 日，省会又迁回天津。1935 年 6 月 1 日，省政府迁驻清苑县城（保定）。

河北省成立之初，冀东尚为北洋政府残余部队占据。1928 年 9 月 10 日，国民革命军占领唐山，直至 1929 年 3 月 25 日，滦东才告解决，河北省政统一告成。全省面积 14 万平方公里，人口 3100 万。

河北省 129 个县是：天津（当今天津市津南、东丽、北辰、西青 4 区，县府驻地 1935 年 1 月才自市内迁咸水沽）、武清（今天津市武清区）、通县（今北京市通州区）、遵化、丰润（今唐山市丰润区）、滦县、昌黎、抚宁（今秦皇岛市抚宁区）、沧县（今沧州市城区和沧县）、河间、献县、清苑（今保定市城区和清苑区）、定县（今定州市）、正定、深县、束鹿（今辛集市）、冀县（今衡水市冀州区）、枣强、邢台（今邢台市城区和邢台县）、永年、磁县、大名、濮阳（今河南省濮阳市城区和濮阳县）（以上 23 县为一等县）；宛平（今北京市丰台、石景山、门头沟 3 区各一部分，县府原驻北平市内西城，1928 年 10 月迁到卢沟桥畔拱极城，遂改为宛平县城）、大兴、密云（以上二县今均为北京市辖区）、蓟县、宝坻、静海（以上三县今划天津市为市辖区）、玉田、迁安、卢龙、临榆（今秦皇岛市区一带）、乐亭、霸县（今霸州市）、任丘、新城（今高碑店市）、涿州（今涿州市）、易县、定兴、蠡县、安国、获鹿（今石家庄市鹿泉区）、井陉、藁城（今石家庄市藁城区）、赵县、宁晋、邯郸（今邯郸市城区和邯郸县）、肥乡、曲周、南宫、武邑、饶阳、景县、交河（今泊头市）、吴桥、宁津（今划山东省）（以上 34 县为二等县）；房山（今北京市房山区）、良乡（今北京市房山区良乡镇一带）、昌平、怀柔、顺义、平谷（以上 4 县今划北京市，均为市辖区）、宁河（今天津市辖区）、三河、香河、安次（今廊坊市安次区）、永清、固安、新镇（今文安县新镇镇一带）、文安、大城、青县、盐山、南皮、东光、阜城、武强、高阳、安新、雄县、容城、涞水、涞源、满城、徐水（以上 2 县今均为保定市辖区）、完县（今顺平）、唐县、望都、博野、肃宁、安平、深泽、无极、曲阳、阜平、行唐、新乐、灵寿、平山、晋县（今晋州市）、栾城（今石家庄市栾城区）、衡水（今衡水市桃城区）、元氏、赞皇、高邑、柏乡、临城、内丘、尧山（原名唐山，1928 年 11 月更名，今隆尧县西部）、隆平（今隆尧县中、东部）、新河、故城、清河、威县、广宗、平乡、巨鹿、任县、南和、沙河、鸡泽、广平、成安、南乐、清丰、长垣（以上三县今划河南省）、东明和庆云（以上二县今划山东省）（以上 72 县为三等县）。县等系 1929 年 4 月制定。

此外，省辖特种公安局有：唐山（今唐山市城区）、石门（今石家庄市城区）、保定（今保定市城区）、塘大（今天津市滨海新区一带）、临榆（今秦皇岛市区）以及五河、海上两公安局。

河北省各县政府下设区公所，区以下设乡（镇）公所，闾、邻为基层居民自治单位。全省县下设 794 区 28734 个乡（镇）。

1930 年 7 月，析遵化县长城以北部分设置兴隆县，驻兴隆山镇，定为三等县，12 日任命县长。同年 12 月，析迁安、抚宁两县长城以北设置都山设治局（今青龙满族自治县），驻双山子，按三等县待遇，11 日任命设治员。

全省至此为130县1设治局。1933年3月，日军侵占到长城一线，兴隆县大部和都山设治局全部沦陷，被强行划入伪满洲国热河省。

1933年在冀东战区，河北省政府设立两个区行政督察专员公署。11月1日蓟密区行政督察专员公署在北平建立，18日迁到通县，辖通县、顺义、怀柔、密云、平谷、蓟县、三河、玉田、遵化和兴隆（长城以南部分，设立县级办事处）10县。12月26日滦榆区行政督察专员公署在唐山成立，辖滦县、昌黎、乐亭、丰润、迁安、卢龙、抚宁、临榆8县和都山设治局（流亡）。1935年11月25日，伪"冀东防共自治委员会"在通县组成。次日，国民政府决定撤销蓟密和滦榆两区行政督察专员公署。冀东伪政权辖临榆、抚宁、昌黎、卢龙、迁安、滦县、乐亭、丰润、遵化、兴隆、玉田、蓟县、宝坻、宁河、香河、三河、平谷、密云、怀柔、顺义、通县和昌平共22个县，面积2.5万平方公里，人口467万。

1936年5月起，河北省政府先后建立起作为省政府辅助机关的区行政督察专员公署10个，它们是：尧山区（辖4县）、博野区（辖4县）、沧县区（辖4县）、南宫区（辖14县）、大名区（辖16县）、河间区（辖6县）、获鹿区（辖12县）、濮阳区（辖4县）、天津区（辖4县）和宛平区（辖4县），其中宛平和天津两专员公署，直接受北平和天津两市政府管辖。

1936年9月29日，析盐山、沧县各一部置新海设治局（今黄骅市），驻韩村，任命代理设治局局长。1937年2月，全省公安局均改称警察局。这时，尚存省会（保定）、石门、塘大、水上和海上5个特种警察局。

1937年3月20日，河北省政府将全省（冀东沦陷区除外）112个县（设治局）改划为17个行政督察区。各区专员公署驻地、辖县（设治局）和等级如下：

第1区驻清苑，辖清苑、安新、徐水、满城、完县、唐县和望都7县，乙等；

第2区驻涿县，辖涿县、房山、良乡、新城、容城、定兴、涞水、易县和涞源9县，甲等；

第3区驻宛平，辖宛平、大兴、通县和昌平4县，丙等；

第4区驻天津，辖天津、静海、武清和宁河4县，丙等；

第5区驻安次，辖安次、永清、固安、霸县、雄县、文安和新镇7县，乙等；

第6区驻河间，辖河间、大城、任丘、高阳、肃宁、饶阳和献县7县，乙等；

第 7 区驻沧县，辖沧县、青县、南皮、盐山、庆云 5 县和新海设治局，乙等；

第 8 区驻景县，辖景县、故城、阜城、交河、东光、吴桥和宁津 7 县，乙等；

第 9 区驻深县，辖深县、束鹿、衡水、武邑和武强 5 县，丙等；

第 10 区驻博野，辖博野、蠡县、安国、安平、深泽、无极和晋县 7 县，乙等；

第 11 区驻定县，辖定县、新乐、灵寿、行唐、曲阳和阜平 6 县，乙等；

第 12 区驻获鹿，辖获鹿、井陉、平山、正定、藁城、栾城、元氏和赞皇 8 县，甲等；

第 13 区驻尧山，辖尧山、隆平、任县、内丘、临城、柏乡、高邑、宁晋和赵县 9 县，甲等；

第 14 区驻南宫，辖南宫、枣强、冀县、新河、巨鹿、平乡、广宗、威县和清河 9 县，甲等；

第 15 区驻邢台，辖邢台、沙河、南和、鸡泽、永年和邯郸 6 县，乙等；

第 16 区驻大名，辖大名、广平、曲周、肥乡、成安、磁县和南乐 7 县，乙等；

第 17 区驻濮阳，辖濮阳、清丰、长垣和东明 4 县，丙等。

三、热河省

1928 年 7 月 19 日，热河通电易帜，服从国民政府。9 月 17 日，国民政府决定热河设省。1929 年 3 月 21 日，热河省政府在承德成立。全省面积 17 万平方公里，人口 400 万。

1929 年 6 月，热河全省设 15 县 3 设治局，承德（今河北省承德市区和承德县）、朝阳（今辽宁省朝阳市区和朝阳县）、赤峰（今内蒙古自治区赤峰市区）（以上一等县）；滦平、平泉、围场（今围场满族蒙古族自治县，以上 3 县今划河北省）、阜新（今阜新市区和阜新蒙古族自治县）、凌源（以上 2 县今划辽宁省）、开鲁、林西、经棚（今克什克腾旗经棚镇一带，以上 3 县今划入内蒙古自治区）（以上二等县）；丰宁（今丰宁满族自治县）、隆化（以上 2 县今划入河北省）、建平（今划入辽宁省）、绥东（今内蒙古自治区库伦旗库伦镇一带)(以上三等县);天山设治局(今阿鲁科尔沁旗天山镇一带)、林东设治局(今巴林左旗林东镇一带)、鲁北设治局(今扎鲁特旗鲁北镇一带)(以上设治局均按三等县待遇,今均划入内蒙古自治区)。另设省会(承德)和赤峰两特种公安局(赤峰局1932年3月裁撤)。

热河省境内除县(设治局)外,还有内蒙古2盟10部20旗。卓索图盟5旗:土默特左、右旗(今并入辽宁省阜新蒙古族自治县)、喀喇沁左旗(今辽宁省喀喇沁左翼蒙古族自治县)、喀喇沁中、右旗(今并为内蒙古自治区喀喇沁旗)。昭乌达盟15旗:扎鲁特左、右旗(今并为扎鲁特旗)、阿鲁科尔沁旗、巴林左旗、巴林右旗、克什克腾旗、翁牛特左、右旗(今并为翁牛特旗)、敖汉左、中、右旗(今并为敖汉旗)、奈曼旗、锡埒特库伦旗(今库伦旗)、喀尔喀左旗、唐古特喀尔喀旗(以上2旗今并入库伦旗)(以上15旗今均划入内蒙古自治区)。据1931年10月12日颁布的蒙古部旗组织法的规定,各盟旗均直隶于国民政府行政院。

1930年3月,新设凌南(析凌源县置,今建昌)、大宁(析赤峰、平泉两县各一部置,今宁城)和全宁(析朝阳县置,1932年3月停办)3设治局。1932年9月,林东设治局升县,至此,全省有16县4设治局。

1933年3月,日军侵占热河省,遂沦陷。

四、察哈尔省

1928年9月17日,国民政府电令,河北省原口北道10县划归察哈尔省。11月1日,察哈尔省政府在张家口成立。1929年1月1日起,察省西部5县划归绥远省。全省面积25万平方公里,人口200万。

察哈尔省计16县:万全、宣化、蔚县、张北(以上4县为一等县,今入河北省)、延庆(今入北京市)、怀来(今入河北省,以上2县为二等县)、涿鹿、阳原、怀安、赤城、龙关(今赤城县西南部龙关镇一带)、沽源、康保(以上7县今入河北省)、宝昌(今太仆寺旗宝昌镇一带)、商都、多伦(以上3县今划入内蒙古自治区,以上10县为三等县)。此外,万全县驻地张家口设省会特种公安局。

1933年夏，多伦被日伪军侵占。同年曾设新源县，驻喜峰岩。1934年4月，析张北、商都2县各一部，分设崇礼设治局（驻太平庄，今河北省崇礼县）和尚义设治局（驻大青沟，今河北省尚义县）。同年8月，省会设张垣市政委员会（今河北省张家口市城区）。1934年9月，析商都、康保2县各一部设化德设治局（驻嘉卜寺），1936年2月改称新明设治局（今内蒙古自治区化德县）。

察哈尔省境内有内蒙古2盟部18旗4群。锡林郭勒盟5部10旗：乌珠穆沁左、右旗、浩济特左、右旗（以上4旗今并为东、西乌珠穆沁2旗）、阿巴哈纳尔左、右旗（今并为锡林浩特市）、阿巴嘎左、右旗（今并为阿巴嘎旗）、苏尼特左、右旗。察哈尔部8旗4群：正蓝旗、正白旗、镶白旗、（以上2旗今并为正镶白旗）、镶黄旗、正黄旗（今察哈尔右翼后旗一带）、正红旗（今察哈尔右翼前旗一带）、正红旗（今察哈尔右翼前一带）、镶红旗、镶蓝旗（以上2旗为今察哈尔右翼中旗一带），太仆寺左、右翼牧群（今太仆寺旗一带）、牛羊群（今并入太仆寺旗）、商都牧群（今并入镶黄旗）。1936年7月，察哈尔省境内蒙古各盟旗群地方自治政务委员会成立，驻嘉卜寺，所辖锡盟各旗、察部左翼四旗（正蓝、正白、镶白、镶黄）暨四牧群，均隶国民政府行政院。

1935~1936年间，长城以北察境各旗县，均被日伪军占领，变为沦陷区。至1937年8~9月，长城以南察境各县也被日军占领，全省遂沦陷。

五、山西省

1927年6月，山西易帜，晋绥军改称北方国民革命军。同月，山西省长公署改组为省政府。据国民政府令，1928年3月9日，山西省政府在太原正式组成。9月9日电令各县公署均改称政府。全省16万平方公里，人口1200万。

山西省105县为：阳曲、榆次（今晋中市榆次区）、平遥、文水、长治（今长治市区和长治县）、晋城（今晋城市区和泽州县）、高平、平定（今平定县和阳泉市区）、临汾（今临汾市尧都区）、永济、安邑（今运城市区）、闻喜、新绛、大同（今大同市区和大同县）、浑源、朔县（今朔州市朔城区）、忻县（今忻州市）、崞县（今原平市）、曲沃、代县、汾阳、临晋（今临猗县西部临晋镇一带，以上22县一等）、洪洞、介休、太原（今太原市区）、太谷、祁县、交城、孝义、临县、离石、长子、襄垣、壶关、阳城、陵川、孟县、寿阳、沁县、汾城（今襄汾县南部汾城镇一带）、翼城、猗氏（今临猗县东部）、夏县、稷山、霍县（今霍州市）、襄陵（今襄汾县北部襄陵镇一带）、荣河（今万荣县西部荣河镇一带）、平陆、芮城、河津、灵石、赵城（今洪洞县北部赵城镇一带）、灵丘、五台、阳高、天镇、右玉、左云、宁武、繁峙、河曲、辽县（今左权）、解县（今运城市盐湖区南部解州镇一带）、保德（以上42县二等）、兴县、武乡、徐沟（今清徐县徐沟镇一带）、清源（今清徐县清源镇一带）、岚县、岢岚、石楼、方山、中阳、潞城、屯留、黎城、平顺、沁水、和顺、榆社、沁源、昔阳、浮山、安泽、吉县、乡宁、虞乡（今永济市东部虞乡镇一带）、万泉（今万荣县东部）、绛县、垣曲、汾西、隰县、大宁、永和、蒲县、应县、怀仁、山阴、广灵、平鲁（今朔州市平鲁区）、神池、偏关、五寨、定襄、静乐（以上41县三等）。此外还设有太原市政公所（今太原市城区），以及运城特种公安局（今运城市区）。

六、绥远省

1928年12月8日，绥远省政府在归绥成立。1929年元旦，察西5县：丰镇、集宁、兴和、陶林、凉城移交绥远省管辖。全省面积30万平方公里，人口210万。

绥远省16县1设治局如下：归绥（今呼和浩特市城区）、包头（今包头市城区）、丰镇、萨拉齐（今土默特右旗萨拉齐镇一带）（以上4县一等）、集宁（今乌兰察布市集宁区）、兴和、武川、五原（以上4县二等）、陶林（今察哈尔右翼中旗科布尔镇一带）、凉城、清水河、和林格尔、固阳、托克托、东胜（今鄂尔多斯市东胜区）、临河（今巴彦淖尔市临河区）和大佘太设治局（今乌拉特前旗大佘太镇一带，1929年10月1日升县）（以上9县[局]三等县待遇）。

绥远省境内蒙古部旗有：乌兰察布盟4部6旗：四子王旗、喀尔喀右旗（即达尔罕旗）、茂明安旗（以上二旗今并为达尔罕茂明安联合旗）、乌拉特前旗（即西公旗）、乌拉特中旗（即中公旗，今乌拉特后旗）、乌拉特后旗（即东公旗，今乌拉特中旗）。伊克昭盟1部7旗：鄂尔多斯左前旗（今准噶尔旗）、鄂尔多斯左后旗（今达拉特旗）、鄂尔多斯左中旗（即郡王旗）、鄂尔多斯右前末旗（即扎萨克旗，以上二旗今并为伊金霍洛旗）、鄂尔多斯右前旗（今乌审旗）、鄂尔多斯右中旗（今鄂托克旗和鄂托克前旗）、鄂尔多斯右后旗（今杭锦旗）。土默特部：归化土默特旗（今土默特左、右旗）。

绥远境内蒙古各盟旗地方自治政务委员会1936年2月在归绥成立，辖乌、伊二盟13旗、归化土默特旗和绥东察右4旗（正黄、正红、镶红、镶蓝）。该委员会后迁公庙子（1936年10月，在乌拉特前旗境内）。

1928年9月和1929年2月，省会、包头两公安局改建为归绥市、包头市公安局。1930年8月析鄂托克旗西部黄河东岸沿河地带设沃野设治局（今宁夏回族自治区平罗县陶乐镇一带）。1931年8月，大佘太县改称安北县。1932年12月，包头市公安局撤销，成立包头市政府筹备处。

绥远省全境今均划入内蒙古自治区。

七、山东省、青岛市和威海卫行政区

1928年5月1日，国民革命军占领山东省会济南。由于侵华日军的横蛮干涉，制造"五三"惨案，国民革命军旋被迫撤出济南。6月1日，山东省政府在泰安成立。1929年5月5日，国民革命军再次进驻济南，26日省政府才迁入济南。1930年中原混战中，阎锡山所部叛蒋部队6月25日占据济南，山东省政府移驻青岛。阎系"山东省政府"27日入驻济南，至8月15日撤出。1932年9月，国民革命军向北洋残军刘珍年部盘踞的胶东地区进攻，11月17日占领莱阳，至12月刘部撤离，山东省政实现统一。全省面积15万平方公里，人口3000万，省会济南市30万人。

山东全省107县是：历城（今济南市历城区，1937年4月县政府自济南市内迁王舍人庄）、滕县（今滕州市）、福山（今烟台市福山区）、德县（今德州市德城区）、临清、长清、聊城（今聊城市东昌府区）、莱阳（今莱阳市）、高密、章丘、济宁（今济宁市任城区）、郓城、安丘、阳谷、即墨、胶县（今胶州市）、莒县、掖县（今莱州市）、菏泽（今菏泽市牡丹区）、曹县、泰安（今泰安市区）、潍县（今潍坊市区）、临沂（今临沂市区）、益都（今青州市，以上24县为一等县）、蓬莱、乐陵、诸城、鱼台、平度、恩县（今平原县西部恩城镇一带）、齐河、寿光、平阴、冠县、单县、惠民、济阳、夏津、禹城、博山（今淄博市博山区）、金乡、商河、东平、临邑、沂水、昌乐、东阿、曲阜、利津、陵县（今德州市陵城区）、平原、黄县（今龙口市）、高唐、桓台、临朐、茌平、峄县（今枣庄市峄城区）、阳信、馆陶（今划河北省）、邱县（今划河北省）、濮县（今划河南省）、汶上、郯城、昌邑、淄川（今淄博市淄川区）、滨县（今滨州市滨城区）、寿张（今阳谷县南部寿张镇一带）、费县、朝城（今莘县中部朝城镇一带）、广饶、长山（今邹平县东部长山镇一带）、滋阳（今济宁市兖州区）、巨野、莘县、宁阳、武城、临淄（今淄博市临淄区，以上53县为二等县）、无棣、海阳、新泰、邹平、齐东（今邹平县北部九户乡一带）、博平（今茌平县西部博平镇一带）、蒙阴、范县（今划河南省）、沾化、蒲台（今划入博兴、广饶二县）、定陶、博兴、文登、荣成、栖霞、招远、日照（今日照市区）、高苑（今高青县东部高城镇一带）、青城（今高青县西部青城镇一带）、牟平、莱芜、肥城、泗水、邹县（今邹城市）、嘉祥、成武、观城（今莘县南部观城镇一带）、堂邑（今聊城市堂邑镇一带）、清平（今高唐县西部旧城镇一带）、德平（今临邑县德平镇一带，以上30县为三等县）。

济南1929年7月1日建市，是华北当时唯一的省辖市。全市设城内一、二、三区，城外一、二、三区，商埠一、二、三、四区，东北、西南二乡区共12个区，相当于今市区。

设特种公安局的有烟台（今烟台市芝罘区）和龙口（今龙口市城区）。长山岛设行政区（今长岛县）。

1931年3月，析濮县黄河以东置鄄城县，驻王堌堆。1936年10月鄄城县裁撤，复归濮县。

青岛市，1929年4月20日决定设立特别市，5月14日国民政府接收，代理市长7月2日视事。青岛以前胶澳商埠地界为管辖区域，相当于今青岛市区，面积 1600 平方公里，人口 44 万。1930 年 9 月 4 日，青岛改为行政院辖市。

威海卫行政区，1930 年 10 月 1 日国民政府自英国管辖下收回主权，设威海卫管理公署，直隶行政院。行政区分为城内、码头、刘公岛 3 区，相当于今威海市环翠区，面积 200 平方公里，人口 17 万。

表一　华北各省市政区表（1929 年）

省、特别市（政府成立年月）	普通市（筹）	特种公安局	县	设治局	行政区	盟	旗	群
山西省（1928.3）	1	1	105					
山东省（1928.6）	1	2	107	1				
北平特别市（1928.6）								
天津特别市（1928.6）								
河北省（1928.7）		5	129					
察哈尔省（1928.11）		1	16		1		18	4
绥远省（1928.12）		2	16	1		2	14	
热河省（1929.3）		2	15	3		2	20	
青岛特别市（1929.7）								
合计	2	13	388	4	1	5	52	4

表二 华北各省市行政区表（1937年上半年）

省、院辖市、行政区	省辖市（筹）	特种警察局	县	设治局	行政区	盟	旗	群
河北省		5（-2）	130（-19）	2（-1）				
热河省		1（-1）	16（-16）	4（-4）		2（-2）	20（-20）	
察哈尔省	1		16（-6）	3（-3）		1（-1）	14（-14）	4（-4）
绥远省	1	1	17	1		2	18	
山西省	1	1	105					
山东省	1	2	107		1			
北平市								
天津市								
青岛市								
威海卫行政区								
合计	4	10（-3）	391（-41）	10（-8）	1	5（-3）	52（-34）	4（-4）

注：括号内负数表示"已沦陷"。

（原载《北京档案史料》1993年第3期，原名《抗战前国民政府华北政区沿革》）

北平伪临时政府辖境政区沿革
（1937~1940年）

1937年"七七"事变爆发后不久，平津相继沦陷。7月30日，伪"北平地方维持会"建立。8月1日，伪"天津治安维持会"建立。8月8日，日军进驻北平城内。20日，"北平地方维持会"会长江朝宗出任伪"北平市政府"市长。

日军侵占平津后不久，日本陆军就决定扶植亲日派政客组织傀儡政权，确定由日军特务机关负责伪政权事务。9月4日，日本"华北方面军"任命喜多诚一为特务部长，统辖华北各地的日军特务机关，使之成为伪政权的支柱。10月12日，改北平为"北京"，遂之成为伪政权的统治中心。

日军在中国首都南京被占领的次日，即1937年12月14日，在北平组织所谓"中华民国临时政府"，王克敏出任行政委员会委员长。"临时政府"八名委员，清一色的都是北京政府时期部、省级以上的亲日派官僚。"临时政府"以"北京"为首都。伪政权仓促组成后，直到1938年1月才开始办公。其实，连日本方面对"临时政府"的自主能力也表怀疑。尽管如此，日本政府竟于1938年1月16日声称，"不以国民政府为对手"，颇有以"临时政府"取代之意。伪"临时政府"也自称为中国的"新中央政府"。

实际上，所谓"中华民国临时政府"从其所辖地域上看，仅仅控制了华北地区。两年以后，1940年3月30日，以大汉奸汪精卫为首的南京伪"国民政府"组成，北平"临时政府"改为"华北政务委员会"，"北京"也不再具有伪"首都"的地位，成为名副其实的日伪在华北的统治中心。

自"临时政府"成立两年多来，伪政权在华北控制了几乎所有的大中城市和大部分县城（约占冀鲁晋豫四省的四分之三），绝大部分铁路线和大部分公路线，而一些县城和交通干线仍为抗日民族统一战线方面的国民党军和共产党领导下的抗日武装所掌握。国民党政权河南、山西、山东三省政府仍在各省境内存在，共产党领导创建的华北敌后根据地抗日民主政权仍在不断发展中。

北平伪临时政府下辖河北、山东、河南、山西四个"省公署"，"北京"、天津、青岛三个"特别市公署"和威海卫行政专员公署，以及代管的"苏北行政专员公署"。下分述之。

一、北平、天津和河北

北平：伪"北京市政府"1938年1月1日改称"北京特别市政府"，市长仍为江朝宗。5日"临时政府"任命余晋和为新任市长（10日就职）。13日"北京特别市政府"又改称"北京特别市公署"。"北京"划分为内一、内二、内三、内四、内五、内六（以上内城）、外一、外二、外三、外四、外五（以上外城）、东郊、西郊、南郊、北郊（以上市郊）共十五个区。

天津：1937年12月17日，伪"天津治安维持会"改组为"天津特别市政府"，市长高凌霨。1938年1月1日，"天津特别市公署"成立。5日，"临时政府"任命潘毓桂为新任市长（17日就任）。1939年3月25日，温世珍出任代理市长。4月26日，"临时政府"任命温世珍为市长（28日任职）。天津划分为第一、第二、第三、第四、第五、第六、第七、第八、第九，特一、特二、特三，计十二个区。

河北：1938年1月1日，伪"河北省公署"在天津成立，省长高凌霨。30日，伪"冀东防共自治政府"（1937年8月自通县移驻唐山）与"临时政府"签订《合流协定》，决定自2月1日起，两伪政权合流。3月31日，"冀东防共自治政府"结束，由"临时政府"接收。4月1日，冀东并入河北省。3月26日，"临时政府"任命了河北省四"道尹"。冀东、津海、保定和冀南四"道公署"分别于4月10日、21日，6月1日、6日成立。

据"河北省公署"1938年7月18日和8月10日训令，河北全省4道所辖2市、131县（设治局、办事处）及县等如下：

冀东道（"道公署"驻唐山市，辖1市21县1办事处）：

唐山市（1938年1月28日设"市政府"，4月1日改"市公署"）、通县、丰润、滦县（以上特等）、宝坻、遵化、迁安、昌黎、乐亭（以上一等）、昌平、密云、蓟县、宁河、玉田、抚宁、临榆（今秦皇岛市）（以上二等）、顺义、怀柔、平谷、三河、香河、卢龙和兴隆办事处（以上三等）。

津海道（"道公署"驻沧县，辖37县1设治局）：

天津（今天津市近郊区）、武清、沧县（今沧州市区和沧县）、河间、献县（以上一等）、宛平（今北京市门头沟、石景山区一带）、大兴、静海、涿县（今涿州市）、霸县（今霸州市）、任丘、交河（今泊头市）、盐山、吴桥、景县、枣强、冀县（今衡水市冀州区）、南宫、宁津（今属山东省）（以上二等）、房山（今北京市房山区）、良乡（今划房山区）、安次（今廊坊市区）、固安、永清、文安、新镇（今划文安县）、大城、青县、肃宁、南皮、东光、阜城、武邑、衡水（今衡水市桃城区）、新河、故城、庆云（今属山东省）和新海设治局（今黄骅市）（以上三等）。

保定道（"道公署"驻清苑县，辖1市38县）：

石门市（今石家庄市城区，1938年1月15日设"市公署"筹备处，1939年10月13日成立"市公署"）、清苑（今保定市城区和清苑区）、定县（今定州市）、正定、获鹿（今石家庄市鹿泉区）、束鹿（今辛集市）、深县（今深州市）（以上一等）、易县、定兴、新城（今高碑店市）、蠡县、安国、饶阳、藁城、平山（以上二等）、满城、徐水、涞源、涞水、容城、雄县、安新、高阳、博野、望都、完县（今顺平）、唐县、曲阳、阜平、行唐、灵寿、新乐、井陉、无极、深泽、安平、武强、晋县（今晋州市）、栾城（以上三等）。

冀南道（"道公署"驻邢台县，辖33县）：

邢台（今邢台市区和邢台县）、磁县、大名、濮阳、（今濮阳市华龙区和濮阳县，属河南省）（以上一等）、邯郸（今邯郸市区和邯郸县）、永年、曲周、宁晋、赵县（以上二等）、元氏、赞皇、高邑、柏乡、临城、内丘、尧山（今并入隆尧）、隆平（今并入隆尧）、巨鹿、任县、南和、沙河、鸡泽、平乡、广宗、威县、清河、肥乡、广平、成安、南乐（今属河南省）、清丰（今属河南省）、长垣（今属河南省）和东明（今属山东省）（以上三等）。

需要在这里提出的是，原属河北省长城以北的兴隆县绝大部分和都山设治局（今青龙满族自治县）全部，均早已于1933年3月10日划为伪"满洲国""热河省公署"管辖。

1938年8月17日"河北省公署"提出，津海道天津以北11县：涿县、房山、良乡、宛平、大兴、固安、永清、安次、霸县、武清和天津，因距"道公署"较远，决定由省直辖，这样，津海道只辖26县1设治局。至1938年底，在河北省131县（局、处）中，伪政权只控制77座县城，不足总数的百分之六十。

1939年3月10日，保定道尹吴赞周暂代河北省长（17日视事）。3月25日，"河北省公署"自天津迁驻清苑。6月23日，"临时政府"任命吴赞周署理河北省长职务。8月4日，"河北省公署"决定，省辖11县，仍归属津海道。11月23日，为维护"北京"周围治安，宛平、大兴和通县3县划属"临时政府"内政部和治安部管辖。这时，冀东道辖1市20县1办事处，津海道辖35县1设治局。

到1940年3月，"河北省公署"所辖128县（局、处）中，"县公署"进驻县城者有116县，未进驻县城者10县，有两县还不能派出"县知事"。这时，晋察冀和晋冀鲁豫两抗日根据地控制着阜平、南乐、清丰、濮阳和东明5座县城。

二、山东、青岛和威海卫

1938年3月5日，伪"山东省公署"在济南市成立，马良任省长。这时日伪控制下的县城，只占全省的百分之二十。至5月1日，"省公署"才开始办公，全省设4道。年底，日伪控制县城48座，占全省百分之四十五。

1939年1月13日,"临时政府"任命唐仰杜署理山东省长职务（2月3日就任）。3月10日,"省公署"划出历城、长清、章丘、齐河、济阳5县由省直辖。3月间,全省伪政权控制全境者只有6县,控制百分之六十以上者22县,控制百分之四十以上者25县,其余各县只控制一小部分,甚至全境不能控制。6月1日,即墨、胶县2县自省内划出给青岛特别市。

1939年8月,"山东省公署"下辖各道、市、县及县等情况如下:

省直辖1市5县:

济南市,历城（今济南市历城区）、长清、章丘（以上一等）、齐河、济阳（以上二等）。

鲁北道（"道公署"驻德县,辖32县）:

德县（今德州市德城区）、临清、聊城（今聊城市东昌府区）（以上一等）、临邑、商河、乐陵、惠民、阳信、滨县（今滨州市滨城区）、禹城、平原、恩县（今划入平原）、武城、夏津、高唐、茌平、冠县、馆陶（今属河北省）（以上二等）、陵县（今德州市陵城区）、德平（今划入临邑）、无棣、沾化、利津、蒲台（今划入博兴）、青城（今划入高青）、邹平、齐东（今划入邹平）、清平（今划入临清）、博平（今划入茌平）、堂邑（今划入聊城市区）、莘县和丘县（今属河北省）（以上三等）。

鲁西道（"道公署"驻泰安,辖32县）:

泰安（今泰安市区）、济宁（今济宁市任城区）、菏泽（今菏泽市牡丹区）、曹县、滕县（今滕州市）（以上一等）、滋阳（今济宁市兖州区）、峄县（今枣庄市峄城区）、宁阴、汶上、东阿、东平、郓城、巨野、金乡、单县（以上二等）、莱芜、新泰、泗水、曲阜、邹县（今邹城市）、肥城、平阴、嘉祥、鱼台、城武（今成武）、定陶（以上三等）,此外还有6县未能控制,即阳谷、寿张（今划入阳谷）、朝城（今划入莘县）、观城（今划入莘县）、范县（今属河南省）、濮县（今划入范县,属河南省）。

鲁南道（"道公署"驻益都,辖21县）:

益都（今青州市）、潍县（今潍坊市区）、安丘、莒县、临沂（今临沂市区）（以上一等）、昌邑、寿光、广饶、临淄（今淄博市临淄区）、长山（今划入邹平）、昌乐、淄川（今淄博市淄川区）、博山（今淄博市博山区）、临胸、沂水、费县（以上二等）、桓台、博兴、高苑（今划入高青）、蒙阴（以上三等），未控制1县：郯城。

鲁东道（"道公署"驻烟台市，辖1市15县）：

烟台市、诸城、高密、平度（以上一等）、黄县（今龙口市）、福山、牟平（以上二等）、招远、海阳（以上三等），未控制7县：日照（今日照市区）、掖县（今莱州市）、蓬莱、栖霞、莱阳、文登、荣成。

至1939年底，省直辖5县中，只有3县伪政权可控制全境，章丘控制百分之八十三，长清控制百分之六十，鲁北道中控制全境者有12个县，鲁西道有5个县，鲁南、鲁东两道则一个县也没有。而伪政权全境不能控制的县，鲁西有朝城、观城、范县、濮县，鲁南有郯城，鲁东有掖县、黄县、蓬莱、栖霞、莱阳、海阳、文登、荣成，全省计13个县，这些县份中，鲁西4县为共产党领导的鲁西抗日根据地，鲁东各县则为国民党山东省政府所控制。

1940年1月13日，"临时政府"任命唐仰杜为山东省长。这时，伪政府控制全省面积的百分之四十八，各道情况如下，鲁北百分之七十九，鲁西百分之五十一，鲁南百分之三十八，鲁东百分之二十一。到3月间，日伪占据全省县城98座。

青岛，1939年1月10日成立"特别市公署"，市长赵琪。据5月10日"临时政府"令，山东省即墨、胶县（今胶州市）2县划属青岛。至年底，青岛下设8个区：市南、市北、台东、海西、李村、即墨、胶州、四沧。

威海卫行政区，1938年3月25日成立"行政专员公署"。"临时政府"拟将威海卫划归山东省管辖。

三、山西

1938年6月20日，"临时政府"任命苏体仁为山西省长，27日，"山西省公署"成立，下设二道。"冀宁道公署"和"雁门道公署"均与9月1日分别在临汾和榆次成立。至1939年底，雁门道下设"县公署"17处，县维持会1处。冀宁道设"县公署"17处，县维持会5处。这时内长城以北的雁北13县，已被划属伪"晋北自治政府"（1939年9月改称"晋北政厅"

管辖)。"河东道公署"1940年4月27日在运城成立。

1940年春,"山西省公署"辖3道1市64县如下:

"雁门道公署"驻榆次,辖20县:榆次(今晋中市榆次区)、太原(今太原市区)、清源、徐沟(以上二县今并为清徐)、阳曲、寿阳、昔阳、平定、孟县、忻县(今忻州市区)、定襄、五台、繁峙、代县、崞县(今原平市)、静乐、宁武、五寨、神池和偏关。

"冀宁道公署"驻临汾,辖18县:临汾(今临汾市区)、洪洞、赵城(今并入洪洞)、霍县(今霍州市)、汾西、灵石、孝义、中阳、离石(今吕梁市离石区)、交城、文水、汾阳、介休、平遥、祁县、太谷、和顺和辽县(今左权)。

"河东道公署"驻安邑,辖26县:安邑、解县(以上二县今均划入运城市区)、永济、虞乡(今并入永济)、临晋、猗氏(以上二县今并为临猗)、万泉、荣河(以上二县今并为万荣)、河津、稷山、新绛、夏县、闻喜、绛县、曲沃、翼城、襄陵、汾城(以上二县今并为襄汾)、浮山、安泽、长子、屯留、沁县、壶关、长治和潞城。

"太原市公署"。

这时,吕梁山西麓和中条山以东以南各县为中国抗日部队所控制。

四、河南

1938年4月21日,"临时政府"任命萧瑞臣署理河南省长职,"河南省公署"遂于彰德(安阳)建立。至年底,"省公署"只辖黄河以北的十几县:彰德(今安阳市区和安阳县)、武安、汤阴、淇县、浚县、汲县、辉县、新乡(今新乡市区和新乡县)、获嘉、修武、博爱(12月改称清化)、沁阳、延津、封丘。6月21日,"豫东行政委员会"建立,8月1日开封临时市政府建立。

1939年2月10日,"河南省公署"豫东办事处成立,"豫东行政委员会"遂撤销。2月26日,"河南省公署"自彰德迁驻开封。3月9日,"豫北道公署"在彰德建立(后迁新乡)。5月11日,豫北道尹陈静斋兼代理河南省长。6月1日,"豫东道公署"在商丘设立。至年底,"河南省公署"下设2道1

市 38 县如下：

"豫北道公署"辖 20 县：彰德、武安、临漳（以上二县今划河北省）、内黄、汤阴、淇县、浚县、滑县、汲县（今卫辉市）、辉县、新乡、获嘉、修武、清化（今博爱）、沁阳、武陟、原武、阳武（以上二县今并为原阳）、延津和封丘。

"豫东道公署"辖 18 县：开封、陈留（今划入开封）、兰封、考城（以上二县今并为兰考）、杞县、民权、睢县、广陵、商丘（今商丘市城区）、虞城、夏邑、永城、柘城、鹿邑、淮阳、太康、通许和中牟。

"开封市公署"。

这时河南省大部分地区仍为国民党河南省政府所管辖。

五、苏北

除上述省、市、区外，南京伪维新政府管辖下的苏北地区暂由"临时政府"代管，1939 年 2 月 19 日，伪"江苏省政府"徐州办事处建立，代处长李海春。7 月 1 日，办事处改称"苏北行政专员公署"，专员李海春（刘以琳继任）。辖 2 市 17 县如下：

徐州市（1939 年 2 月 19 日成立）、连云市（筹备处，今连云港市区）、铜山（今徐州市铜山区）、沛县、丰县、砀山（今属安徽省）、萧县（今属安徽省）、睢宁、邳县（今邳州市）、东海、赣榆（今连云港市赣榆区）、灌云、沭阳、宿迁（今宿迁市区）、泗阳、淮阴（今淮安市区北部）、淮安（今淮安市区南部）、涟水和阜宁。

到 1940 年 3 月，伪政权在苏北 17 个县中，控制过半地域者只有东海（百分之五十八）和灌云（百分之五十五）两县。阜宁县全境则都是中共领导的新四军创建的盐（城）阜（宁）抗日根据地的中心区域，因此，伪政权无法派出该县行政长官。

综上所述，1937 年 12 月至 1940 年 3 月北平伪临时政府存在期间，最大的统治区域如下表所示：

省、市、区名	道	市	县（设治局、办事处）	特别市辖区
北京特别市				15
天津特别市				12
河北省	4	2	126	
山东省	4	2	91	
青岛特别市				8
威海卫行政区				
山西省	3	1	64	
河南省	2	1	38	
苏北行政区		2	16	
合 计	13	8	335	35

直到1940年春"临时政府"结束时，在华北的大体状况仍然是，日伪所控制的地方基本上还只是"点"和"线"，或用点线组成的网和一些小的面。"临时政府"所属省、道、市、县行政机关，迄未达到集权的程度，尤其是县政，不能执行"临时政府"的统一指令，事实上以日军特务机关承担对县政的指导。而中国抗日武装据有的广大农村腹地，动摇着侵占华北的日军及其卵翼下的伪政权的统治。

（原载《北京档案史料》1987年第3期，原名《北平伪临时政府辖境政区沿革述略》）

伪华北政委会辖境政区沿革
（1940~1945年）

1940年3月30日，侵华日本"中国派遣军"扶植的伪国民政府在南京建立。同日，北平伪临时政府改称为"国民政府华北政务委员会"（简称华北政委会）。侵略者为适应其战略需要，加强对华北的控制，使华北政委会"采取了很少受（伪）国民政府统制的自治体制"。华北政委会是日本华北方面军卵翼下的伪政权。据华北政委会《组织条例》规定："国民政府为处理河北、山东、山西三省及北京、天津、青岛三市境内防共、治安、经济及其他国民政府委任各项政务，并监督所属之省、市政府，设置华北政务委员会。""会址设于北京。"又据其《成立布告》，将"继承"前临时政府所办事项，"暂维现状"。即华北政委会实际管辖河北、山东、山西、河南四省沦陷区及北京、天津、青岛三特别市，还有临时代管的"苏北行政区"。作为伪国民政府下属的华北政务委员会，何以能违反《条例》扩大其统辖区域？日本人解释说，河南东北部和江苏北部占领地区"因是华北、华中的接壤地带，使之归南京国民政府直接管辖，还是依旧作为华北政务委员会的势力范围，对此，当地日军犹豫不决。这是多年来在军事、行政、经济上的悬案"。因为日军须"将这一地带从华北方面军作战地区分离开来"，"然后再去解决行政方面的问题"。① 原来是侵略者另有打算,卖国贼必须遵从。直至 1942 年 2 月苏北行政区撤销,才脱离华北政委会管辖,成为伪国民政府行政院直辖的"苏淮特别区"。而河南东北部直到日本战败,一直处于华北伪政权管辖之下。至于华北伪政权下属政权机构的名称,长期沿用伪临时政府规定的"公署",直到 1943 年 11 月省、特别市,1944 年 1 月普通市和县才先后改称"政府",而"道"、"行政区"和"特别区"的政权机构名称,则一直称作"公署"未改。兹将华北政委会统辖境域行政区划沿革分述于下。

一、河北省(长城以南)、"第一直辖行政区"和"冀东特别区"

1938 年 1 月,伪河北省公署成立。这时,原属河北省长城以北的兴隆县和都山设治局,早已于 1933 年就划给了伪满洲国热河省公署管辖。1938 年 4 月至 6 月,伪河北省设立的冀东、津海、保定和冀南四道公署先后成立。1940 年 7 月 1 日,伪河北省重划为八道,各道驻地、所辖县市及县等(据 1941 年公布资料)如下:

冀东道,驻唐山,辖"唐山市"(约相当于今唐山市路北和路南 2 区),10 县:丰润(今唐山市丰润区)、滦县、昌黎(以上特等)、迁安、遵化、乐亭、抚宁(以上一等)、临榆(今秦皇岛市区)、玉田(以上二等)、卢龙(三等),以及"兴隆办事处"(在今遵化县东陵满族乡和马兰峪镇,县级,三等)。燕京道,驻北京,辖 15 县:通县(今北京市通州区)(特等)、蓟县(今划天津市)、大兴、昌平、密云(以上三县今均为北京市区)、宛平(今北京市门头沟、石景山和丰台等区一带)、涿县(今涿州市)(以上二等)、房山(今北京市房山区)、良乡(今北京市房山区良乡地区一带)、顺义、怀柔、平谷(以上三县今均为北京市区)、三河、香河和固安(以上三等)。

津海道,驻天津市,辖 12 县:天津(今天津市近郊区)、武清、宝坻(以上一等)、宁河、静海(以上四县今划天津市)、霸县(今霸州市)(以上二等)、

---

① 日本防卫厅战史室编:《华北治安战》中译本下册,天津人民出版社 1982 年版,第 63 页。

安次（今廊坊市区）、永清、青县、大城、文安和新镇（今文安县新镇镇一带）（以上三等）。

渤海道，驻沧县，辖 18 县：沧县（今沧州市区和沧县）、河间、献县（以上一等）、任丘、交河（今泊头市）、枣强、景县、吴桥、盐山、宁津（今划山东省）（以上二等）、衡水（今衡水市桃区）、肃宁、故城、武邑、阜城、东光、南皮、庆云（今划山东省）（以上三等）和新海设治局（今黄骅市，县级，三等）。

保定道，驻清苑，辖 23 县：清苑（今保定市城区和清苑区）、定县（今定州市）（以上一等）、安国、易县、蠡县、定兴、新城（今高碑店市）（以上二等）、雄县、容城、安新、徐水（今保定市徐水区）、高阳、博野、望都、新乐、行唐、曲阳、唐县、完县（今顺平）、满城（今保定市满城区）、涞水、涞源和阜平（以上三等）。

真定道，驻石门，辖"石门市"（今石家庄市城区），22 县：正定、获鹿（今石家庄市鹿泉区）、束鹿（今辛集市）、深县（今深州市）（以上一等）、饶阳、冀县（今衡水市冀州区）、宁晋、赵县、藁城（今石家庄市藁城区）、平山（以上二等）、灵寿、井陉、栾城（今石家庄市栾城区）、无极、深泽、安平、武强、晋县（今晋州市）、元氏、高邑、赞皇和新河（以上三等）。

顺德道，驻邢台，辖 15 县：邢台（今邢台市区和邢台县，一等）、南宫（二等）、沙河、南和、任县、巨鹿、平乡、广宗、威县、清河、隆平（今隆尧）、尧山（今隆尧县西部一带）、内丘、临城和柏乡（以上三等）。

冀南道，驻邯郸，辖 14 县：大名（特等）、磁县、濮阳（今河南省濮阳市华龙区和濮阳县）（以上一等）、邯郸（今邯郸市区和邯郸县）、永年、曲周（以上二等）、鸡泽、肥乡、广平、成安、南乐、清丰、长垣（以上三县今划河南省）和东明（今划山东省）（以上三等）。

全省共辖 2 市 129 县 1 设治局 1 办事处。在 1940 年下半年，伪县级政权进驻县城者为 119 个，未能进驻县城者 7 个，尚无法建立伪县公署者有 5 县：阜平、南乐、清丰、濮阳和东明。

1941 年 2 月，伪政权进占了冀南各县。7 月，原由伪内务和治安两总署直辖的通县、大兴和宛平 3 县归还伪河北省燕京道。10 月，伪县署进驻县城 124 个，未进驻县城者 6 个，达到伪政权在河北省"县政推进"的极限。1942 年 6 月 1 日，日伪为围剿冀中八路军第三纵队，划出真定道所辖武强、饶阳、深县、安平、深泽、晋县、束鹿、宁晋、新河、冀县 10 县和渤海道所辖衡水、枣强、故城、武邑、景县、阜城、献县、交河、南皮、东光、吴桥、宁津 12 县组建"真（定）渤（海）特别区"，其行政公署暂驻山东省德县。该"特别区"与道同级。同年 10 月 1 日，"保定市公署"建立，隶属保定道。至年底，伪河北省"行政渗透率"85%，所谓"完全和平之县"不过 49 个，对伪政权负担的村庄占全省村庄总数的 82%。日伪在河北沦陷区设立了 7811 个联保、43152 个保和 430019 个甲。阜平和涞源两县伪政权从此一直未能建立和恢复。1943 年 1 月，石门和唐山两"普通市"成为伪河北省辖市，与道平级。这年夏天，"真渤特别区"撤销，辖县归属原道属建制。11 月 15 日，伪河北省公署改称伪河北省政府。11 月 25 日，"为推行地方政务"，华北伪政权划定河北省永清、固安、安次、霸县 4 县为"第一直辖行政区"，设公署于永清县城，由政委会直辖。1944 年 12 月 15 日，又划入房山、良乡、涿县 3 县，同时将行政区公署移驻固安。1944 年春，渤海道新海设治局改建为伪新海县政府。1944 年 7 月 1 日，日伪以"确保冀东治安，推进地方政务"为名，围剿八路军冀热边部队，将"冀东道公署"改建为"冀东特别区行政公署"，直属华北政委会。至 1945 年春，"冀东特别区"辖唐山市、临榆、抚宁、卢龙、昌黎、迁安、遵化、玉田、丰润、滦县、乐亭、滦南 11 县，兴隆、丰南（今唐山市丰南区）2"办事处"。1945 年 5 月 22 日，日伪"为谋强化治安，确保经济资源和加强生产"，撤销真定道，改设"真定行政区公署"，仍驻石门，辖"石门市"和原真定道属全部 22 个县。

至 1945 年夏，伪"河北省政府"尚辖有津海、渤海、燕京、保定、顺德、冀南 6 个道和"真定行政区"，下设石门、保定 2"普通市"和 113 县。

二、山东省和青岛"特别市"

1938 年 3 月，伪山东省公署成立。全省设鲁北、鲁西、鲁南和鲁东 4 道。

1940年5月，华北政委会决定将"威海卫行政专员公署"划归山东省管辖。7月1日，伪山东省重划为10道。各道驻地，所辖县、市、"特别区"及县等（据1944年公布资料）如下：

东临道，暂驻德县，辖19县：德县（今德州市德城区）、临清、聊城（今聊城市区）、阳谷（以上一等）、禹城、平原、恩县（今平原县恩城镇一带）、武城、夏津、高唐、茌平、冠县、馆陶（今划河北省）（以上二等）、清平（今高唐县旧城镇一带）、博平（今茌平县博平镇一带）、堂邑（今聊城市区堂邑镇一带）、寿张（今阳谷县寿张镇一带）、莘县和丘县（今划河北省）（以上三等）。

武定道，驻惠民，辖13县：惠民、滨县（今滨州市区）、阳信、乐陵、商河、临邑（以上二等）、德平（今临邑县德平镇一带）、陵县（今德州市陵城区）、无棣、沾化、利津、蒲台（今滨州市区蒲城镇一带）和青城（今高青县青城镇一带）（以上三等）。

济南道，驻济南，辖7县：历城（今济南市历城区）、长清（今济南市长清区）、章丘（以上一等）、齐河、济阳（以上二等）、邹平和齐东（今邹平县九户乡一带）（以上三等）。

泰安道，驻泰安，辖8县：泰安（今泰安市区，一等）、东平、东阿（以上二等）、平阴、肥城、莱芜、新泰和蒙阴（以上三等）。

兖济道，驻济宁，辖12县：济宁（今济宁市区）、滕县（今滕州市）（以上一等）、峄县（今枣庄市峄城区）、滋阳（今济宁市兖州区）、宁阳、汶上、金乡（以上二等）、曲阜、邹县（今邹城市）、泗水、嘉祥和鱼台（以上三等）。

曹州道，驻菏泽，辖11县：菏泽（今菏泽市区）、曹县（以上一等）、单县、巨野、郓城、朝城（今莘县朝城镇一带）、濮县（今河南省范县濮城镇一带）（以上二等）、定陶、城武（今成武）、观城（今莘县观城镇一带）和范县（今划河南省）（以上三等）。

沂州道，驻临沂，辖7县：临沂（今临沂市区）、莒县、诸城（以上一等）、日照（今日照市区）、沂水、费县和郯城（以上二等）。

青州道，驻益都，辖11县：益都（今青州市，一等）、临淄（今淄博市临淄区）、淄川（今淄博市淄川区）、博山（今淄博市博山区）、桓台、长山（今邹平县长山镇一带）、广饶、寿光、临朐（以上二等）、博兴和高苑（今高青县高城镇一带）（以上三等）。

莱潍道，驻潍县，辖7县：潍县（今潍坊市区）、安丘、高密、平度（以上一等）、掖县（今莱州市）、昌邑和昌乐（以上二等）。

登州道，驻烟台，辖"烟台市"（今烟台市城区），10县：莱阳（一等）、福山（今烟台市福山区）、蓬莱、黄县（今龙口市）、牟平（今烟台市牟平区）（以上二等）、文登（今威海市文登区）、荣成、海阳、栖霞、招远（以上三等），2"特别区"：威海卫（今威海市环翠区）和龙口（今龙口市城区）。

省辖济南市（今济南市城区）。1940年5月将原城内外各三区、商埠四区和三乡区改划为城内东、城内西、城外东、城外西（以上大约相当于今历下区）、商埠东、商埠中、商埠西（以上大约相当于今市中区）、东乡、北乡、西乡和南乡（以上大约相当于今天桥、槐荫2区）共11个区。

至1940年底，山东省伪政权"推进"地区只占全省面积的62%，村庄总数的68%。除2市2"特别区"以外，全省105个县中，伪政权全部控制的仅有37个县。

1941年4月，阳谷和寿张两县从东临道划属曹州道。1942年8月，"东临道公署"自德县迁驻禹城县。10月，"龙口行政专员公署"建立。是年底，伪政权"推进"面积占全省76%，村庄总数的79%，达到极限。这时，日伪宣布的"治安完全恢复"的县不过36个，约占全省1/3。朝城和观城两县迄未建立伪政权。1943年8月，"烟台市"和威海卫、龙口两"特别区"改归省直辖。11月13日，伪山东省公署改为伪山东省政府。1944年11月15日，敌伪宣称"为发展资源地区，树立模范行政"，划出益都、临淄、淄川、博山、桓台和长山6县组建"青州特别区"，其"公署"初驻益都，年底移张店（今淄博市张店区）。同月，阳谷县又从曹州道划回东临道。

"青岛特别市公署"1939年1月成立，划全市为市南、市北、台东、海西、四沧、李村、即墨和胶州8个区。1941年1月，四沧区改称夏庄区，增设崂东区。12月，又设沧口区，全市达到10个区。1942年8月，保留市南、市北、台东、海西和沧口5个市辖区（大约相当于今市南、市北、李沧3区），李村、夏庄和崂东3个市辖区撤销合并组建"崂山行政办事处"（大约相当于今崂山区），即墨区改建为"即墨行政办事处"（相当于今即墨市），胶州区改建为"胶州行政办事处"（相当于今胶州市）。市辖区下设坊、里。"行政办事处"下设区、坊、里。

三、山西省（雁门关以南）

1938年6月，伪山西省公署成立。此前，日本关东军扶植的伪晋北自治政府1937年10月在大同建立，管辖山西省雁门关以北13个县。11月又划属伪蒙疆政权管辖之下。1939年9月，伪山西省设立雁门和冀宁两道，1940年4月27日设立河东道，9月建立"太原市公署"，1941年6月1日设立上党道。1941年夏，伪山西省辖境政区如下：

雁门道，驻榆次，辖25县：榆次（今晋中市榆次区）、太原（今太原市晋源区小店区一带）、阳曲、清源（今清徐）、徐沟（今清徐县徐沟镇一带）、寿阳、昔阳、平定、盂县、定襄、五台、繁峙、代县、崞县（今原平）、忻县（今忻州市区）、宁武、静乐、岚县、岢岚、五寨、神池、偏关、河曲、保德和兴县。

冀宁道，驻临汾，辖25县：临汾（今临汾市区）、洪洞、赵城（今洪洞县赵城镇一带）、浮山、安泽、霍县（今霍州市）、灵石、介休、平遥、祁县、太谷、交城、文水、汾阳、孝义、离石（今吕梁市离石区）、中阳、汾西、蒲县、隰县、大宁、永和、石楼、方山和临县。

河东道，驻运城，辖23县：安邑（今运城市区安邑镇一带）、解县（今运城市区解州镇一带）、虞乡（今永济市虞乡镇一带）、永济、临晋（今临猗县临晋镇一带）、猗氏（今临猗）、万泉（今万荣县万泉乡一带）、荣河（今万荣县荣河镇一带）、河津、稷山、新绛、闻喜、夏县、翼城、绛县、曲沃、襄陵（今襄汾县襄陵镇一带）、汾城（今襄汾县汾城镇一带）、乡宁、吉县、垣曲、平陆和芮城。

上党道，驻长治，辖19县：长治（今长治市城郊区和长治县）、长子、高平、沁水、阳城、晋城（今晋城市区和泽州县）、陵川、壶关、平顺、潞城、黎城、辽县（今左权）、和顺、榆社、武乡、襄垣、屯留、沁县和沁源。

省辖"太原市"（今太原市迎泽区、杏花岭区一带）。

这时，雁门关以南的92个县中，设立伪县公署的有65个县，设立伪县维持会的有10个县,这75个县以下设有260个伪区公所。其余未能建立伪政权的17个县情况是:属于中共领导的抗日民主政权控制着河曲、保德、兴县、临县、方山(以上属晋西北)、黎城、平顺、榆社、沁源(以上属晋冀豫)9个县;国民党山西省政府(暂驻吉县)控制着孝义、石楼、隰县、永和、大宁、吉县、乡宁、陵川8个县。

1943年7月,太原县更名"晋泉县"。11月30日,伪山西省公署改称伪山西省政府。1944年1月,伪山西省长只任命了65名县长。这年底,山西省雁门关以南也只有70个伪县政府和3个伪县维持会。

四、河南省(黄河和新黄河道以北和以东)

1938年4月,伪河南省公署成立。至1939年设立了豫北和豫东两道。1940年,伪政权已在黄河以北的豫北道建立起20个"县公署",在新黄河道(1938年6月花园口决口后,黄河水沿贾鲁河道流向东南,然后夺淮入海,于是在豫皖苏三省境内形成新黄河道,直到1946年12月黄河水才流归故道)以东的豫东道建立起17个"县公署"和1个"县政筹备处"以及"开封临时市政公署"。1941年8月,豫北道在温县、孟县和济源3个县建立起"县公署"。9月,豫北道设立了"彰德办事处",驻彰德,管辖彰德、内黄、临漳和武安4个县。这年底,伪政权在河南省所辖2道1市如下:

豫北道,驻新乡,辖25县:彰德(今安阳市区和安阳县)、汤阴、浚县、淇县、汲县(今卫辉市)、新乡(今新乡市区和新乡县)、辉县、获嘉、修武、清化(今博爱)、沁阳、延津、封丘、武安(今河北省武安市)、临漳(今划河北省)、内黄、武陟、原武(今原阳县原武镇一带)、阳武(今原阳)、滑县、温县、孟县(今孟州市)、济源、林县(今林州市)和涉县(今划河北省),此外还有焦作矿区(今焦作市区)设有"行政委员会"。

豫东道,驻商丘,辖18县:商丘(今商丘市城区)、虞城、夏邑、宁陵、民权、兰封(今兰考)、考城(今兰考县堌阳乡一带)、开封、陈留(今开封市区陈留乡一带)、通许、杞县、睢县、柘城、太康、鹿邑、淮阳、永城和中牟。

省辖"开封市"(今开封市区)。

以上各道、市下设 194 个区,1271 个联保,10545 个保和 104051 个甲。豫北的林县和涉县迄未能建立伪县政权,为中共领导的太行抗日根据地长期控制。河南省黄河以南和新黄河道以西的大片地区(占全省建制县的 3/5)直到 1944 年春以前,仍处于国民党河南省政府(暂驻洛阳)控制。

1942 年 6 月,伪中牟县公署建立,至此,豫北、豫东沦陷区已建立起 41 个"县公署"。1943 年 11 月 24 日,伪河南省公署改称伪河南省政府。1944 年春夏,日军发动河南战役,占领了河南省中部、西部和南部地区后,9 月 1 日在郑州(后迁许昌)成立伪豫陕鄂皖四省边区主任公署,系由南京伪国民政府直辖管理,并不隶属伪河南省政府。

1945 年 2 月 1 日,伪河南省将永城县与伪淮海省(1944 年 2 月伪苏淮特别区改建)亳县(今安徽省亳州市区)交换管辖。

五、"北京"和天津"特别市"

"北京特别市公署"1938 年 1 月成立,原辖有内城第 1 区至第 6 区、外城第 1 区至第 5 区(以上大致相当于今东城、西城 2 区)和东西南北四郊区(大致相当于今朝阳、海淀及丰台 3 区)。1940 年 9 月,在 15 个伪区公所下设 74 个分区公所 323 个坊办事处。1941 年 10 月,各坊以下又设立了 4893 个里。1943 年 3 月 22 日,伪"北京特别市""收回"(按:此种"收回",不过是从一个或几个帝国主义控制下转到日本帝国主义走狗的控制下而已,根本谈不上中国主权的真正收回,故加引号,下同。)内城东交民巷使馆区,面积约 0.8 平方公里。4 月 1 日在此设立内 7 区,全市计有城、郊共 16 个区。1943 年 11 月 15 日,"北京特别市公署"改称"北京特别市政府"。

"天津特别市"1937 年 12 月建立,原辖有第 1 至第 9 区,以及前德、奥、俄三国旧租界改设的特别第 1、2、3 区。1942 年 3 月 28 日,从日军手中"收回""极管区"(即前英租界 1941 年 12 月改称),改名"特别行政区",面积超过 4 平方公里。1943 年 3 月 30 日,伪市署将特别第 1、2、3 区改为第 10、11、12 区。同日"收回"日租界,改为"兴亚第 1 区",面积近 3 平方公里。又将"特别行政区"改为"兴亚第2区"。6月5日,"收回"法租界,改为"兴亚第3区",面积约2.3平方公里。9月1日,"收回"意租界,改称"特管区",面积不足1平方公里。这时天津全市达到16个区(大体相当于今天津市南开、红桥、河北、和平、河西、河东6个区)。1944年春,全市又重新改划为8个区。

六、代管的"苏北行政区"

1939年7月成立的伪苏北行政专员公署驻徐州,辖"徐州市"(今徐州市城区)、铜山(今徐州市铜山区)、睢宁、邳县(今邳州市)、沛县、丰县、萧县、砀山(以上2县今划安徽省)、赣榆(今连云港市赣榆区)、东海、灌云、涟水、阜宁、淮安(今淮安市区南部)、淮阴(今淮安市区北部)、泗阳、沭阳和宿迁(今宿迁市区)17县。1941年1月,苏北各市县"公署"改称"政府"。1942年2月,划入安徽省北部泗县、灵璧、宿县(今宿州市区)3县,苏北改建为"苏淮特别区",从此脱离华北政委会管辖,直辖于南京伪国民政府行政院。

从1937年12月14日北平伪临时政府成立,一直到1945年10月11日伪华北政务委员会被重庆国民政府"军事委员会委员长北平行营"接收,华北伪政权存在了近8年。其统辖区域达到4个省300多个县,人口上亿。直到1944年春以前,其面积和人口均为南京伪国民政府直辖的华中和华南之和所不及。华北伪政权统治的人口位居日本侵略者在中国制造的所有伪政权之首。

由于华北所处的极其重要的战略地位,日本陆军大臣掌握占领区的行政统治监督权,由华北方面军司令官直接指导华北伪政权,有时也通过"兴亚院"(后改称"大东亚省")所属"华北联络部"进行"幕后指导"。但因伪官员"自觉性难以树立",日方"多有深入参与政治的"越俎代庖,赤膊上阵。华北伪政权及其下属各级行政机构,确是日本侵略者严密控制下的地地道道的傀儡政权。

由于中国共产党领导的八路军和华北广大抗日群众坚持敌后抗日的游

击战争,打击日本侵略者及其走狗,使华北伪政权的统治难以巩固,长期以来有效控制地区只是点、线、网和小的面。日方供认:"经详细调查县政恢复的情况,实际上行政命令仅能达到县城及其附近地区而已,大多数达不到边远的乡村。特别是山西的太行山脉地区和靠近黄河的西部山岳地带以及河北省的津浦、京汉两铁路的中间地带,山东省的中部山岳地带,均为非治安地区。"①

　　日本侵略者的野蛮暴行和伪政权官员的卖国行径激起了沦陷区人民的强烈反抗情绪,动摇着敌伪的统治基础。据日方调查,1941年太平洋战争爆发后,作为"大东亚战争兵站基地"的华北敌占区,民众的心理状态"一般看来,估计对日本持积极态度或表赞同的约占20%;对日中合作表示不关心的约占40%;民族意识旺盛,反对日本的约占40%"。②这个调查结果,也大体上反映了人心的向背。华北伪政权跟随其主子日本侵略者灭亡的命运则是历史的必然。

主要参考资料

一、刊物

《华北政务委员会公报》(北京)、《市政公报》《天津特别市公署(政府)公报》《津津月刊》《河北省公报》《山东省(政府)公报》《青岛市政公报》《山西省公报》《山西省公署(政府)法令专刊》《河南省公报》《苏北公报》《时事解释》、伪《国民政府公报》《内政公报》等。

二、报纸

《新民报》《庸报》《河北日报》《山西新民报》《华北新报》《天津华北新报》《山西华北新报》《华北日报》等。

三、书籍

日本防卫厅战史室编:《华北治安战》中译本下册,天津人民出版社

---

　　① 日本防卫厅战史室编:《华北治安战》中译本下册,天津人民出版社1982年版,第38~39页。

　　② 日本防卫厅战史室编:《华北治安战》中译本下册,天津人民出版社1982年版,第73页。

1982年版。

蔡德金等编:《汪精卫伪国民政府纪事》,中国社会科学出版社1982年版。

政协北京市委文史研委会编:《日伪统治下的北平》,北京出版社1987年版。

（原载《北京档案史料》1990年第1期，
原名《伪华北政委会辖境政区沿革述略》）

附：华北伪政权统辖地域略图

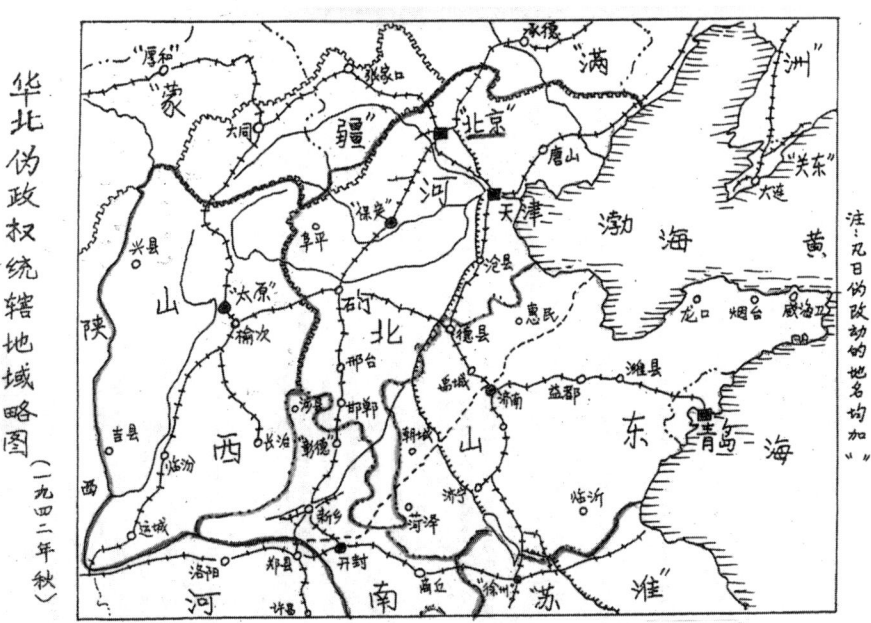

华北伪政权统辖地域略图（一九四二年秋）

伪蒙疆政区沿革
（1937~1945年）

题记：现今北京市辖区域，在抗战沦陷时期曾经分属三个伪政权：大部地区属于华北伪政权——北平伪"中华民国临时政府"（初期）和伪"国民政府华北政务委员会"（中、后期）——辖境，而长城以北部分则分属于张家口伪"蒙疆联合自治政府"和长春伪"满洲帝国""热河省公署"辖境。延庆当时处于伪蒙疆政权统治下。

至于"蒙疆"一词的出现，早在1921年"东三省巡阅使"张作霖扩张势力到内蒙古地区——当时的热河、察哈尔和绥远三特别行政区域，兼任"蒙疆经略使"。此为迄今所知"蒙疆"一词最早之记录。

1937年"七七"事变后，日本侵略军向华北平原发动大规模进攻的同时，加紧了对内蒙古地区的进犯。8月14日，关东军中将参谋长东条英机出任察哈尔派遣军司令官，在察东多伦设立作战指挥所，率领机械化部队向察省南部进攻，27日占领省会张家口。9月4日扶植组成以"最高委员"杜运宇和于品卿为首的伪"察南自治政府"，日本人金井章二任"最高顾问"（不久竹内原平继任），管辖察南10县，面积为1.6万平方公里，人口140万，基本上都是汉族，蒙古族只有300余人。9月13日，日军占领大同。10月

15日扶植组成以"最高委员"夏恭为首的伪"晋北自治政府",日本人前岛升任"最高顾问",管辖山西省雁北13县,面积2.3万平方公里,人口150万,几乎都是汉族,蒙古族只有20余人。关东军中将部队长酒井隆指挥日军西犯绥远省,9月17日占领绥东门户丰镇,10月14日进占省会归绥(今呼和浩特),17日攻占平绥线终点包头,日军内蒙古攻略战遂告一段落。10月28日,日军扶植在归绥建立伪"蒙古联盟自治政府","推选"蒙古王公、乌兰察布盟盟长、达尔罕旗札萨克云端旺楚克(简称云王)为"主席",锡林郭勒盟副盟长、苏尼特右旗札萨克德穆楚克栋鲁普(简称德王)为"副主席"。首府归绥更名为"厚和"。伪蒙古联盟自治政府辖区包括外长城以北的察哈尔省大部和绥远省全部。重新划分为乌兰察布、锡林郭勒、察哈尔、巴彦塔拉和伊克昭5盟,以及厚和、包头2"特别市",面积广达46万平方公里,人口250万,仍以汉人为主,蒙古人约有30万。日本人宇山兵士任"最高顾问"。

11月22日,以察南、晋北和"蒙古联盟"三个傀儡政权为基础,在张家口拼凑成"蒙疆联合委员会",金井章二任"最高顾问"(后泉名英继任),并兼代理"总务委员长"。12月28日,日军设立天皇直辖的"驻蒙兵团",中将莲沼蕃任司令官,以加强对内蒙古地区的军事占领和殖民统治。日本通过设在张家口、大同和厚和三地的特务机关(松井太久郎上校、田中实中校和高场损藏上校分任三地特务机关长),以三伪政府的"最高顾问"直接操纵各傀儡政权。1938年3月云王死后,德王于7月1日继任伪"蒙古联盟"主席,伪"蒙古军"上将"总司令"李守信任副主席。7月4日,日军驻蒙兵团改为"驻蒙军",划入"华北派遣军"系列,司令官暂由华北派遣军上将指挥官杉山元兼任。日本对于伪蒙疆的控制,不亚于对"满洲国"的控制,这是日本"满蒙战略"的有机组成部分。1939年4月29日,德王在张家口就任"蒙疆联合委员会"总务委员长,成为日军卵翼下的内蒙古伪政权的头号傀儡。

1939年9月1日,察南、晋北和蒙古联盟三"自治政府"撤销,"蒙疆联合委员会"改称"蒙疆联合自治政府",德王任主席,于品卿和夏恭任副主席,定张家口为"首都"。原蒙古联盟五盟依旧,察南和晋北分设二政厅,七盟（厅）均直属于"蒙疆联合自治政府政务院"。具体行政区划如下：

察南政厅，驻张家口市，辖张家口市（1939年1月5日设市），万安（万全和怀安两县合并，县公署驻柴沟堡）、宣化、赤城、龙关（今撤销，并入赤城）、延庆、怀来、涿鹿、蔚县和阳原9县。

晋北政厅，驻大同市，辖大同市（1938年设市），大同、阳高、天镇、广灵、灵丘、浑源、应县、怀仁、山阴、朔县（今朔州市朔城区）、平鲁（今朔州市平鲁区）、右玉和左云13县。

巴彦塔拉盟，1937年12月24日建立，驻厚和市，辖厚和市（1938年8月1日设市，巴彦县撤销并入）、包头市（1937年12月1日撤县设市）、集宁（今乌兰察布市集宁区）、兴和、丰镇、凉城、和林格尔、清水河、托克托、萨拉齐（今土默特右旗）、武川、陶林（今察哈尔右翼中旗）、固阳11县，土默特（今土默特左旗）、正黄（今察哈尔右翼后旗）、正红（今察哈尔右翼前旗）、镶红（今察哈尔右翼中旗北部）、镶蓝（今察哈尔右翼中旗南部）5旗。

察哈尔盟，驻张北县，辖张北、崇礼、尚义、商都、德化（今化德）、康保、宝源（宝昌和沽源两县合并，宝昌今并入太仆寺旗）、多伦8县，正蓝、正白、镶白（今正白和镶白两旗并为正镶白旗）、镶黄、太仆寺左、太仆寺右（今太仆寺左、右两旗并为太仆寺旗）、明安（今并入镶蓝旗）、商都8旗。

锡林郭勒盟，驻贝子庙（今锡林浩特市城区），辖乌珠穆沁左、右旗、浩济特左、右旗（以上4旗今并为东、西乌珠穆沁2旗）、阿巴哈纳尔左、右旗（两旗今并入锡林浩特市）、阿巴嘎左、右旗（两旗今并为阿巴嘎旗）、苏尼特左旗和苏尼特右旗共10旗。

乌兰察布盟，1938年9月1日盟驻地自固阳县迁百灵庙（今达尔罕茂明安旗百灵庙镇），辖四子部落（今名四子王旗）、喀尔喀右、茂明安（以上两旗今并为达尔罕茂明安旗）、乌拉特前、乌拉特中（今乌拉特后旗）、乌拉特后（今乌拉特中旗）6旗和安北县（今并入乌拉特前旗）。

伊克昭盟，暂驻包头市，辖五原、临河（今巴彦淖尔市临河区）、东胜（今鄂尔多斯市东胜区）、沃野（即1930年8月设立的沃野设治局，后改称陶乐设治局，划归宁夏省，今平罗县黄河以东一带）4县，鄂尔多斯左翼前（今准格尔旗）、左翼后（今达拉特旗）、左翼中（今伊金霍洛旗）、右翼前末（今并入伊金霍洛旗）、右翼前（今乌审旗）、右翼中（今鄂托克旗和鄂托克前旗）、右翼后（今杭锦旗）7 旗。实际上，伪政权仅控制该盟东北部黄河沿岸一小部分地区。1940 年初，日军曾一度占领过临河、五原两县。该盟绝大部分地区日军不曾到达过，更没有建立起什么伪政权。抗战期间，鄂尔多斯高原和黄河后套一带，一直在重庆国民政府及其下属绥远省政府的有效控制之下。

以伪蒙疆政权实际统治区计共 7 盟（厅），下设 4 市 42 县 29 旗，面积约 50 万平方公里，人口达 600 万，汉族占绝大部分，蒙古族只占约 5%，还有回、满等少数民族。一位美国史学家写道："虽然，内蒙古傀儡政权统治的居民以汉人为主……严格来说，它并不是一个中国傀儡政权，而是一个日本卵翼下的由非汉人领导的蒙古自治运动。"①伪蒙疆实为第二"满洲国"，日本侵略者对内蒙古的控制，要比华北、华中和华南的伪政权紧得多。

1941 年 8 月 4 日，"蒙疆联合自治政府"对内改称"蒙古自治邦"。1942 年 8 月 31 日，德王任"自治邦"主席，于品卿和李守信任副主席。

1943 年 1 月，伪蒙疆进行了一次较大的行政区划调整，张家口改为直辖"特别市"，察南和晋北两政厅分别改设宣化省和大同省，巴彦塔拉盟划出包头市和萨拉齐、固阳两县，乌兰察布盟划出安北县，该 4 市、县合组"西部临时行政区"，与伊克昭盟在包头市合署办公。调整后的政区如下：

张家口特别市。

宣化省，驻宣化县，辖万安、宣化、龙关、赤城、延庆、怀来、涿鹿、蔚县和阳原 9 县。

大同省，驻大同市，辖大同市和大同、阳高、天镇、广灵、灵丘、浑源、怀仁、应县、山阴、朔县、平鲁、右玉和左云 13 县。

巴彦塔拉盟，驻厚和市，辖厚和市和陶林、集宁、兴和、丰镇、凉城、和林格尔、清水河、武川 8 县，土默特、正黄、正红、镶红、镶蓝 5 旗。

---

① ［美］J.H. 博伊尔：《中日战争时期的通敌内幕（1937~1945 年）》上册，中译本，商务印书馆 1978 年版，第 170 页。

察哈尔盟，驻张北县，辖张北、崇礼、尚义、商都、德化、康保、宝源、多伦8县，正蓝、正白、镶白、镶黄、太仆寺左、太仆寺右、商都、明安8旗。

锡林郭勒盟，驻贝子庙，辖乌珠穆沁左、乌珠穆沁右、浩济特左、浩济特右、阿巴哈纳尔左、阿巴哈纳尔右、阿巴嘎左、阿巴嘎右、苏尼特左、苏尼特右共10旗。

乌兰察布盟，驻百灵庙，辖四子部落、喀尔喀右、茂明安、乌拉特前、乌拉特中、乌拉特后共6旗。

伊克昭盟，驻包头市，辖包头市和萨拉齐、固阳、安北3县。

这时，伪蒙疆政权计设1特别市、2省、5盟，下辖3市、42县、29旗。

1945年8月9日，苏联对日宣战后，苏蒙联军攻入内蒙古，直抵外长城。重庆国民政府军第12战区部队8月15日进驻包头，18日进驻归绥，控制了绥远省大部。第2战区部队进占山西省雁北地区城池要地。而中共延安总部所属晋察冀军区部队则于8月23日攻占张家口，进而控制了整个察哈尔省。至此，抗战胜利，伪蒙疆政权彻底覆灭。

（原载《首都博物馆丛刊》1995年版）

附：蒙疆伪政权略图

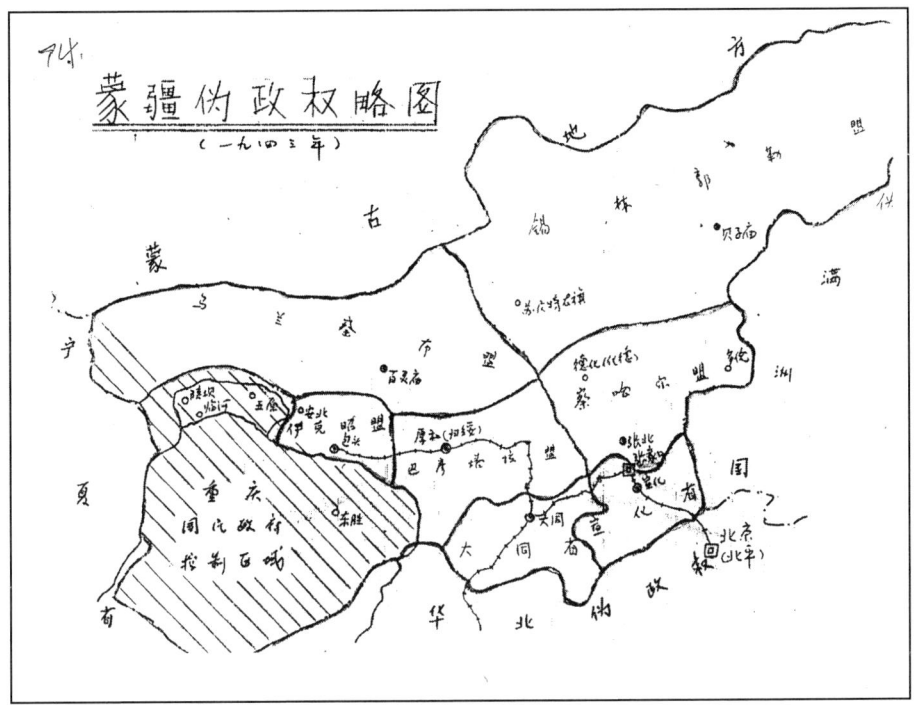

第一个敌后抗日根据地

——晋察冀北岳区

晋察冀抗日根据地（晋察冀边区）是抗日战争时期中国共产党领导的敌后抗日根据地之一。曾被党中央誉为"敌后模范的抗日根据地及统一战线的模范区"。晋察冀边区位于同蒲路以东，正太（今石太）、德石路以北，张家口、承德以南，渤海以西，包括山西、河北、察哈尔、热河、辽宁五省各一部的广大地区。整个地区分北岳、冀中、冀热辽三区，抗战胜利前，总面积约20万平方公里，人口约2500万，共辖108县。

晋察冀边区政府——行政委员会，是重庆国民政府正式承认的敌后抗日民主政权机关。因此，它在第二次国共合作史上，也是值得大书一笔的。

北岳区是抗日战争爆发后，中共领导创建的第一个敌后抗日根据地。北岳区因境内有我国五岳之一的北岳恒山而得名。它是晋察冀边区党政军领导机关所在地，也是开辟晋察冀边区冀中、冀东以及平西、平北等根据地的出发点和基地。北岳区处于平汉、平绥、正太、同蒲四条铁路干线之间的晋、察、冀三省的交界处，包括山西省东北部、察哈尔省南部和河北省西部数十个县。境内山脉连绵，河川纵横，地势崎岖，形势险要，著名的北岳恒山和佛教圣地五台山横亘东西，对开展游击战争具有极为有利的条件。同时，它直接威胁着华北敌人占领的北平、保定、石门、太原、大同、张家口等大中城市，因此战略地位十分重要。

1937年9月，八路军115师主力南下，由政委聂荣臻率领该师独立团、骑兵营和另两个连以及师教导队的两个队（总兵力约3000人），留在五台山地区，并向察南、冀西挺进，发动群众，开展游击战争，创立北岳区（即晋察冀边）根据地。

1937年11月7日，晋察冀军区在山西五台县境内首先成立（18日军区领导机关迁驻河北阜平县城），聂荣臻为司令员兼政委。这标志着华北敌后第一个抗日根据地的正式建立。11月中旬，中共晋察冀省委（先是临时省委）在阜平成立（1938年初改为晋察冀边区党委）。1938年1月10日，晋察冀边区军政民代表大会在阜平隆重召开，15日民主选举产生了边区抗日民主政府——晋察冀边区行政委员会，宋劭文、胡仁奎分任正副主任委员。

1938年春，晋察冀边区在晋东北和冀西建立了两个政治主任公署，分别由宋劭文、张苏兼任政治主任。晋东北区辖五台、盂县、平定、寿阳、定襄、忻县（今忻州市忻府区）、崞县（今原平市）、代县、繁峙、灵丘、广灵、浑源和应县13县。冀西区辖阜平、平山、井陉、灵寿、行唐、曲阳、唐县、完县（今顺平）、满城、徐水、易县、涞源和蔚县13县。

同年秋，取消政治主任公署。晋东北政治主任公署改为晋东北行政督察专员公署（简称专署），从军分区的序列来说，这里属晋察冀第二军分区（简称二分区）。冀西则分设三个行政督察专员公署。一专署（军分区序列为一分区）辖：蔚县、涞源、易县、徐水和满城5县；二专署（军分区序列为三分区）辖：阜平、完县、唐县、曲阳和定县（今定州市）5县；三专署（军分区序列为四分区）辖：平山、灵寿、行唐和新乐4县。

此时的晋察冀区即后来的北岳区。当时，因平汉铁路东的冀中抗日根据地也已建立，故亦称路西的晋察冀区为"路西区"。

1939年9月，边区政府雁北察南办事处在灵丘成立。年底，路西区包括下列各专区（专署所辖地区）和县。（当时军政还未统一区划序列，为了叙述方便，将军分区列入专区后面的括号内。）

晋东北专区（二分区）包括：五台、盂县、平定、寿阳、定襄、忻县、崞县、代县和繁峙9县。

冀西一专区（一分区）包括：蔚县、涞源、易县、满城、徐水和定兴6县。

冀西二专区（三分区）包括：阜平、曲阳、唐县、完县、望都和定县6县。

冀西三专区（四分区）包括：平山、灵寿、行唐、新乐、正定和井（陉）获（鹿）6县。

雁北察南区（雁北分区）包括：灵丘、广灵、浑源和应（县）山（阴）4县。

1940年上半年，为准备地方各级政权机关的民主大选，先统一了专署的排列顺序。当时专区和所辖县的情况是：

一专区（二分区）辖五台、定襄、盂县、平定、寿阳、榆次（今晋中市区）、阳曲、忻县、崞县和代县10县。

二专区（五分区）辖繁峙、灵丘、广灵、浑源和应县5县。

三专区（一分区）辖蔚县、涞源、易县、满城、徐水和定兴6县。

四专区（三分区）辖阜平、曲阳、唐县、完县、望都和定县6县。

五专区（四分区）辖平山、灵寿、行唐、新乐、正定、获鹿（今石家庄市鹿泉区）和井陉7县。

下半年，县、区、村政权机关民主大选后，经过区划调整，路西各专署分辖33县。具体情况如下：

一专区（二分区）辖五台、定襄、代县、崞县、忻县、阳曲、榆次、寿阳和盂（县）平（山）9县。

二专区（五分区）仍辖繁峙、灵丘、广灵、浑源和应（县）山（阴）5县。

三专区（一分区）辖涞源、满城、徐水、定兴、易县和龙华（新设县，在今易县大龙华乡一带）6县。

四专区（三分区）辖阜平、曲阳、唐县、完县、望都和定（县）北6县。

五专区（四分区）辖平山、灵寿、行唐、正定、建屏（为纪念病逝的分区司令员周建屏，从获鹿、平山、井陉各划出一部分地区而新设的县）、井陉和平定7县。

1941年元旦，晋察冀边区党委改称晋察冀北岳区党委（早在1939年1月，就成立了中共中央北方分局，领导整个晋察冀边区的各项工作）。自此以后，北岳区取代了"路西区"的名称。但除党委外，仍没有相应的北岳区军、政领导机关，各专署和军分区仍然统归边区政府和晋察冀军区直接领导。

1942年2月，原属冀热察区党委领导的平西地委划属北岳区党委领导，位于平西的六专区遂成为北岳区的一部分。这时，北岳区已拥有6个专区32县。情况是：

一专区（二分区）6县：五台、定襄、孟县、阳曲、寿阳和平定。

二专区（雁北分区）5县：繁峙、灵丘、广灵、浑源和应县。

三专区（一分区）5县：涞源、满城、徐水、易县和龙华。

四专区（三分区）6县：阜平、曲阳、唐县、完县、望都和定北。

五专区（四分区）6县：平山、灵寿、行唐、正定、建屏和井陉。

六专区（十一分区）4县：蔚县、涞水、房（山）涞（水）涿（县）和昌（平）宛（平）。

到1942年底，北岳各专署辖38县：

一专区（二分区）辖：五台、定襄、山阴、代县、崞县、忻县、孟（县）阳（曲）、孟（县）平（山）和寿阳9县。

二专区（雁北分区）辖：繁峙、灵丘、广灵、浑源和应县5县。

三专区（一分区）辖：涞源、满城、徐（水）定（兴）、易县和龙华5县。

四专区（三分区）辖：阜平、曲阳、唐县、完县、云彪（为纪念牺牲的骑兵团长刘云彪，望都改称云彪）、望（都）定（县）和定（县）唐（县）7县。

五专区（四分区）辖：平山、灵寿、行唐、正定、建屏、井陉和平定7县。

六专区（十一分区）辖：蔚县、涞水、房（山）涞（水）涿（县）、昌（平）宛（平）房（山）和昌（平）宛（平）房（山）县佐（被敌人交通线分隔为两部分的县，较大部分设县政府，较小部分设县佐公署）5县。

1943年1月，晋察冀边区召开参议会，重新选举了边区政府，宋劭文、胡仁奎连任正副主任。这时，北岳区的6个专署辖40县。

一专区（二分区）辖：五台、定襄、山阴、代县、崞县、忻县、孟（县）阳（曲）、榆次、寿阳、寿（阳）东和孟（县）平（山）11县。

二专区（雁北分区）辖：繁峙、灵丘、广灵、浑源和应县5县。

三专区（一分区）辖：涞源、满城、徐（水）定（兴）、易县和龙华5县。

四专区（三分区）辖：阜平、曲阳、唐县、完县、云彪、望（都）定（县）

和定（县）唐（县）7县。

五专区（四分区）辖：平山、灵寿、行唐、正定、建屏、井陉和平定7县。

六专区（十一分区）辖：蔚县、涞水、房（山）涞（水）涿（县）、昌（平）宛（平）房（山）和昌（平）宛（平）房（山）县佐5县。

1943年2月，位于北平以北和平绥、平古两铁路线之间的十四专署（十二地委和十二军分区）撤销，西部的4个联合县划属北岳区的六专署和十一地委、十一军分区领导（在这里设平北办事处和地分委、支队等领导机构）。这样，就使北岳区的范围第一次跨越了平绥线，扩大到外长城南北地区。

1943年8月，北岳区的6个专署及1个办事处，共辖43县：

一专区（二分区）辖：五台、定襄、山阴、代县、崞县、忻县、盂（县）阳（曲）、寿阳、寿（阳）东和盂（县）平（山）10县。

二专区（雁北分区）辖：繁峙、灵丘、广灵、浑源和应县5县。

三专区（一分区）辖：涞源、满城、徐（水）定（兴）、徐（水）涞（水）定（兴）、易县和龙华6县。

四专区（三分区）辖：阜平、曲阳、唐县、完县、云彪、望（都）定（县）和定（县）唐（县）7县。

五专区（四分区）辖：平山、灵寿、行唐、正定、建屏、井陉和平定7县。

六专区（十一分区）辖：蔚县、涞水、房（山）涞（水）涿（县）、昌（平）宛（平）房（山）4县和平北办事处所属昌（平）延（庆）龙（关）延（庆）怀（来）、龙（关）赤（城）和龙（关）崇（礼）赤（城）4联合县，共8县。

1943年8月24日，中共中央晋察冀分局（即原北方分局）决定撤销北岳区党委，所属六个地委，从9月5日起，由分局直接领导（各专署和军分区，一直都是由边区政府及军区直接领导）。北岳区一级机关虽不存在，但"北岳区"的名称习惯上一直保存下来。

1944年初，（北岳区）6个专署辖47县的情况如下：

一专区（二分区）辖：五台、定襄、山阴、代县、崞县、忻县、盂（县）阳（曲）、盂（县）寿（阳）、寿阳、寿（阳）东和盂（县）平（山）11县。

二专区（雁北分区）辖：繁峙、灵丘、广灵、浑源和应县5县。

三专区（一分区）辖：涞源、满城、徐（水）定（兴）、徐（水）涞（水）定（兴）、定（兴）易（县）涞（水）、易县和龙华7县。

四专区（三分区）辖：阜平、曲阳、唐县、完县、云彪、望（都）定（县）和定（县）唐（县）7县。

五专区（四分区）辖：平山、灵寿、行唐、正定、建屏、井陉和平定7县。

六专区（十一分区）辖：蔚县、涞水、房（山）涞（水）涿（县）、昌（平）宛（平）房（山）、怀（来）涿（鹿）、蔚（县）阳（原）宣（化）、龙（关）崇（礼）赤（城）、龙（关）延（庆）怀（来）、龙（关）赤（城）和昌（平）延（庆）10县。

1944年6月，晋察冀边区政府将专署顺序与地委、军分区的顺序相统一，原北岳一、二、三、四、五、六专署分别改为二、五、一、三、四、十一专署。9月，雁北重建了第五军分区。这样，在边区的历史上，第一次统一了专区一级党政军机关编号顺序。

1944年，边区形势得到根本好转，根据地进一步巩固和扩大。遵照中共中央7月28日电示，北岳分为冀晋、冀察两区，分别建立区党委、行署、军区等党、政、军领导机关。9月30日，边区政府颁布命令，冀晋区辖二、三、四、五专署，冀察区辖一、十一、十二（原平北办事处）、十三（察南新设）专署。两区共8个专区。到1945年晋察冀军区发动局部反攻的春季攻势前夕，冀晋区辖26县，冀察区辖29县，共达55县。经过春季和夏季攻势，根据地有很大扩展，特别是察南地区，我军越过了外长城，伸展到绥东的兴和、商都一带。

抗战胜利后，1945年11月初，冀晋、冀察两区的行政区划如下：

冀晋区辖4个专区31县，具体情况是：

二专区有五台、盂县、寿阳、榆次、阳曲、忻（县）定（襄）和崞（县）代（县）7县。

三专区有阜平、曲阳、唐县、完县、云彪和定（县）北6县。

四专区有平山、灵寿、行唐、正定、获鹿、井陉、建屏和平定8县。

五专区有代县、繁峙、灵丘、浑源、应县、山阴、怀仁、大同、阳高和兴和10县。

冀察区辖5个专区36县。具体情况是：

一专区有涞源、满城、徐水、定（兴）易（县）涞（水）、易县和龙华6县。

十一专区有涞水、房山、良乡、宛平、昌（平）宛（平）和涿鹿6县。

十二专区有昌平、顺义、怀柔、延庆、怀来、龙关、赤城、崇礼、丰宁和滦平10县。

十三专区有蔚县、阳原、宣化、万全、怀安、天镇和广灵7县。

十九专区有张北、沽源、尚义、康保、商都、宝昌（今太仆寺旗）和多伦7县。

1945年11月15日，冀察区撤销，成立察哈尔省政府。1946年4月12日，晋察冀边区调整行政区划，冀晋区改划为3个专区，察哈尔省改划为4个专区，原则上恢复旧县建置，撤销联合县，明确规定专署不是一级行政机关。6月15日，冀晋区行署改为冀晋行政公署。

1946年7月，冀晋区和察哈尔省行政区划如下：

冀晋区（3个专区32县）：

一专区（10县）：代县、繁峙、灵丘、广灵、浑源、应县、山阴、怀仁、大同、阳高。

二专区（9县）：五台、定襄、崞县、忻县、阳曲、榆次、寿阳、盂县、平定。

三专区（13县）：阜平、曲阳、唐县、完县、望都、定县（县佐，原定北县）、行唐、灵寿、正定、平山、获鹿、井陉、建屏。

察哈尔省（4个专区33县1市2盟）：

四专区（10县）：涞源、满城、徐水、定兴、易县、涞水、涿县、房山、良乡（县佐）、宛平。

五专区（8县）：昌平（县佐）、顺义、怀柔、延庆、怀来、涿鹿、龙关、赤城。

六专区（7县）：蔚县、阳原、宣化、万全、怀安、天镇、兴和。

七专区（8县）：张北、崇礼、尚义、康保、商都、化德、宝（昌）（沽）源、多伦。

宣化市（今张家口市宣化区），察哈尔盟、锡林郭勒盟。

在解放战争中 1947 年 6 月，冀晋、察省行政区划又做了调整。

冀晋区共 4 个专区 27 县 1 市：

一专区有繁峙、灵丘、广灵、浑源、应县、大同和阳高 7 县。

二专区有五台、盂县、定襄、阳曲、榆次、寿阳和平定 7 县。

三专区有阜平、曲阳、唐县、完县、望都、定县 6 县和定市（今定州市城区）。

四专区有平山、灵寿、行唐、正定、获鹿、井陉和建屏 7 县。

察哈尔省共 3 个专区 17 个县：

五专区有涞源、满城、徐水、定兴和易县 5 县。

六专区有蔚县、蔚（县）阳（原）、天（镇）阳（原）怀（安）、蔚（县）涿（鹿）宣（化）、涿鹿和宣（化）涿（鹿）怀（来）6 县。

七专区有涞水、涞（水）涿（县）、房山、良乡、宛平、昌（平）宛（平）6 县。

1947 年 11 月 12 日，中共晋察冀中央局决定，又将冀晋区和察哈尔省合并为北岳区，成立了北岳区党委、行政公署和军区。同时调整了行政区划，撤销了三专署，将七专署改为三专署。

随着解放战争的胜利发展，1948 年 5 月，晋察冀和晋冀豫两大区合并为华北解放区。6 月，北岳行政公署下辖 6 个专署、44 个县和 2 个市。具体情况如下：

一专区有繁峙、灵丘、广灵、浑源、应县、大同、阳高 7 县。

二专区有五台、盂县、定襄、阳曲、榆次、寿阳、平定 7 县和阳泉市（今阳泉市城区）。

三专区有涞水、涞（水）涿（县）、房山、良乡、宛平、昌（平）宛（平）、怀来 7 县。

四专区有阜平、曲阳、行唐、灵寿、正定、获鹿、井陉、平山、建屏 9 县和正定市（今正定县正定镇）。

五专区有涞源、易县、定兴、徐水、满城、完县、唐县、望都 8 县。

六专区有蔚县、阳原、涿鹿、宣化、怀安、天镇 6 县。

1948 年 7 月 28 日，北岳二专署所辖的阳泉市，改为华北人民政府直辖市。8 月 15 日，晋中行政公署成立，北岳二专署改为晋中一专署。11 月，北岳区为5个专区、37县和1市。具体情况如下：

一专区辖繁峙、灵丘、广灵、浑源、应县、大同、阳高7县。

三专区辖涞水、涞（水）涿（县）、房山、良乡、宛平、昌（平）宛（平）、怀来7县。

四专区辖阜平、曲阳、行唐、灵寿、正定、获鹿、井陉、平山、建屏9县和正定市。

五专区辖涞源、易县、定兴、徐水、满城、完县、唐县、望都8县。

六专区辖蔚县、阳原、涿鹿、宣化、怀安、天镇6县。

1949年1月15日，北岳区与刚从东北解放区划归华北解放区的冀热察区合并组成新的察哈尔省，原北岳区的一、三、四、五、六专署分别定名为雁北、平西、建屏、易水和察南专署。北岳区的历史至此完全结束。

（原载《地名知识》1985年第4期）

附：北岳区示意图

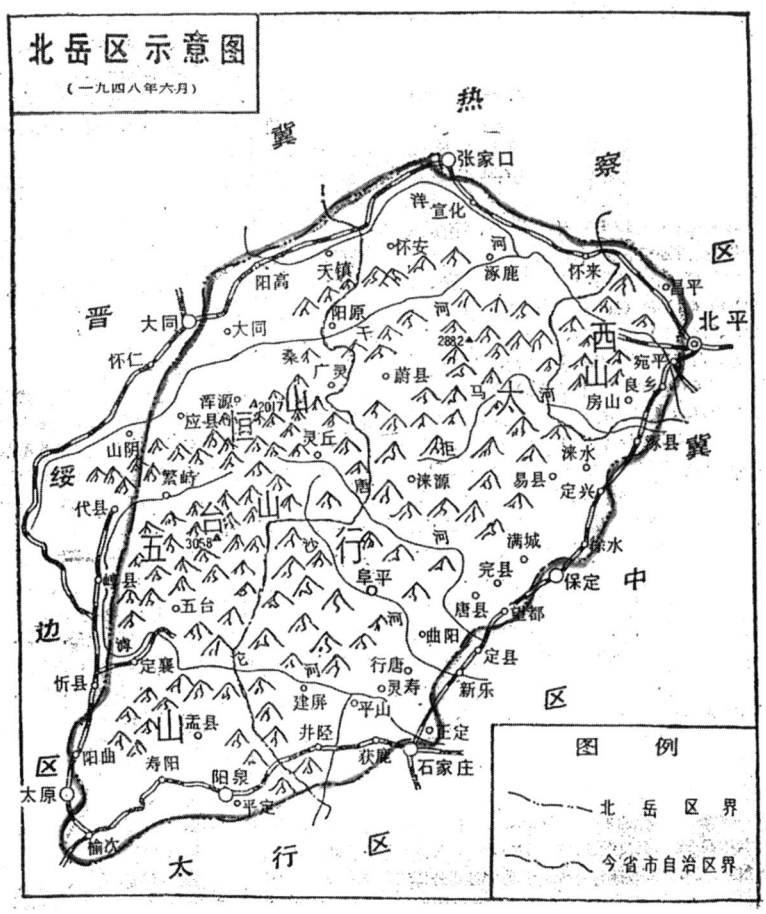

冀中抗日革命根据地政区沿革

晋察冀边区的冀中抗日根据地，是中国共产党领导下创建的全国第一个平原抗日根据地。

冀中区位于河北省中部，北宁铁路（今京哈线西段）以南、平汉铁路（今京广线北段）以东、滏阳河以北、津浦铁路（今京沪线中段）以西的地区，后来还发展到津浦线以东，到达渤海湾沿岸，面积约为4万平方公里，人口约700万。境内河流湖泊很多，土地肥沃，物产丰富。

冀中的战略地位在华北是颇为重要的。它直接威胁着敌占区的北平、天津、保定、石门（今石家庄）等大中城市和平汉、津浦、北宁三大铁路干线。在冀中平原地区开辟抗日根据地是开展敌后游击战争的需要。冀中抗日根据地同地处山区的晋察冀边区（平汉）路西根据地（1941年后称北岳区）互相依靠，互相支援。于敌于我，冀中区都是至关重要的。因此这里一直是敌我斗争最激烈、最紧张和最残酷的地区。

冀中根据地在抗日战争和解放战争时期，经历了以下几个阶段：

一、冀中抗日根据地的创建和发展阶段
（1937年10月至1940年12月）

1937年7月7日卢沟桥事变后，地下共产党员、原国民党东北军53军130师691团团长吕正操，遵照中共中央北方局的指示，率领该团大部官兵拒绝南撤，留在敌后抗日。该部在藁城县梅花镇一带同地方党取得联系，提出"北上抗日，到敌后打游击"的口号。10月14日，在晋县小樵镇举行抗日誓师大会，该团改称"人民自卫军"，宣布接受中国共产党的领导。吕正操任司令员。当时队伍有2000多人。自卫军继续北上。11月中旬攻下伪军盘踞的高阳县城，声威大振，队伍迅速扩大，发展到5000多人。后来又接连收复了冀中20个县。

抗日战争爆发后不久，受中国共产党的派遣，原红军团长孟庆山从陕北来到冀中。他根据党的指示，与保属特委军事委员侯玉田一道，在蠡县、高阳、安新和任丘一带筹组抗日武装。1937年12月，组成了"河北游击军"，孟庆山任司令员。

根据毛泽东要设法在平汉路和津浦路之间的河北、山东两省平原地区开展游击战争，建立根据地的指示，1月下旬，自卫军从"路西区"整训返回冀中，开始了有计划地扩大抗日部队和开创根据地的工作。自卫军和游击军分头收编杂牌部队。2月间，还组织了北上先锋队到大清河北的平津保三角地带开展游击活动。到4月间，自卫军和游击军两支部队已经发展到大约10万人之众。

1938年4月21日，中国共产党冀中区第一次代表大会在安平举行，讨论统一冀中党政军领导机构问题，决定建立冀中区党委，书记黄敬，副书记鲁贲。会后，将人民自卫军和河北游击军合编为八路军第三纵队，同时成立冀中军区。纵队兼军区司令员吕正操，副司令员孟庆山。后来王平来冀中，任纵队兼军区政委。军区下设4个军分区。到5月初，冀中区抗日民主政权的统一领导机关——冀中政治主任公署成立，吕正操任主任，李耕涛任副主任。冀中区党政军领导机关的建立，标志着中国共产党领导下的

冀中抗日根据地的初步建成。

6月间，冀中区下辖24个抗日县政府，即：安平、深县、深泽、安国、晋县、藁城、饶阳、武强、献县、束鹿（今辛集市）、肃宁、河间、任丘、高阳、蠡县、博野、定县、清苑、安新、容城、雄县、文安、新镇（后并入文安）和大城。7月，冀中区领导机关迁驻任丘县西的青塔镇。这时，军区又在大清河北建立了第五军分区。8月，藁城、晋县和束鹿三个县划属冀南区。

1938年9月，冀中政治主任公署下设4个行政督察专员公署（简称专署），各专署辖区（即专区）所属35个县（县佐）如下：

第一专区：深县（今深州市）、饶阳、武强、献县、肃宁、河间、青县、沧县和交河（今泊头市）9县。

第二专区：蠡县、博野、安平、安国、深泽、无极、定县（今定州市）、正定（县佐）和新乐（县佐）9县。

第三专区：任丘、大城、静海、文安、新镇、霸县（今霸州市）、永清和安次（今廊坊市区）8县。

第四专区：高阳、清苑、安新、新安（后并入安新）、徐水、容城、新城（今高碑店市）、雄县和固安9县。

这年秋后，冀中政治主任公署改称行政主任公署。

1939年2月11日，八路军冀中区总指挥部建立，总指挥贺龙，副总指挥吕正操，政委关向应，副政委程子华。20日成立了以贺龙为首的冀中区军政委员会，统一领导冀中的党政军各系统。

2月间，冀中增设第五专署。这时，党的地委和军分区已按边区统一顺序排列，辖区同专区一致。此时冀中区5个专署所辖34县如下：

第一专区（六分区）：深县、饶阳、武强、献县和交河5县。

第二专区（七分区）：博野、安国、安平、深泽、无极、新乐和定县7县。

第三专区（八分区）：河间、任丘、文安、大城、青县和建国（以河间、献县和和交河3县各一部新设，今撤销）6县。

第四专区（九分区）：肃宁、蠡县、高阳、清苑、安新、新安、容城和徐水8县。

第五专区（十分区）：雄县、新城、固安、永清、安次、霸县、新镇和静海 8 县。

1940 年，日本侵略军把冀中作为在华北"讨伐"的重点地区，发动了春季大"扫荡"。8 月八路军开始"百团大战"，冀中展开了大规模的交通破袭战，陷敌运输于瘫痪状态。这时冀中行署下设 5 个专署，辖 34 县，223 区和 5264 村。同冀南等邻区在政区范围方面做了适当调整，并将冀中各专署按边区统一顺序排列。

1940 年底，冀中区 4 个专署所辖 35 县（联合县）如下：

第七专区（六分区）：深（县）南、束（鹿）北、束（鹿）冀（县）、宁晋、赵（县）藁（城）栾（城）、藁（城）正（定）获（鹿）、藁城和晋县 8 县。

第八专区（七分区）：深（县）北、安平、安国、深（泽）（无）极、晋（县）北、藁（城）无（极）、新乐和定县 8 县。

第九专区（八分区）：饶阳、武强、交河、献（县）交（河）、献县、建国、河间、任（丘）河（间）、文（安）新（镇）、大城和青县 11 县。

第十专区（九分区）：肃宁、博野、蠡县、高阳、清苑、之光（为纪念已故县长李之光，析清苑一部新设，后撤销）、安新和任丘 8 县。

二、冀中抗日根据地的坚持和巩固阶段
（1941 年 1 月至 1945 年 8 月）

1941 年，日本侵略军为准备和配合太平洋战争，确保其战略后方和交通要道的安全，力图将华北建设成为稳固的"大东亚战争兵站基地"，发动所谓"治安强化运动"，实施"总力战"。冀中由于战略地位关系，成为华北敌我争夺最残酷的战场。仅一年多时间，敌人就侵占了我冀中根据地面积的 2/3，剩余部分也被敌人分割成 2600 多个碎块。

6 月间，敌人发动"新号作战"，侵占了我大清河北地区，十分区变质为游击区。年底，把这一地区又划回冀中区。这时，冀中行署下设 5 个专署，辖 39 县（联合县）。

第七专区（六分区）：深（县）南、深（县）束（鹿）、束（鹿）冀（县）、宁晋、赵（县）元（氏）宁（晋）、赵县、栾城、藁（城）正（定）获（鹿）

和晋（县）藁（城）9县。

第八专区（七分区）:深（县）北、束（鹿）晋（县）、晋（县）深（泽）（无）极、藁（城）无（极）、新乐、定（县）南、安国和安平8县。

第九专区（八分区）:饶阳、武强、交河、献（县）交（河）、献县、建国、河间、任（丘）河（间）、大城和青县10县。

第十专区（九分区）:肃宁、博野、蠡县、高阳、清苑、之光、安新和任丘8县。

第十一专区（十分区）:文新、第一（容城、新城、涿县和固安4县各一部）、第二（新城、雄县和霸县3县各一部）和第三（安次、永清、固安和宛平4县各一部）联合县4县。

从1942年5月1日到6月20日，敌人以5万多兵力，发动了所谓"三号作战"，向我冀中根据地猛扑过来，这就是"五一大扫荡"。我冀中军民顽强抗敌，使敌人伤亡过万，我们也受到相当严重的损失。之后，我被迫留下一个主力团，同地方武装一起继续坚持斗争，其余主力部队和领导机关暂时离开平原向山区转移。这时冀中已经变质为游击根据地了。6月4日建立了临时区党委，程子华任副书记，主持冀中工作。

在中共中央北方局和北方分局"必须坚持冀中平原的游击战争"和"到敌后之敌后"的指示下，冀中区展开全面的对敌斗争，组织了大批"敌后武工队"，在敌占区和游击区神出鬼没地打击敌人。夏秋时节利用青纱帐作掩护，游击斗争更为活跃。冀中军民还创造了地道战，户户相通，村村相连，纵横交错，四通八达，成为坚不可摧的"地下长城"。白洋淀的水上游击队也非常活跃，经常出没于河湖港汊，打击敌人。另外，还普遍开展了地雷战。冀中军民逐渐转为积极的主动进攻，恢复工作取得很大进展。到1943年入夏以后，我军已经可以在冀中4/5的区域里进行活动了。

根据1943年8月24日中共中央晋察冀分局（即原北方分局）的决定，为便于实现党的一元化领导，精简机构，撤销冀中区一级的党政军民领导机构，分局另设以马辉之为主任的冀中委员会，负责处理日常工作（该委员会存在到1944年3月底，后撤销）。自9月初起，冀中各地委、专署和军分区，分别由分局、边区行政委员会和军区直接领导。

冀中军民卓有成效的艰苦奋斗，使冀中抗日根据地到1944年夏季已经恢复到1942年大"扫荡"前的局面。6月，边区政府为便于工作起见，统一了各专署的顺序，使之与地委、军分区相一致，冀中的第七、八、九、十、十一专署分别改为第六、七、八、九、十专署。

根据中共中央1944年7月28日指示，冀中区领导机关相继恢复和重建。10月10日，恢复冀中区党委，冀中区行署和冀中军区重新建立。

冀中形势的恢复发展很快，到1944年冬初，（北）平大（名）公路以西的广大农村根据地基本上连成了一片。1945年春夏季，冀中区军民主动向敌人发动进攻，歼灭日伪军一万多名，解放了十余座县城。至6月底，冀中行署下设的5个专署，已经建立起49个县政府、308个区公所和11931个村公所。

1945年8月抗日战争结束时，冀中区5个专署共辖51县。具体情况如下：

第六专区（六分区）：深（县）束（鹿）、束（鹿）冀（县）、宁晋、高（邑）元（氏）、赵县、栾（城）正（定）获（鹿）和藁（城）南7县。

第七专区（七分区）：安平、束（鹿）晋（县）、博野、安国、晋（县）深（泽）（无）极、藁（城）无（极）、新乐、定县和清苑9县。

第八专区（八分区）：饶阳、武强、交河、献（县）交（河）、献县、建国、河间、任（丘）河（间）、大城、青县和青（县）沧（县）交（河）11县。

第九专区（九分区）：肃宁、蠡县、高阳、安新、白洋（白洋淀一带新建，后撤销）、任丘、新镇、文安、静（海）大（城）、武清、天津、（天）津（塘）沽和（天）津南13县。

第十专区（十分区）：容城、新城、雄县、霸县、永清、安次、固安、大兴、涿（县）良（乡）宛（平）、新（城）涿（县）和定（兴）新（城）11县。

三、抗日战争胜利后的冀中解放区
（1945年9月至1949年7月）

抗日战争胜利后，1945年9月10日，中共中央晋察冀分局改为晋察冀中央局，晋察冀边区党政领导机关于9月14日迁驻张家口市。

10月9日，冀中行署发出调整行政区划的指示。自11月1日起，冀中5个专署辖50县和2县级市。

第六专区：深县、束鹿、束（鹿）冀（县）、宁晋、高（邑）元（氏）、赵县、栾（城）正（定）获（鹿）、藁城、晋县9县和辛集市（今辛集镇）。

第七专区：深泽、无极、安平、正（定）藁（城）、新乐、定县、安国、博野、蠡县、高阳和清苑11县。

第八专区：饶阳、武强、交河、献县、肃宁、河间、建国、青县和青（县）沧（县）交（河）9县。

第九专区：安新、新安、任丘、任（丘）河（间）、新镇、文安、大城、静海、武清、天津（今天津市津南区）、津沽（今天津市滨海新区南部）11县和胜芳市（今霸州市胜芳镇）。

第十专区：容城、新城、雄县、霸县、永清、安次（今廊坊市区）、固安、大兴、涿（县）良（乡）宛（平）和新（城）涿（县）10县。

到1945年底，冀中解放区已经拥有近1000万人口，在52个县市中设有307个区公所，管辖着12042个村庄。获得解放的县城达到30座，它们是：宁晋、赵县、藁城、晋县、束鹿（今辛集市新城镇）、深县、深泽、无极、安国、安平、饶阳、武强（今武强县街关镇）、交河（今泊头市交河镇）、献县、大城、文安、任丘、河间、肃宁、博野、蠡县、高阳、安新（今安新县安州镇）、容城、雄县、霸县、新镇（今文安县新镇镇）、永清、固安和安次（今廊坊市东安庄）。除平汉、北宁和津浦三条铁路沿线及其附近以外，冀中广大腹地城乡全部获得解放。这时冀中区领导机关驻河间县，六、七、八、九、十专署分别驻在辛集、安国、河间、胜芳和霸县。

1946年2月1日，冀中区行署决定：撤销联合县，原则上恢复旧县建制；跨区县若邻区设县，冀中设县佐，不确知者设县，六专区高元县划归太行区。5月10日，泊镇（今泊头市城区）解放后设市。23日，河间市（今河间县瀛州镇）建立。两市均为专级市。

5月31日，冀中区行署颁令，将五个专署改为四个专署，原六专署改为十一专署，以原七专署为基础改建为九专署，以原八、九两专署经调整建为八专署，十专署不变。这样，冀中区4个专署辖49县（县佐）、2专级市和 2 县级市。

第八专区:河间、献县、交河、建国、沧县（县佐）、青县、大城、任丘、新镇、文安、静海、武清（县佐）、天津、津南 14 县和胜芳市。

第九专区:安平、饶阳、肃宁、高阳、蠡县、博野、安国、定县、清苑和安新 10 县。

第十专区:容城、新城、雄县、霸县、永清、安次、固安、大兴、宛平（县佐）、良乡、涿县（县佐）和定兴（县佐）12 县。

第十一专区:武强、深县、无极、深泽、束鹿、晋县、藁城、新乐、正定（县佐）、获鹿（县佐）、栾城、赵县和宁晋 13 县和辛集市。

行署直辖河间市和泊镇市。

解放战争期间,冀中解放区大部地区都曾遭到国民党军的进攻。为适应战争时期的需要,边缘区的一些县份又恢复了联合县的建制。

1946 年 8 月 15 日,冀中区行署改为行政公署。

9 月 15 日,八专区的津南县,因被敌占铁路线隔开,划归山东省渤海区。

1947 年 5 月,冀中行政公署下设 4 专署,辖 44 县和 3 县级市。

第八专区:交河、献（县）交（河）、献县、建国、河间、任（丘）河（间）、任丘、文新、大城、静海、青（县）沧（县）交（河）11 县和泊镇市。

第九专区:安平、饶阳、肃宁、高阳、蠡县、博野、安国、定（县）南、清苑和安新 10 县。

第十专区:容（城）定（兴）、新城、雄县、霸县、永清、安次、（天）津武（清）、大兴、固安、宛（平）良（乡）和涿县 11 县。

第十一专区:武强、深县、束鹿、深泽、无极、新乐、藁（城）获（鹿）、正（定）藁（城）、晋县、栾城、赵县、宁晋 12 县和辛集、正定（今正定县正定镇,当年 4 月解放后设立）2 市。

10 月,冀中 4 个专署辖 49 县（市）,有 325 区和 10978 个行政村。11 月北岳行政公署成立时,将定（县）北县和定县市（今定州市城区）划归冀中九专署,冀中十一专署将正定市及铁路以东原正定县辖地区划归北岳区。12 月底,定南、定北合并为定县。

1948 年 2 月,冀中区 4 个专署辖 42 县、1 专级市和 1 县级市。

第八专区：交河、献（县）交（河）、献县、建国、河间、任（丘）河（间）、任丘、文新、大城、静海、青县和青（县）沧（县）交（河）12 县。

第九专区：饶阳、肃宁、安平、高阳、蠡县、博野、安国、深泽、无极、新乐、定县、清苑和安新 13 县。

第十专区：容（城）定（兴）、新（城）固（安）、雄县、霸县、永清、安次、（天）津武（清）、大兴和涿（县）良（乡）宛（平）9 县。

第十一专区：武强、深县、束鹿、晋县、藁城、栾城、赵县、宁晋 8 县和辛集市。

行政公署直辖泊头市（即泊镇市）。

1948 年 5 月 20 日，晋察冀和晋冀鲁豫两大区合并为华北解放区。冀中区党委、行政公署和军区分别改归中共中央华北局、华北人民政府和华北军区领导。

8 月 1 日，原属山东省渤海区的津南、黄骅、沧县 3 县和沧市（今沧州市城区）划归冀中。11 月 22 日，保定（清苑县城）解放后设市。

1948 年 11 月底，冀中区下设 4 个专署，辖 48 县、3 专级市和 5 县级市：

第八专区：河间、任（丘）河（间）、任丘、建国、献县、献（县）交（河）、交河、青（县）沧（县）交（河）、沧县、青县、大城、文新、静海、津南、黄骅 15 县和河间市。

第九专区：肃宁、饶阳、安平、深泽、无极、新乐、定县、安国、博野、蠡县、高阳、清苑、安新 13 县和定县、安国（今安国市城区）、高阳（今高阳县高阳镇）3 市。

第十专区：雄县、霸县、永清、安次、固安、（天）津武（清）、大兴、宛（平）良（乡）、涿县、新城、新（城）雄（县）和容（城）定（兴）12 县。

第十一专区：武强、深县、束鹿、晋县、藁城、栾城、赵县、宁晋 8 县和辛集市（今辛集市辛集镇）。

行政公署直辖保定、沧州和泊头 3 市。

1948 年 11 月至 1949 年 1 月，随着北平、天津的解放，冀中区全部城乡都得到了解放。

1949 年 2 月 21 日，冀中行政公署迁驻保定市。月底，行政公署决定：沧州、泊头 2 市划归第八专署，河间、高阳、安国和定县 4 市改为县辖区。

1949 年 3 月初，冀中区设 4 专署、1 专级市、45 县和 4 县级市。

第八专区：交河、献（县）交（河）、献县、建国、河间、任（丘）河（间）、任丘、文新、大城、静海、青县、沧县、青（县）沧（县）交（河）、黄骅、天津 15 县和沧州、泊头 2 市。

第九专区：安平、饶阳、肃宁、高阳、蠡县、博野、安国、深泽、无极、新乐、定县、清苑和安新 13 县。

第十专区：容城、新城、雄县、霸县、永清、固安、大兴、安次、武清 9 县和胜芳市。

第十一专区：武强、深县、束鹿、晋县、藁城、赵县、宁晋、栾城 8 县和辛集市。

行政公署直辖保定市。

7 月底，冀中区党政军领导机关奉命撤销。

8 月 1 日，中共河北省委、河北省人民政府和河北省军区在保定市正式成立。原冀中区所属联合县撤销，恢复旧县建制。但新镇撤销，并入文安，建国保留，黄骅不恢复旧名新海，任河因救灾暂缓撤销，县级市改为县级镇。原冀中区各县市分别划属河北省沧县、天津、通县、保定、定县、石家庄、衡水、邢台等专区。

（原载《地名知识》1985 年第 5 期，原名《冀中革命根据地政区沿革述略》）

附：冀中区区划略图

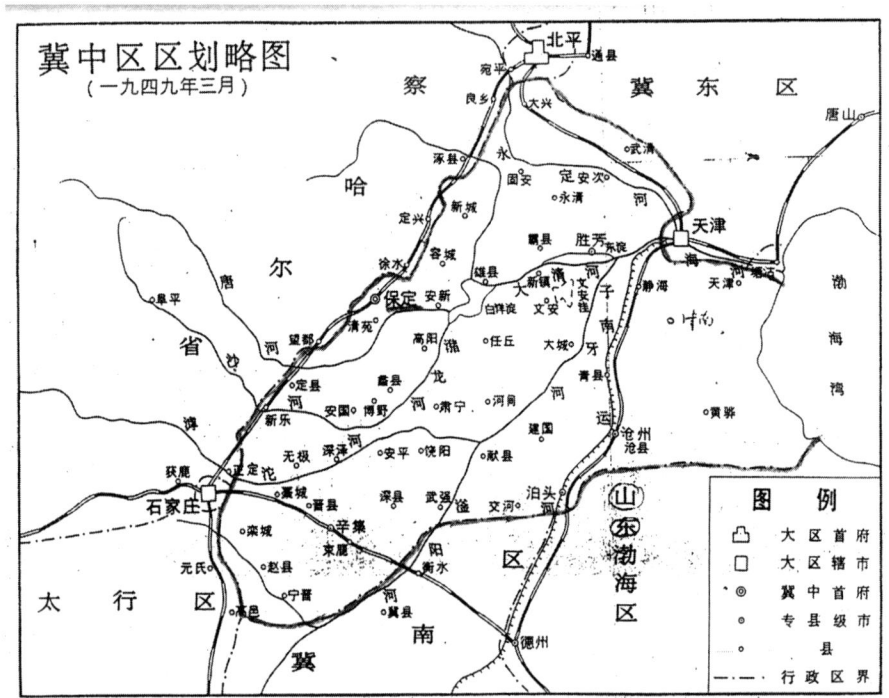

冀东抗日革命根据地政区沿革

冀东即河北省东部,具体指北平以东,天津以北,临榆(山海关)以西,冀热两省边界以南地区。这里北靠长城,南临渤海,连接关内外的北(平)(辽)宁铁路横穿全境,渤海岸边尚有不冻港秦皇岛。因此,战略地位十分重要。

1931 年"九一八"事变,日本侵占东北三省后,1933 年初又侵占山海关,5 月间日本关东军与国民党政府签订《塘沽协定》,将冀东划为"非武装区",1935 年 11 月 25 日,冀东地区的国民党政府滦榆兼蓟密行政督察专员、汉奸殷汝耕在日寇的指使下,组织了"冀东防共自治政府",使冀东 22 县脱离了中国政府的管辖。

1937 年全国抗日战争开始后,中国共产党领导的八路军开辟和创建了冀东抗日根据地,经历了以下几个阶段。

一、从冀东大起义到冀东专署的建立(1938~1940 年)

1938 年 7 月 6 日,冀东抗日武装起义爆发,成立了冀东抗日联军,20 万群众参加了起义。在很短的时间里,起义队伍摧毁了冀东城乡大部分伪政权。唐山矿工 7000 多人也发动了武装暴动,在八路军第四纵队的支援下,起义队伍占领了昌平、密云、平谷、兴隆、蓟县、宝坻、宁河、玉田、丰润、遵化、迁安、卢龙和乐亭等十余座县城，组织起拥有十万人之众的抗日武装。在起义的高潮中，曾经建立起昌（平）滦（平）密（云）、蓟（县）平（谷）密（云）、丰（宁）滦（平）兴（隆）、平谷、蓟县、承（德）兴（隆）平（泉）、迁安、丰（润）玉（田）遵（化）、玉田、卢龙和昌（黎）滦（县）乐（亭）等抗日县（或联合县）政府。

8月间，冀东抗日联军和八路军第四纵队在遵化县铁厂镇会师。冀东党和抗日军队的负责人随即召开会议，决定成立冀察热宁军区和冀热边区行政委员会，统一军事指挥和政权领导机关。

1938年秋，冀东抗日部队主力西撤北平以西地区。1939年6月，当地只留少数游击队坚持斗争，起义高潮中建立的一些县的临时抗日政权暂时撤销。冀东地方党的领导机关改为冀热察区党委领导下的冀东区党分委。9月，冀东抗日武装统一编为晋察冀军区第十三支队。10月，丰（润）滦（县）迁（安）联合县政府建立。为加强对冀东抗日民主政权的领导，1940年1月晋察冀边区行政委员会冀东办事处宣告成立。

1940年，冀东抗日根据地的政权建设有了很大的发展，最先建立起遵化和丰（润）玉（田）遵（化）两个县政权，春天又建立了迁（安）遵（化）兴（隆）和蓟县两个县政府。7月，冀东办事处改为晋察冀边区第十三区行政督察专员公署（习惯上简称冀东专署）。秋天，蓟县改建为平（谷）密（云）兴（隆）和蓟（县）宝（坻）三（河）两个联合县。年底，东部地区建立起迁（安）滦（县）卢（龙）办事处（县级）。这样，冀东专署已辖有7个县级抗日民主政权，建立起抗日政权的村庄达到3000多个，根据地已拥有百万人口。

二、从冀东大块根据地的建成到抗日战争的胜利（1941~1945年）

冀东抗日游击根据地的初步建成，引起了敌人的注意。1941年5月下旬到7月下旬，日军动用4万多兵力发动了代号为"冀号作战"的空前规模的大扫荡，我冀东主力部队受到严重损失，使冀东平原游击根据地变质。

这年夏天,冀东党委决定以全力开辟热河省南部山区根据地,以扩大我抗日部队作战的回旋余地。我主力部队进展顺利,很快就开辟出从都山到雾灵山广阔的山地游击区。秋天,建立起跨越长城的迁(安)青(龙)平(泉)联合县,冬天又建立了承(德)滦(平)兴(隆)联合县。12月还在平原地区新建了丰(润)玉(田)宁(河)联合县,并撤销了遵化县建制。

1942年,日军连续发动扫荡,把冀东根据地分割为20多个小块,并在长城两侧制造"无人区"。

1942年,中共冀热察区党委撤销后,冀东区党分委改为北方分局直接领导的第十三地方委员会(一般称冀东地委)。这年8月,专署决定在滦河以东新区设立迁(安)卢(龙)抚(宁)昌(黎)办事处。在北宁路南新区设立丰(润)滦(县)昌(黎)乐(亭)办事处,均为县级政权机关。同时撤销迁(安)滦(平)卢(龙)联合县建制。年底,在冀热辽3省边界地区,建立了临(榆)抚(宁)凌(源)青(龙)绥(中)办事处(县级机关)。这样,1942年底,冀东专署计辖11个联合县(或办事处)。它们是:平(谷)三(河)密(云)〔1942年秋改称平(谷)密(云)兴(隆)〕,蓟(县)宝(坻)三(河),迁(安)遵(化)兴(隆),丰(润)玉(田)遵(化),迁(安)滦(平)丰(润)〔1942年夏称丰(润)滦(平)迁(安)〕,丰(润)玉(田)宁(河),承(德)滦(平)兴(隆),迁(安)青(龙)平(泉),迁(安)卢(龙)抚(宁)昌(黎),丰(润)滦(县)昌(黎)乐(亭)和临(榆)抚(宁)凌(源)青(龙)绥(中)。

1943年春,在政治整军运动结束后,冀东抗日部队主动从热南重返口内,进行了恢复基本区的战役,恢复了大部分基本区,还开辟了大片新区。

1943年初,临(榆)抚(宁)凌(源)青(龙)绥(中)办事处分为口内的临(榆)抚(宁)昌(黎)和口外的凌(源)青(龙)绥(中)两个办事处。春天,原平北专署所辖滦(平)昌(平)怀(柔)和丰(宁)滦(平)密(云)两联合县划属冀东。春末,锦古路北建立了承(德)平(泉)宁(城)办事处。

这年夏天,冀东地委和专署分别改建为冀热边特委和行署。

特委和行署以下分设5个地委和专署。由于冀热边地区的特殊性,上下级机关联系困难，行署和各专署实际上起到一级地方政权的作用。

这年秋天，敌人又发动了对冀东的大"扫荡"，致使口外根据地遭到严重破坏。

1943年底，冀热边行署所辖5个专署19个县级政权如下：

第一专署：平（谷）三（河）蓟（县）（平三密改称）、丰（宁）滦（平）密（云）、承（德）兴（隆）密（云）（承滦兴改称）、蓟（县）遵（化）兴（隆）（新建）4联合县。

第二专署：迁（安）滦（县）丰（润）、迁（安）青（龙）平（泉）2联合县和承（德）平（泉）宁（城）、承（德）青（龙）遵（化）（新建）2办事处。

第三专署：迁（安）卢（龙）抚（宁）昌（黎）、临（榆）抚（宁）昌（黎）2联合县和凌（源）青（龙）绥（中）办事处。

第四专署：丰（润）滦（县）、滦（县）卢（龙）、昌（黎）乐（亭）（均新建）3办事处。

第五专署：丰（润）玉（田）遵（化）、丰（润）玉（田）宁（河）2联合县和遵化、玉（田）蓟（县）宝（坻）、武（清）宝（坻）宁（河）3办事处（均为新建）。

这时，冀东抗日根据地已有100多个区，约9000个村庄，拥有300万以上人口，抗日部队已发展过万。

进入1944年，冀东平原地区的抗日武装斗争又趋于活跃，这时抗日力量已经发展到平津附近的顺义、通县、香河、武清等县境。

1944年11月，中共晋察冀分局在对冀热辽工作的意见指出，冀热辽地区应一方面首先巩固基本区，一方面继续向热河、辽宁及平津路方向发展，同时还指出坚持口外工作是冀东的光荣任务。

遵照晋察冀边区党政军领导机关的决定，1945年1月，中共冀热边特委、冀热边行署和冀东军分区，分别改建为冀热辽区党委、冀热辽区行署和冀热辽军区。原5个地委和专署，分别按晋察冀边区统一排列顺序改为第十四至十八地委和专署，并建立相应的5个军分区。

冀热辽区行署所辖5个专署25个县级政权如下：

第十四专署：丰（宁）滦（平）密（云）、承（德）兴（隆）密（云）、平（谷）

三（河）蓟（县）3联合县和三（河）通（县）顺（义）、三（河）通（县）香（河）、蓟县3办事处。

第十五专署：迁（安）滦（县）丰（润）、蓟（县）遵（化）兴（隆）、遵化3（联合）县和承（德）平（泉）宁（城）、承（德）兴（隆）、青（龙）平（泉）3办事处。

第十六专署：临（榆）抚（宁）昌（黎）、卢（龙）抚（宁）昌（黎）、迁（安）卢（龙）青（龙）3联合县和抚（宁）昌（黎）、凌（源）青（龙）绥（中）2办事处。

第十七专署：丰（润）滦（县）、滦（县）卢（龙）、昌（黎）乐（亭）3联合县。

第十八专署：丰（润）玉（田）遵（化）、丰（润）玉（田）宁（河）、玉（田）蓟（县）宝（坻）3联合县和武（清）宝（坻）宁（河）、香（河）武（清）宝（坻）2办事处。

这时冀热辽已拥有党员10万人，抗日部队2万人，地方民兵20万人，在1万个以上村庄建立了抗日民主政权。

1945年5月，冀热辽区党委所属第十四、十五和十六地委，各组成一支武装工作队向北挺进，在热辽地区恢复和新建了一些抗日政权机构。

1945年8月，日本投降，冀热辽军区部队配合苏军收复了山海关，打通了进军东北的门户，另外还收复了秦皇岛港。9月初，冀热辽区所辖专署和县级政权情况如下：

第十四专署：承（德）兴（隆）密（云）、平（谷）三（河）蓟（县）、三（河）通（县）顺（义）、三（河）通（县）香（河）4联合县和蓟南县（1945年春为纪念抗日牺牲的冀东十三团团长包森，改称"包森县"）。

第十五专署：遵化县，迁（安）滦（县）丰（润）、蓟（县）遵（化）兴（隆）、迁（安）青（龙）平（泉）3联合县和承（德）平（泉）宁（城）、承（德）兴（隆）、青（龙）平（泉）、宁（城）赤（峰）4办事处。

第十六专署：迁（安）卢（龙）青（龙）、临（榆）抚（宁）昌（黎）、卢（龙）抚（宁）昌（黎）3联合县和抚（宁）昌（黎）、抚（宁）青（龙）2办事处。

第十七专署：滦（平）卢（龙）、昌（黎）乐（亭）、滦县（原丰滦）、丰（润）

滦（县）（1945年春新建）4县（联合县）。

第十八专署：遵（化）玉（田）丰（润）、丰（润）玉（田）宁（河）、玉（田）蓟（县）、玉（田）宝（坻）4联合县和武（清）宝（坻）宁（河）、香（河）武（清）宝（坻）、武（清）通（县）3办事处。

除上述以外，1945年春，第十六专署还在口外热辽地区新建了凌（源）绥（中）兴（城）、朝（阳）锦（县）义（县）和朝（阳）建（平）新（惠）3办事处。

三、人民解放战争时期的冀东解放区（1946~1949年）

抗日战争结束后，日伪军执行国民党政府的指令，拒绝向八路军投降。冀热辽部队奉延安总部和晋察冀军区之命，继续向拒绝投降顽抗的敌伪军进攻，冀东大部分县城获得解放。

1945年12月9日，中共晋察冀中央局领导下的冀热辽分局建立。原冀热辽区党委改称冀东区党委。1946年4月15日，冀热辽区行署改称冀东区行署。同时，冀热辽军区领导下的冀东军区建立。根据晋察冀边区行政委员会1946年4月12日的指示，5月18日冀东区行署调整行政区划，原则上恢复战前旧县制，撤销联合县建制，全区改划为4专署，辖26县政府和县佐公署。具体情况如下：

第十二专署辖：临榆（今秦皇岛市区一带）、抚宁（今秦皇岛市抚宁区）、卢龙、迁安、青龙5县政府和青西县佐公署。

第十三专署辖：昌黎、乐亭、滦县3县政府和滦西（今榛子镇一带）、滦南、丰南（今胥各庄一带）3县佐公署。

第十四专署辖：密云、平谷、顺义、通县（今北京市通州区）、三河、香河、武清7县政府。

第十五专署辖：宁河、宝坻、蓟县、玉田、丰润、遵化、兴隆7县政府。

这时，冀东区的面积有36000多平方公里，人口570万。

奉晋察冀边区政府5月26日令，冀东区行署7月23日改称冀东行政公署，正式成为一级地方政权机关。

1946年6月，国民党军向解放区发动了大规模的进攻，8月28日侵占了冀热辽解放区首府承德，然后集中了6个军的兵力猛扑冀东解放区，至9月21日，国民党军占领了冀东区的所有县城。12月20日，热河省第十七专署（即热南专署）划归冀东区。1946年底，冀东行政公署共辖5专署，29个县政府和县佐公署如下：

第十二专署：临榆、抚宁、卢龙、迁安4县政府和迁西县佐公署。

第十三专署：昌黎、乐亭、滦县3县政府和滦南、丰南2县佐公署。

第十四专署：密云、平谷、顺义、通县、三河、香河、武清7县政府。

第十五专署：宁河、宝坻、蓟县、玉田、丰润、遵化6县政府和滦西县佐公署。

第十七专署辖：承德、平泉、兴隆、青龙4县政府和青西县佐公署。

这时，冀东解放区有5万多平方公里，470万人口。

1947年春，冀热辽解放区改称冀察热辽解放区，划属为东北解放区的一部分。5月1日，冀东行政公署正式划归东北行政委员会领导，随即改称冀东区行政公署。此后，县佐公署均改为县政府。

1948年1月，冀东区行政公署所辖4专署28县如下：

第十二专署：临榆、抚宁、卢龙、迁安、迁西、青龙、青（龙）平（泉）7县。

第十三专署：昌黎、乐亭、滦县、滦南、丰南5县。

第十四专署：密云、平谷、顺义、通县、三河、蓟县、兴隆、承德8县。

第十五专署：遵化、玉田、丰润、滦西、宁河、武清、宝坻、香河8县。

1948年初夏，华北和冀察热辽区部队发动冀热察战役，收复了承德孤城以外的热河全省，然后乘胜挥戈移兵北宁路唐山至山海关段，逼近唐山市，解放了冀东大片土地。1948年冬初，东北野战军在赢得辽沈战役全胜，解放东北全境后，大举进关。11月27日，解放了山海关和秦皇岛，建立秦榆市。平津战役开始后，冀东全区获得解放。

1949年1月底，平津战役胜利结束，河北省全部解放，华北各省市也基本解放。3月7日，冀东区行政公署划属华北人民政府领导。山海关留归东北的辽西省。3月11日，秦榆市改称秦皇岛市。同日，冀东区行政公署恢复冀东行政公署名称。这时经过调整的冀东行政区划，辖3专署2市22县。具体情况如下：

第十二专署：临榆、抚宁、卢龙、昌黎、乐亭、滦县、滦南、迁安、迁西9县。

第十四专署：密云、平谷、顺义、通县、三河、蓟县6县。

第十五专署：香河、宝坻、宁河、玉田、遵化、丰润、丰南7县。

唐山、秦皇岛2专级市。

1949年8月1日，华北人民政府全面调整行政区划，撤销行政公署，冀东、冀中和冀南3区合并恢复为河北省。原冀东3个专署裁撤，临榆、抚宁、卢龙、昌黎、乐亭、滦县、滦南、迁安、迁西、遵化、玉田、丰润、丰南13县组成唐山专署；通县、顺义、密云、平谷、蓟县、三河、香河7县归属通县专署，宝坻、宁河2县划归天津专署；唐山和秦皇岛成为河北省直辖市。

（原载《地名知识》1987年第5期，原名《冀东革命根据地的政区沿革》，署名李寅、胡达）

附：冀东位置图

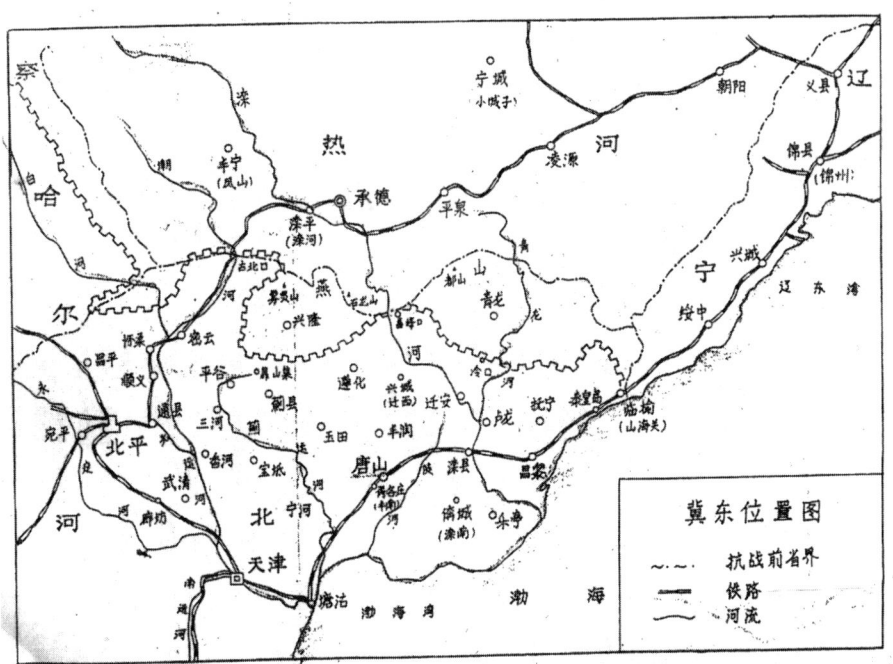

冀南抗日革命根据地区划沿革

1938年创建的冀南抗日根据地,是中国共产党领导下建立的全国第二个平原抗日根据地(稍迟于冀中)。

毛泽东从理论上阐明了建立这种根据地的可能性:"平地较之山地当然差些,然而决不是不能发展游击战争,也不是不能建立任何的根据地。河北平原,山东的北部和西北部平原,已经发展了广大的游击战争,是平地能够发展游击战争的证据。"[1]冀南区的范围开始包括石家庄至沧州一线以南的几乎整个河北省南半部,拥有50多个县,面积达4万多平方公里,人口1000多万。1940年以后就大致稳定在滏阳河以南、漳河以北、平汉铁路以东、津浦铁路以西的地区,包括河北省南部的大部分以及山东省西北部的一小部分,有40几个县,面积约3万平方公里,人口约700万。

冀南地处河北平原南部,是华北冲积大平原的一部分,地势平坦,广阔无垠。境内有属于海河水系的滏阳河、漳河、卫河、南运河等河流,多自西南向东北。这里盛产棉花和冬小麦、玉米、谷子、高粱、甘薯等粮食

---

[1]《抗日游击战争的战略问题》,《毛泽东选集》第二卷,人民出版社1991年版,第420页。

作物，以及花生、芝麻等油料作物，并有"冀南棉海"之称。

全面抗日战争爆发后，在中国共产党的领导下，认真贯彻执行党的抗日民族统一战线和各项政策，广泛发动群众，实行人民战争，克服平原地区的不利条件，使冀南抗日根据地从无到有，逐步建立、巩固和发展壮大起来。

一

1937年7月7日卢沟桥事变后，7月底北平、天津弃守，9月24日省会保定陷落，10月10日重镇石家庄失守，15日、17日两日，邢台、邯郸先后被日军占领，国民党河北省政府随之流亡出省。一时间土匪汉奸在各地蜂起。日本侵略军接着又侵占了冀南的宁晋、尧山、任县、南和、平乡、威县、曲周、永年、肥乡、广平和成安等县城。其他未被日军直接占领的各县也都拼凑起伪组织"治安维持会"。汉奸恶棍肆意残害人民，土匪武装乘机烧杀抢掠。冀南广大人民群众陷于水深火热之中。

1937年11月，八路军129师组织了由孙继先、胥光义率领的挺进支队，奔下太行山，跨过平汉路，进入冀南平原。这是开到冀南的第一支八路军部队，受到当地人民群众的热烈欢迎。12月，又组织了陈再道、李菁玉带领的东进纵队开进冀南。这支部队于1938年1月首先在隆平、尧山两县建立了冀南最早的抗日县政府，还在南宫、巨鹿一带收编了部分地方抗日武装，开展了群众性的抗日游击战争。3月间，宋任穷指挥骑兵团来到冀南。同月，中共冀南省委建立，李菁玉任书记。

1938年4月21日，毛泽东等党中央领导写信给129师首长刘伯承、徐向前和邓小平，对平原游击战提出九点指示，指出："根据抗战以来经验，在目前全国坚持抗战与正面深入群众工作两个条件之下，在河北、山东平原地区广大的发展抗日游击战争，坚持平原地区的游击战，也是可能的。"要求我党、我军在河北、山东两省平原地区坚决采取尽量广泛发展游击战争的方针，尽量发动最广大的群众走上公开的武装斗争，划分游击分区，成立游击司令部，广泛组织不脱离生产的自卫军武装，在收复地区立即建立抗日民主政权，恢复抗日秩序等措施。

5月，徐向前副师长亲率主力七六九团、七七一团等挺进冀南，首战威县，取得击退敌清水部队，使伪军千余人反正的胜利。同月，冀南军区建立，宋任穷任司令员，下设五个军分区。7月，129师政委邓小平、冀西游击队司令员杨秀峰也来到冀南。1938年入夏以来，我军在冀南声势大振，驰骋平原，所向披靡，取得歼灭敌伪军六七万人的显赫战果，收复了以南宫为中心的30多个县。

当129师开进冀南后，各县多成立了叫作"战地动员委员会"的抗日民众组织，起到半政权机构的作用。正如刘伯承同志所说："冀南抗战，是先有群众团体而后才有政权的。"1938年2月，建立了冀南军政委员会。这年春天，各县抗日政权机构多已设立。6月，冀南县长会议决定，把军政委员会改为实际的权力机关。8月14日，冀南五十几个县的军政民代表齐集南宫，议决8月20日正式成立河北省南部的抗日民主政权统一领导机构——冀南行政主任公署，选举杨秀峰为主任，宋任穷为副主任。这是抗日民族统一战线的政权，地方抗日名流和国民党抗战人士也都参加，并担任了重要职务。冀南行政主任公署随即致电国民党河北省主席鹿钟麟，表示愿意接受国民政府和河北省政府的领导。冀南行政主任公署的成立，标志着中国共产党领导的冀南抗日根据地的正式建立。不久，根据中共中央和北方局的决定，中共冀南省委改称中共冀南区党委。

冀南行政主任公署下设6个（实际上只建立了5个）行政督察专员公署（简称"专署"），分辖51县。其情况如下：

第一专署辖平汉线以西的井陉、获鹿（今石家庄市鹿泉区）、元氏、赞皇、高邑、临城、内丘、邢台、沙河和磁县10县。

第二专署辖平乡、南和、鸡泽、曲周、永年、邯郸、肥乡、广平、成安和大名10县。

第三专署辖冀县（今衡水市冀州区）、枣强、衡水（今衡水市桃城区）、武邑、阜城、景县和故城7县。

第四专署辖束鹿（今辛集市）、晋县（今晋州市）、藁城、赵县、宁晋、栾城、柏乡、隆平、尧山（以上2县今并为隆尧）、任县、巨鹿、新河、南宫、清河、威县和广宗16县。

第五专署未设立，辖县由第四专署代为领导。

第六专署辖津浦线以东的吴桥、东光、宁津（今属山东省）、南皮、庆云（今属山东省）、盐山、沧县和新海（今黄骅市）8县。

随后，各县及以下的区、村抗日政权机构均先后建立起来。

1938年10月以后，抗日战争进入相持阶段。侵华日军逐渐增兵华北，企图摧毁我敌后抗日根据地。这年12月到1939年2月，日伪军纠集了3万多兵力对冀南发动了第一次大规模"扫荡"。敌人从平汉、津浦两线压迫我军于冀县、南宫和威县一带。我军民在平原上挖成道沟两万多公里，使敌机械化部队无法行动，随后我在南宫附近重创来犯敌军，粉碎了敌人的这次"扫荡"。

冀南抗日根据地在前段反"扫荡"斗争期间，辖区和机构相应地进行了一些调整：将平汉路以西各县划属太行区，将滏阳河北一些县划属冀中区，将津浦路以东各县划属冀鲁边区。1939年9月，冀南区参议会以民主选举方式产生了冀南行政委员会，代替了冀南行政主任公署。

在反击日伪斗争胜利的基础上，以太行山区南半部为中心区域的晋冀豫抗日根据地形成，冀南区是其中的一个组成部分。根据中共中央北方局1940年4月黎城会议的决定，冀南、太行、太岳行政联合办事处（简称"冀太联办"）于8月成立。主任杨秀峰，副主任薄一波、戎子和。军事上分别建立冀南、太行和太岳三个军区。冀南军区司令员陈再道，政委宋任穷。

这时，冀南行政公署下设6个专署，辖47县。情况如下：

一专署辖大名、成安、魏县（重建）、元城（重建）、漳河（新建）和临漳（原属河南）6县。

二专署辖宁南（宁晋南部，新建）、柏乡、隆平、尧山、任县、南和、平乡、巨鹿和新河9县。

三专署辖鸡泽、曲周、永年、邯郸、肥乡、永肥（永年、肥乡各一部，新建）、广平、丘县（原属山东）和馆陶（原属山东）9县。

四专署辖南宫、威县、广宗、企之（曲周、威县各一部，新建）、广曲（广宗、曲周各一部，新建）、垂阳（南宫东部，新建）、清江（原属山东飞地及清河一部，新建）和临清（原属山东）8县。

五专署辖冀县、衡水、武邑、阜东（阜城、东光各一部，新建）、景县、枣北（枣强北部，新建）、枣南（枣强南部，新建）和故城 8 县。

六专署辖清河、夏津、高唐、平原、恩县、德县和武城 7 县（后 6 县原属山东）。

二

1941 年 8 月 15 日，晋冀鲁豫边区政府正式成立，杨秀峰被选为主席，薄一波、戎子和当选为副主席。冀太联办宣布撤销。边区政府辖冀南、太行、太岳和冀鲁豫 4 个行署。冀南行署于 10 月 1 日成立，主任宋任穷，副主任刘建章。下设第十至第十五共 6 个专署（依全边区统一顺序排列），辖 49 县。计：

十专署辖大名、成安、魏县、元城（后并入大名）、漳河和临漳 6 县。

十一专署辖宁南、柏乡、隆平、尧山、任县、南和、平乡、巨鹿和新河 9 县。

十二专署辖鸡泽、曲周、永年、邯郸、肥乡、永肥、广平、广曲、丘县和馆陶 10 县。

十三专署辖南宫、威县、广宗、企之、垂阳、清河、清江和临清 8 县。

十四专署辖冀县、衡水、武邑、阜东、枣北、枣南、景北（景县北部，新建）、景南（景县南部，新建）和故城 9 县。

十五专署辖武城、夏津、高唐、平原、恩县、德县和禹城 7 县（原属山东）。

1941 年到 1942 年，是坚持敌后各抗日根据地最艰苦、最困难的时期。地处平原的冀南尤其是这样。华北敌酋冈村宁次两年中连续进行了五次所谓"治安强化运动"，为了将华北建成"大东亚兵站基地"，更加紧了军事行动。1940 年敌人在冀南设有据点 200 多处，1941 年增加到 300 多处，1942 年猛增到 1000 多处。敌人在冀南修复和新筑的公路，1940 年有 2000 公里，1941 年增加到 2500 公里，1942 年激增到 4500 公里。特别是 1942 年 4 月 29 日起，敌人出动 3 万兵力对冀南发动了"铁壁合围"的"大扫荡"。我根据地被敌人分割成无数小块，大片地方变成了游击根据地或游击区，根据地处于十分困难的境地。中共中央北方局 6 月 22 日发出《对冀南工作的指示》，提出："准备在任何困难条件之下坚持冀南平原游击战争。""号召冀南全党全军，与冀南千百万群众共存亡。"

1942 年到 1943 年，华北各地又遇到了罕见的大旱，冀南灾区占到总面积的 4/5。

在党中央和北方局的领导下，冀南在极端艰苦的条件下，坚持抗战，实行了一系列正确的政策和措施，诸如开展整风运动，实行精兵简政，进一步建立"三三制"政权，进行大生产运动，加强党的一元化领导，广泛开展拥政爱民和拥军优抗等活动。在党政军民的一致努力下，终于渡过了难关。到 1943 年下半年，冀南抗日根据地基本上得到了恢复。

1943 年 11 月，遵照中共中央指示，为统一领导冀鲁豫和冀南的对敌斗争，成立了冀鲁豫中央分局（也称平原分局），撤销区党委，改设工作委员会。两军区合并为冀鲁豫军区。黄敬任分局书记兼军区政委，宋任穷任军区司令员，冀南区工委书记为张策。两区行署从 1944 年 6 月 15 日起合署办公。冀南行署主任为孟夫唐，副主任为王任重。

1944 年 7 月 23 日，冀南第一、第三两专署（即原第十、第十二两专署）合并为冀南第三专署，共辖 16 县，即大名、魏县、成安、临漳、漳河、邯郸、永年、曲周、鸡泽、肥乡、广平、南和、馆陶、南沙（南和、沙河各一部，新建）、磁肥（磁县、肥乡各一部，新建）和功岭（原永肥县改称，为纪念 1942 年牺牲的县长马功岭）。8 月，将原冀鲁豫的第十八专署划归冀南，为第七专署。

1945 年 6 月撤销冀南行署，7 月 7 日成立冀鲁豫行署冀南办事处，范若一任主任。办事处辖第二、三、四、五、六 5 个专署。同时将枣北县改名为赵陈县（以纪念 1943 年牺牲的军分区正副司令员赵义景、陈耀先）。7 月 20 日决定成立大名市政府。在抗日战争结束前夕的大反攻中，我军已在冀南攻克了一些敌占县城。9 月 2 日决定成立临清市政府。

三

1945 年 9 月 3 日，抗日战争胜利结束。我军向冀南地区拒不投降缴械的日伪军发动进攻。10月4日解放了冀南重镇、古城邯郸。至年底，冀南全境基本上都获得了解放。

11月1日，冀南行署重新设立，冀南办事处同时撤销。孟夫唐、王任重分任行署正副主任。据11月2日行署通令，冀南重新划分为5专区、2市和47县。情况如下：

一专署辖临清、丘县、馆陶、武训（即堂邑）、冠县、莘县、元城、聊堂（聊城、堂邑各一部，新设）、清平9县和临清市（今临清市城区，该专区除元城外原均属山东省）。

二专署辖清河、故城、武城、夏津、恩县、高唐和平原7县。

三专署辖大名、魏县、成安、临漳、广平、肥乡、曲周、永年、邯郸、鸡泽、磁东（磁县铁路以东部分，新设）11县和邯郸市。

四专署辖南和、任县、隆平、尧山、柏乡、巨鹿、平乡、广宗、威县、南宫、新河和宁南12县。

五专署辖冀县、衡水、枣强、武邑、阜城、景县、东光和德县（原属山东）8县。

抗战胜利后，1945年10月下旬，蒋介石国民党政府破坏和平，撕毁《双十协定》，集结大批兵力大举进攻我晋冀鲁豫解放区。我晋冀鲁豫主力部队在冀南、太行十万民兵的配合下，取得了自卫战争邯郸战役的重大胜利，保卫了我冀南解放区。

1946年3月5日，已经成为晋冀鲁豫边区首府的邯郸市划为边区直辖市。这时的冀南区仍设5个专署，辖43县、1市、270多个区和14000多个行政村，人口750多万。各专署所辖县、市如下：

一专署辖丘县、馆陶、冠县、元城、莘县、清平、武训、临清8县和临清市。

二专署辖清河、故城、武城、夏津、高唐、平原和恩县7县。

三专署辖大名、魏县、成安、临漳、广平、肥乡、邯郸、永年、曲周和鸡泽10县。

四专署辖南和、任县、平乡、威县、广宗、巨鹿、南宫、新河、隆平、尧山、柏乡和宁南12县。

五专署辖冀县、衡水、枣强、景县、武邑和阜东6县。

1946年6月，人民解放战争开始后，11月，国民党军八十五师窜入冀南临漳、大名一带，被我军击退。1947年6月，我晋冀鲁豫解放军转入外线作战以后，冀南全境几乎都在我人民解放军的有效控制之下，并逐渐成为我军外线作战的可靠后方。

1948年初，冀南行署下设5个专署，辖42县2市。这时，除少数县为纪念烈士改名外，区划情况基本上与1946年相同。

一专署辖丘县、馆陶、冠县、元朝、（元城、朝城合并）、莘县、武训、永智（即清平，为纪念抗战中牺牲的地委书记肖永智而改名）、临清8县和临清市。

二专署辖清河、故城、武城、夏津、高唐、平原和恩县7县。

三专署辖大名、魏县、广平、肥乡、企之（即曲周，为纪念抗战中牺牲的县长郭企之而改名）、鸡泽、永年、邯郸、成磁（成安及磁县东部）、临漳10县和邯郸市（今城区）。

四专署辖南和、任县、平乡、威县、广宗、巨鹿、南宫、振堂（即新河，为纪念牺牲的红军董振堂军团长而改名）、隆尧（隆平、尧山两县合并）、柏乡和宁南11县。

五专署辖冀县、衡水、枣强、景县、武邑和阜东6县。

1948年5月20日，遵照中共中央的决定，晋冀鲁豫和晋察冀两大区合并为华北解放区。至9月26日华北人民政府正式成立。冀南区党委、军区分属华北局、华北军区领导，区党委书记王从吾，军区司令员王光华。冀南行署改称冀南行政公署，主任王任重。冀南区党政军领导机关驻威县。

1948年11月底，冀南行政公署下设5专署、2专级市、42县、2县级市。情况如下：

一专署辖丘县、馆陶、冠县、元朝、莘县、武训、永智和临清8县。

二专署辖清河、故城、武城、夏津、高唐、平原和恩县7县。

三专署辖大名、魏县、广平、肥乡、企之、鸡泽、永平、邯郸、成磁和临漳10县。

四专署辖南和、任县、平乡、威县、广宗、巨鹿、南宫、振堂、隆尧、柏乡、宁南11县和南宫市（今南宫市城区）。

五专署辖冀县、衡水、枣强、景县、武邑、阜东6县和衡水市（今衡水市城区）。

2专级市是邯郸市和临清市。

1949年3月初，临清、邯郸二市改为县级市，分属一、三专区。不久，衡水市和南宫市撤销。这年6月，冀南区设5个专署，辖42县、2市、280个区、13849个行政村，全区人口780多万。

8月1日，华北解放区行政区划全面调整。撤销自抗战以来逐渐形成的各根据地的行政区划，恢复省建制。中共河北省委、省人民政府和省军区在省会保定市成立。冀南区党委和军区同时结束。冀南行政公署8月10日停止办公。

冀南的元朝、宁南两县撤销，分别并入大名、宁晋等县。成磁、阜东两县撤销，分别恢复成安、磁县、阜城和东光等县。振堂、企之、永智和武训各县恢复原名。临清、邯郸二市改为专署辖县级镇。各县、镇划属各省、专。其情况如下：

划属河北省的是：衡水、冀县、枣强、武邑、阜城、景县、故城、清河、武城、夏津和恩县11县划归衡水专署；宁晋、柏乡、隆尧、新河、南宫、巨鹿、广宗、威县、平乡、任县和南和11县划归邢台专署；邯郸、永年、磁县、临漳、大名、魏县、成安、肥乡、广平、曲周、鸡泽、丘县、馆陶、临清14县和邯郸、临清二镇划归邯郸专署。

划属平原省（新建的省）的是：堂邑、冠县、莘县、高唐和清平5县划归聊城专署。

划属山东省渤海行署的是：平原、东光2县分别划归泺北专署和沧南专署。

至此，历时11年完成了历史使命的冀南抗日革命根据地，以民主革命胜利和全境获得解放宣告结束。

（原载《地名知识》1985年第1期，原名《冀南革命根据地区划沿革概述》）

附：冀南区区划略图

冀南区区划略图
（一九四九年六月）

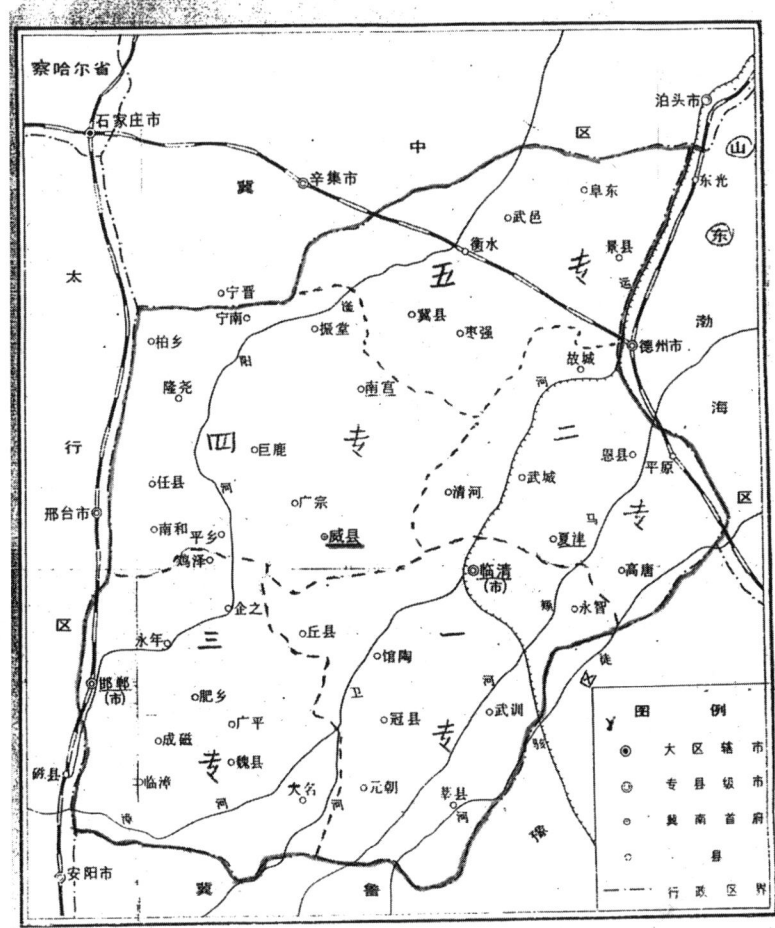

抗战后民国政府华北政区沿革
（1945~1949年）

抗战胜利后，国民政府在华北设立军事委员会委员长北平行营。1945年10月26日，行营主任、一级上将李宗仁到达北平。行营是统管辖境军政的临时机构。北平行营直辖第11、12两战区，包括河北、山东、绥远、察哈尔、热河5省和北平、天津、青岛3院辖市。第11战区司令长官部同驻北平，负责北平、天津和河北3省市接收事宜。上将衔司令长官孙连仲10月8日抵达北平，10日主持日本华北派遣军签降仪式。中将副司令长官李延年负责山东和青岛两省市接收事宜。第12战区司令长官部驻归绥，负责绥远、察哈尔和热河3省接收事宜，司令长官是二级上将傅作义。山西省由驻太原的第2战区司令长官部负责接收事宜，司令长官为一级上将阎锡山。

1946年5月，国民政府还都南京后，军事委员会撤销，委员长行营改成国民政府主席行辕，组织职权不变。这时，山东地区已划属徐州绥靖公署（主任系二级上将薛岳）防区。1947年初，徐州绥署改成陆军总司令部徐州司令部（总司令为二级上将顾祝同）。随后各战区相继撤销。1947年3月，第11战区改设保定绥靖公署，主任孙连仲。第12战区改设张垣绥靖公署，主任傅作义，第2战区改设太原绥靖公署，主任阎锡山。山西省南部则划属西安绥靖公署（上将衔主任胡宗南）防区范围。1947年12月，张、保两绥署撤销,设立"华北剿匪总司令部",傅作义任总司令。15日,"剿总"接收北平行辕军事指挥权,总揽河北、热河、察哈尔、绥远和山西北部的军权。1948年5月,国民政府裁撤,6月北平行辕结束,其行政权也归并"剿总",至此,"剿总"集军政大权于一身。这年6月,"徐州剿匪总司令部"成立(总司令为二级上将刘峙),防区包括山东、江苏、安徽和河南4省。

1949年1月,平津战役结束,国民政府军失利,北平、天津、河北、热河和察哈尔5省市解放。4月下旬到5月初,太原、大同战事完结,山西全省解放。6月初青岛解放,8月庙岛群岛解放,山东全省解放。这时,华北剿总、徐州剿总、太原绥署、西安绥署均已不复存在。民国政府(4月21日自南京迁往广州)将绥远省内原华北剿总归绥指挥所防区划属西北军政长官公署(驻兰州,上将衔长官马步芳)辖区,8月5日任命中将董其武为西北军政副长官兼包头指挥所主任。9月19日,绥远驻军宣布起义,全省和平解放。至此,民国政府在华北的统治全部告终。

现将抗日战争胜利后至中华人民共和国成立前夕,中华民国政府在华北6省3市的行政区划沿革分述于后。

一、河北省

抗战期间,1938年以后,重庆国民政府所属河北省政府辗转流亡于河南和陕西。1945年9月1日,新任省主席孙连仲在陕西眉县就职,遂将省府迁到西安。10月11日,河北省政府到北平办公,这时政令所及只达31个县,绝大部分县份早已成为解放区。11月,省政府将全省行政督察区(即专员公署区)从18个调整为15个,各专区、专员驻地和所属县局如下:

第1专区,驻秦皇岛,辖临榆(今秦皇岛市区一带)、抚宁(今秦皇岛市抚宁区)、卢龙、昌黎、乐亭、滦县、迁安7县和都山设治局(今青龙满族自治县)。

第2专区,驻塘沽(今天津市滨海新区),辖天津(今天津市近郊区)、宁河、宝坻、武清、静海(以上4县今划天津市,均为市辖区)、青县、大城和安次(今廊坊市安次区)8县。

第 3 专区，驻沧县（今沧州市区），辖沧县、南皮、东光、盐山、吴桥、宁津、庆云（以上 2 县今划山东省）7 县和新海设治局（今黄骅市）。

第 4 专区，驻丰润，辖丰润（今唐山市丰润区）、玉田、遵化（今遵化市）、兴隆、蓟县（今天津市蓟州区）、平谷和密云（以上 2 县今划为北京市，均为市辖区）7 县。

第 5 专区，驻通县（今北京市通州区），辖通县、大兴、顺义、怀柔、昌平（以上 5 县今划为北京市，均为市辖区）、宛平（今北京市门头沟区、石景山区一带）、房山（今北京市房山区）、良乡（今北京市房山区良乡地区一带）、三河（今三河市）和香河 10 县。

第 6 专区，驻涿州，辖涿县（今涿州市）、新城（今高碑店市）、定兴、涞水、易县、涞源、固安、永清、霸县（今霸州市）和新镇（今文安县西部新镇镇一带）10 县。

第 7 专区，驻河间，辖河间（今河间市）、任丘（今任丘市）、文安、肃宁、献县、交河（今泊头市）、阜城和景县 8 县。

第 8 专区，驻清苑，辖清苑（今保定市城区和清苑区）、望都、完县（今顺平）、满城（今保定市满城区）、徐水（今保定市徐水区）、容城、雄县、安新、高阳和蠡县 10 县。

第 9 专区，驻定县，辖定县（今定州市）、安国（今安国市）、博野、无极、新乐（今新乐市）、行唐、曲阳、唐县和阜平 9 县。

第 10 专区，驻深县，辖深县（今深州市）、束鹿（今辛集市）、晋县（今晋州市）、深泽、安平、饶阳、武强、武邑和衡水（今衡水市桃城区）9 县。

第 11 专区，驻正定，辖正定、栾城（今石家庄市栾城区）、获鹿（今石家庄市鹿泉区）、平山、灵寿、藁城（今石家庄市藁城区）、井陉、赵县、元氏、赞皇、高邑和柏乡 12 县。

第 12 专区，驻南宫，辖南宫（今南宫市）、故城、枣强、冀县（今衡水市冀州区）、宁晋、新河、巨鹿、平乡、广宗、威县和清河 11 县。

第 13 专区，驻邢台（今邢台市城区），辖邢台、沙河（今沙河市）、鸡泽、南和、任县、内丘、临城、隆平（今隆尧县东部隆尧镇一带）和尧山（今隆尧县西部一带）9 县。

第14专区，驻大名，辖大名、广平、南乐、清丰、濮阳、长垣（以上4县今划河南省）和东明（今划山东省）7县。

第15专区，驻磁县，辖磁县、邯郸（今邯郸市城区和邯郸县）、永年、曲周、肥乡和成安6县。

全省建制为130县2设治局。河北省原有7个省直属警察局，1946年1月撤销五河警察局（主管海河五大水系北运河、永定河、大清河、子牙河和南运河的水上治安），4月撤销临榆警察局，5月石门和唐山两警察局改隶市政府，北戴河警察局裁撤改建为县级北戴河海滨管理局，只保留省会保定和塘（沽）大（沽）两个省直属警察局，相当于准市级。

1946年5月，石门和唐山建立省辖市政府（按：华北伪政权曾于1938年1月28日在唐山、1939年10月13日在石门设过省辖市，直至1945年8月伪政权灭亡）。1947年1月，析滦县南部设滦宁县，治倴城镇，析丰润县南部设浭阳县，治胥各庄（按：华北伪政权1944年曾设滦南县和县级丰南办事处，至1945年秋。又，1946年5月，冀东解放区也设立过准县级的滦南、丰南两县佐公署）。至此，河北省设有行政督察区15、省辖市2、县132、设治局2、管理局1和直属警察局2。

1946年7月20日，河北省政府自北平迁保定。至9月，省府政令所及也只达57个县的大部或一部。这时，全省政府控制区设有653个乡（镇）公所、7752个村政权，城乡共编成8607个保和84129个甲。河北全省面积14万平方公里，人口2800多万，政府辖区只有500多万人。河北省政府拟设立的行政督察专员公署，有些因绝大部分或全部是解放区而不能设立，如第7（河间）、第10（深县）、第12（南宫）、第13（邢台）、第15（磁县）等五个专署。1947年初，省政府所辖县政府进驻县城者只有49个，在县境内的8个，流亡外地的4个，未设或已撤的达70多个，这是抗战后国民政府在河北省统治的巅峰。这年9月，河北省政府曾在平津保三角区设立第10专署，驻新城，辖新城、固安、霸县、雄县、容城、永清和新镇7县，其中只有新城县可全部控制。至于新镇县，只占有三十几个自然村。自1947年夏始，河北省政府辖境逐渐缩小。6月15日，津南要冲沧县解放，11月12日，华北交通枢纽石门（今石家庄市城区）解放。省政府11月自省城迁到北平附近的丰台镇（当时属宛平县，今为北京市丰台区驻地），12月又搬进了北平城。12月16日，孙连仲辞省主席职，调来沈阳城防司令、中将楚溪春继任该职，1948年2月8日在北平就任。

1948年5月30日至11月2日期间，河北省政府裁撤第13、14、15三专署，在东明县设立冀南行署，辖原该三专署所属的22个县。11月间曾在宛平县石景山、门头沟一带拟设"景门市"（后未能实行）。11月22日，河北省城、平南门户保定解放。27日冀东门户秦皇岛解放，12月12日冀东中心城市唐山解放。随着1949年1月平津战役结束，民国政府在河北省的统治终结。

二、北平市和天津市

1945年8月13日，重庆国民政府军令部次长、中将熊斌被任命为北平市长，次日任命张伯谨为副市长。10月9日，北平市政府成立。1946年10月22日，张伯谨任代理市长。11月1日，何思源就任市长，张伯谨副市长任职到1948年3月。1948年7月1日，刘瑶章成为民国政府末任北平市长，直至1949年1月31日北平解放。

1945年10月20日，北平警备司令部建立，第92军少将军长侯镜如任司令。1946年11月，第11战区中将副司令长官陈继承兼任警备司令。1947年10月1日，升格为警备总司令部，陈仍兼任警备总司令。1948年10月，第34集团军中将总司令李文出任警备总司令。11月13日，中将周体仁继任北平警备总司令。

北平全市划分为16个区，内城37平方公里，为第1~7区（相当于今东城和西城两区内二环路以内），外城25平方公里，为第8~12区（相当于今东城和西城两区外二环路以内），郊区645平方公里。为第13~16区，即东、西、南、北四郊区（大体相当于今朝阳、海淀和丰台三区大部）。1946年内城第2区一部（西长安街以南、宣武门大街以东）划属第7区。1947年4月1日，市郊四区改划为八个区，东郊为第13区、第14区两区，南郊为第15区，西南郊为第16区，西北郊为第17区、第18区两区，北郊为第19区、第20区两区，全市达到20个区。总面积707平方公里。1948年6月，全市城乡设有 338 个保，94011 个甲，计 389580 户，1918200 人。

1945 年 8 月 13 日、14 日，国民政府任命张廷锷为天津市长，中将杜建时为副市长。10 月 3 日天津市政府成立。1946 年 11 月 1 日，杜建时升任市长视事，张子奇出任副市长（就任至 1948 年 7 月）。直至 1949 年 1 月 15 日天津解放。

1945 年 10 月 25 日，第 94 军中将军长牟廷芳任天津警备司令。1946 年 10 月 2 日，该军中将副军长刘汉珍任代理司令。4 日，第 2 军（1947 年 8 月改称第 62 军）中将军长林伟俦任警备司令。1947 年 11 月 17 日，中将马法五任司令。1948 年 5 月 30 日，中将陈长捷任司令，直到解放。

天津市辖第 1~10 区和水上区，市区面积 185 平方公里（大体相当于今和平、河北、河东、河西、南开和红桥 6 区范围）。1947 年 12 月，第 7 区一部（西马路、南马路、南门外大街以西、以南）划为第 11 区。1948 年 4 月，第 1 区一部（罗斯福路即今和平路、迪化道即今鞍山道一带）划为第 12 区。9 月，第 6 区一部（墙子河，即今南京路以南）划为第 13 区。1948 年 11 月，全市共设 318 个保，12556 个甲，计 385288 户，1982946 人。

三、山东省和青岛市

1945 年 9 月 1 日，国民政府委派的山东省主席何思源到达省会济南市。1946 年 10 月 22 日，徐州绥署所属第 2 绥靖区中将司令官王耀武兼任山东省主席。1948 年 9 月 24 日，济南解放。12 月 30 日，民国政府任命国防部中将次长秦德纯继任山东省主席，省政府暂驻青岛市。

国民政府将山东省划为 16 个行政督察区（即专区），3 省辖市，108 县。

省会济南市（今济南市城区），划为 11 个区，第 1~4 区为城区，第 5~7 区是商业区，第 8~10 区为郊区。全市面积 710 平方公里，1947 年全市城乡共设 174 个保，4399 个甲，共有 108962 户，569437 人。

烟台市（今烟台市城区），1947 年 9 月 30 日国民政府军进驻，1948 年 10 月 15 日再次解放。

威海卫市（今威海市环翠区），1947 年 11 月 17 日国民政府军进驻，1948 年 3 月 30 日再次解放。

第1专区：曲阜（今曲阜市）、邹县（今邹城市）、滕县（今滕州市）、峄县（今枣庄市峄城区一带）、泗水、滋阳（今济宁市兖州区）和鱼台7县。

第2专区：济宁（今济宁市任城区）、汶上、东平、嘉祥、巨野、郓城和寿张（今阳谷县南部寿张镇一带）7县。

第3专区：临沂（今临沂市区）、沂水、莒县、日照（今日照市区）、郯城和费县6县。

第4专区：临清（今临清市）、高唐、长清（今济南市长清区）、齐河、禹城（今禹城市）、平原、夏津、武城、德县（今德州市德城区）、恩县（今平原县恩城镇一带）、清平（今高唐县清平镇一带）、丘县和馆陶（以上2县今划河北省）13县。

第5专区：惠民、滨县（今滨州市滨城区）、利津、沾化、无棣、阳信、乐陵（今乐陵市）、商河、临邑、陵县（今德州市陵城区）和德平（今临邑县德平镇一带）11县。

第6专区：聊城（今聊城市东昌府区）、冠县、莘县、阳谷、平阴、东阿、茌平、堂邑（今聊城市堂邑镇一带）、博平（今茌平县博平镇一带）和朝城（今莘县朝城镇一带）10县。

第7专区：福山（今烟台市福山区）、牟平（今烟台市牟平区）、文登（今威海市文登区）和荣成（今荣成市）4县。

第8专区：潍县（今潍坊市区）、安丘（今安丘市）、昌乐、临朐和益都（今青州市）5县。

第9专区：蓬莱（今蓬莱市）、栖霞（今栖霞市）、招远（今招远市）和黄县（今龙口市）4县。

第10专区：历城（今济南市历城区）、章丘（今章丘市）、淄川（今淄博市淄川区）、博山（今淄博市博山区）、桓台、邹平、青城（今高青县青城镇一带）、高苑（今高青县高城镇一带）、济阳、齐东（今邹平县九户乡一带）和长山（今邹平县长山镇一带）11县。

第11专区：曹县、单县、城武（今成武）和金乡4县。

第12专区：胶县（今胶州市）、诸城（今诸城市）、高密（今高密市）和昌邑（今昌邑市）4县。

第 13 专区：掖县（今莱州市）、莱阳（今莱阳市）、平度（今平度市）、即墨（今即墨市）和海阳（今海阳市）5 县。

第 14 专区：寿光（今寿光市）、广饶、临淄（今淄博市临淄区）、博兴和蒲台（今滨州市蒲城镇一带）5 县。

第 15 专区：泰安（今泰安市区）、宁阳、肥城（今肥城市）、莱芜（今莱芜市）、新泰（今新泰市）、蒙阴和复兴（1947 年春设，驻南麻店，今沂源县）7 县。

第 16 专区：菏泽（今菏泽市牡丹区）、定陶、观城（今莘县观城镇一带）、濮县（今范县濮城镇一带）和范县（以上 2 县今划入河南省）5 县。

1945 年秋，国民政府军只能控制铁路沿线一些重要城市，广大腹地都是解放区。1947 年 2 月，国民政府军发动重点进攻，15 日占领山东解放区首府临沂城，随后又进占了鲁西南和半岛地区，遂有鲁西南行署（辖第 2、11、16 三个专署）和鲁东行署（辖第 7、9、13 三个专署）之设。1947 年入冬，国民政府军在山东战场屡屡失利，控制区域日渐缩小。1948 年 4 月 27 日，胶济中段重镇潍县城解放。是年夏秋，两个行署先后裁撤。这年底，山东省大陆解放。这时国民政府军还控制着蓬莱县北部的庙岛列岛，于是设立了东莱设治局（今长岛县）。1949 年 8 月 20 日，国民政府军撤离庙岛群岛，山东省全部解放。全省面积 15 万平方公里，人口 3800 万。

1945 年 8 月，重庆国民政府任命李先良、葛覃为青岛市正、副市长，9 月 17 日接收伪青岛特别市政府。全市划分为第 1~12 区，面积 749 平方公里，人口 85 万。1948 年 7 月 22 日，龚学遂继任市长。1949 年 2 月 12 日，山东省主席秦德纯兼任青岛市长，5 月 14 日孙继丁任代理市长，6 月 2 日青岛市解放。

四、山西省

1945 年 8 月 30 日，山西省政府主席阎锡山从抗战时期驻地吉县兴集镇返回省城。至 1946 年秋，全省 105 个县中，国民政府军入驻 78 县境，广大农村腹地早已成为解放区。

山西全省行政区划如下：

省直属阳曲（今太原市区北部和阳曲县）、晋源（太原县1947年改名，今太原市区南部）、清源（今清徐县清源镇一带）、徐沟（今清徐县徐沟镇一带）和榆次（今晋中市榆次区）5县。

第1专区：太谷、祁县、交城、文水、平遥、介休（今介休市）和灵石7县。

第2专区：寿阳、盂县、平定、昔阳、和顺、辽县（今左权）和榆社7县。

第3专区：忻县（今忻州市忻府区）、定襄、五台、繁峙、代县、崞县（今原平市）和静乐7县。

第4专区：岚县、兴县、临县、方山、离石（今吕梁市离石区）、中阳、汾阳（今汾阳市）和孝义（今孝义市）8县。

第5专区：壶关、陵川、高平（今高平市）、晋城（今晋城市城区和泽州县）、阳城、沁水、翼城和曲沃8县。

第6专区：汾西、蒲县、隰县、大宁、永和和石楼6县。

第7专区：解县（今运城市盐湖区一带）、平陆、芮城、虞乡（今永济市虞乡镇一带）、永济（今永济市）和临晋（今临猗县西部临晋镇一带）6县。

第8专区：朔县（今朔州市朔城区）、神池、宁武、五寨、岢岚、保德和河曲7县。

第9专区：汾城（今襄汾县汾城镇一带）、新绛、稷山、河津（今河津市）、乡宁和吉县6县。

第10专区：大同（今大同市辖区和大同县）、怀仁、浑源、灵丘、广灵、阳高和天镇7县。

第11专区：应县、山阴、左云、右玉、平鲁（今朔州市平鲁区）和偏关6县。

第12专区：临汾（今临汾市尧都区）、洪洞、赵城（今洪洞县赵城镇一带）、霍县（今霍州市）、安泽、浮山和襄陵（今襄汾县襄陵镇一带）7县。

第13专区：长治（今长治市辖区和长治县）、潞城（今潞城市）、长子、屯留、平顺、黎城、襄垣、武乡、沁县和沁源10县。

第14专区：安邑（今运城市区北部）、夏县、垣曲、绛县、闻喜、万泉（今万荣县城关镇一带）、荣河（今万荣县荣河镇一带）和猗氏（今临猗县城关镇一带）8县。

1947年4月1日，析省城置太原市（今太原市城区）。太原市城内划分为第1~4区，城郊划分为第5~8区，共8个区，全市人口31万。随着解放战争的进行，政府军在山西省的辖区益加缩小。这年夏秋，山西省政府设立大同行署（辖第10、11两专署）和晋南行署（辖第7、9、12、14四专署）。这年夏天，省政府尚控制省会太原市和26个县，即晋中的阳曲、晋源、清源、徐沟、榆次、忻县、寿阳、太谷、祁县、交城、文水、平遥、介休、灵石、汾阳、孝义16县，晋北的大同、怀仁、阳高、天镇、广灵、应县、左云、右玉8县，晋南的临汾和安邑两个孤立的点。这时全省面积16万平方公里，大部分已获解放，全省人口1500多万，政府辖区也只占其半。1947年12月28日，晋西南重镇运城解放。1948年5月2日，晋东工矿区阳泉解放。17日晋南要地临汾解放。夏季晋中战役结束，除太原孤城外，晋中各县全获解放。至1949年4月24日，人民解放军攻占太原，5月1日大同和平解放。民国政府在山西省的统治最后结束。

五、热河省

1945年抗战胜利后，热河省全部解放，在承德建立了省民主政府。国民政府是年9月组建热河省政府，第12战区中将副司令长官刘多荃兼任省主席。10月8日起在重庆办公。12月4日，省政府迁北平，31日再迁辽宁省锦州市。1946年1月19日，热河省政府进驻朝阳县城，当时国民政府军只控制了热东朝阳、阜新、凌源、凌南、建平和平泉6县。8月29日，政府军开进省城，13军少将军长石觉出任承德警备司令。9月20日，省政府进驻承德。10月10日，政府军控制了热中要地赤峰。

热河省辖20县：承德（今承德市区和承德县）、滦平、丰宁（今丰宁满族自治县）、隆化、围场（今围场满族蒙古族自治县）、平泉（以上6县今属河北省）、凌源（今凌源市）、凌南（今建昌）、建平、朝阳（今朝阳市区和朝阳县）、阜新（今阜新市区和阜新蒙古族自治县，以上5县今划辽宁省）、宁城、赤峰（今赤峰市区）、经棚（今克什克腾旗经棚镇一带）、林西、林东（今巴林左旗林东镇一带）、天山（今阿鲁科尔沁旗天山镇一带）、鲁北（今扎鲁特旗鲁北镇一带）、开鲁和绥东（今库伦旗库伦镇一带，以上9县今划入内蒙古自治区）。境内尚有如下盟旗：卓索图盟所辖喀喇沁左旗（今辽宁省喀喇沁左翼蒙古族自治县）、中旗、右旗（以上2旗今为喀喇沁旗东、西部）、土默特左旗、中旗、右旗（以上3旗今为辽宁省阜新蒙古族自治县南、东、北部）、唐古特喀尔喀旗（今库伦、奈曼2旗南部）、锡埒特库伦旗（今库伦旗）8旗，昭乌达盟所辖翁牛特左旗、右旗（以上2旗今为翁牛特旗北部和南部）、敖汉旗、奈曼旗、喀尔喀左旗（今奈曼、库伦2旗北部）、克什克腾旗、巴林左旗、右旗、阿鲁科尔沁旗、东、西扎鲁特旗（以上2旗今为扎鲁特旗东部和西部）11旗。共2盟19旗（各旗除注明外，余均划入内蒙古自治区）。

热河全省面积17万平方公里，人口600多万，其中蒙古族约70万。1947年初，国民政府军控制着16个县城，达到战后辖境的顶峰。这年夏天，东北民主联军在热河战场发动夏季攻势后，赤峰和全省大部城乡均获解放。1948年3月14日，冀热辽边区"剿总"中将总司令范汉杰兼任热河省主席。8月22日，东北"剿总"中将副总司令孙渡兼任新的省主席。11月12日，承德重获解放，热河全省再次全部解放。19日，热河省政府流亡到河北省通县办公，不久即行结束。

六、察哈尔省

1945年秋，察哈尔省全部解放，省城张家口成为晋察冀解放区首府，在宣化建立了省民主政府。1946年9月30日，国民政府任命以中将冯钦哉为省主席的察哈尔省政府在北平建立。10月11日，政府军进驻张家口，中将董其武出任张垣警备司令。15日，傅作义继任省主席职。31日，省政府迁入张家口。年底，政府军进驻了全省所有县城。

察哈尔省辖1省辖市19县，设4个行政督察区（即专区），2盟（部）辖18旗。

张家口市（今张家口市城区），1947年6月10日国民政府设市。1948年4月2日改称张垣市。

省直辖万全、怀安、宣化、怀来和张北5县。

第1专区：沽源、宝昌（今内蒙古自治区太仆寺旗宝昌旗一带）和多伦（今划内蒙古自治区）3县。

第2专区：康保、尚义、商都和新明（1947年11月设治局改县，即化德，以上2县今均划入内蒙古自治区）4县。

第3专区：延庆（今划北京市区）、赤城、龙关（今赤城县龙关镇一带）和崇礼4县。

第4专区：涿鹿、蔚县和阳原3县。

（以上市、县除注明外，今均划入河北省。）

锡林郭勒盟辖乌珠穆沁左旗、右旗、浩济特左旗、右旗（以上4旗今合并，北部为东乌珠穆沁旗，南部为西乌珠穆沁旗）、阿巴哈纳尔左旗、右旗（以上2旗今为锡林浩特市东、西部）、阿巴嘎左旗、右旗（以上2旗今为阿巴嘎旗东、西部）、苏尼特左旗、右旗，共10旗。

察哈尔部设正蓝旗、正白旗、镶白旗（以上2旗今为正镶白旗南部和北部）、镶黄旗、太仆寺左旗、右旗（以上2旗今为太仆寺旗西部和东部）、明安旗（今正蓝旗南部）、商都旗（今镶黄旗南部）8旗。

察哈尔省政府曾设察北行署。

全省面积25万平方公里，人口210万，其中蒙古族约30万。

1948年，第11兵团中将司令官孙兰峰代理省主席职务。12月24日，省会张垣解放，不久察哈尔省全境重获解放。

七、绥远省

1945年8月18日，以傅作义为主席的绥远省政府自抗战驻地陕坝市进驻省城归绥。1946年秋，国民政府军入驻全省所有县城。10月15日，董其武继任绥远省主席职，1947年1月5日就任视事。

绥远全省包括3省辖市20县，设立4个行政督察区（即专区），还有2个县级办事处，此外还辖2盟18旗。

省直辖归绥市（今呼和浩特市城区，1947年8月26日国民政府设市），还有归绥县（今呼和浩特市郊区）。

第 1 专区：包头市（今包头市城区）、包头（今包头市郊区）、萨拉齐（今土默特右旗中部萨拉齐镇一带）、固阳和武川 4 县。

第 2 专区：集宁（今乌兰察布市集宁区）、丰镇（今丰镇市）、凉城、兴和和陶林（今察哈尔右翼中旗科布尔镇一带）5 县。

第 3 专区：托克托、和林格尔、清水河和东胜（今鄂尔多斯市东胜区）4 县。

第 4 专区：陕坝市（今杭锦后旗陕坝镇一带）、临河（今巴彦淖尔市临河区）、五原、安北（今乌拉特前旗西部一带）、晏江（今五原县塔儿湖镇一带）、狼山（今临河区狼山乡一带）和米仓（今杭锦后旗三道桥镇一带）6 县。

抗战初期设立并保留下来两个县级办事处是位于黄河以南的桃力民办事处（辖 10 乡）和达拉特旗组织训练处（辖 7 乡），也算是省辖行政单位。

绥远省还管辖省内北部、东部和南部的 2 盟 18 旗，北部的乌兰察布盟辖四子部落旗（今四子王旗）、喀尔喀右旗（又称达尔罕旗）、茂明安旗（以上两旗今并为达尔罕茂明安旗）、乌拉特前旗（也称西公旗）、中旗（也称中公旗，今为后旗）、后旗（也称东公旗，今为中旗）6 个旗。省辖土默川平原上的归化土默特旗（今划为土默特左、右两旗）和原属察哈尔部西部的正黄旗（今察哈尔右翼后旗一带）、正红旗（今察哈尔右翼前旗一带）、镶红旗（今察哈尔右翼中旗南部一带）、镶蓝旗（今察哈尔右翼中旗南部一带）4 旗、南部的伊克昭盟辖鄂尔多斯左翼前旗（今准格尔旗）、中旗（又称郡王旗，今伊金霍洛旗北部）、后旗（今达拉特旗）、鄂尔多斯右翼前旗（今乌审旗）、前末旗（又称扎萨克旗，今伊金霍洛旗南部）、中旗（今鄂托克旗和鄂托克前旗）、后旗（今杭锦旗）7 旗。（绥远省全境今均划入内蒙古自治区）

绥远全省面积 30 万平方公里，人口 220 万，其中蒙古族约 30 万。

1949 年 9 月 19 日，绥远宣布和平解放，华北地区全部解放，民国政府在华北各省市的统治至此终结。

（原载《北京档案史料》1996 年第 3 期）

附：国民党政权华北政区略图

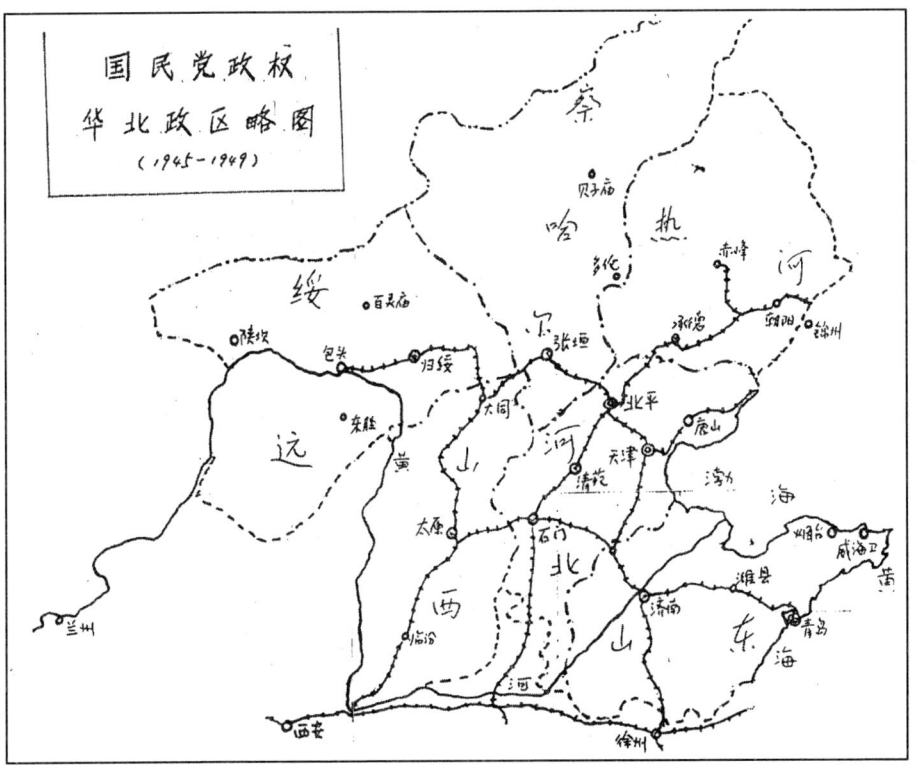

抗战胜利后晋察冀解放区政区沿革
（1945~1948年）

  晋察冀解放区的前身，是中国共产党领导下1937年秋在华北创建最早的晋察冀抗日根据地，系八路军115师政委聂荣臻率部在晋东北五台山一带建立的。初始仅限平汉、正太、同蒲和平绥四条铁路之间的山西、察哈尔与河北三省边界地区，故名晋察冀边区。历经八年全国抗战，晋察冀军民把解放区扩展到西接晋绥、南连晋冀鲁豫、东南界山东、东濒渤海、北达内蒙古草原的广袤地域，包括山西、察哈尔、河北、热河和辽宁五省各一部，面积达30多万平方公里，拥有人口3000多万。

  抗战胜利后，晋察冀解放区随着国内军事形势的演变，历经日本投降到内战正式爆发（1945年8月至1946年6月），国民政府军进攻解放区（1946年7月至1947年6月）和人民解放军战略反攻（1947年7月至1948年6月）三个历史阶段。下分述之。

一

  1945年8月，抗战夺取最后胜利之际，中共中央指示："应立即布置动员一切力量，向敌、伪进行广泛的进攻，迅速扩大解放区，壮大我军。"①延安总部命令："聂荣臻所部由察哈尔、热河现地向北行动。"②晋察冀军区随即向日本"华北派遣军"发出通牒："本军区已奉到延安总部朱总司令命令，负责接受本军区管辖内之日本军队投降事宜。"③晋察冀边区行政委员会发表告同胞书称："现我晋察冀解放区抗日军正坚决执行延安总部朱总司令的命令，全面出动，配合苏联红军向敌占城市及交通要道积极进攻。"④8月19日，冀热辽部队开进伪满热河省署驻地承德。23日，冀察部队攻占日本驻蒙军司令部驻地、伪蒙疆首府张家口。30日，冀热辽部队又在苏军配合下进占关内外要冲山海关。9月初，热河行政公署建立。月中，中共晋察冀中央局书记、晋察冀军区司令员兼政委聂荣臻和晋察冀边区行政委员会主任宋劭文率领晋察冀解放区党政军领导机关进驻张家口市。

晋察冀军区所属部队继续向敢于顽抗的日伪军进攻，中共中央代理主席刘少奇指出："目前全党全军的主要任务，是继续打击敌伪，完全控制热、察两省。"⑤并提出把以张家口为中心的晋察冀建成为全国基本战略根据地之一。

10月10日，日本"华北派遣军"在北平向国民政府第11战区签降。中共中央指示，在"日本虽已投降，但华北华中日军大部尚未缴械，伪军全部被国民党收编，敌、伪还在向我军作战"的局势下，我军"对于经平汉、津浦、同蒲、正太和平绥等路前进之国民党军队，必须坚决加以打击和阻止"。⑥就当时的形势，为执行"我党控制热、察，发展东北，取得华北优势的方针"。⑦一个稳定的晋察冀，对于抗战胜利后的全国局势是十分重要的。

---

① 《中共中央文件选集》第13册，中共中央党校出版社1987年版，第115页。
② 《中共中央文件选集》第13册，中共中央党校出版社1987年版，第116页。
③ 《晋察冀抗日根据地》第1册（文献选编下），中共党史资料出版社1989年版第1046页。
④ 《晋察冀抗日根据地》第1册（文献选编下），中共党史资料出版社1989年版第1062页。
⑤ 《刘少奇选集》上卷，人民出版社1981年版，第371页。
⑥ 《中共中央文件选集》第13册，中共中央党校出版社1987年版，第171页。
⑦ 《中共中央文件选集》第13册，中共中央党校出版社1987年版，第184页。

晋察冀军区部队迅速解放了热河和察哈尔两个完整的省。10月18日，晋察冀边区行政委员会和边区参议员驻会办事处"为了建设民主、自由、繁荣的察哈尔省和热河省"，决定召开两省人民代表大会，并成立两省民主政府。11月上半月，热河省人民代表会议在承德召开，选举李运昌为省民主政府主席，14日热河省民主政府成立，热河行政公署撤销。11月初，察哈尔省人民代表会议在宣化举行，张苏当选为省民主政府主席。15日，察哈尔省民主政府在宣化正式办公。同时期，边区行政委员会发出通知，撤销冀察行署，其辖区划归察哈尔省。

至1945年底，晋察冀边区行政委员会下辖两个省政府、三个行署和一个直辖市政府，分设24个专员公署、179个县（市），以及内蒙古地区的一些盟、旗，兹分述于下：

（一）张家口市，1945年8月29日成立市民主政府。全市原设11个区，第1~7区为市区，第8~11区为郊区，区以下设甲、牌。自11月起，改设9个区，第1~7区仍为市区，第8~9区为郊区，区以下设街、村基层政权（市辖各区大体相当于今桥东、桥西两区）。全市人口17万。

（二）冀晋区，位于河北省西部唐河以南、保定至石家庄一线以西和山西省东北部大同至太原一线以东、正太路以北的地域，行署驻阜平县，下设4个专区和31个县。

第2专区：榆次（今晋中市榆次区）、阳曲、寿阳、盂县、五台、忻（县）定（襄）（忻县为今忻州市区）和崞（县）代（县）（崞县为今原平市）7（联合）县。

第3专区：阜平、曲阳、定（县）北（定县为今定州市）、唐县、完县（今顺平）和云彪（今望都，为纪念晋察冀军区骑兵团长刘云彪更名）6县。

第4专区：平定、建屏（平山西部析置，为纪念晋察冀军区第4支队长周建屏定名，1958年撤销）、平山、井陉、获鹿（今石家庄市鹿泉区）、正定、灵寿和行唐8县。

第5专区：灵丘、繁峙、代县、山阴、应县、浑源、怀仁、大同、阳离和兴和（今划内蒙古自治区）10县。

（三）冀中区：位于河北省中部，在北平至塘沽一线以南、北平至石家庄一线以东、滏阳河以北的地域，行署驻河间县（今河间市），下设5个专区和54个县（市）。

第6专区：深县（今深州市）、束鹿（今辛集市）、束（鹿）冀（县）（冀县为今衡水市冀州区）、宁晋、赵县、晋县（今晋州市）、藁城（今石家庄市藁城区）、栾（城）正（定）获（鹿）（栾城今为石家庄市栾城区）、高（邑）元（氏）9（联合）县和辛集市（今辛集市辛集镇）。

第7专区：清苑（今保定市清苑区）、高阳、蠡县、博野、安国（今安国市）、安平、深泽、无极、定（县）南、新乐（今新乐市）和正（定）藁（城）11（联合）县。

第8专区：河间、肃宁、饶阳、武强、献县、建国（献县、河间两县东部析置，1954年撤销）、交河（今泊头市）、青（县）沧（县）交（河）和青县9（联合）县。

第9专区：安新、新安（后并入安新）、任丘（今任丘市）、任（丘）河（间）、大城文安、新镇（后并入文安）、静海、武清（以上二县今为天津市辖区）、天津（今天津市津南区一带）、津沽（今天津市滨海新区中部）、津南（今天津市滨海新区南部）12（联合）县和胜芳市（今霸州市胜芳镇）。

第10专区：容城、雄县、新城（今高碑店市）、霸县（今霸州市）、固安、永清、安次（今廊坊市区）、大兴、涿（县）良（乡）宛（平）（涿县为今涿州市，良乡为今北京市房山区良乡地区一带，宛平为今北京市丰台区宛平城地区一带）、新（城）涿（县）和定（兴）新（城）11（联合）县。

（四）察哈尔省，位于今河北省西北部和内蒙古自治区中部，省政府驻宣化县，下设5个专区37县，又2个盟18旗。省直属宣化县。

第1专区：涞源、龙华（易县西部析置，后撤销）、易县、满城、徐水（以上二县今为保定市辖区）和定（兴）易（县）涞（水）6（联合）县。

第11专区：涿鹿、涞水、房山（今北京市房山区）、良乡、宛平和昌（平）宛（平）6（联合）县。

第12专区：赤城、龙关（今并入赤城）、怀来、延庆、昌平、顺义、怀柔、密云（以上5县今为北京市辖区）、（西）丰宁（今丰宁满族自治县）和（西）

滦平 10 县。

第 13 专区：蔚县、阳原、万全、怀安、天镇和广灵（以上 2 县在山西境内）6 县。

第 19 专区：张北、尚义、商都、化德、康保、崇礼、宝源（系日伪时期将宝昌和沽源两县合并，宝昌县今为内蒙古自治区太仆寺旗宝昌镇一带）和多伦 8 县。还有察哈尔盟 8 旗和锡林郭勒盟 10 旗，据察省《目前施政纲领》规定，待蒙族民选盟旗自治政府建立后，接受省政府领导。

（五）冀东区，位于河北省东部，北平至古北口一线以东，北从燕山南麓、南到渤海之滨的地域，行署驻遵化县（今遵化市），下设 5 个专区 27 县。

第 14 专区：密（云）东、三（河）通（县）顺（义）（三河今为三河市）、三（河）通（县）香（河）、平（谷）三（河）蓟（县）和蓟（县）南 5（联合）县。

第 15 专区：兴隆、蓟（县）遵（化）兴（隆）、遵化、迁（安）北和迁（安）滦（县）丰（润）5（联合）县。

第 16 专区：迁安（今迁安市）、卢龙、昌黎、抚宁（今秦皇岛市抚宁区）、临榆（今秦皇岛市区一带）、青龙（即原都山设治局，今青龙满族自治县）和青（龙）西（今宽城满族自治县）7 县。

第 17 专区：滦（县）北、滦县、乐亭、丰（润）滦（县）和唐（山）滦（县）5（联合）县。

第 18 专区：丰（润）玉（田）遵（化）、玉（田）蓟（县）、玉（田）宝（坻）、宁河和香（河）武（清）宝（坻）5（联合）县。

（六）热河省，位于今河北省东北部，辽宁省西部和内蒙古自治区中东部，省政府驻承德市，下设 1 个办事处、5 个专署、30 县（市），又 2 个盟 15 旗。

省直辖承德市。

热西专区：承德、（东）滦平、（东）丰宁、隆化和围场（今围场满族蒙古族自治县）5 县。

热中专区：赤峰（今赤峰市松山区一带）、宁城、平泉、建平、新惠（后并入敖汉旗）5 县和赤峰市（今赤峰市红山区一带）。

热北专区：乌丹（今并入翁牛特旗）、经棚（今并入克什克腾旗）、林西、林东（今并入巴林左旗）、天山（今并入阿鲁科尔沁旗）、鲁北（今并入扎鲁特旗）和开鲁 7 县。

热辽办事处辖热东和辽西 2 专署。

热东专区：朝阳（今朝阳市区和朝阳县）、凌源（今凌源市）、凌南（今建昌）、北票（今北票市）、阜新（今阜新市区和阜新蒙古族自治县）和绥东（后并入奈曼旗）6 县。

辽西专区：锦县（今凌海市）、义县、锦西（今葫芦岛市区）、兴城（今兴城市）和绥中 5 县。昭乌达盟所属克什克腾、巴林左、巴林右、阿鲁科尔沁、扎鲁特、库伦、奈曼、敖汉、翁牛特左和翁牛特右 10 旗，卓索图盟所属喀喇沁左、喀喇沁中、喀喇沁右、土默特左和土默特右 5 旗，蒙古族民主自治政府尚待成立。

1945 年 12 月，中共中央决定建立隶属晋察冀中央局和晋察冀军区的冀热辽中央分局和冀热辽军区，程子华任分局书记兼军区政委，萧克任司令员。冀热辽分局和军区领导热河和冀东两省区和两军区。承德遂成为冀热辽解放区首府。中共中央还决定，建立隶属于东北中央局和东北人民自治军（后不久改称东北民主联军）的西满中央分局和西满军区，负责包括热河东部在内的党政军民工作，分局书记兼军区政委李富春，司令员林彪（不久吕正操接任）。至于西满与冀热辽两解放区的分界线，中央交由两分局商定自行解决。当时的形势是"国民党的内战大军还正在源源北上"，"企图进攻早已全部解放，没有一个敌伪的热河、察哈尔两省"。①

1946 年 1 月，中共中央指示冀热辽、西满并晋察冀领导人，"保卫承德及其他要点在我手中，则我在热河仍可占有优势地位"。"而我能否控制热河，对全国战略意义及我党在全国的地位均有极大关系"，要"不惜一切牺牲坚决打击进攻热河之顽军，保卫承德"。②

1946 年 4 月 12 日，晋察冀边区行政委员会决定调整行政区划，确定专员公署不是一级政权机构，只是省政府或行署的辅助机关。5 月 26 日，边

---

① 《中共中央解放战争时期统一战线文件选编》，档案出版社 1988 年版，第 36 页。
② 《中共中央文件选集》第 13 册，中共中央党校出版社 1987 年版，第 259 页。

区行政委员会决定将行署改为行政公署，确定为与省政府同一级别的政权机关。

1946年夏，晋察冀解放区首府仍驻张家口市，下辖2个省政府、3个行政公署和一个直辖市政府，其下设20个专员公署、177个县（市）政府，又3个盟29个旗地方政权。兹分述于下。

（一）张家口市，全市设9个区，下设55个街和26个村基层政权机构。

（二）冀晋行政公署，驻阜平县，下设3个专署和32个县政府。

第1专区：阳高、大同、怀仁、山阴、应县、浑源、广灵、灵丘、繁峙和代县10县。

第2专区：五台、定襄、崞县、忻县、阳曲、榆次、寿阳、盂县和平定9县。

第3专区：阜平、建屏、平山、井陉、获鹿、正定、灵寿、行唐、曲阳、唐县、完县、望都和定县（县佐）13县（县佐）。

（三）冀中行政公署，驻河间市，下设4个专区和54个县（市）。行政公署直辖河间市（1946年5月23日建立，今河间市城区）和泊镇市（1946年5月10日建立，今泊头市城区）。

第8专区：献县、交河、建国、沧县（县佐）、河间、任河、任丘、青县、大城、文安、新镇、静海、津南、天津（县佐）、武清（县佐）15县（县佐）和胜芳市。

第9专区：清苑、安新、高阳、蠡县、博野、安国、定县、安平、饶阳和肃宁10县。

第10专区：容城、雄县、霸县、固安、永清、安次、大兴、新城、良乡、定兴（县佐）、涿县（县佐）和宛平（县佐）12县（县佐）。

第11专区：武强、深县、束鹿、深泽、无极、晋县、宁晋、赵县、栾城、藁城、新乐、正定（县佐）、获鹿（县佐）13县（县佐）和辛集市。

（四）察哈尔省政府，驻宣化市，下设4个专署37个县（市）政府，又2个盟18个旗。省直辖宣化市（1946年1月1日建立，今张家口市宣化区）。

第4专区：涞源、易县、满城、徐水、定兴、涞水、涿县、良乡（县佐）、房山和宛平10县（县佐）。

第5专区：赤城、龙关、怀来、涿鹿、延庆、昌平、怀柔、顺义8县和涿鹿市（今涿鹿县涿鹿镇）。

第 6 专区：宣化、万全、怀安、阳原、蔚县、天镇和兴和 7 县。

第 7 专区：张北、崇礼、尚义、商都、化德、康保、宝源、多伦 8 县和张北市（今张北县张北镇）、多伦市（今多伦县多伦淖尔镇）。

省政府规定，察、锡两盟为内蒙古民族在察省境内的自治区域。1946 年 4 月，察、锡两盟政府分别在明安旗女子部和阿巴哈纳尔左旗贝子庙成立。察哈尔盟辖正蓝旗、正白旗、镶白旗（以上两旗今并为正镶白旗）、镶黄旗、太仆寺左旗、太仆寺右旗（以上两旗今并为太仆寺旗）、商都旗（今并入镶黄旗）和明安旗（今并入正蓝、正镶白两旗）8 旗；锡林郭勒盟辖乌珠穆沁左、右旗、浩济特左旗（以上三旗今并为东、西乌珠穆沁两旗）、浩济特右旗、阿巴哈纳尔左、右旗（以上三旗今并为锡林浩特市）、阿巴嘎左、右旗（以上二旗今并为阿巴嘎旗）、苏尼特左旗和苏尼特右旗 10 旗。

（五）冀东行政公署，驻遵化县，下设 4 个专署 24 个县政府（县佐公署）。行政公署直辖遵化县。

第 12 专区：临榆、抚宁、卢龙、迁安和迁西（县佐，后设县）5 县（县佐）。

第 13 专区：昌黎、乐亭、滦县、滦南（县佐，后设县）、滦西（县佐，后撤销）和丰南（县佐，后设县，今唐山市丰南区）6 县（县佐）。

第 14 专区：香河、三河、平谷、密云、（东）顺义、通县和武清 7 县。

第 15 专区：丰润、玉田、蓟县、宝坻和宁河 5 县。

（六）热河省政府，驻承德市，下设 5 个专署 30 个县（市）政府和 1 个盟 11 个旗。省直辖承德市。

第 16 专区：滦平、丰宁、隆化和围场 4 县。

第 17 专区：承德、平泉、兴隆、青龙和青西 5 县。

第 18 专区：凌源、建昌、朝阳、义县、锦县、锦西、兴城、绥中 8 县和喀喇沁左旗（今喀喇沁左翼蒙古族自治县）。

第 19 专区：新惠、新（惠）东、朝（阳）北、北票 4 县和敖汉旗、土默特旗（今阜新蒙古族自治县）。

第 20 专区：乌丹、赤峰、宁城、建平 4 县和赤峰市、喀喇沁右旗（今喀喇沁旗）、翁牛特右旗（今并入翁牛特旗）。

昭乌达盟（盟临时行政委员会 1946 年 6 月 5 日在巴林左旗林东成立）：克什克腾旗、巴林左旗、右旗、阿鲁科尔沁旗、扎鲁特旗、翁牛特左旗（今并入翁牛特旗）6 旗和开鲁、林西、经棚 3 县。

二

1946 年 6 月底，国民政府军对解放区发动大规模进攻，人民解放战争正式爆发。国民政府第 11、12 两战区部队奉命进攻晋察冀解放区，第 2 绥靖区部队进攻冀热辽解放区。国民政府军于 8 月 29 日占领冀热辽解放区首府暨热河省会承德市，10 月 11 日占领晋察冀解放区首府张家口市，国民政府军全面进攻解放区达到顶点。根据形势，晋察冀边区行政委员会决定，在热河省西部、察哈尔省北部和河北省西北部组建冀热察区，11 月 13 日冀热察行政公署成立。

1946 年冬，晋察冀解放区分为两部分，一部分是中共晋察冀中央局（驻冀西阜平）直接领导下的冀晋区、冀中区和察哈尔省；另一部分是中共冀热辽中央分局（驻热北林西）领导下的热河省、冀东区和冀热察区。下分述之。

（一）冀晋区，设 3 个专区和 27 县（县佐）。

第 1 专区：阳高、大同、应县、浑源、广灵、灵丘和繁峙 7 县。

第 2 专区：五台、定襄、阳曲、榆次、寿阳、盂县和平定 7 县。

第 3 专区：阜平、建屏、平山、井陉、获鹿、正定、灵寿、行唐、曲阳、唐县、完县、望都和定县（县佐）13 县（县佐）。

（二）冀中区，设 4 个专区和 47 县（市）。

第 8 专区：献县、献（县）交（河）、建国、青沧交、河间、任河、任丘、青县、大城、文（安）新（镇）、静海 11 县和河间市、泊镇市。

第 9 专区：清苑、安新、高阳、蠡县、博野、安国、定县、安平、饶阳和肃宁 10 县。

第 10 专区：容（城）定（兴）、雄县、霸县、固安、永清、安次、（天）津武（清）、大兴、宛（平）良（乡）、涿县和新城 11 县。

第 11 专区：武强、深县、束鹿、深泽、无极、晋县、宁晋、赵县、栾城、藁（城）获（鹿）、新乐、正定12县和辛集市。

（三）察哈尔省，设3个专区和17县（县佐）。

第4专区：涞源、易县、满城、徐水和定兴5县。

第6专区：宣化、万全、怀安、阳原、蔚县和天镇6县。

第22专区：涞水、涞（水）涿（县）、良乡、房山、宛平和怀来（县佐）6县。

（四）冀东区，设5个专区和29县。

第12专区：迁安、迁西、卢龙、抚宁和临榆5县。

第13专区：昌黎、乐亭、滦县、滦南和丰南5县。

第14专区：香河、三河、平谷、密云、顺义、通县和武清7县。

第15专区：遵化、滦西、丰润、玉田、蓟县、宝坻和宁河7县。

第17专区：承德、平泉、兴隆、青西和青龙5县。

（五）冀热察区，设4个专区和24县。

察东专区：赤（城）北，赤（城）南、龙关、崇礼、龙（关）崇（礼）宣（化）、龙（关）宣（化）怀（来）和延庆7县。

察北专区：张北、宝源、多伦、康保、化德、商都、尚义和兴和8县。

热西专区：大阁（即丰宁）、滦平、隆（化）西和围场4县。

平北专区：四海（今延庆县四海镇一带）、昌平、怀柔、密云和顺义5县。

1946年11月，内蒙古自治运动联合会察锡地方行政委员会成立，察哈尔和锡林郭勒两盟所辖18旗，均划归该地方行政委员会领导。

（六）热河省，设5个专区、1个盟、29县和12旗。

热东专区：凌源、建昌、朝阳、建（平）东、锦（县）义（县）、兴城、绥中、锦西8县和喀喇沁左旗。

热中专区：隆（化）东、承（德）北、平（泉）凌（源）、宁城、建（平）西、叶柏寿（新建，今建平县叶柏寿镇一带）、绥东7县和喀喇沁中、右旗（今两旗并为喀喇沁旗）。

乌丹专区：乌丹、赤峰、赤（峰）西、围（场）北4县和翁牛特右旗、翁（牛特）敖（汉）联合旗。

热辽专区：新惠、新东、朝北、北票、北（票）阜（新）义（县）5县和敖汉旗、土默特旗。

热北专区：经棚、林西、林东、天山和鲁北5县。

昭乌达盟：克什克腾、巴林左、巴林右、阿鲁科尔沁和扎鲁特5旗。

晋察冀解放区在1946年冬季辖2省4行政区，下设24个专区173县（县佐、市）以及1个盟12旗。其中冀热辽为3省区，下设14个专区82县，又1个盟12旗。

1947年3月30日，中共中央决定，将冀热辽解放区划属东北解放区。至此，晋察冀解放区余下冀晋、冀中和察哈尔3省区，其范围西迄同蒲线，东到津浦线，南从正太线，北达平绥、北宁线。1947年夏，晋察冀3省区下设11个专区、92县（市），分述于下。

（一）冀晋区，设4个专区28县（市）。

第1专区：阳高、大同、应县、浑源、广灵、灵丘和繁峙7县。

第2专区：五台、定襄、阳曲、榆次、寿阳、盂县和平定7县。

第3专区：阜平、曲阳、唐县、完县、望都、定县6县和定市（1947年2月设，今定州市城区）。

第4专区：建屏、平山、井陉、获鹿、正定、灵寿和行唐7县。

（二）察哈尔省，设3个专区17县。

第5专区：涞源、易县、定兴、徐水和满城5县。

第6专区：蔚县、涿鹿、宣（化）涿（鹿）怀（来）、蔚（县）涿（鹿）宣（化）、蔚（县）阳（原）和天（镇）阳（原）怀（安）6县。

第7专区：涞水、涞涿、良乡、房山、宛平和昌（平）宛（平）6县。

（三）冀中区，设4个专区47县（市）。

第8专区：献县、献交、交河、建国、青沧交、河间、任河、任丘、大城、文新、静海11县和泊镇市。

第9专区：清苑、安新、高阳、蠡县、博野、安国、定南、安平、饶阳和肃宁10县。

第10专区：容定、雄县、霸县、固安、永清、安次、津武、大兴、宛良、涿县和新城11县。

第11专区：武强、深县、束鹿、深泽、无极、晋县、宁晋、赵县、栾城、藁（城）正（定）获（鹿）、新乐、正（定）藁（城）12 县和辛集市。正定市（1947 年 4 月设，今正定县正定镇）。

三

1947 年夏，中国内战形势发生重大变化，国民政府开始出现军政危机，中共中央军委统率中国人民解放军主力转向外线作战，解放区战场从战略防御转向战略进攻。晋察冀野战军 10 月发动清风店战役，歼灭政府军第三军主力，成为扭转华北战局的关键一仗。随后进行石家庄战役，11 月 12 日一举攻克华北重镇石门市，成为人民解放军夺取大城市成功的创举，对全国战场产生重大影响。11 月 18 日，晋察冀边区行政委员会下令，冀晋区和察哈尔省合并组成北岳区，建立北岳行政公署。1947 年冬，晋察冀解放区辖一个直辖市两个行政区，下设 10 个专区 89 县(市)。下分述之。

1. 石家庄市，1947 年 11 月 15 日成立石门市民主政府，下设第 1~6 区。12 月 26 日改称石家庄市，改划为第 1~8 区(大体相当于今城区)，人口 28 万。

2. 北岳区，设 6 个专区 44 县（市）。

第 1 专区：阳高、大同、应县、浑源、广灵、灵丘和繁峙 7 县。

第 2 专区：五台、定襄、阳曲、榆次、寿阳、盂县和平定 7 县。

第 3 专区：涞水、涞涿、良乡、房山、宛平和昌宛 6 县。

第 4 专区：阜平、曲阳、行唐、灵寿、平山、建屏、井陉、获鹿、正定 9 县和正定市。

第 5 专区：涞源、易县、定兴、徐水、满城、完县、唐县和望都 8 县。

第 6 专区：蔚县、涿鹿、宣涿怀、蔚阳宣、蔚阳和天阳怀 6 县。

3. 冀中区，设 4 个专区 45 县（市）。

第 8 专区：献县、献交、交河、建国、青沧交、河间、任河、任丘、大城、文新、静海 11 县和泊镇市。

第 9 专区：清苑、安新、高阳、蠡县、博野、安国、定县、安平、饶阳、肃宁 10 县和定市。

第 10 专区:容定、雄县、霸县、永清、安次、津武、大兴、涿良宛和新（城）固（安）9 县。

第 11 专区:武强、深县、束鹿、深泽、无极、晋县、宁晋、赵县、栾城、藁获、新乐、正藁 12 县和辛集市。

"石家庄一打开，晋察冀和晋冀鲁豫两区都要求统一。"①1948 年 3 月，中共中央指出，目前我们正将晋察冀区和晋冀鲁豫区统一在一个党委、一个政府和一个军事机构的指挥之下，并提出该区的领导中心设在石家庄。5 月 9 日，中共中央和中央军委决定合并晋察冀和晋冀鲁豫两大解放区及其领导机构。5 月 20 日，晋察冀中央局和晋冀鲁豫中央局合并组成中共华北中央局，随后晋察冀和晋冀鲁豫两大军区合组华北军区。5 月 24 日，晋察冀边区行政委员会和晋冀鲁豫边区政府联合办公。6 月 26 日，晋察冀和晋冀鲁豫两边区参议会联席会议在石家庄举行，确认晋察冀边区行政委员会和晋冀鲁豫边区政府联合办公是两边区政权机构过渡到完全统一的华北政府的形式，并决定尽速召开华北临时人民代表大会，以产生统一的华北民主联合政府。8 月间，华北临时人民代表大会在石家庄召开。9 月 26 日，华北人民政府正式建立，晋察冀边区行政委员会和晋冀鲁豫边区政府同时宣告结束。晋察冀和晋冀鲁豫两解放区遂统一为华北解放区。

（原载《北京档案史料》1997 年第 3 期）

---

① 《毛泽东文集》第五卷，人民出版社 1996 年版，第 136 页。

冀察热辽解放区行政区划沿革
（1947~1949年）

1947年春，在全国战场上正当国民党军战略进攻行将结束、人民解放军战略反攻即将开始之际，一个新的解放区——冀察热辽在解放战争的硝烟中诞生了。

冀察热辽解放区位于东北和华北两大区之间的接合部，包括当时河北省的东部和北部，察哈尔省的北部和东部，热河省的绝大部分以及辽宁省的西部走廊。它西连晋绥解放区的绥蒙区，西南与晋察冀解放区的北岳、冀中两区隔平绥、北宁两铁路线相望，东南濒临渤海北岸，东同东北解放区的西满区为邻，正北面接壤蒙古人民共和国。总面积约28万平方公里，人口1600多万，汉族为主，还有蒙古、满等少数民族。冀察热辽的地理位置决定了它所具有的重要战略地位，它是华北和东北的陆路必经通道和联系纽带，因而成为当时国共交战双方都非常重视的咽喉要地和作战枢纽。

冀察热辽解放区的前身是1945年冬建立的冀热辽解放区，首府是热河民主省政府驻地承德市。冀热辽解放区党的领导机构是隶属于中共晋察冀中央局的冀热辽分局（书记程子华），军事指挥机构是隶属于晋察冀军区的冀热辽军区（司令员肖克，政治委员程子华）。行政上没有相应的政权机构，分属热河省政府和冀东行政公署地方民主政权。

1945年10月，在冀东沿海登陆的国民党军，11月初占领了辽西走廊。1946年1月4日，热东战略要地朝阳城被国民党军占领。半月后，国民党热河省政府进驻朝阳。这年夏秋，国民党军沿锦古铁路线西犯，8月29日占领承德，9月22日国民党省政府迁入进城。10月10日，沿叶赤铁路线北犯的国民党军占领热中重镇赤峰。冀东所有县城到9月下旬均被国民党军占据。在晋察冀战场，10月11日国民党军占领晋察冀解放区首府张家口市，这月中旬，国民党军进占了察哈尔省全部县城。1946年秋末，平绥线以北的察北、察东、热西以及平北地区组成冀热察区，建立了中共区党委、军区和行政公署，并划入冀热辽解放区。

1947年3月30日，中共冀热辽中央分局改归东北中央局领导，遂改称冀察热辽分局，书记程子华，副书记黄火青。4月15日，冀热辽军区改隶东北民主联军，改称冀察热辽军区，司令员程子华，副司令员李运昌，政治委员黄克诚，副政治委员黄火青。5月1日，热河民主省政府、冀东行政公署和冀热察行政公署脱离晋察冀边区行政委员会领导，改隶东北行政委员会，划属东北的冀察热辽解放区正式形成。8月18日，东北行政委员会决定成立冀察热辽办事处，负责领导热河、冀东和冀热察3省区，主任李运昌，副主任高自立。冀察热辽党政军领导机构至此全部建立。

1947年4月2日至5月14日，代表冀察热辽20万中国共产党员的分局第一次党代表会议在热北昭乌达草原上的林西城举行。这次会议总结了冀热辽分局一年多来的工作，分析了当时的形势，明确了今后的工作方针和任务，为迎接整个东北战场的反攻进行准备。党代会后，分局党的工作由黄火青主持，军区工作由李运昌主持，以程子华为首组成前方作战指挥部，统一指挥冀察热辽野战主力部队，从游击战向运动战转化，迎接夏季攻势的到来。

1947年上半年的政区沿革

1947年4月，冀察热辽解放区包括3个省区，设14个专区、3个盟、83个县和30个旗，下辖区、村政权。

（一）冀东区

冀东领导机关为中共冀东区党委（书记李楚离），冀东军区（司令员詹才芳，政治委员李楚离）和冀东行政公署（主任张明远）。全区面积5万多平方公里，人口约700万。设5个专区29个县。

第12专区（依原晋察冀边区统一顺序排列，下同）：临榆（建国后撤销，辖今秦皇岛市区一带）、抚宁、卢龙、迁安和迁西（驻兴城，析迁安西部新设，原为县佐）5县。

第13专区：昌黎、乐亭、滦县、滦南（驻倴城，析滦县南部新设，原为县佐。又，国民党政府称滦宁县，驻司各庄）和丰南（驻稻地，析丰润南部新设，原为县佐。又，国民党政府称浭阳县，驻胥各庄）5县。

第14专区：平谷、密云（东）、顺义（东）、通县、三河、香河和武清7县。

第15专区：遵化、蓟县、宝坻、宁河、玉田、丰润和滦西（驻榛子镇，析滦县西部新设，原为县佐，后撤销）7县。

第17专区：兴隆、承德（驻寿王坟）、平泉、青龙（国民党政府称都山设治局，今青龙满族自治县）和青西（驻宽城，析青龙西部新设，原为县佐，今宽城满族自治县）5县。

（二）热河省

热河领导机关为中共热河省委（书记胡锡奎）、热河军区（司令员兼政治委员程子华）和热河民主省政府（主席李运昌）。全省面积13万多平方公里，人口700多万。设5个专区（盟）、28个县和12个旗。

第18专区（热东）：凌源、建昌（国民党政府称凌南县）、凌（源）建（昌）、建（昌）东、朝阳、锦（县）义（县）、锦西（今葫芦岛市区）、兴城（今兴城市）、绥中9县和喀喇沁左旗（今喀喇沁左翼蒙古族自治县）。

第19专区（热中）：宁城、建（平）中（以平庄、古山一带为中心）、建（平）西、隆（化）东（伊逊河以东，以茅荆坝为中心）、承（德）北（以三沟为中心）、平（泉）宁（城）6县，喀喇沁中旗（驻大城子）、喀喇沁右旗（驻公爷府，即今锦山镇）2旗（今并为喀喇沁旗）。

第20专区（热北，即昭乌达盟）：经棚（今并入克什克腾旗）、林西、林东（今并入巴林左旗）3县，克什克腾旗、巴林左旗、巴林右旗、阿鲁科尔沁旗、扎鲁特旗5旗。

第21专区（热辽）：建平、新惠（今并入敖汉旗）、新（惠）东（以下洼为中心，今并入奈曼旗）、朝（阳）北、北票（今北票市）、北（票）阜（新）义（县）6县，敖汉旗、土默特左旗（驻王府，今并入阜新蒙古族自治县）2旗。

第22专区：乌丹（今并入翁牛特旗）、赤峰（以建昌营为中心）、赤（峰）西（以大庙为中心）、围（场）北（以新拨为中心，围场今为满族蒙古族自治县）4县，翁（牛特）敖（汉）旗、翁牛特右旗（今并入翁牛特旗）2旗。

（三）冀热察区

冀热察领导机构为中共冀热察区党委（书记刘道生）、冀热察军区（司令员段苏权，政治委员刘道生）和冀热察行政公署（主任杨春圃）。全区面积9万平方公里，人口200多万。设4个专区、2个盟、26个县和18个旗。

平北专区：顺义（西）、密云（西）、怀柔、昌平和四海（以四海堡为中心，析延庆东部一带新设）5县。

热西专区：大阁（以大阁镇为中心，丰宁西部析置，今丰宁满族自治县）、丰宁（以凤山为中心）、滦平、隆化（西）（以西阿超为中心）和围场（西）（以半截塔为中心）5县。

察东专区：延庆、怀来（北）、宣化（北）、龙关（今并入赤城）、赤（城）南、赤（城）北和崇礼7县。

察北专区：万全、兴和、商都（以上2县原属绥远省）、尚义、化德（国民党政府称新明县）、康保、张北、宝（昌）（沽）源（宝昌县今并入太仆寺旗）和多伦9县。

察哈尔盟：正蓝旗、正白旗、镶白旗（以上2旗今并为正镶白旗）、镶黄旗、商都旗（原商都牧场设，今并入镶黄旗）、明安旗（原明安牧场设，今并入太仆寺旗）、太仆寺左旗和太仆寺右旗（以上2旗今并为太仆寺旗）8旗。

锡林郭勒盟：乌珠穆沁左旗、乌珠穆沁右旗（以上2旗今重划为东乌珠穆沁旗和西乌珠穆沁旗）、浩济特左旗、浩济特右旗（以上2旗今并入东乌珠穆沁旗和西乌珠穆沁旗)、阿巴哈纳尔左旗、阿巴哈纳尔右旗（以上2旗今并为锡林浩特市)、阿巴嘎左旗、阿巴嘎右旗(以上2旗今并为阿巴嘎旗)、苏尼特左旗和苏尼特右旗10旗。

1947年下半年的政区沿革

1947年5月初，中国共产党领导的第一个省级民族自治单位——内蒙古自治政府在王爷庙（今乌兰浩特市）建立，冀察热辽解放区所属的锡林郭勒盟和察哈尔盟随后划入内蒙古自治区。

5月中旬开始，东北民主联军发动夏季攻势。到7月初，冀察热辽部队先后攻克围场、宁城、建平、叶柏寿、凌源等城镇，控制了叶赤全线和锦承线中段，热中、热东和热辽连成一片。6月18日赤峰收复后，热河民主省政府移驻该城。同时还收复了遵化、蓟县、平谷、三河等城，至此冀东已占有9座县城。这次在热河和冀东举行的"战略性的反攻，收复和解放了广大的土地"。[①]冀察热辽解放区巩固区和游击区的人口从900多万扩大到1200多万。

为适应战争形势的发展，冀察热辽主力部队8月间组建成东北民主联军第8、9两纵队（第8纵队司令员黄永胜，政治委员刘道生，第9纵队司令员詹才芳，副政治委员李中权），同时设立冀察热辽前方指挥所（程子华兼司令员，黄克诚兼政治委员）。这时的冀察热辽野战部队已经扩充到20万人之众。9月，民主联军发动秋季攻势，第8、9两纵队分别从热中、冀东出动，进击热东、辽西守敌。11月23日收复朝阳城，有力地配合了整个东北战场的作战。至年底，又在冀东收复乐亭、迁西、玉田等城镇，进一步扩大了战果。

到1947年冬，冀察热辽解放区经过行政区划的调整，设12个专区、2个盟、70个县和14个旗。

---

① 《毛泽东选集》第2版第四卷，人民出版社1991年版，第1230页。

（一）冀东区

撤销第17专区，设4个专区28个县。

第12专区：临榆、抚宁、卢龙、迁安、迁西、青龙和青（龙）平（泉）7县。

第13专区：昌黎、乐亭、滦县、滦南和丰南5县。

第14专区：兴隆、蓟县、平谷、三河、通县、顺义、密云和承德8县。

第15专区：遵化、滦西、玉田、宝坻、宁河、丰润、武清和香河8县。

（二）热河省

撤销第22专区，2个盟和2个专区联合办公。设4个专区2个盟24个县14个旗。

第18专区（热东）：凌源、建昌（建东并入）、叶柏寿（原凌建改设，驻叶柏寿，后撤销）、朝（阳）南、锦义、锦西、兴城、绥中8县和喀喇沁左旗。

第19专区（热中）：宁城、建西（建中并入）、承（德）隆（化）（承北和隆东合并）、平（泉）北（原平凌改设）、赤峰、赤西、围北、乌丹8县和喀喇沁中旗、喀喇沁右旗、翁牛特右旗、翁敖旗4旗。

第20专区（热北专署和昭乌达盟联合办公）：经棚、林西、林东3县和克什克腾旗、巴林左旗、巴林右旗、阿鲁科尔沁旗、扎鲁特旗5旗。

第21专区（热辽专署和卓索图盟联合办公）：建平、新惠（新东并入）、朝阳、北票、北阜义5县和敖汉旗、土默特中左联合旗、土默特右旗、喀喇沁东旗4旗。

（三）冀热察区

设4个专区17个县。

平北专区：昌（平）顺（义）、怀（柔）四（海）和乙化（密云县潮白河以西新设，为纪念抗日团长白乙化烈士定名）3县。

热西专区：大阁、丰（宁）滦（平）、滦平、隆西和围西5县。

察东专区：延庆、龙（关）宣（化）怀（来）、龙（关）崇（礼）宣（化）、赤南和赤北5县。

察北专区：兴（和）尚（义）万（全）、商（都）化（德）康（保）、张（北）

宝（源）和多伦 4 县。

1948 年的政区沿革

1947 年 12 月至 1948 年 3 月，东北人民解放军展开冬季攻势。这场攻势结束时，冀察热辽又组建了野战第 11 纵队（司令员贺晋年，政治委员陈仁麒）。1948 年 4 月，冀察热辽前方指挥所改为东北人民解放军第二前方指挥所，统一指挥第 8、9 两纵队和北宁线作战部队。

1948 年初夏，冀察热辽部队在华北军区部队配合下发起出击冀热察战役。4 月 23 日，解放察北重镇多伦。5 月下旬到 6 月上旬克复隆化、平泉、丰宁、滦平等县城，至此，旧热河省境，除承德孤城外全获解放。这时在冀东又先后收复滦南、丰润、香河、武清等县城。到 1948 年夏，冀察热辽军事形势全面改观。

是年 9 月，辽沈战役发起之时，第二前方指挥所改称野战第二兵团，投入战斗。9 月底 10 月初，攻占绥中、兴城、义县。10 月 15 日，东北人民解放军主力攻克辽西重镇锦州市。当日民主市政府建立，市长史立德。11 月 9 日，辽西走廊全部解放。12 日，承德收复。19 日重建民主市政府，市长史立文。热河省全获解放。

在冀东，11 月 27 日山海关、秦皇岛解放。随之建立秦榆市，驻秦皇岛，市军管会主任王世煜。当月，解放后的昌黎县城设立昌黎市，市长王瑞峰。12 月 12 日，唐山市解放，阎达开任军管会主任。至 14 日通县城解放后，冀东全部获得解放。

在冀热察地区，华北野战部队在东北野战部队配合下，12 月 24 日攻占张家口市。25 日，市军管会建立，主任张苏。察北、察东各县全获解放。12 月 29 日，冀热察区领导机关进驻张家口市。

至 1948 年 12 月底，冀察热辽城乡全部获得解放。冀察热辽解放区 3 个省区下辖 10 个专区、1 个盟、6 个市、73 个县和 13 个旗。

(一)冀东区（辖4个专区、3个市、27个县）

唐山市，秦榆市。

第12专区：临榆、抚宁、卢龙、迁安、迁西、青龙和青平7县。

第13专区：昌黎、乐亭、滦县、滦南、丰南5县和昌黎市。

第14专区：兴隆、蓟县、平谷、三河、通县、顺义和密云7县。

第15专区：遵化、滦西、玉田、宝坻、宁河、丰润、武清和香河8县。

(二)热河省（辖4个专区、1个盟、2个市、22个县、13个旗）

承德市，锦州市。

第18专区（热东）：凌源、建昌、叶柏寿、羊山（5月朝南改设，驻羊山镇）、义县、锦县、锦西、兴城、绥中9县和喀喇沁左旗。

第19专区（热中）：承德（承隆并入）、平泉（6月平北改设）、宁城、建西、赤峰、赤西、乌丹7县和喀喇沁中旗、喀喇沁右旗、翁牛特旗3旗。

第20专区（热北，即昭乌达盟）：林西县，克什克腾旗、巴林左旗、巴林右旗、阿鲁科尔沁旗4旗（扎鲁特旗划归辽北省）。

第21专区（热辽）：建平、新惠、朝阳、北票、北阜义5县和敖汉旗、土默特左旗、土默特中旗、土默特右旗、喀喇沁东旗5旗。

(三)冀热察区（辖2个专区、1个市、24个县）

张家口市。

冀察专区（平北、察东合并）：昌顺、怀柔、四海、乙化、延庆、赤城、龙关、宣化（北）和怀来（北）9县。

热西（专署已于10月撤销）：大阁、丰宁、滦平、隆化和围场5县。

察北专区：万全、兴和、尚义、商都、化德、康保、张北、宝源、多伦和崇礼10县。

1949 年的冀察热辽

1949年1月20日,东北行政委员会第51次常务会议决议,撤销冀察热辽办事处。原热河省热辽、热东各一部组建辽西省,任命原热河省第一副主席罗成德为辽西省主席,驻锦州市。原热河省热中、热北全部、热东、热辽一部以及原冀热察区热西部分组成新的热河省。两省均由东北行政委员会直接领导。冀热察区的冀察和察北两部分与冀东区全部划归华北人民政府管辖。1947年春创建近两年的冀察热辽解放区在1949年春完成历史使命宣告结束。

(原载《北京档案史料》1992年第1期)

附：冀察热辽解放区略图

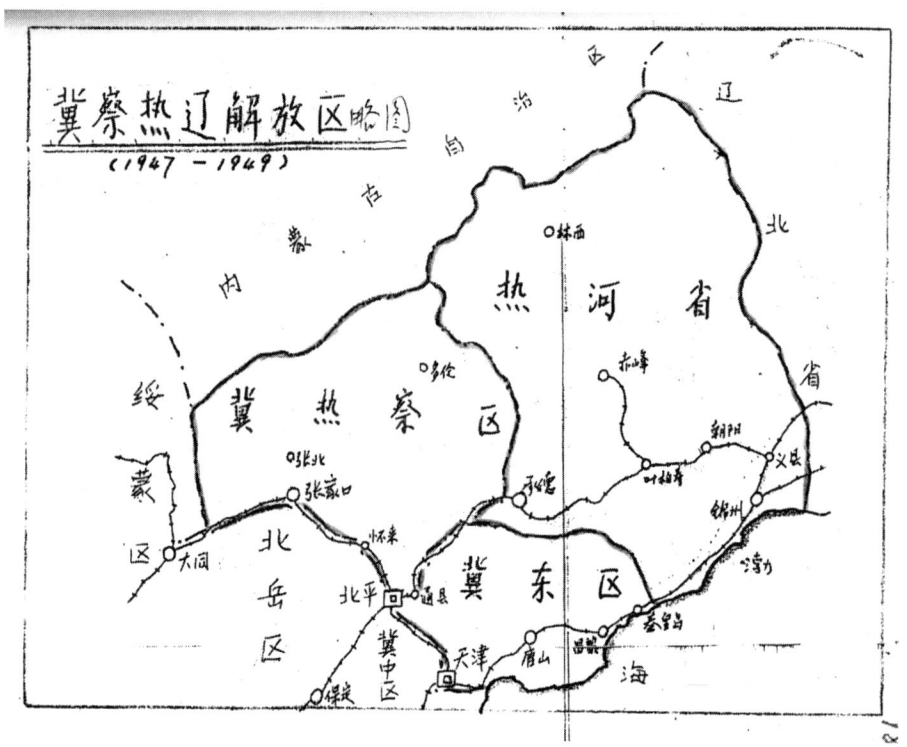

华北解放区行政区划沿革
（1948~1949年）

1947年6月，晋冀鲁豫野战军突破国民党军黄河防线，南下挺进中原，揭开了人民解放军战略进攻的序幕，成为中国人民革命战争的历史转折点。11月12日，晋察冀野战军一举攻克华北重要战略据点石门，开创了人民解放军攻占强敌坚固设防大中城市的先例。晋察冀和晋冀鲁豫两大解放区从此完全连成一片，华北解放战争形势开始大变，这就为华北解放区的创建奠定了基础。石门解放后是晋察冀解放区直辖市，11月15日成立民主市政府。12月26日，石门市政府通告，"石门市自即日起改为石家庄市"，并将市辖6区改划8区，分别建立区政府。

1948年3月20日，中共中央发出党内通报：目前我们正将晋察冀区、晋冀鲁豫区……"统一在一个党委（华北局）、一个政府、一个军事机构的指挥之下"，新的华北区将"包括陇海路以北、津浦路和渤海以西、同蒲路以东、平绥路以南的广大地区"。"大约短期内即可完成合并任务。这样做，可以有力地支援南线作战，可以抽出许多干部输往新解放区。该区的领导中心设在石家庄。"①5月9日，中共中央和中央军委决定，将晋察冀和晋冀

---

① 《毛泽东选集》第四卷《关于情况的通报》，人民出版社1991年版，第1299页。

鲁豫两大解放区及其领导机构合并。20日，阜平中央局和邯郸中央局合并组成中共华北中央局。晋察冀军区和晋冀鲁豫军区并为华北军区。华北解放区诞生。中共中央工委书记刘少奇兼任华北局第一书记，薄一波任第二书记兼华北军区政治委员，聂荣臻任第三书记兼华北军区司令员。晋冀鲁豫边区政府和晋察冀边区行政委员会（即边区政府）于24日全部迁到一起联合办公。这时，华北解放区包括晋察冀边区所属北岳、冀中2行政公署和晋冀鲁豫边区所属冀南、冀鲁豫、太行和太岳4行署，下设34区行政督察专员公署（以下简称"专署"）、279县政府、12市政府，辖1780区、70484行政村，拥有4379万人口。

6月26日，晋冀鲁豫和晋察冀两边区参议会联席会议在石家庄市举行，决议确认联合办公的两边区政府是过渡到完全统一的华北政府的形式，决定由两边区政府立即筹备并尽速召开华北临时人民代表大会，以产生统一的华北民主联合政府。8月7~19日，华北临时人民代表大会召开，选举产生了华北统一的民主政府——华北人民政府。

从中共中央华北局和华北军区建立到华北人民政府组成期间，华北解放区行政区划重大变动有：

7月28日，原属北岳二专署的阳泉市，改归两边区政府直辖。于是，阳泉和石家庄同为华北解放区直辖市。

8月1日，为适应对敌斗争和工作发展需要，原属华东解放区山东省渤海一专署的津南、黄骅、沧县和沧市划归华北解放区冀中行政公署管辖，计划入1市3县24区1099行政村，共77万人口。冀中区辖境东抵渤海湾畔。

六七月间，华北一兵团等部进行晋中战役，连克13座县城，除太原市外，晋中全获解放。8月15日，晋中行政公署建立。晋中区辖3专署、20县和1县级市。

一、从华北人民政府正式成立到北平、天津两市解放
（1948年9月至1949年2月）

1948年9月20日，华北人民政府举行第一次委员会会议，选举董必武

为主席，薄一波、蓝公武和杨秀峰为副主席。26日，未来的中央人民政府的雏形——华北人民政府正式成立，晋冀鲁豫边区政府和晋察冀边区行政委员会同时结束。10月24日，华北人民政府通令任命各行政公署和直辖市政府领导人员，北岳主任张苏、冀中主任罗玉川、冀南主任王任重、冀鲁豫主任潘复生、太行主任裴丽生、太岳主任牛佩琮、晋中主任牛荫冠、石家庄市长柯庆施、阳泉市长程宏毅。

华北一兵团等部10月开始发动太原战役，一期作战攻占太原市东南郊，紧缩了对城区的包围。11月9日，华北人民政府任命太原市政府领导人，宋劭文为太原市长。22日，华北军区部队解放河北省城，保定市军管会和市政府相继成立，冀中军区司令员孙毅兼任市军管会主任，李泽民任市长，1949年2月21日，冀中区领导机关进驻保定市。

1949年11月底，华北人民政府辖7行政公署、3直辖市、34专署、7专级市、260县、16县级市和14直辖市辖区。下分述之：

（一）北岳行政公署辖5专署、37县和1县级市。

一专署辖阳高、大同、应县、浑源、广灵、灵丘、繁峙7县。

三专署辖涞水、涞涿（涞水、涿县各一部析置）、房山（今北京市房山区）、良乡（今北京市良乡地区一带）、宛平（今北京市门头沟区一带）、昌宛（昌平、宛平各一部析置）、怀来（铁路以南）7县。

四专署辖阜平、曲阳、行唐、灵寿、平山、建屏（平山西部析置）、井陉、获鹿（今石家庄市鹿泉区）、正定9县和正定市（今正定县正定镇）。

五专署辖涞源、易县、定兴、徐水、满城、完县（今顺平）、唐县、望都8县。

六专署辖天镇、怀安、宣化、涿鹿、阳原、蔚县6县。

（二）冀中行政公署辖4专署、3专级市、48县和6县级市。

八专署辖静海、大城、文新（文安、新镇并置，今文安）、任丘（今任丘市）、任河（任丘、河间各一部析置）、河间、建国（河间、献县各一部析置）、献县、献交（献县、交河各一部析置）、交河（今泊头市交河镇一带）、沧县、青县、青沧交（青县、沧县、交河各一部析置）、津南（今天津以南静海东部）、黄骅（新海改称）15县和河间市（今河间县瀛州镇）。

九专署辖清苑、安新、高阳、蠡县、博野、安国（今安国市）、定县（今定州市）、新乐（今新乐市）、无极、深泽、安平、饶阳、肃宁13县和高阳市（今高阳县高阳镇）、安国市（今安国市城区）、定县市（今定州市城区）3市。

十专署辖容定（容城和定兴一部并置）、新城（今高碑店市）、新雄（新城、雄县各一部析置）、雄县、固安、涿县（今涿州市）、宛良（宛平、良乡各一部析置）、大兴、永清、霸县（今霸州市）、安次（今廊坊市区）、津武（今天津以北武清南部）12县和胜芳市（今霸州市胜芳镇）。

十一专署辖武强、深县、束鹿（今辛集市）、晋县（今晋州市）、藁城（今石家庄市藁城区）、栾城（今石家庄市栾城区）、赵县、宁晋8县和辛集市（今辛集市城区）。

专级市：保定、沧州（今沧州市城区）、泊头（今泊头市城区）。

（三）冀南行政公署辖5专署、2专级市、42县和2县级市。

一专署辖邱县、馆陶、临清（今临清市）、永智（即清平，今高唐县清平乡一带）、武训（即堂邑，今聊城市堂邑镇一带）、冠县、莘县、元朝（大名、朝城各一部析置）8县。

二专署辖清河、故城、武城、恩县（今平原县恩城镇一带）、平原、高唐、夏津7县。

三专署辖邯郸、永丰、鸡泽、企之（即曲周）、肥乡、广平、大名、魏县（大名西部析置）、成磁（成安和磁县东部并置）、临漳10县。

四专署辖威县、广宗、平乡、巨鹿、南和、任县、隆尧（隆平、尧山并置）、柏乡、宁南（宁晋南部析置）、振堂（即新河）、南宫（今南宫市）11县和南宫市（今南宫市城区）。

五专署辖衡水（今衡水市桃城区）、冀县（今衡山市冀州区）、枣强、景县、阜东（阜城和东光西部并置）、武邑6县和衡水市（今衡水市城区）。

专级市：邯郸（今邯郸市城区）、临清（今临清市城区）。

（四）冀鲁豫行政公署辖8专署、1专级市和60县。

二专署辖鄄城、郓城、郓北（郓城北部析置）、郓巨（郓城、巨野各一部析置）、临泽（菏泽、鄄城各一部析置）、南华（菏泽、东明各一部析置）6县。

三专署辖鱼台、金乡、金巨（金乡、巨野各一部析置）、巨南（巨野南部析置）、城武（今成武）、单县、丰县、华山（砀山东北部析置）8县。

四专署辖原武（今原阳县原武镇一带）、阳武（今原阳县城关镇一带）、延津、封丘、曲河（封丘、长垣各一部析置）、长垣、滑县、卫南（滑县南部析置）、浚县、高陵（濮阳西北部析置）10县。

五专署辖菏泽（今菏泽市区）、东垣（东明、长垣各一部析置）、东明、定陶、齐滨（定陶、曹县各一部析置）、曹县、复程（曹县、城武各一部析置）、民权、兰封（今兰考县城关镇一带）、考城（今兰考县堌阳乡一带）10县。

六专署辖聊城（今聊城市区）、聊阳（聊城、阳谷各一部析置）、东阿、徐翼（东阿西部析置）、河西（长清、肥城各一部析置）、茌平、茌北（茌平北部析置）、博平（今茌平县博平镇一带）、齐禹（齐河、禹城各一部析置）9县。

七专署辖巨野、嘉祥、南旺（今汶上县南旺镇一带）、昆山（东平西南部析置）4县。

八专署辖南乐、内黄、清丰、卫河（清丰西部析置）、濮阳、尚和（濮阳东北部析置）、昆吾（濮阳、濮县各一部析置）7县。

九专署辖濮县（今范县濮城镇一带）、范县、观城（今莘县观城镇一带）、南峰（即朝城,今莘县朝城镇一带）、阳谷、寿张（今阳谷县寿张镇一带）6县。

专级市：菏泽（今菏泽市城区）。

（五）太行行政公署辖6专署、1专级市、37县和3县级市。

一专署辖邢台、内丘、临城、高邑、元氏、赞皇6县。

二专署辖昔阳、和顺、左权（原辽县）、榆社、武乡、襄垣6县。

三专署辖黎城、潞城（今潞城市）平顺、壶关、长治5县和长治市（今长治市城区）。

四专署辖陵川、获嘉、修武、武陟、温县、沁阳、博爱7县和焦作市（今焦作市区）。

五专署辖辉县（今辉县市）、林县（今林州市）、安阳、邺县（安阳东北部析置）、漳南（安阳东南部析置）、汤阴、淇县、汲县（今卫辉市）、新乡9县和卫辉市（今城区）。

六专署辖沙河（今沙河市）、武安（今武安市）、涉县、磁县4县。

专级市：邢台（今邢台市区）。

（六）太岳行政公署辖3专署、17县和1县级市。

一专署辖长子、屯留、沁县、沁源、安泽、霍县（今霍州市）、灵石7县。

二专署辖沁水、浮山、翼城、绛县4县。

三专署辖高平、晋城（今泽州）、阳城、垣曲、济源、孟县6县和晋城市（今晋城市城区）。

（七）晋中行政公署辖3专署、19县和3县级市。

一专署辖五台、定襄、忻县（今忻州市区）、阳曲、寿阳、盂县、平定7县。

二专署辖晋源（今太原市晋源区）、清源（今清徐县清源镇一带）、徐沟（今清徐县徐沟镇一带）、交城、文水、汾阳（今汾阳市）、孝义7县和汾阳市（今汾阳市城区）。

三专署辖榆次（今晋中市榆次区）、太谷、祁县、平遥、介休（今介休市）5县和榆次市（今晋中市城区）、平遥市（今平遥县古陶镇）2市。

（八）石家庄市政府辖第一、二、三、四（以上市区）、五、六、七、八（以上郊区）区。

（九）阳泉市政府辖第一、二、三、四（以上工矿区）、五、六（以上农业区）区。

（十）太原市政府。

（附注：原北岳二专署已划为晋中一专署，原北岳三专署并入四专署，原北岳七专署改为三专署，冀中各专署沿北岳顺序排列，原冀鲁豫一专署划归华东解放区。）

1948年11月29日至1949年1月31日期间，东北野战军和华北二、三兵团与华北军区部队联合发动华北战略决战——平津战役。12月11日，中央军委决定成立平津前线司令部，1月10日，中共中央决定组成平津前线总前委，负责夺取和管理北平、天津、张家口和唐山及其附近区域一切事宜。12月23日，前晋察冀边区首府、察哈尔省城张家口市重获解放，24日市军管会和民主市政府建立。北岳行政公署主任张苏兼任市军管会主任，冀热察区行政公署主任张孟旭兼任市长。冀热察和北岳两区领导机关先后于1948年底和1949年初进驻张家口市。为适应形势发展，华北人民政府和东北行政委员会商定，冀热察区（原属热河省和冀东区部分除外）与北岳区合并组成察哈尔省，两行政公署撤销。1月15日，察哈尔省党政军领导机构在张家口市成立，省政府主席张苏，副主席李济寰。察哈尔省是华北解放区恢复成立的第一个省建制，全省分设7专署，原北岳区第一、三、四、五、六专署分别改称雁北、平西、建屏、易水、察南专署，原冀热察区冀察、察北两专署名称依旧。华北解放区范围越过平绥路，扩展到塞外草原。1月15日，东北野战军强攻占领天津市，17日天津外港塘沽、大沽解放。15日，天津市军管会和市人民政府成立，东北二兵团政委黄克诚任市军管会主任，黄敬任市长，张友渔任副市长。天津市军管会划定，东至塘沽、大沽，北至杨村，西至杨柳青，南至静海为市军管区域范围。1月22日，国民党华北"剿总"总司令傅作义接受人民解放军平津前线司令部所提条件，31日北平城内国民党军全部开出城外接受改编，古都北平和平解放。1月1日，已在北平市郊成立的市军管会和市人民政府2月2日迁入城内。人民解放军总参谋长叶剑英任市军管会主任兼市长，徐冰任副市长，北平市军管会划定，东至通州、南至黄村、西南至长辛店、西至门头沟、北至沙河为市军管区域范围。北平、天津的解放，标志着华北解放战争取得了决定性的胜利。

为适应形势发展，1月27日华北人民政府直辖市阳泉改划石家庄市领导。

二、从华北人民政府移驻北平到各行政公署撤销（1949年2~8月）

1949年2月20日，华北人民政府迁驻北平市内。21~25日，华北人民政府举行第二次委员会会议，董必武主席作政府成立以来的工作概况报告，会议对报告作出决议。华北人民政府与东北行政委员会商定，为适应形势发展，将原属晋察冀解放区后划属冀察热辽解放区的冀东区划回华北解放区。2月26日，华北人民政府颁令公布，并任命李耕涛为冀东行政公署主任。这时的华北解放区扩展到北宁路以北，达到燕山山区。为密切城乡关系，进行经济建设和更有力地支援太原前线作战的需要，2月28日晋中行政公署撤销，并入太原市政府。华北人民政府遂任命裴丽生为太原市长。太行行政公署主任遗缺由吕鸿安继任。

1949年3月初，华北人民政府辖1省政府、6行政公署、4直辖市（人民）

政府，下设 38 专署、4 专级市、292 县、14 县（区）级市和 46 直辖市辖区。分述于下：

（一）察哈尔省辖 7 专署、1 专级市、54 县和 1 县级市，省政府驻张家口市。

雁北专署辖阳高、大同、应县、浑源、广灵、灵丘、繁峙 7 县。

察南专署辖天镇、万全、怀安、宣化、涿鹿、阳原、蔚县 7 县。

察北专署辖张北、崇礼、尚义、商都、康保、化德（即新明）、宝源（宝昌、沽源并置，宝昌即今太仆寺旗宝昌镇一带）、多伦 8 县。

冀察专署辖怀来（铁路以北）、龙关（今赤城县龙关镇一带）、赤城、延庆、四海（今延庆区四海镇一带）、昌顺（昌平、顺义各一部析置）、怀柔、乙化（密云县西部析置）8 县。

平西专署辖涞水、涞涿、房山、良乡、宛平、昌宛、怀来（铁路以南）7 县。

易水专署辖涞源、易县、定兴、徐水、满城、完县、唐县、望都 8 县。

建屏专署辖阜平、曲阳、行唐、灵寿、平山、建屏、井陉、获鹿、正定 9 县。

省辖张家口市（专级市），辖第一、二、三、四区和宣化市（县级市）。

（二）冀东区辖 3 专署、2 专级市和 22 县，行政公署驻唐山市。

十二专署辖临榆（今秦皇岛市山海关区一带）、抚宁、卢龙、昌黎、乐亭、滦县、滦南（滦县南部析置，旧称滦宁）、迁安、迁西（迁安西部析置）9 县。

十四专署辖蓟县、三河、平谷、密云、顺义、通县 6 县。

十五专署辖香河、宝坻、宁河、玉田、遵化、丰润、丰南（丰润南部析置，旧称浭阳）7 县。

专级市：唐山、秦皇岛。

（附注：冀东各专署依冀中顺序排列，原十三专署并入十二专署。）

（三）冀中区辖 4 专署、1 专级市、45 县和 4 县级市，行政公署驻保定市。

八专署辖静海、大城、文新、任丘、任河、河间、建国、献县、献交、交河、沧县、青县、青沧交、黄骅、天津（津南县改置）15 县和沧州、泊头 2 市。

九专署辖清苑、安新、高阳、蠡县、博野、安国、定县、新乐、无极、深泽、安平、饶阳、肃宁 13 县。

十专署辖容城、新城、雄县、固安、大兴、永清、霸县、安次、武清 9 县和胜芳市。

十一专署辖武强、深县、束鹿、晋县、藁城、栾城、赵县、宁晋8县和辛集市。

专级市：保定，辖第一、二、三、四、五区。

（四）冀南区辖5专署、42县和3县级市，行政公署驻威县。

一专署辖邱县、馆陶、临清、永智（即清平）、武训（即堂邑）、冠县、莘县、元朝8县和临清市。

二专署辖清河、故城、武城、恩县、平原、高唐、夏津7县。

三专署辖邯郸、永年、鸡泽、企之（即曲周）、肥乡、广平、大名、魏县、成磁、临漳10县和邯郸市。

四专署辖威县、广宗、平乡、巨鹿、南和、任县、隆尧、柏乡、宁南、振堂（即新河）、南宫11县和南宫市。

五专署辖衡水、冀县、枣强、景县、阜东、武邑6县。

（五）冀鲁豫区辖8专署和56县，行政专署驻菏泽县。

二专署辖菏泽、南华、鄄城、郓城、郓北、郓巨6县。

三专署辖鱼台、金乡、巨南、城武、单县、华山、丰县、沛县、铜北（铜山北部析置）9县。

四专署辖原阳（原武、阳武并置）、延津、封丘、曲河、长垣、滑县、卫南、浚县、高陵9县。

五专署辖东明、安陵（菏泽南部析置）、定陶、齐滨、曹县、复程6县。

六专署辖聊城、聊阳、东阿、徐翼、河西、茌平、博平、齐禹8县。

七专署辖巨野、嘉祥、昆山、南旺、济宁5县。

八专署辖南乐、内黄、清丰、卫河、濮阳、尚和、昆吾7县。

九专署辖濮县、范县、观城、南峰（即朝城）、阳谷、寿张6县。

（六）太行区辖5专署、37县和3县级市，行政公署驻涉县。

一专署辖邢台、沙河、内丘、临城、高邑、元氏、赞皇7县和邢台市。

二专署辖昔阳、和顺、左权、榆社、武乡、襄垣6县。

三专署辖黎城、潞城、平顺、壶关、长治、陵川6县和长治市。

四专署辖沁阳、温县、博爱、武陟、修武、获嘉、新乡、辉县、汲县9县和焦作市。

五专署辖林县、淇县、汤阴、安阳、漳南、邺县、磁县、武安、涉县9县。

（七）太岳区辖3专署、17县和1县级市，行政公署驻阳城县。

一专署辖长子、屯留、沁县、沁源、安泽、霍县、灵石7县。

二专署辖沁水、浮山、翼城、绛县4县。

三专署辖高平、晋城、垣曲、济源、孟县5县和晋城市。

行政公署直辖阳城县。

（八）太原市政府辖3专署和19县。

一专署辖五台、定襄、忻县、阳曲、寿阳、孟县、平定7县。

二专署辖晋源、清源、徐沟、交城、文水、汾阳、孝义7县。

三专署辖榆次、太谷、祁县、平遥、介休5县。

（九）石家庄市政府辖第一、二、三、四、五、六、七、八8区和阳泉市。

（十）天津市人民政府辖第一、二、三、四、五、六、七、八、九、十、十一和塘大区，共12区。

（十一）北平市人民政府辖第一、二、三、四、五、六、七（以上内城区）、八、九、十、十一、十二（以上外城区）、十三、十四、十五、十六、十七、十八、十九、二十（以上近郊区）、二十三（南苑区）、二十四（黄村区）、二十五（丰台区）、二十六（长辛店区）、二十七（石景山区）、二十八（门头沟区）（以上远郊区）区和通州市（县级市），共26区1市。

3月10日，华北人民政府指令称，华北解放区只设直辖市和省或行政公署辖市（专级市）两种，专属市（即县级市）和县属市（即市镇）一律撤销，改设镇或城关区。

4月1日，原属晋绥解放区的绥蒙区划属华北解放区。绥蒙政府驻丰镇县，辖绥远省东部已获解放的地区，包括丰镇、兴和、集宁、龙胜（集宁、凉城等县各一部析置）、凉城、清水河、和林（即和林格尔）、陶林、武东（武川东部析置）、归绥10县。至此，华北解放区范围已扩展到绥远省境。

3月17日，中共中央军委决定组成太原前线司令部和党的总前委，华北军区第一副司令员徐向前任司令员兼政委和前委书记，统一指挥太原战役作战行动。4月24日，华北野战军强攻占领太原，山西省城解放。市军管会当日成立，徐向前任主任，市人民政府进驻市内。5月1日，察哈尔省政府改称察哈尔省人民政府。同日，大同解放，市军管会和市人民政府成立，察哈尔军区司令员王平兼军管会主任，赵汉任市长。至此，察哈尔和山西两省全部解放。

5月5日、6日，安阳、新乡两市先后解放。两市军管会和市政府相继在6日和8日成立。七十军政委甘渭汉任新乡市军管会主任，贺一平任市长。李琦任安阳市军管会主任，李艺林任市长。至此，华北解放区辖境，除绥远省部分待解放外，已全部解放。华北解放区人口达到5836万。

6月13日，绥蒙区改称绥远省，绥蒙政府改为绥远省人民政府，杨植霖为省主席。根据华北解放区和绥远国民党当局5月28日达成的《绥远和平协议》，7月14日华北人民政府驻归绥联络处建立。

6月16~30日，天津和北平两市先后决定撤销区人民政府，改设市人民政府派出机构区公所。市区以下撤销街人民政府，郊区下设行政村公所。

7月3日，北平市调整郊区区划：东郊原十四区并入十三区，南郊原十五和二十三区并为十四区，西南郊原十六区南部和二十五区并为十五区，西郊原十七、十八两区和十六区北部并为十六区，北郊原十九和二十区并为十七区，西南郊原二十六区改为十八区，西郊原二十七区改为十九区，西郊原二十八区改为二十区，南郊原二十四区划归冀中区大兴县，通州市划归冀东区。北平市郊区共8区。

7月25~27日，华北人民政府举行第三次委员会（扩大）会议，董必武作政府工作报告，会议还通过了变更行政区划，撤销所有行政公署，全部恢复省建制议案。

三、从华北解放区全面恢复省建制到华北人民政府结束（1949年8~10月）

1949年8月1日，华北人民政府发出通令，为适应大规模生产建设的需要，决定调整行政区划。商得西北解放区陕甘宁边区政府同意，划入旧山西省辖晋西北和晋南两区共50县，将旧江苏省辖的4县划给华东解放区苏北区（后实划给山东省和皖北区）。华北解放区各行政公署撤销，以旧省界为基础，照顾到经济、历史和自然等条件，重新划分为河北、山西、察哈尔、绥远和平原5省，保留北平和天津2直辖市。华北解放区各省和直辖市下设26专署、9省辖市、334县、5旗和32直辖市辖区，共有人口6394万。不久，华北人民政府原则同意，较大的工矿区可设相当于县或区级政权机构，受专署、市或县领导。

8月1日，河北省党政军领导机构在保定成立，冀东、冀中和冀南三区党委、行政公署和军区结束。同日，河北省人民政府主席杨秀峰、副主席罗玉川发出布告，为加强统一领导，迅速开展新民主主义政治、经济、文化和军事建设，决定成立省人民政府。原冀东、冀中、冀南、太行行政公署和察哈尔省所辖旧河北省属各县、市，除南乐、清丰、濮阳、长垣和东明5县，划归平原省外，均划入新建河北省。原冀南区所属旧山东省临清等6县和原太行区所属旧河南省涉县等3县也划入河北省。原冀南区所属旧山东省冠县等7县划归平原省。新河北省下设10专署、4省辖市和132县。25日，河北省人民政府第一次委员会会议决议，暂缓撤销任河县，暂委唐山市代管秦皇岛市，还增设10个县级镇。

8月20日，平原省党政军领导机构在新乡成立，冀鲁豫区领导机关结束。平原省人民政府主席晁哲甫，副主席贾心斋、韩哲一发出通告，为适应大规模生产建设需要，华北人民政府决定在鲁西南、豫北和冀南衔接地区设立平原省。平原省辖原冀鲁豫区35县、原冀南区5县、原太行区2市14县和原太岳区2县，全省设6专署、2省辖市和56县。

9月1日，山西省党政军领导机构在太原成立，太行和太岳两区党委、行政公署和军区撤销。山西省人民政府主席程子华，副主席裴丽生、王世英发出布告，旧山西省除雁北13县划归察哈尔省管辖外，其他地区均划属新山西省领导。全省设7专署、1省辖市和92县。

由于旧属河北省和山西省(雁北除外)所辖地区分别划归新的两省管辖，到9月间，察哈尔省人民政府辖3专署、2省辖市和32县。

9月19日，国民党西北副军政长官兼绥远省政府主席董其武在傅作义将军推动下，率领绥远全体军政官员宣布起义，绥远全省和平解放，至此华北全境解放。绥远解放以后，12月17日中共省委机关进驻归绥。傅作义任主席的绥远军政委员会12月27日成立。12月31日，绥远省人民政府主席董其武，副主席杨植霖、奎璧、孙兰峰发出布告，宣布于省会归绥就职。1950年1月20日和2月13日，归绥和包头两市人民政府先后成立，吴立人、郑天翔分任两市代市长和市长。

9月27日，中国人民政治协商会议第一届第一次全体会议决议，自即日起北平改称北京。

华北全部解放后，行政区划为5省、2直辖市，辖31专署、2盟、11省辖市、335县、18旗、2县级工矿区、8县级镇、12城关区和32直辖市辖区。华北解放区人口达到6700万。各省、市区划分述如下：

（一）河北省辖10专署、4省辖市、133县、5县级镇、5城关区、1224区、42778行政村，省会保定市，全省人口2970万。

保定专署，驻保定市，辖17县：清苑、满城、完县、唐县、望都、高阳、安新、雄县、容城、徐水、定兴、新城、固安、涿县、涞水、易县、涞源。

定县专署，驻定县，辖12县：定县、安国、博野、蠡县、饶阳、安平、深泽、无极、新乐、行唐、曲阳、阜平。

石家庄专署，驻石家庄市，辖14县：正定、灵寿、平山、建屏（今平山西部）、井陉、获鹿、元氏、赞皇、高邑、赵县、栾城、藁城、晋县、束鹿和辛集镇。

邢台专署，驻邢台城关区，辖15县：邢台、沙河、南和、任县、巨鹿、平乡、广宗、威县、南宫、新河、宁晋、柏乡、隆尧、临城、内丘和邢台城关区。

邯郸专署，驻邯郸城关区，辖16县：邯郸、武安、涉县、磁县、临漳、成安、魏县、大名、广平、肥乡、永年、鸡泽、曲周、邱县、馆陶、临清和邯郸、临清2城关区。

唐山专署，驻唐山市开平区，辖13县：丰润、丰南、玉田、遵化、迁安、迁西、滦县、滦南、乐亭、昌黎、卢龙、抚宁、临榆。

天津专署，驻杨柳青镇，辖10县：天津、静海、宁河、宝坻、武清、安次、永清、霸县、文新（今文安）、大城和杨柳青（今天津市杨柳青镇）、汉沽（今天津市汉沽镇）、胜芳（今霸州市胜芳镇）3镇。

通县专署，驻通县城关区，辖13县：通县、大兴、良乡、房山、宛平、昌平、顺义、怀柔、密云、平谷、蓟县、三河、香河和通县城关区。

沧县专署，驻沧县城关区，辖10县：沧县、黄骅、青县、任丘、任河、河间、肃宁、献县、建国（今献县东北部，河间县东南部）、交河和泊头镇、沧县城关区。

衡水专署，驻衡水县，辖13县：衡水、深县、武强、武邑、阜城、景县、冀县、枣强、清河、故城、武城（今属山东省）、夏津（今属山东省）、恩县（今山东省平原县西部）。

省辖市：保定、石家庄、唐山、秦皇岛。

（二）平原省辖6专署、2省辖市、56县、1工矿区、1镇、5城关区、574区、39340村，省会新乡市，全省人口1573万。

新乡专署，驻新乡市，辖14县：新乡、汲县、辉县、获嘉、修武、博爱、沁阳、济源、孟县、温县、武陟、原阳、延津、封丘和焦作工矿区（今焦作市区）、汲县城关区。

安阳专署，驻安阳市，辖6县：安阳、邺县（今安阳县东部）、浚县、淇县、汤阴、林县。

濮阳专署，驻濮阳县，辖10县：濮阳、长垣、滑县、内黄、清丰、南乐、朝城、观城、范县、濮县和道口镇（今滑县道口镇）、濮阳城关区（今濮阳市城区）。

聊城专署，驻聊城城关区，辖11县：聊城、堂邑（今聊城市区西部）、冠县、莘县、阳谷、寿张（今阳谷县南部）、东阿、茌平、博平（今茌平县西部）、高唐、清平（今高唐县西南部）和聊城城关区。

湖西专署，驻单县城关区，辖8县：单县、金乡、鱼台、嘉祥、南旺（今汶上县西南部）、巨野、城武（今成武）、复程（今曹县东南部）和单县城关区。

菏泽专署，驻菏泽城关区，辖7县：菏泽、定陶、曹县、东明、鄄城、郓城、梁山和菏泽城关区。

省辖市：新乡、安阳。

（三）山西省辖8专署、1省辖市、92县、1工矿区、1镇、1城关区、585区、11144行政村，省会太原市，全省人口1084万。

忻县专署，驻忻县，辖9县：忻县、定襄、五台、繁峙、代县、崞县、宁武、静乐、阳曲。

兴县专署，驻兴县，辖11县：兴县、保德、河曲、偏关、神池、五寨、岢岚、岚县、方山、临县、离石。

榆次专署，驻榆次县，辖13县：榆次（今晋中市区）、寿阳、盂县、平定、昔阳、和顺、左权、榆社、太谷、祁县、平遥、介休、灵石和阳泉工矿区（今阳泉市区）。

汾阳专署，驻汾阳县，辖9县：汾阳、文水、交城、清源、徐沟、晋源、孝义、中阳、石楼。

长治专署，驻长治城关区，辖15县：长治、长子、屯留、沁源、沁县、武乡、襄垣、黎城、潞城、平顺、壶关、陵川、高平、晋城、阳城和长治城关区。

临汾专署，驻临汾县，辖14县：临汾、襄陵（今襄汾县北部）、汾城（今襄汾县南部）、曲沃、乡宁、吉县、大宁、永和、隰县、蒲县、汾西、赵城（今洪洞县北部）、洪洞、安泽。

运城专署，驻运城镇，辖15县：安邑（今运城市区北部）、解县（今运城市区南部）、虞乡（今永济市东部）、永济、临晋（今临猗县西部）、猗氏（今临猗县东部）、万泉（今万荣县东部）、荣河（今万荣县城西部）、河津、稷山、新绛、闻喜、夏县、平陆、芮城和运城镇（今运城市区）。

翼城临时专署，驻翼城县，辖6县：翼城、绛县、垣曲、沁水、浮山、霍县。

省辖市：太原。

（四）察哈尔省辖3专署、2省辖市、32县、1城关区、279区、6655行政村，省会张家口市，全省人口399万。

察北专署，驻张北县，辖8县：张北、崇礼、尚义、康保、商都、化德、宝源（今河北省沽源县和内蒙古自治区太仆寺旗）、多伦。

察南专署，驻宣化城关区，辖11县：宣化、龙关（今赤城县南部）、赤城、延庆、四海（今延庆县东部）、怀来、涿鹿、蔚县、阳原、怀安、万全和宣化城关区（今张家口市宣化区）。

雁北专署，驻大同市，辖13县：大同、阳高、天镇、广灵、灵丘、浑源、应县、怀仁、山阴、左云、右玉、平鲁、朔县。

省辖市：张家口、大同。

（五）绥远省辖4专署、2盟、2省辖市、22县、18旗、1镇，省会归绥市，全省人口236万。

集宁专署，驻集宁县，辖6县：集宁（今乌兰察布市集宁区）、丰镇、兴和、龙胜（今卓资）、武东（今卓资西部）、陶林（今察哈尔右翼中旗）。

和林专署，驻和林县，辖4县：和林（今和林格尔）、凉城、清水河、托克托。

包头专署，驻包头市，辖5县：包头（今包头市郊区）、固阳、武川、归绥（今呼和浩特市郊区）、萨拉齐（今土默特右旗）。

陕坝专署，驻陕坝镇，辖6县：临河（今巴彦淖尔市临河区）、五原、晏江（今五原县西北部）、安北（今乌拉特前旗西北部）、狼山（今杭锦后旗东部）、米仓（今杭锦后旗西部）和陕坝镇（今杭锦后旗陕坝镇）。

省辖土默特旗（原归化土默特旗，今土默特左旗）。

省辖东四旗中心旗驻正红旗，辖4旗：正红旗（今察哈尔右翼后旗）、正黄旗（今察哈尔右翼前旗）、镶红旗（今察哈尔右翼中旗西部）、镶蓝旗（今察哈尔右翼中旗东部）。

乌兰察布盟，驻包头市，辖6旗：四子王旗（原四子部落旗）、达尔罕旗（原喀尔喀右翼旗，今达尔罕茂明安联合旗东部）、茂明安旗（今达尔罕茂明安联合旗西部）、东公旗（今乌拉特中旗）、中公旗（今乌拉特后旗）、西公旗（今乌拉特前旗）。

伊克昭盟，驻东胜县（今鄂尔多斯市东胜区），辖7旗：准格尔旗（原鄂尔多斯左翼前旗）、达拉特旗（原鄂尔多斯左翼后旗）、郡王旗（原鄂尔多斯左翼中旗，今伊金霍洛旗北部）、扎萨克旗（原鄂尔多斯右翼前末旗，今伊金霍洛旗南部）、乌审旗（原鄂尔多斯右翼前旗）、鄂托克旗（原鄂尔多斯右翼中旗）、杭锦旗（原鄂尔多斯右翼后旗）和东胜县。

省辖市：归绥（今呼和浩特市区）、包头（今包头市区）。

（六）北京市辖第一、二、三、四、五、六、七、八、九、十、十一、十二（以上12区为今东城、西城2区前身）、十三、十四、十五、十六、十七、十八、十九（以上7区为今朝阳、丰台、海淀、石景山4区前身）、二十（今门头沟区东部）区，全市20区，人口197万。

（七）天津市辖第一、二、三、四、五、六、七、八、九、十、十一（以上11区为今和平、河西、河东、河北、红桥、南开6区前身）和塘大（今滨海新区中部）区，全市12区，人口186万。

（附注：上述为1949年10月行政区划概况，唯绥远省参考了1950年4月公布的资料加以补充。又，察哈尔和平原两省均于1952年撤销。察哈尔省东部划归河北省，西部划归山西省。平原省西部划入河南省，东部划入山东省。绥远省于1954年撤销，全部划属内蒙古自治区。）

1949年10月1日，中华人民共和国中央人民政府成立。华北人民政府于10月6日举行委员会临时会议，董必武作一年来工作总结。华北人民政府圆满完成历史使命后，10月28日公告宣布，奉27日中央人民政府命令，将于31日结束。华北人民政府撤销后，华北解放区成为中央人民政府直属华北大行政区。

（原载《北京档案史料》1988年第4期）

附：华北解放区略图（一）

附：华北解放区略图（二）

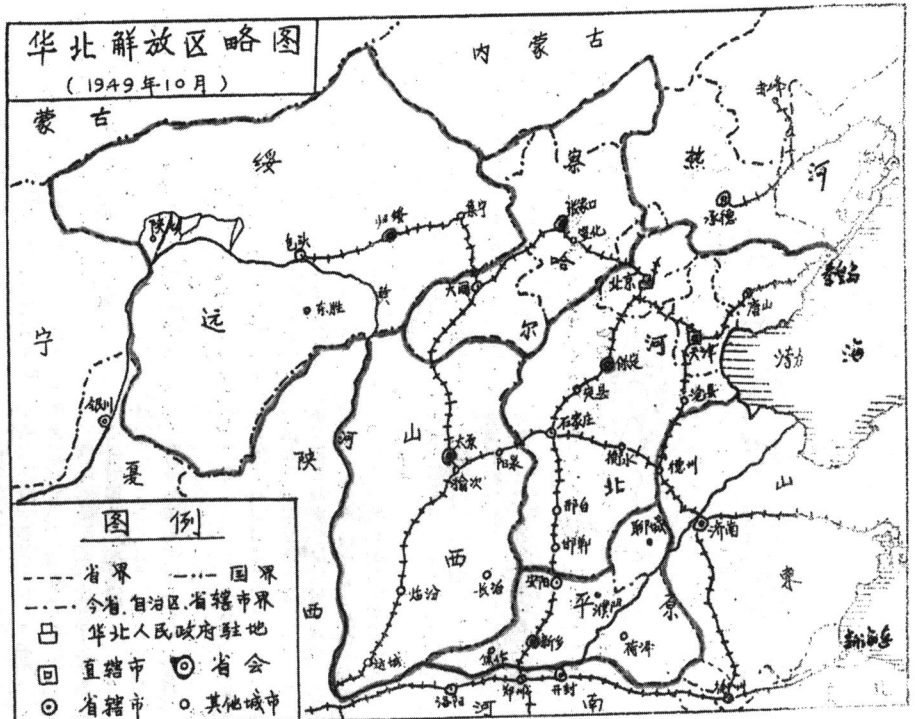

史料整理

民国北京政府上将录

1912年1月,中华民国在南京宣告成立。3月,新任临时大总统在北京就职,北京政府肇始。1928年6月,北京军政府陆海军大元帅撤离北京,北京政府宣告结束。1912年北京政府明令规定,军官分为三等九级制,陆海军相同。后组建航空军,暂采用陆军制。实行过程中,又在九级中间增加八级,共达十七级之多,为我国军衔制之最。民国时代的大元帅和元帅均非军衔,乃系职务,即武装力量最高统帅和副统帅。所以北京政府时期的最高级军衔仍为上将,分为授任上将和授任上将衔中将两级,以及追赠上将或上将衔中将。本文均以被授任或追赠人员最高级别计,分述于下。

一、授任陆(海)军上将65人名录

陆军上将黎元洪(1864~1928年),湖北黄陂(今武汉市黄陂区)人,1912年9月7日授任。1916~1917年和1922~1923年两度出任大总统。

陆军上将黄兴(1874~1916年),湖南长沙人,1912年9月7日授任。

陆军上将段祺瑞(1865~1936年),安徽合肥人,1912年9月7日授任,后授建威上将军。1913年和1916~1918年,几度出任国务总理。1924~1926

年出任临时执政（国家元首兼政府首脑）。

海军上将刘冠雄（1858~1927年），福建闽侯人，1912年11月4日授任，后授熙威上将军。

海军上将萨镇冰（1859~1952年），福建闽侯人，1912年12月8日授任，后授肃威上将军。1920年暂行兼代国务总理。1946年国民政府再度授任海军上将。

陆军上将荫昌（1859~1928年），满族，北京人，1912年12月15日授任，后授庆威上将军。

陆军上将姜桂题（1844~1922年），安徽亳县（今亳州市谯城区）人，1912年12月15日授任，后授昭武上将军。

陆军上将冯国璋（1859~1919年），直隶（今河北）河间人，1912年12月15日授任，后授宣武上将军。1917~1918年出任代总统。

陆军上将段芝贵（1869~1925年），安徽合肥人，1913年7月16日授任，后授彰武上将军、镇安上将军和辅威上将军。

陆军上将张勋（1858~1923年），江西奉新人，1913年7月17日授任，后授定武上将军。

陆军上将龙济光（1868~1925年），彝族，云南蒙自人，1913年8月13日授任，后授振武上将军和隆威上将军。

陆军上将陆荣廷（1855~1928年），广西武鸣人，1915年3月22日授任，后授耀武上将军和宁威上将军。

陆军上将王士珍（1861~1930年），直隶（今河北）正定人，1915年4月8日授任，后授德威上将军。1917~1918年出任国务总理。

陆军上将张锡銮（1843~1924年），浙江杭县（今杭州市余杭区）人，1915年4月8日授任，后授彰武上将军、镇安上将军和振威上将军。

陆军上将曹锟（1862~1938年），直隶天津（今天津市）人，1917年10月9日授任，后授虎威上将军。1923~1924年出任大总统。1938年国民政府追赠陆军一级上将。

陆军上将张作霖（1875~1928年），奉天（今辽宁）海城人，1920年1月1日授任，后授镇威上将军。1927~1928年出任陆海军大元帅（军政府首脑）。

陆军上将倪嗣冲（1868~1924年），安徽阜阳人，1920年1月1日授任，后授安武上将军。

陆军上将李纯（1875~1920年），直隶天津（今天津市）人，1920年1月1日授任，后追授英武上将军。

陆军上将靳云鹏（1877~1951年），山东邹县（今邹城市）人，1920年10月10日授任，曾授泰武将军和果威将军。1919~1921年出任国务总理。

陆军上将赵倜（1871~1933年），河南汝南人，1920年10月10日授任，曾授宏威将军和德威将军。

陆军上将王占元（1861~1934年），山东馆陶（今划河北）人，1920年10月10日授任，曾授壮威将军和襄武将军。

陆军上将陈光远（1873~1939年），京兆武清（今天津市武清区）人，1920年10月10日授任，曾授鉴威将军。

海军上将李鼎新（1861~1930年），福建闽侯人，1921年1月7日授任，后授曜威上将军。

陆军上将卢永祥（1867~1933年），山东济阳人，1922年1月7日授任。

陆军上将张怀芝（1860~1933年），山东东阿人，1922年1月9日授任，后授丰威上将军。

陆军上将吴佩孚（1874~1939年），山东蓬莱人，1922年10月10日授任，后授孚威上将军。1939年国民政府追赠陆军一级上将。

陆军上将王怀庆（1866~1953年），直隶（今河北）宁晋人，1922年10月10日授任，后授靖武上将军。

陆军上将齐燮元（1885~1946年），直隶宁河（今天津市宁河区）人，1922年10月10日授任，后授宁武上将军。1939年和1940年，北平伪临时政府和南京伪国民政府授任陆军上将。

陆军上将田中玉（1870~1935年），直隶临榆（今河北秦皇岛市）人，1922年12月16日授任，后授益威上将军。

陆军上将王承斌（1877~1936年），满族，奉天（今辽宁）兴城人，1922年12月21日授任，后授匡武上将军。

陆军上将冯玉祥（1882~1948年），安徽巢县（今巢湖市）人，1923年

1月1日授任，后授扬武上将军。1935年国民政府授任陆军一级上将。

陆军上将张绍曾（1880~1928年），直隶（今河北）大城人，1923年2月24日授任，后授树威上将军。1923年兼代国务总理。

陆军上将江朝宗（1863~1943年），安徽旌德人，1923年2月24日授任，曾授迪威将军。1917年暂代国务总理。

陆军上将杨增新（1867~1928年），云南蒙自人，1923年2月24日授任，曾授阗武将军。

陆军上将阎锡山（1883~1960年），山西五台（故里今划定襄）人，1923年2月24日授任,后授同武上将军。1935年国民政府授任陆军一级上将。1949年出任行政院长（政府首脑）。

陆军上将陆锦（1879~1946年），直隶天津（今天津市）人，1923年11月15日授任，曾授敏威将军。

陆军上将那彦图（1873~1938年），蒙古族，奉天省哲里木盟科尔沁左翼后旗（今划内蒙古自治区）人，1923年11月27日授任。

陆军上将陆鸿涛（1866~1927年），江苏铜山（今徐州市铜山区）人，1923年11月27日授任，曾授肃威将军。

陆军上将曹锳（1872~1926年），直隶天津（今天津市）人，1923年11月27日授任，后授平威将军。

陆军上将蔡成勋（1871~1926年），直隶天津（今天津市）人，1923年11月27日授任，曾授济威将军。

陆军上将聂宪藩（1880~1933年），安徽合肥人,1923年11月27日授任，曾授宪威将军。

陆军上将刘镇华（1883~1956年），河南巩县（今巩义市）人，1923年12月14日授任，曾授阜威将军。1935年国民政府授任陆军二级上将。

陆军上将蒋雁行（1875~1941年），直隶（今河北）阜城人，1923年12月28日授任，曾授靖威将军。

陆军上将刘存厚（1884~1960年），四川简阳人，1924年1月29日授任，曾授崇威将军。

陆军上将张广建（1863~1938年），安徽合肥人，1924年2月9日授任，曾授焕威将军。

陆军上将萧耀南（1877~1926年），湖北黄冈人，1924年3月17日授任，后授炳武上将军。

海军上将杜锡珪（1875~1933年），福建闽侯人，1924年3月26日授任，曾授瀛威将军。1926年兼代国务总理。

陆军上将赵玉珂（1877~1959年），直隶天津（今天津市）人，1924年3月26日授任，曾授贞威将军和雍威将军。

陆军上将刘湘（1889~1938年），四川大邑人，1924年5月29日授任，曾授嘉威将军。1935年国民政府授任陆军二级上将，1938年追晋陆军一级上将。

陆军上将孙传芳（1885~1935年），山东历城（今济南市历城区）人，1924年6月4日授任，后授恪威上将军。

陆军上将周荫人（1884~1956年），直隶（今河北）武强人，1924年6月7日授任，曾授荫威将军。

陆军上将张福来（1871~1925年），直隶交河（今河北泊头市）人，1924年6月14日授任，曾授景威将军。

陆军上将袁祖铭（1889~1927年），贵州南笼（今安龙）人，1924年6月25日授任，曾授闳威将军。

陆军上将王汝勤（1877~1939年），京兆密云（今北京市密云区）人，1924年7月25日授任，曾授勤威将军。

陆军上将马联甲（1864~1924年），江苏东海人，1924年8月7日授任，曾授联威将军。

陆军上将吴光新（1875~1939年），安徽合肥人，1925年9月18日授任。1939年国民政府追赠陆军上将。

陆军上将张宗昌（1881~1932年），山东掖县（今莱州市）人，1926年8月19日授任，后授义威上将军。

海军上将蔡廷干（1861~1935年），广东香山（今中山市）人，1926年10月9日授任。

陆军上将卢香亭（生卒年不详），直隶（今河北）河间人，1926年10

月9日授任，曾授斌威上将军。

陆军上将陈调元（1886~1943年），直隶（今河北）安新人，1926年10月9日授任，曾授和威将军。1935年国民政府授任陆军二级上将，1944年追晋陆军一级上将。

陆军上将郑俊彦（生卒年不详），直隶（今河北）宁晋人，1926年10月9日授任，曾授彦威将军。

陆军上将刘宗纪（生卒年不详），1926年10月9日授任。

陆军上将张其锽（1877~1927年），广西临桂（今桂林市临桂区）人，1927年4月9日授任。

陆军上将吴俊升（1863~1928年），山东历城（今济南市历城区）人，1927年10月9日授任，曾授兴威将军。

陆军上将张作相（1881~1949年），奉天（今辽宁）义县人，1927年10月9日授任，曾授辅威将军。

据不完全统计，陆（海）军上将授任平均年龄约为49岁。陆军上将60人中，直、皖两省籍约占其半；而海军上将5人，则皆为闽、粤两省籍。

二、陆（海）军中将授任上将衔134人名录

陆军中将徐宝山(1862~1913年)，江苏镇江人，1912年9月19日授上将衔。

陆军中将王芝祥（1858~1930年），京兆通县（今北京市通州区）人，1912年9月19日授上将衔。

陆军中将杜锡钧（1880~1945年），直隶（今河北）故城人，1912年9月19日授上将衔，后授治威将军。1945年南京伪国民政府授任陆军上将。

陆军中将姚雨平（1882~1974年），广东平远人，1912年9月19日授上将衔。

陆军中将朱瑞(1883~1916年)，浙江海盐人，1912年9月23日授上将衔，后授兴武将军。

陆军中将柏文蔚（1875~1947年），安徽寿县人，1912年9月23日授上将衔，后授烈威将军。

陆军中将许绍桢（1861~1947年），广东番禺（今广州市番禺区）人，1912年9月23日授上将衔。

陆军中将林述庆（1881~1913年），福建闽侯人，1912年9月23日授上将衔。

陆军中将陈炯明（1878~1933年），广东海丰人，1912年10月8日授上将衔，后授定威将军。

陆军中将赵尔巽（1844~1927年），山东泰安人，1912年10月9日授上将衔。

陆军中将陈昭常（1868~1914年），广东新会（今江门市新会区）人，1912年10月9日授上将衔。

陆军中将宋小濂（1863~1926年），吉林永吉人，1912年10月9日授上将衔。

陆军中将程德全（1860~1930年），四川云阳（今划重庆市）人，1912年10月9日授上将衔。

陆军中将谭延闿（1880~1930年），湖南茶陵人，1912年10月9日授上将衔。1928年任国民政府主席（国家元首），1928~1930年任行政院长（政府首脑）。

陆军中将周自齐（1869~1923年），山东单县人，1912年10月9日授上将衔。1922年兼代国务总理。

陆军中将张镇芳（1864~1933年），河南项城人，1912年10月9日授上将衔。

陆军中将赵惟熙（？~1917年），江西南丰人，1912年10月9日授上将衔。

陆军中将胡汉民（1879~1936年），广东番禺（今广州市番禺区）人，1912年10月9日授上将衔，后授智威将军。1927年出任国民政府主席（国家元首）。

陆军中将李烈钧（1882~1946年），江西武宁人，1912年10月9日授上将衔，后授桓威将军。1936年国民政府授任陆军二级上将。

陆军中将孙道仁（1867~1935年），湖南慈利人，1912年10月9日授上将衔，后授永威将军。

陆军中将张凤翙（1881~1958年），陕西长安（今西安市长安区）人，1912年10月9日授上将衔，后授扬威将军。

陆军中将尹昌衡（1880~1953年），四川华阳（今双流）人，1912年10月9日授上将衔，后授盛威将军。

陆军中将唐继尧（1883~1927年），云南东川（今昆明市东川区）人，1912年10月9日授上将衔，后授开武将军。

陆军中将胡景伊（1878~1925年），四川巴县（今重庆市巴南区）人，1912年10月9日授上将衔，后授毅威将军。

陆军中将孙武（1880~1939年），湖北夏口（今武汉市江夏区）人，1912年10月9日授上将衔。

陆军中将蒋尊簋（1882~1931年），浙江诸暨人，1912年10月17日授上将衔，后授宣威将军。

陆军中将马毓宝（1864~1933年），安徽蒙城人，1912年10月17日授上将衔，后授宝威将军。

陆军中将马安良（1855~1918年），回族，甘肃导河（今临夏）人，1912年12月30日授上将衔。

陆军中将帕勒塔（1882~1920年），蒙古族，新疆乌苏人，1912年12月31日授上将衔，后授襄威将军。

陆军中将王赓（1878~1948年），即王揖唐，安徽合肥人，1913年2月12日授上将衔，1940~1943年出任伪国民政府华北政务委员会委员长。

陆军中将昆源（？~1919年），满族，1913年3月20日授上将衔。

陆军中将欧阳武（1881~1976年），江西吉安人，1913年7月12日授上将衔，后授笃威将军。

陆军中将袁先奎（生卒年不详），1913年7月17日授上将衔。

陆军中将雷震春（1864~1919年），安徽合肥人，1913年7月25日授上将衔，后授镇威将军。

海军中将汤芗铭（1883~1975年），湖北蕲水（今浠水）人，1913年7月31日授上将衔，后授信威将军。

陆军中将苏慎初（生卒年不详），1913年8月6日授上将衔。

陆军中将丁槐（1854~1935年），云南鹤庆人，1913年8月7日授上将衔，后授奋威将军。

海军中将郑汝成（1866~1915年），直隶静海（今划天津市）人，1913年8月20日授上将衔。

陆军中将刘承恩（生卒年不详），湖北襄阳人，1913年8月29日授上将衔，后授承威将军。

陆军中将孟恩远（1859~1933年），直隶天津（今天津市）人，1913年11月12日授上将衔，后授镇安左将军和惠威将军。

陆军中将陈宧（1870~1939年），湖北安陆人，1913年11月13日授上将衔，后授成武将军。

陆军中将赵秉钧（1864~1914年），河南开封人，1913年12月18日授上将衔。1912~1913年任内阁总理。

陆军中将朱庆澜（1874~1941年），浙江绍兴人，1914年1月7日授上将衔，后授镇安右将军和卓威将军。

陆军中将陆建章（1879~1918年），安徽蒙城人，1914年4月18日授上将衔，后授炳威将军。

陆军中将田文烈（1858~1924年），湖北汉阳（今武汉市汉阳区）人，1914年4月30日授上将衔。

陆军中将李福兴（生卒年不详），1914年10月1日授上将衔。

陆军中将何宗莲（1864~1931年），山东平阴人，1914年10月10日授上将衔，后授弼威将军。

陆军中将潘矩楹（1882~？），山东济宁（今济宁市任城区）人，1914年10月10日授上将衔，后授矩威将军。

陆军中将李厚基（1870~1942年），江苏铜山（今徐州市铜山区）人，1915年10月10日授上将衔，后授全威将军。

陆军中将刘显世（1870~1927年），贵州兴义人，1915年10月10日授上将衔。

陆军中将徐邦杰（生卒年不详），江苏句容人，1915年10月28日授上将衔，后授顾威将军。

陆军中将米振标（1869~?），陕西清涧人，1915年1月10日授上将衔，后授骏威将军。

陆军中将张敬尧（1880~1933年），安徽霍邱人，1916年3月10日授上将衔，后授贞威将军。

陆军中将马龙标（?~1927年），山东人，1916年6月16日授上将衔，后授恒威将军。

陆军中将罗佩金(1878~1922年)，云南澄江人，1916年8月5日授上将衔，后授超威将军。

陆军中将吕公望（1879~1954年），浙江永康人，1916年10月8日授上将衔，后授怀威将军。

陆军中将陈炳焜（1868~1927年），广西马平（今柳江）人，1916年10月8日授上将衔。

陆军中将马福祥（1876~1932年），回族，甘肃导河（今临夏）人，1916年10月8日授上将衔，后授祥武将军。

陆军中将陈树藩（1885~1949年），陕西安康人，1916年10月8日授上将衔，后授祥威将军。

陆军中将张彪（1860~1927年），山西榆次（今晋中市榆次区）人，1917年3月14日授上将衔，后授壮威将军。

陆军中将鲍贵卿（1865~1934年），奉天（今辽宁）海城人，1917年7月27日授上将衔，后授霆威将军。

陆军中将傅良佐（1887~1926年），湖南乾城（今吉首市）人，1917年8月9日授上将衔，后授冠威将军。

陆军中将李耀汉（1878~1942年），广东新兴人，1917年10月30日授上将衔，后授捷威将军。

陆军中将周道刚（1875~1953年），四川双流人，1917年11月19日授上将衔，后授保威将军。

陆军中将王金镜（1862~?），山东武城人，1918年1月19日授上将衔。

陆军中将马福兴（1864~1924年），回族，云南建水人，1918年3月31日授上将衔，后授舒威将军。

陆军中将徐树铮（1880~1925年），江苏萧县（今划安徽）人，1918年11月13日授上将衔。后授远威将军。

陆军中将张树元（1879~1934年），山东无棣人，1919年4月26日授上将衔，后授谦威将军。

陆军中将王廷桢（1876~1940年），直隶天津（今天津市）人，1919年10月10日授上将衔，后授桢威将军。

陆军中将张景惠（1872~1956年），奉天（今辽宁）台安人，1920年9月30日授上将衔，后授安威将军。1934年伪满洲帝国授任陆军上将，1935~1945年出任伪国务总理大臣。

陆军中将陈毅（1873~？），湖北黄陂（今武汉市黄陂区）人，1920年10月3日授上将衔，后授毅威将军。

陆军中将张文生（1882~1924年），江苏沛县人，1920年10月14日授上将衔，后授定威将军。

海军中将林葆怿（1863~1930年），福建闽侯人。1920年11月30日授上将衔，后授葆威将军。

陆军中将殷鸿寿（1867~1932年），直隶天津（今天津市）人，1922年1月16日授上将衔，后授广威将军。

陆军中将何丰林（1873~1951年），山东平阴人，1922年1月25日授上将衔。

陆军中将林俊廷（1876~1933年），广东防城（今广西防城港市防城区）人，1923年2月19日授上将衔，后授俊威将军。

陆军中将张载阳（1875~？），浙江新昌人，1923年2月22日授上将衔。

陆军中将刘梦庚（1881~？），直隶抚宁（今河北秦皇岛市抚宁区）人，1923年3月5日授上将衔，后授辑威将军。

陆军中将吴新田（1888~？），安徽合肥人，1923年3月14日授上将衔，后授藩武将军。

陆军中将王永泉（1886~1942年），直隶（今河北）青县人，1923年8月27日授上将衔，后授溥威将军。

陆军中将熊炳琦（1867~1931年），山东济宁（今济宁市任城区）人，

1923年11月27日授上将衔，后授昌威将军。

陆军中将薛之珩（？~1933年），直隶（今河北）卢龙人，1923年11月27日授上将衔，后授平威将军。

陆军中将车庆云（1871~？），直隶（今河北）景县人，1924年1月12日授上将衔，后授宪威将军。

陆军中将邓锡侯(1889~1964年)，四川营山人，1924年3月8日授上将衔，后授骠威将军。1947年国民政府补任陆军二级上将。

陆军中将杨森（1884~1977年），四川广安人，1924年3月8日授上将衔，后授森威将军。1937年国民政府晋加陆军上将衔。

陆军中将田颂尧(1888~1975年)，四川简阳人，1924年5月2日授上将衔，后授章威将军。

陆军中将陈国栋(1879~1954年)，四川郫县人，1924年5月2日授上将衔，后授骞威将军。

陆军中将姚建屏（1873~？），安徽亳县（今亳州市谯城区）人，1924年6月7日授上将衔。

陆军中将阎治堂（生卒年不详），直隶（今河北）景县人，1924年6月24日授上将衔，后授治威将军。

陆军中将周骏（1884~1923年），四川天全人，1924年8月9日授上将衔，后授翔威将军。

陆军中将李济臣（1882~？），直隶（今河北）献县人，1924年9月9日授上将衔。

陆军中将胡景翼(1892~1925年)，陕西富平人，1924年9月9日授上将衔，后授延威将军。

陆军中将卢金山（1878~1941年），直隶静海（今天津市静海区）人，1924年9月11日授上将衔，后授悫威将军。

陆军中将赵荣华（生卒年不详），山东费县人，1924年9月3日授上将衔，后授彝威将军。

陆军中将张敬如（生卒年不详），1924年10月22日授上将衔，后授保威将军。

海军中将林建章（1874~1939 年），福建闽侯人，1925 年 1 月 21 日授上将衔。

陆军中将陈嘉谟（？~1927 年），直隶（今河北）任丘人，1925 年 4 月 14 日授上将衔，后授仪威将军。

陆军中将阚朝玺（1885~1951 年），奉天（今辽宁）盘山人，1925 年 4 月 20 日授上将衔。

陆军中将李景林（1885~1932 年），直隶（今河北）枣强人，1925 年 5 月 1 日授上将衔。

陆军中将孙岳（1878~1928 年），直隶（今河北）高阳人，1925 年 5 月 1 日授上将衔，后授端威将军。

陆军中将岳维峻(1883~1932 年)，陕西蒲城人，1925 年 5 月 1 日授上将衔。

陆军中将张之江（1882~1966 年），直隶（今河北）盐山（故里今划黄骅市）人，1925 年 5 月 1 日授上将衔，后授洸威将军。1936 年国民政府晋加陆军上将衔。

陆军中将李鸣钟（1887~1949 年），河南沈丘人，1925 年 5 月 1 日授上将衔，后授刚威将军。

陆军中将鹿钟麟（1886~1966 年），直隶定县（今河北定州市）人，1925 年 5 月 1 日授上将衔。1936 年国民政府晋加陆军上将衔。

陆军中将卫兴武(生卒年不详)，安徽合肥人，1925 年 8 月 28 日授上将衔。

陆军中将贾德耀（1880~1940 年），安徽合肥人，1925 年 9 月 18 日授上将衔，后授宽威将军。1926 年出任国务总理。1941 年国民政府追赠陆军上将衔。

陆军中将杨宇霆（1886~1929 年），奉天（今辽宁）法库人，1925 年 9 月 23 日授上将衔。

陆军中将姜登选（1882~1925 年），直隶（今河北）南宫人，1925 年 9 月 23 日授上将衔。

陆军中将王天培（1888~1927 年），侗族，贵州天柱人，1925 年 9 月 26 日授上将衔，后授朗威将军。

陆军中将臧致中（1868~？），安徽太和人，1925 年 9 月 26 日授上将衔。

陆军中将潘国纲（1880~？），浙江永嘉人，1925年9月26日授上将衔。

陆军中将陈乐山（1884~？），河南罗山人，1925年9月26日授上将衔。

陆军中将赖心辉（1884~1942年），四川三台人，1925年10月9日授上将衔，后授正威将军。

陆军中将刘成勋（1879~1945年），四川大邑人，1925年10月9日授上将衔。

陆军中将方本仁（1880~1951年），湖北黄冈人，1935年10月18日授上将衔，后授粹威将军。

陆军中将邓本殷（1886~1926年），广东防城（今广西防城港市防城区）人，1925年10月18日授上将衔，后授节威将军。

陆军中将吴炳湘（1874~1930年），安徽合肥人，1925年10月18日授上将衔。

陆军中将邓如琢（生卒年不详），安徽阜阳人，1926年2月1日授上将衔。

陆军中将陶云鹤（生卒年不详），1926年3月18日授上将衔。

陆军中将刘询（1887~？），直隶（今河北）河间人，1926年3月18日授上将衔。

陆军中将张学良（1901~2001年），奉天（今辽宁）台安人，1926年8月19日授上将衔，后授良威将军。1935年国民政府授任陆军一级上将。

陆军中将韩麟春（1888~1930年），奉天（今辽宁）沈阳人，1926年8月21日授上将衔，后授麟威将军。

陆军中将谭庆林（1878~？），山东泰安人，1926年8月21日授上将衔，后授迈威将军。

陆军中将褚玉璞（1887~1929年），山东汶上人，1926年10月9日授上将衔，后授璞威将军。

陆军中将孙宗先（生卒年不详），直隶（今河北）遵化人，1926年10月9日授上将衔，后授哲威将军。

陆军中将周凤歧（1879~1938年），浙江长兴人，1926年10月9日授上将衔。

陆军中将潘鸿钧（？~1927年），山东蓬莱人，1927年2月1日授上将衔。

陆军中将朱泮藻（1883~1959年），山东寿光人，1927年2月1日授上将衔。

陆军中将田友望（生卒年不详），河南杞县人，1927年2月1日授上将衔，后授渊威将军。

陆军中将许琨（1877~？），直隶宁河（今天津市宁河区）人，1927年4月23日授上将衔，后授拱威将军。

陆军中将刘志陆（1890~1941年），广东梅县人，1927年7月7日授上将衔，后授远威将军。

陆军中将汤玉麟（1871~1949年），热河朝阳（今划辽宁）人，1927年7月12日授上将衔。

陆军中将高维岳（1876~1938年），奉天锦县（今辽宁省凌海市）人，1927年7月25日授上将衔，后授岳威将军。

陆军中将许兰洲（1872~1951年），直隶（今河北）南宫人，1927年7月27日授上将衔。

综上所录，据不完全统计，陆（海）军中将授上将衔时，平均年龄约为44岁。在陆军上将衔中将130名中，直、鲁、皖、川、奉5省籍占过半，而在海军上将衔中将4名中，闽籍占其半。

三、追赠陆（海）军上将（衔）26人名录

黄钟瑛（1869~1912年），福建闽侯人，1912年12月11日追赠海军上将。

吴绍麟（生卒年不详），1913年7月25日追赠陆军上将。

吴禄贞（1880~1911年），湖北云梦人，1913年11月5日追赠陆军上将。

蔡锷（1882~1916年），湖南宝庆（今邵阳）人，1916年11月28日追赠陆军上将，曾授益武将军。

孔庆塘（1858~1918年），山东滕县（今滕州市）人，1918年12月27日追赠陆军上将衔。

童保暄（1885~1919年），浙江海宁人，1919年5月27日追赠陆军上将衔。

杨善德（1873~1919年），安徽怀宁人，1919年8月4日追赠陆军上将，曾授克威将军。

张行志（1850~1916年），陕西蒲城人，1919年9月19日追赠陆军上将。

阎相文（1875~1921年），山东济宁人。1921年9月4日追赠陆军上将。

程璧光（1861~1918年），广东香山（今中山市）人，1922年7月20日追赠海军上将。

蓝天蔚（1878~1922年），湖北黄陂（今武汉市黄陂区）人，1922年10月12日追赠陆军上将，曾授达威将军。

刘公（1881~1920年），湖北襄阳人，1922年10月12日追赠陆军上将。

蔡济民（1886~1919年），湖北黄陂（今武汉市黄陂区）人，1922年10月12日追赠陆军上将。

高尚志（1888~1919年），湖北兴山人，1922年10月12日追赠陆军上将。

王汝贤（1874~1919年），京兆密云（今北京市密云区）人，1923年1月11日追赠陆军上将。

王金铭（1880~1912年），山东武城人，1923年4月16日追赠陆军上将。1936年国民政府追赠陆军上将。

施从云（1880~1912年），安徽桐城人，1923年4月16日追赠陆军上将。1936年国民政府追赠陆军上将。

赵玉珊（？~1924年），直隶天津（今天津市）人，1924年10月15日追赠陆军上将。

刘一清（？~1925年），湖北江夏（今武汉市江夏区）人，1925年2月26日追赠陆军上将.

何锋钰（？~1925年），山东平阴人，1925年7月23日追赠陆军上将。

陈永禄（？~1925年），1925年9月12日追赠陆军上将。

黄培松（1855~1926年），福建南安人，1926年7月27日追赠陆军上将，曾授培威将军。

葛应龙（？~1926年），湖南岳阳人，1926年9月26日追赠陆军上将，曾授佐威将军。

洪兆麟（1872~1925年），湖南宁乡人，1926年10月9日追赠陆军上将，曾授洪威将军。

马济（1888~1927年），回族，陕西扶风人，1927年7月19日追赠陆军上将,曾授拯威将军。

田维勤(？~1927年),陕西富平人,1927年9月3日追赠陆军上将,曾授勤威将军。

以上计追赠陆军上将22人,其中4人生前为上将衔中将,海军上将2人,陆军上将衔2人。

(本文以民国北京政府公报为基础,参考若干辞典、志书及有关书报资料辑录而成。)

(原载《北京档案史料》1998年第1期)

国民政府军上将录
（1935~1949年）

题记：民国时代（1912~1949年）中国军队的最高军衔是上将。1935年，南京政府进行整顿，颁布授衔上将有关条例。本文依据《国民政府公报》《总统府公报》和其他有关资料辑成。

一、特级上将（1人）

蒋中正（即蒋介石，1887~1975年），浙江奉化人。

据1935年3月30日颁布的《特级上将授任条例》第一条规定："中华民国陆海空军最高军事长官为特级上将。"4月1日，授予国民政府军事委员会委员长蒋中正以特级上将这一最高级军衔。1946年5月，军事委员会撤销时，蒋任国民政府主席，依1943年9月15日修正的《国民政府组织法》第十二条规定："国民政府主席为陆海空军大元帅。"因为民国时代的大元帅和元帅不是军衔，而是职务，即最高统帅和副统帅，故蒋仍为特级上将。1948年5月，蒋就任民国总统，国民政府即不复存在。据1946年《中华民国宪法》第三十六条规定："总统统帅全国陆海空军。"于是蒋介石就成为民国史上独一无二的特级上将。

二、陆（海）军一级上将（12人）

据国民政府颁布的《上将任官施行条例》规定,陆、海、空军上将分第一、第二两级，但事实上民国政府没有授予过空军上将，故只有陆军上将和海军上将。陆（海）军一级上将如下：

冯玉祥（1882~1948年），安徽巢县（今巢湖市）人，1935年4月2日授任陆军一级上将，1946年4月31日退为备役。

阎锡山（1883~1960年），山西五台河边村（今属定襄）人，1935年4月2日授任陆军一级上将。

朱培德（1889~1937年），云南盐兴（今入禄丰）人，1935年4月2日授任陆军一级上将。

唐生智（1889~1970年），湖南东安人，1935年4月2日授任陆军一级上将。

陈济棠（1890~1954年），广东防城（今广西防城港市防城区）人，1935年4月2月授任陆军一级上将。

何应钦（1890~1987年），贵州兴义人，1935年4月2日授任陆军一级上将。

李宗仁（1891~1969年），广西临桂（今桂林市临桂区）人，1935年4月2日授任陆军一级上将。

张学良（1901~2001年），辽宁台安人，1935年4月2日授任陆军一级上将。

陈绍宽（1889~1969年），福建闽侯人，1935年9月6日授任海军一级上将。

程潜（1882~1968年），湖南醴陵人，1939年5月13日晋任陆军一级上将。

白崇禧（1893~1966年），回族，广西桂林人，1945年10月3日晋任陆军一级上将。

陈诚（1898~1965年），浙江青田人，1947年2月21日晋任陆军一级上将。

三、追赠（晋）陆军一级上将（5人）

刘湘（1890~1938年），四川大邑人，1938年1月22日追晋陆军一级上将。

曹锟（1862~1938年），天津人，1938年6月14日追赠陆军一级上将。

吴佩孚（1874~1939年），山东蓬莱人，1939年12月9日追赠陆军一级上将。

宋哲元（1885~1940年），山东乐陵人，1940年5月18日追晋陆军一级上将。

陈调元（1886~1943年），河北安新人，1944年2月2日追晋陆军一级上将。

四、陆军二级上将（32人）

万福麟（1880~1951年），吉林农安人，1935年4月3日授任陆军二级上将，1946年7月31日退为备役。

何成浚（1882~1961年），湖北随县人，1935年4月3日授任陆军二级上将。

刘镇华（1883~1955年），河南巩县（今巩义市）人，1935年4月3日授任陆军二级上将。

宋哲元，1935年4月3日授任陆军二级上将。

陈调元，1935年4月3日授任陆军二级上将。

徐源泉（1886~1960年），湖北黄冈人，1935年4月3日授任陆军二级上将，1946年7月31日退为备役。

何键（1887~1956年），湖南醴陵人，1935年4月3日授任陆军二级上将。

徐永昌（1889~1959年），山西崞县（今原平市）人，1935年4月3日授任陆军二级上将。1952年台湾当局授一级上将。

龙云（1887~1962年），彝族，云南昭通人，1935年4月3日授任陆军二级上将。

商震（1887~1978年），浙江绍兴人，1935年4月3日授任陆军二级上将。

刘湘，1935年4月3日授任陆军二级上将。

韩复榘（1890~1938年），河北霸县（今霸州市）人，1935年4月3日授任陆军二级上将，1938年1月23日被褫夺。

于学忠（1890~1964年），山东蓬莱人，1935年4月3日授任陆军二级上将。

朱绍良（1891~1963年），江苏武进（今常州市武进区）人，1935年4月3日授任陆军二级上将。1963年台湾当局追赠一级上将。

刘峙（1892~1971年），江西吉安人，1935年4月3日授任陆军二级上将。

杨虎城（1893~1949年），陕西蒲城人，1935年4月3日授任陆军二级上将。

白崇禧，1935年4月3日授任陆军二级上将。

顾祝同（1893~1987年），江苏涟水人，1935年4月3日授任陆军二级上将。1972年台湾当局授一级上将。

傅作义（1895~1974年），山西临猗人，1935年4月3日授任陆军二级上将。

蒋鼎文（1895~1974年），浙江诸暨人，1935年4月3日授任陆军二级上将。

杨爱源（1888~1959年），山西五台人，1935年12月10日授任陆军二级上将。

程潜，1936年1月11日授任陆军二级上将。

李烈钧（1882~1946年），江西武宁人，1936年12月31日授任陆军二级上将。

卫立煌（1897~1960年），安徽合肥人，1939年5月2日补任陆军二级上将。

陈诚，1939年5月2日补任陆军二级上将。

薛岳（1896~1998年），广东乐昌人，1944年2月9日补任陆军二级上将。

1950年台湾当局授一级上将。

张治中（1890~1969年），安徽巢县（今巢湖市）人，1945年10月2日补任陆军二级上将。

张发奎（1896~1980年），广东始兴人，1945年10月2日补任陆军二级上将。

余汉谋（1897~1981年），广东高要人，1946年6月13日补任陆军二级上将。1965年台湾当局授一级上将。

陈仪（1883~1950年），浙江绍兴人，1947年2月21日补任陆军二级上将，1948年10月13日被停役。

邓锡侯（1889~1964年），四川营山人，1947年2月21日补任陆军二级上将。

熊式辉（1893~1974年），江西安义人，1947年2月21日补任陆军二级上将。

五、退役陆（海）军（二级）上将（16人）

李杜（1880~1956年），辽宁义县人，1946年7月31日授任陆军上将并退备役。

李济深（1886~1959年），广西苍梧人，1946年7月31日授任陆军上将并退备役。

张钫（1886~1966年），河南新安人，1946年7月31日晋任陆军上将并退备役。

石敬亭（1886~1969年），山东利津人，1946年7月31日晋任陆军上将并退备役。

周濂（1889~？），辽宁开原人，1946年7月31日晋任陆军上将并退备役。

王树常（1885~1966年），辽宁辽中人，1946年7月31日补任陆军上将并退备役。

金汉鼎（1891~1967年），云南华宁人，1946年7月31日晋任陆军上将并退备役。

郭汝栋（1892~1953年），四川铜梁（今重庆市铜梁区）人，1946年7月31日晋任陆军上将并退备役。

但懋辛（1884~1965年），四川荣县人，1946年7月31日授任陆军上将并退备役。

张贞（1884~1963年），福建诏安人，1946年10月18日晋任陆军上将并退备役。

萨镇冰（1859~1952年），福建闽侯人，1946年11月22日授任海军上将并除役。

吕超（1890~1952年），四川宜宾人，1946年12月7日晋任陆军上将并退备役。

蔡廷锴（1892~1968年），广东罗定人，1947年1月6日以退役陆军中将身份晋任陆军上将并仍退役。

俞飞鹏（1884~1966年），浙江奉化人，1947年1月29日授任陆军上将并退备役。

姚以价（1882~1947年），山西河津人，1947年2月28日以退役陆军中将身份晋任陆军上将，恰值去世，实为追晋。

孔庚（1872~1950年），湖北浠水人，1947年11月21日授任陆军二级上将并除役。

六、追赠（晋）陆（海）军上将（33人）

（一）辛亥先烈和革命志士8人

范鸿仙（即范光启，1882~1914年），安徽合肥人，1935年4月3日追赠陆军上将。

谭人凤（1860~1920年），湖南新化人，1935年7月15日追赠陆军上将。

王金铭（1880~1912年），山东武城人，1936年4月2日追赠陆军上将。

施从云（1880~1912年），安徽桐城人，1936年4月2日追赠陆军上将。

白雅雨（即白毓昆，1868~1912年），江苏通州（今南通市通州区）人，

1936年4月2日追赠陆军上将。

徐镜心（1874~1914年），山东黄县（今龙口市）人，1936年6月24日追赠陆军上将。

刘溥霖（1886~1915年），山东沂水人，1936年6月24日追赠陆军上将。

薄子明（1894~1919年），山东日照人，1936年6月24日追赠陆军上将。

（二）抗战和内战阵亡将领13人

佟麟阁（1892~1937年），满族，河北高阳人，1937年7月31日追晋陆军上将。

赵登禹（1898~1937年），山东菏泽人，1937年7月31日追晋陆军上将。

郝梦龄（1898~1937年），河北藁城（今石家庄市藁城区）人，1937年12月6日追晋陆军上将。

王铭章（1893~1938年），四川新都（今成都市新都区）人，1938年4月6日追晋陆军上将。

张自忠（1891~1940年），山东临清人，1940年7月7日追转陆军上将。

陈安宝（1892~1939年），浙江黄岩（今台州市黄岩区）人，1940年9月23日追晋陆军上将。

唐淮源（1885~1941年），云南江川人，1941年9月29日追晋陆军上将。

李家钰（1892~1944年），四川蒲江人，1944年6月22日追晋陆军上将。

黄百韬（1900~1948年），广东梅县人，1948年12月8日追晋陆军上将。

陈章（1902~1948年），广东罗定人，1949年1月19日追晋陆军上将。

邱清泉（1902~1949年），浙江永嘉人，1949年7月13日追晋陆军上将。

熊绶春（1907~1948年），江西南昌人，1949年8月12日追晋陆军上将。

杨干才（1900~1949年），四川广安人，1949年9月7日追晋陆军上将。

（三）退役和现役非战亡将领12人

石青阳（1879~1935年），四川巴县（今重庆市巴南区）人，1935年4月6日追赠陆军上将。

张开儒（1869~1935年），云南巧家人，1935年10月19日追赠陆军上将。

李生达（1887~1936年），山西晋城人，1936年7月23日追晋陆军上将。

王均（1891~1936年），云南呈贡人，1936年11月23日追晋陆军上将。

黄慕松（1884~1937年），广东梅县人，1937年4月12日追赠陆军上将。
蒋方震（1882~1939年），浙江海宁人，1939年3月22日追赠陆军上将。
廖磊（1891~1939年），广西陆川人，1939年11月20日追转陆军上将。
吴光新（1875~1939年），安徽合肥人，1939年11月25日追晋陆军上将。
蒋作宾（1884~1942年），湖北应城人，1943年6月12日追赠陆军上将。
陈训泳（1886~1943年），福建闽侯人，1943年9月10日追晋海军上将。
张定璠（1891~1944年），江西南昌人，1945年4月9日追晋陆军上将。
陈季良（1883~1945年），福建闽侯人，1945年5月25日追晋海军上将。

七、陆军中将加上将衔（47人）

张发奎，1936年9月12日授任陆军中将，特加陆军上将衔。

余汉谋，1936年9月12日晋加陆军上将衔。

张之江（1882~1966年），河北盐山留老人村（今属黄骅市）人，1936年9月26日晋加陆军上将衔，1946年7月31日退备役。

鹿钟麟（1884~1966年），河北定县（今定州市）人，1936年9月26日晋加陆军上将衔，1946年7月31日退备役，1947年6月21日留退延役一年。

张治中，1936年9月26日晋加陆军上将衔。

马鸿逵（1892~1970年），回族，甘肃临夏人，1936年9月26日晋加陆军上将衔。

刘建绪（1892~1978年），湖南醴陵人，1936年9月26日晋加陆军上将衔，1946年9月22日停役。

钱大钧（1893~1982年），江苏昆山人，1936年9月26日晋加陆军上将衔。

薛岳，1936年9月26日晋加陆军上将衔。

卫立煌，1936年9月26日晋加陆军上将衔。

陈诚，1936年9月26日晋加陆军上将衔。

庞炳勋（1879~1963年），河北新河人，1936年12月16日晋加陆军上将衔。

孙连仲（1893~1990年），河北雄县人，1936年12月16日晋加陆军上将衔。

盛世才（1897~1970年），辽宁开原人，1936年12月16日晋加陆军上将衔。

吕超，1937年1月8日授任陆军中将，特加陆军上将衔。

李品仙（1892~1987年），广西苍梧人，1937年3月13日晋加陆军上将衔，1946年9月22日除役。

邓锡侯，1937年3月31日晋加陆军上将衔。

朱绶光（1873~1948年），湖北襄阳人，1937年4月10日晋加陆军上将衔。

夏威（1893~1973年），广西容县人，1937年5月14日晋加陆军上将衔。

廖磊，1937年5月14日晋加陆军上将衔。

王树常，1937年6月7日晋加陆军上将衔。

陈仪，1937年9月2日晋加陆军上将衔。

黄旭初（1892~1975年），广西容县人，1937年9月2日晋加陆军上将衔，1946年9月22日停役。

熊式辉，1937年9月2日晋加陆军上将衔。

黄绍竑（1895~1966年），广西容县人，1937年9月2日晋加陆军上将衔，1947年7月14日停役。

杨森（1884~1977年），四川广安人，1937年9月18日晋加陆军上将衔，1946年9月22日停役，1948年9月3日又回役。

刘文辉（1895~1976年），四川大邑人，1937年9月18日晋加陆军上将衔。

杨杰（1889~1949年），苗族，云南大理人，1937年10月15日晋加陆军上将衔。

刘兴（1887~1961年），湖南祁阳人，1937年10月22日晋加陆军上将衔。

贺耀祖（1889~1961年），湖南宁乡人，1938年2月2日晋加陆军上将衔。

唐式遵（1885~1950年），四川仁寿人，1938年10月24日晋加陆军上将衔。

张自忠，1939年5月2日晋加陆军上将衔。

孙震（1892~1985年），四川成都人，1939年5月2日晋加陆军上将衔。

卢汉（1895~1974年），彝族，云南昭通人，1939年5月13日授任陆军中将特加陆军上将衔，1946年9月22日停役。

王陵基（1883~1967年），四川乐山人，1940年5月25日晋加陆军上将衔，1946年7月31日退备役。

王缵绪（1885~1960年），四川西充人，1940年5月25日晋加陆军上将衔。

潘文华（1889~1951年），四川仁寿人，1940年5月25日晋加陆军上将衔。

汤恩伯（1899~1954年），浙江武义人，1946年2月15日晋加陆军上将衔。

胡宗南（1896~1962年），浙江镇海（今宁波市镇海区）人，1945年10月2日晋加陆军上将衔。1955年台湾当局授二级上将。

罗卓英（1896~1961年），广东大埔人，1946年6月13日晋加陆军上将衔，1946年9月22日停役。

黄琪翔（1898~1970年），广东梅县人，1946年6月13日晋加陆军上将衔。

伯达马塞尔（Budda shumsher），尼泊尔王国首相（1945~1948年），1946年11月14日授陆军上将衔。

林蔚（1889~1955年），浙江黄岩（今台州市黄岩区）人，1947年8月9日晋加陆军上将衔。1950年台湾当局授二级上将。

邹作华（1894~1973年），吉林永吉人，1948年2月13日晋加陆军上将衔。

李汉魂（1895~1988年），广东吴川人，1949年2月21日晋加陆军上将衔。

刘士毅（1886~1982年），江西都昌人，1949年5月24日晋加陆军上将衔。1950年台湾当局授二级上将。

马步芳（1903~1975年），回族，甘肃临夏人，1949年8月17日晋加陆军上将衔。

八、追赠（晋）陆军上将衔（7人）

周浑元（1885~1938年），河北安新人，1938年2月18日追晋陆军上将衔。

贾德耀（1880~1941年），安徽合肥人，1941年3月19日追赠陆军中将加上将衔。

井勿幕（1888~1918年），陕西蒲城人，1945年11月19日追赠陆上将衔。

方策（1887~1945年），浙江黄岩（今台州市黄岩区）人，1946年1月11日追赠陆军上将衔。

鲁英麟（1894~1948年），山西垣曲人，1948年5月17日追晋陆军上将衔。

刘戡（1907~1948年），湖南桃源人，1948年5月17日追晋陆军上将衔。

严明（1906~1948年），湖南祁阳人，1948年5月17日追晋陆军上将衔。

（原载《北京档案史料》1994年第4期，
原名《国民政府军的上将》）

华北伪"治安军"序列沿革

1937年12月14日,即日本侵略军占领中国首都南京次日,在日本"华北派遣军"导演下,于北平建立了以"行政委员会委员长"王克敏为首的伪"临时政府",并设立"管理全国治安事务"的"治安部",由当年北洋军阀时期的"宁武上将军"齐燮元出任"总长"。伪"治安部"接收了伪冀东保安队数千人、原北平宪兵千余人,还收编了"皇协军"、"民团军"等地方亲日汉奸武装近万人,组成"剿共军"第一、二、三、四路,拼凑成了最初的华北伪军。

一、伪"治安军"的"建军"

1938年5月10日,"治安部"在河北通县成立"陆军军官学校",齐燮元兼任"校长",着手为组建一支"正规"的华北伪军做准备。

1939年10月,由"陆军军官学校"第一期毕业的296名学生,伪"军官队"和"军士教导团"第一期结业的学员,此前"治安部"已在华北沦陷区招募的1.3万余名新兵,组成了华北伪"治安军",此即华北"正规"伪军的所谓第一次"建军"。齐燮元兼任"治安军总司令",下辖3个集团(相当于师或旅），另有两个独立团，共 8 个团，兵员达 1.5 万多人。1940 年 1 月 14 日，在北平武庙（旧址即今鼓楼西大街西藏自治区驻京办事处）举行了建军的"授旗式"。齐燮元宣称，"治安军""为担任维持华北治安之唯一军队"。各集团的序列及其历任主官沿革分述如下：

第一集团，驻北平北苑，辖第一、二两团。历任集团司令为：少将刘凤池（1939 年 10 月 6 日任命）、少将李定衡（1941 年 7 月 9 日任命）、少将李阔泉（1942 年 10 月 4 日任命）、少将卢凤策（1943 年 3 月 29 日任命）、少将李定衡（1943 年 7 月任命）。历任集团参谋长为：少校田申（1939 年 10 月 6 日任命）、少校薛式如（1941 年 6 月 5 日任命）、上校金绍宗（1941 年 11 月 1 日任命）。

第二集团，驻河北保定，辖第三、四两团，历任集团司令为：少将黄南鹏（1939 年 10 月 6 日任命，1941 年 11 月 1 日升中将）、少将李瑛（1942 年 3 月 20 日任命）、少将栾乐山（1943 年初任命）、少将黄南鹏（1943 年 7 月任命）。历任集团参谋长为：少校李瑛（1939 年 10 月 6 日任命）、上校徐贯一（1940 年 10 月 16 日任命）、上校熊子涵（1941 年 7 月 14 日任命）、中校邓大纲（1942 年 5 月 8 日任命）、上校齐靖宇（1943 年 2 月 4 日任命）。

第三集团，驻河北唐山，辖第五、六两团。历任集团司令为：少将刘组笙（1939 年 10 月 6 日任命，1941 年 11 月 1 日升中将）、少将卢凤策（1942 年 10 月 4 日任命）、少将宋廷裕（1943 年 3 月 29 日任命）、中将田文炳（1943 年 7 月任命）。历任集团参谋长：上校赵晋三（1939 年 10 月 16 日任命）、上校罗宝泰（1940 年 10 月 16 日任命）、中校刘云龙（1942 年 3 月 20 日任命）、中校唐椿林（1942 年 10 月 4 日任命）。

独立第七团，先驻天津北郊，后移河北通县。

独立第八团，驻山东济南。

二、伪"治安军"的扩编

1940 年 3 月 30 日，以汪精卫为"代主席"的伪"国民政府"在南京建立。北平伪"临时政府"改称"华北政务委员会"，"治安部"也随之改称"治安总署",齐燮元任"督办",并兼"华北绥靖军总司令",而"治安军"的名称仍继续使用。

1940年秋,"陆军军官学校"第二期926名学生在北平北郊清河新址毕业。"治安军"新编4个集团又6个独立团,共14个团,兵力达到5.4万人。1941年10月21日,新建的各团在北平武庙举行"授旗式"。

新编的各集团的序列及其历任主官沿革如下述:

第四集团,驻北平北苑,辖第九、十两团。历任集团司令为:上校姜恩溥(1940年10月22日任命)、少将陈志平(1942年2月8日任命)、少将姜恩溥(1943年7月任命)、中将马文起、中将田中。历任集团参谋长为:上校王景和(1940年10月16日任命)、上校安雅轩(1941年11月1日任命)、上校朱宏(1942年5月8日任命)、中校李建善(1942年12月21日任命)。

第五集团,驻河北通县,辖第十一、十二两团。历任集团司令为:上校胡恩承(1940年10月22日任命,后升少将)、少将叶荫南(1941年7月14日任命)、少将刘化南(1942年3月20日任命)。历任集团参谋长为:上校杨琦(1941年10月16日任命)、上校康逢祥(1941年11月1日任命)、中校邵冠章(1942年10月4日任命)。

独立第十三团,驻河北涿县。

第六集团,驻河北保定,辖第十四、十五两团。历任集团司令为:上校宋廷裕(1940年10月22日任命)、少将李瑛(1941年11月1日任命)、少将齐荣(1942年8月20日任命)。历任集团参谋长为:上校祁继忠(1940年10月16日任命)、上校杨学潜(1941年11月1日任命)、上校朱文澜(1942年5月8日任命)。

独立第十六团,驻河北正定。

独立第十七团,驻天津北郊。

第七集团,驻河北唐山,辖第十八、十九两团。历任集团司令为:上校马文起(1940年10月22日任命)、上校薛式如(1943年8月13日任命)、中将赵晋三(1944年4月26日任命)。历任集团参谋长为:上校邵化民(1940年10月16日任命)、上校刘之初(1941年12月17日任命)、中将杨冠英(1942年10月4日任命)、中校王仁轩(1943年3月31日任命)。

独立第二十团，驻河北滦县。

独立第二十一团，驻山东济南。

独立第二十二团，驻山东益都。

三、伪"治安军"的再次扩编

1941年9月，伪"治安总署"分别将"华北警备队"（前身系冀东伪政府的保安队）改编为第一〇一集团，下属第一〇一、一〇二、一〇三3个团；"剿共军"第二路改编为第一〇二集团，下属一〇四、一〇五、一〇六3个团；第三路改编为第一〇七团。1942年5月2日在北平武庙举行了"授旗式"。

1941年10月，"陆军军官学校"第三期706名学生毕业，"治安军"新组建第八、第九两个集团，计有五个团，其"授旗式"于1942年12月11日仍在北平武庙举行。

此外，还设立了教导集团，辖军士、步兵两个教导团，以及一个补充团。

至此，"治安军"共有12个集团，总兵力号称10万。

上述新扩编的各集团序列及其历任主官沿革如下：

第一〇一集团，驻河北密云。历任集团司令为：中将王铁相（1941年9月27日任命）、中将田文炳（1941年10月6日任命）、少将李燮坤（1942年3月20日任命）、少将杨琦（1943年任命）。历任集团参谋长：上校李骏若（1941年10月17日任命）、中校杜帆扬（1942年6月20日任命）、上校南宫辰（1942年10月4日任命）。

第一〇二集团，驻河北邢台。集团司令为：少将高德林（1941年9月27日任命，1943年6月28日升中将）。历任集团参谋长为：中校庞定远（1941年10月31日任命，1942年3月1日升上校）、上校姚景洙（1942年12月21日任命）。

独立第一〇七团，驻山东莱阳。

第八集团，驻山东平度。辖原独立第二十一、二十二两团。历任集团司令为：少将宋廷裕（1941年11月1日任命）、少将徐贯一（1942年10月4日任命）、少将王斌（1943年任命）、少将宋廷裕（1943年7月任命）。历任集团参谋长为：上校祁继忠（1941年11月1日任命）、中校冷兆一（1942年2月4日任命，1943年4月7日升上校）。

独立第二十三团，驻河北涿县。

独立第二十四团，驻天津。

第九集团，驻河北唐山。辖第二十五、二十六两团。历任集团司令为：少将富经武（1941年11月1日任命）、中将田文斌（1942年3月20日任命）、少将王斌（1942年10月4日任命）、少将邓大纲（1944年任命）。历任集团参谋长为：上校唐昆（1941年11月1日任命）、上校李骏若（1942年4月10日任命）、中校洪作武（1943年1月25日任命）。

独立第二十七团，驻山东济南。

教导集团，驻河北通县，历任集团司令为：上将齐燮元（1941年11月1日任命）、中将刘组笙（1943年12月14日任命）。历任副司令为：少将田申（1941年11月1日任命）、少将李海天（1943年12月14日任命）。

四、伪"治安军"改称"华北绥靖军"

1941年5月1日起，"治安军"有19个团开赴冀东，并在滦县建立了"华北绥靖军总司令行营"，任务是所谓"把冀东的治安完全恢复"，并与日军"互相提携，以共同力量彻底覆灭共军耳"。其结果相反，在八路军沉重打击下，失掉了第四、十两个团。

至1943年秋，"治安军"各集团和团的隶属关系有所变化，第一集团辖第一、二团，第二集团改辖第三、八团，第三集团辖第五、六团，第四集团改辖第九、十七、二十七团，第五集团辖第十一、十二团，第六集团辖第十四、十五、十六团，第七集团辖第十八、十九、二十团，第八集团辖第二十一、二十二、三十四团（即原第一〇七团），第九集团辖第二十五、二十六团，第十集团（即原第一〇一集团）辖第二十八、二十九、三十团（即原第一〇一、一〇二、一〇三团）及炮兵队，第十一集团（即原第一〇二集团）辖第三十一、三十二、三十三团（即原第一〇四、一〇五、一〇六团），此外，还保留独立第七、十三、二十三、二十四团。

1943年11月，伪"华北政务委员会"改组，齐燮元被解职，杜锡钧出任"治安总署督办"兼"华北绥靖军"上将"总司令"。

1944年1月1日，伪"治安总署"改称"绥靖总署"，"治安军"正式改称"华北绥靖军"。此后，"治安军"的名称即不复存在。

五、"华北绥靖军"的溃灭

1945年2月，伪"华北政务委员会"最后一次改组，王荫泰任"委员长"，门致中为"绥靖总署督办"兼"华北绥靖军"中将"总司令"（3月底升上将）。这时，又招抚了活动于山西长治一带的地方伪军6000余人，组成第十二、十三两集团，第十二集团司令李宝森，参谋长段炳昌，第十三集团司令杨诚，参谋长何焜。下辖第三十五、三十六、三十七、三十八、三十九、四十团。4月11日，在北平中南海怀仁堂，举行了"华北绥靖军"各团新团旗"授旗式"，将原北洋政府军式样的五色星团旗改为伪"国民政府"军式样的青天白日团旗。

1945年9月抗日战争结束时，伪"华北绥靖军"第一至十三集团驻地如下：河北唐山、滦县、乐亭，山东聊城，河北迁安、保定、永清，山东平度，河北宛平、玉田、邢台，山西沁县、寿阳。教导集团驻河北通县。这时总共尚有兵力5.5万人，枪4.34万余支。

日本投降后，国民党政府立即将伪"华北绥靖军"改称"第九路军"，又称"河北先遣军"。1945年10月10日，北平举行日本"华北派遣军"签降式，门致中也以"第九路军总司令"头衔参加受降，伪军头目一夜之间摇身一变竟然成了"抗战将领"。后慑于人民的威力，门致中弃职赴香港，不伦不类的"第九路军"亦随之解散。

（原载《军事史林》1989年第5期）

伪"治安军"（华北绥靖军）团级序列沿革

题记：据笔者所见，关于伪"治安军"（华北绥靖军）的资料，1939年至1943年秋较为完整，而1943年秋至1945年夏较为匮乏。本文主要依据伪《临时政府公报》、《华北政务委员会公报》、《军事月刊》、《新民报》、《华北新报》和其他有关资料写成。

1939年10月在北平建立的"治安军"是日本"华北派遣军"豢养的华北伪政权直接操纵的一支叛国武装。1940年3月，南京伪"国民政府"将其定名为"华北绥靖军"，但"治安军"的名称在华北仍继续使用。1944年1月，这支伪军正式改名为"华北绥靖军"。1945年8月日本宣布投降后，重庆国民政府将其收编，更名为"第九路军"，又称"河北先遣军"。1946年6月初宣布解散。

"治安军（华北绥靖军）总司令"一直由华北伪政权的"治安部总长"、"治安（绥靖）总署督办"兼任。其先后为上将齐燮元、上将杜锡钧和中将（后升上将）门致中。这支伪军通过建军、扩军、改编和收编，先后建立起14个"集团"（相当于师或旅的规模）和43个（独立）团。"集团司令"军阶一般为少将和中将。该军高、中级军官多由原北洋军阀时期的旧军人担任，初级军官则由北平伪"陆军军官学校"毕业生充当,而士兵则在华北沦陷区招募。"治安军"兵员最多时号称拥有10万之众(1941年),1945年秋尚存5万余。

兹将"治安军"(华北绥靖军)团级序列沿革分述于下:

第1团:1939年10月在北平北苑建立,隶属于第1集团。历任团长为:上校刘春台(1939年10月6日任命)、上校齐云涛(1940年3月5日任命)、上校欧阳鹏(1940年10月16日任命)、上校汪蕴珊(1941年11月1日任命)、中校杨振亚(1942年10月4日任命)。

第2团:1939年10月在北平北苑建立,隶属于第1集团。历任团长为:上校朱文澜(1939年10月6日任命)、中校高首三(1941年7月25日任命)、中校王树绩(1942年3月20日任命)。

第3团:1939年10月在河北清苑建立,隶属于第2集团。历任团长为:上校胡恩承(1939年10月6日任命)、中校齐靖宇(1940年10月16日任命,1941年11月1日升上校)、上校杨琦(1942年3月20日任命)。

第4团:1939年10月在河北正定建立,隶属于第2集团。历任团长为:上校宋廷裕(1939年10月6日任命)、中校王溪岩(1940年10月16日任命)、中校汪庭灏(1941年7月25日任命,11月1日升上校,1942年2月27日被处决),后该团不复存在。

第5团:1939年10月在河北唐山建立,隶属于第3集团。历任团长为:上校王振声(1939年10月6日任命)、上校马文起(1940年10月16日任命)、中校吴国明(1941年3月18日任命,11月1日升上校)、中校张毅超(1942年3月20日任命)。

第6团:1939年10月在河北唐山建立,隶属于第3集团。历任团长为:上校叶荫南(1939年10月6日任命)、中校王秀廷(1940年10月16日任命)、上校刘之初(1942年10月4日任命)、上校李鸿汉(1943年1月22日任命)。

第7独立团,1939年10月在天津北郊建立,历任团长为:上校孙基昌(1939年10月6日任命)、上校李定衡(1940年10月16日任命)、中校齐荣(1941年7月9日任命,11月1日升上校)、上校刘澄(1942年3月20日任命)、上校邵化民(1942年10月4日任命)、曹振声、齐某。

第8团:1939年10月在山东济南建立,初为独立团,后改隶第2集团。

历任团长为上校马文起（1939年10月6日任命）、中校陈志平（1940年10月16日任命，1941年11月1日升上校）、中校周绍棠（1942年2月3日任命）。

第9团：1940年10月在北平北苑建立，隶属于第4集团。历任团长为：中校张养泉（1940年10月16日任命）、中校肖秉仁（1942年2月3日任命）、中校赵之英（1943年4月17日任命）。

第10团：1940年10月在北平北苑建立，隶属于第4集团。团长为中校崔福坤（1940年10月16日任命，1941年11月1日升上校，1942年2月27日被处决），后该团不复存在。

第11团：1940年10月在河北通县建立，隶属于第5集团。历任团长为：中校张济川（1940年10月16日任命）、中校李耀民（1942年2月3日任命）、中校富铁石（1942年6月20日任命，7月2日在玉田县阵亡）、上校曹殿卿（1942年7月28日任命）。

第12团：1940年10月在河北通县建立，隶属于第5集团。历任团长为：中校刘兴和（1940年10月16日任命，1941年11月1日升上校）、上校南宫辰（1942年3月20日任命）、中校张克圣（1942年10月4日任命）。

第13独立团：1940年10月在河北涿县建立。历任团长为：中校李阔泉（1940年10月16日任命，1941年11月1日升上校）、中校王铮宏（1942年10月4日任命）、中校李书云（1943年4月17日任命）。

第14团：1940年10月在河北清苑建立，隶属于第6集团。历任团长为：上校李瑛（1940年10月16日任命）、上校薛式如（1941年11月16日任命）、中校徐延祺（1943年8月13日任命）。

第15团：1940年10月在河北定县建立，隶属于第6集团。历任团长为：上校卢凤策（1940年10月16日任命）、中校刘兆瑞（1942年10月4日任命）。

第16团：1940年10月在河北正定建立，初为独立团，后改隶于第6集团。历任团长为：上校张吉坤（1940年10月16日任命）、中校冯寿祐（1941年11月1日任命）。

第17团：1940年10月在天津北郊建立，初为独立团，后改隶第4集团。历任团长为：上校顾海清（1940年10月16日任命）、中校刘少鹏（1941年7月23日任命）、上校顾海清（1942年2月3日任命）、上校孙凤翔（1943

年3月20日任命)。

第18团:1940年10月在河北唐山建立,隶属于第7集团。历任团长为:上校汪蕴珊(1940年10月16日任命)、中校曹凤岗(1941年任命,11月1日升上校)、中校吴忠义(1942年2月3日任命)、中校宋振东(1942年3月20日任命)、中校刘凤梧(1942年6月20日任命)、中校李书云(1943年4月7日任命)、中校郑希成。

第19团:1940年10月在河北唐山建立,隶属于第7集团。历任团长为:中校赵愚生(1940年10月16日任命)、中校赵瀚章(1941年6月6日任命)、中校杨景武(1942年10月4日任命)、中校孙寅宇。

第20团:1940年10月在河北滦县建立,初为独立团,后改隶第7集团。历任团长为:中校刘澄(1940年10月16日任命,1941年11月1日升上校)、中校高首三(1942年3月20日任命)、中校周欣民(1942年6月20日任命)、中校白玉莹。

第21团:1940年10月在山东济南建立,初为独立团,后改隶第8集团。历任团长为:上校赵晋三(1940年10月16日任命)、中校贾鲁岑(1941年11月1日任命)、上校王景和(1941年12月13日任命)、中校卫鹏(1942年10月4日任命)。

第22团:1940年10月在山东益都建立,初为独立团,后隶属于第8集团。历任团长为:上校熊毅(1940年10月16日任命)、上校叶荫南、上校徐贯一(1941年7月14日任命)、中校唐大石(1942年10月4日任命)、中校曹际云(1943年8月14日任命)。

第23独立团:1941年11月在河北涿县建立。历任团长为上校曹凌霄(1941年11月1日任命)、上校冀汝桂(1942年10月4日任命)、孙某(1943年任命)。

第24独立团:1941年在天津建立。历任团长为:中校于秉富(1941年11月1日任命)、上校姜书绅(1942年12月21日任命)、上校薛式如(1943年8月13日任命)。

第25团:1941年11月在河北唐山建立,隶属于第9集团。历任团长为:中校关增伦(1941年11月1日任命)、中校李树衡(1943年2月4日任命)。

第 26 团：1941 年 11 月在河北唐山建立，隶属于第 9 集团。历任团长为：上校王景和（1941 年 11 月 1 日任命）、中校康慕飞（1943 年 2 月 13 日任命）。

第 27 团：1941 年 11 月在山东济南建立，初为独立团，后改隶第 4 集团。历任团长为：上校杨琪（1941 年 11 月 1 日任命）、上校冯广友（1942 年 2 月 3 日任命）、中校齐鸿超（1942 年 4 月 25 日任命）、中校贺镇（1943 年任命）。

第 28 团：1941 年 9 月在河北密云建立，前身为伪"华北警备队"之一部，初名第 101 团，隶属于第 101 集团，后改称第 10 集团。历任团长为：上校刘壮宇（1941 年 9 月 27 日任命）、中校钱福安（1942 年 2 月 3 日任命）。

第 29 团：1941 年 9 月在河北密云建立，前身为伪"华北警备队"之一部，初名第 102 团，隶属于第 101 集团，后改为第 10 集团。历任团长为：上校吴孔嘉（1941 年 9 月 27 日任命）、中校纪震华（1942 年 3 月 20 日任命）。

第 30 团：1941 年 9 月在河北密云建立，前身为伪"华北警备队"之一部，初名第 103 团，隶属于第 101 集团，后改为第 10 集团。历任团长为：上校董雄飞（1941 年 9 月 27 日任命）、上校栾乐山（1941 年 10 月 6 日任命）。

第 31 团：1941 年 10 月在河北邢台建立，前身为伪"剿共军"第 2 路之一部，初名第 104 团，隶属于第 102 集团，后改为第 11 集团。历任团长为：上校孙清泉（1941 年 10 月 31 日任命）、中校赵玉清（1942 年 3 月 20 日任命）、上校费长安（1943 年 3 月 3 日任命）。

第 32 团：1941 年 10 月在河北邢台建立，前身为伪"剿共军"第 2 路之一部，初名第 105 团，隶属于第 102 集团，后改为第 11 集团。历任团长为：上校费长安（1941 年 10 月 31 日任命）、上校庞定远（1942 年 12 月 21 日任命）、中校杨似玉（1943 年 4 月 17 日任命）。

第 33 团：1941 年 10 月在河北邢台建立，前身为伪"剿共军"第 2 路之一部，初名第 106 团，隶属于第 102 集团，后改为第 11 集团。历任团长为：上校刘化南（1941 年 10 月 31 日任命）、中校赵玉德（1943 年 3 月 20 日任命）。

第 34 团：1942 年 4 月在山东莱阳建立，前身为伪"剿共军"第 3 路，初名第 107 独立团，后隶属于第 8 集团。历任团长为：上校滕龙泽（1942 年 4 月 8 日任命）、王某（1943 年任命）。

第 35、36、37 团：1945 年春在山西武乡建立，前身为伪"山西剿共军"

第 1 师，隶属于第 12 集团。

第 38、39、40 团：1945 年春在山西陵川建立，前身为伪"山西剿共军"第 2 师，隶属于第 13 集团。

军士教导团：1941 年 11 月在河北通县建立，隶属于教导集团，团长为中校刘鉴吾（1941 年 11 月 1 日任命）。

步兵教导团：1941 年 11 月在河北通县建立，隶属于教导集团，历任团长为：中校徐延祺（1941 年 11 月 1 日任命）、中校刘云龙（1943 年 8 月 14 日任命）。

补充团：1941 年 11 月在北平北苑建立，不隶属于任何集团。团长为：上校冀汝桂（1941 年 11 月 1 日任命）。

（原载《北京档案史料》1991 年第 1 期，署名李寅）

1912~1928年北京大中学校巡览

一、公立大专学校

国立北京大学：△▲1898年京师大学堂成立。1912年5月3日改称北京大学，地点仍在地安门内马神庙，设文、理、法、工、农5科15门。1918年红楼建成，校本部移汉花园。1919年废文、理、法3科建14系。时分设3院。第一院在汉花园（今五四大街），第二院在景山东街（即原马神庙，今沙滩后街），第三院在北河沿（今北河沿大街），均位于中一区界内。1927年8月与其他8所国立大专学校合组京师大学校。

国立北京师范大学：△▲1902年京师大学堂附设师范馆为本校之始，1908年改称京师优级师范学堂而独立。1912年5月15日改称北京高等师范学校，校址仍在琉璃窑西部（今南新华街路西），地属外右一区。1923年7月1日改称北京师范大学，至1927年8月。

国立北京法政大学：△1905~1909年法律、法政、财政学堂先后建立，1912年三学堂合并为北京法政专门学校，8月19日开学，地址西单北太仆

△ 参加1919年5月4日反帝爱国集会游行的大专学校。
▲ 参加1926年3月18日反帝爱国集会游行的大中学校。

寺街，属内右一区。1913年1月，原在辟才胡同由前殖边学堂与满蒙文高等学堂合并组成的北京筹边高等学校撤销并入本校。1923年9月，改称北京法政大学。1926年10月中俄大学撤销并入本校。存在至1927年8月。

国立北京医科大学：△1903年京师大学堂创设医学实业馆，1904年改设医学馆，自地安门内太平街迁移正阳门外八角琉璃井，1907年停办。1912年10月26日复建北京医学专门学校于外右二区八角琉璃井（今和平门外琉璃巷）。1915年以后孙公园为正门。1924年1月，改称北京医科大学，至1927年8月。

国立北京工业大学：△▲1903年京师高等实业学堂在西直门内祖家街创立，1909年迁端王府旧址。1912年7月改称北京高等工业学校，11月又改为北京工业专门学校，地址在内右四区端王府夹道原址。1924年3月改名北京工业大学，至1927年8月。

国立北京农业大学：△▲1905年京师大学堂筹建农科，1912年农科移西郊阜成门外骆驼庄（后称罗道庄）。1914年1月，脱离北京大学独立为北京农业专门学校，1923年3月改称北京农业大学，至1927年8月。

国立北京女子师范大学▲和国立北京女子大学：1908年京师女子师范学堂成立于旃坛寺仁寿殿，随即迁往正阳门外八角琉璃井，1909年再迁石驸马大街。1912年5月29日改称北京女子师范学校，1919年4月23日改称北京女子高等师范学校。1924年5月2日再改名为北京女子师范大学，校址仍在内右二区石驸马大街（今新文化街）。1925年8月17日奉命解散。原址成立北京女子大学。至12月24日决定北京女子师范大学在原址恢复，北京女子大学遂迁往教育部东院，地址在内右二区教育部街（今教育街）。两校同时存在到1927年8月。

国立北京艺术专门学校：▲1918年4月8日北京美术学校在内右二区前京畿道(今太平桥大街)建立。1922年10月26日改为北京美术专门学校，1925年2月停办。1925年9月原址再建北京艺术专门学校，至1927年8月。

国立京师大学校：1927年8月6日，教育部决定撤销北京大学、北京师范大学、北京女子师范大学、北京女子大学、北京法政大学、北京工业大学、北京农业大学、北京医科大学和北京艺术专门学校，合组京师大学校，9月

20 日成立。校长办公处设教育部街，文科在汉花园，理科在景山东街，法科在国会街（今宣武门西大街）、北河沿和太仆寺街，工科在祖家街（今富国街），医科在后孙公园，农科在罗道庄，师范部在南新华街，女子一部在石驸马大街，女子二部在国会街，美术专门部在前京畿道，还有商业专门部。京师大学校仅存在到 1928 年 6 月。

国立北京交通大学：△1909 年铁道管理传习所成立，1911 年改为交通传习所，1917 年 1 月 1 日改为北京铁路管理学校和北京邮电学校，1921 年 7 月 1 日改为交通大学北京分校，8 月又改为唐山大学北京分校。至 1923 年 3 月 1 日改为北京交通大学，校址仍在内右一区府右街李阁老胡同（今大力胡同），至 1928 年 6 月。

国立中俄大学：▲1899 年开设东省铁路俄文学堂于崇文门内荣公府花园，1903 年迁东总布胡同。1912 年改为外交部俄文专修馆，1921 年 9 月改为俄文法政专门学校，1926 年 3 月 7 日改称中俄大学。同年 10 月撤销并入北京法政大学。

陆军大学：1906 年陆军军官学堂在直隶保定创立。1912 年改称陆军大学迁到北京中二区西安门内法文学堂旧址。1913 年迁往内右四区西直门内崇元观（今东新开胡同）。

高等警官学校：△▲1901 年创设警务学堂，1912 年改称警察学校，1914 年停办。1916 年 2 月 28 日重建高等警官学校，地址在内左三区北新桥西路北。

北京航空学校：1913 年 9 月 1 日创立于南苑，后一度改称航空教练所。1923 年 3 月复称北京航空学校。1928 年春停办。

清华学校：▲1911 年成立清华学堂，1912 年 5 月 1 日改称清华学校。1925 年 5 月停办中学部，改办大学部。

税务学校：△1908 年创立税务学堂，地址在东单北西堂子胡同。1911 年迁大雅宝胡同，属内左一区。1912 年改称税务学校，系专门学校性质。

盐务学校：1920 年 4 月 7 日建立，地址在王府井大街大纱帽胡同。1925 年迁到内左二区灯市口东口内路北。亦为专门学校性质。

北京蒙藏专门学校：1923 年 3 月在内右一区西皇城根孙家花园开学。1916 年一度停办。同年 11 月在西单北石虎胡同复校开学。后建法律科和政经科。1927 年再度停办。

中央陆军测量学校：1912 年始办，地址在内右四区祖家街（今富国街）东口内路南。

陆军军需学校：1912 年始办，地址在内左一区东单北煤渣胡同路北。

陆军军医学校：1912 年始办，地址在内左四区朝阳门内北小街。

陆军兽医学校：1912 年始办，地址在内左四区朝阳门内北小街。

宪兵学校：地址在内左四区东四北六条路北。

二、私立大专学校

汇文大学△、燕京大学▲：1871 年建校，1888 年建立汇文书院，1900 年更名汇文大学堂，1912 年改称汇文大学校，设文、医、神学三科。1919 年通州协和大学撤销并入，改称燕京大学。1920 年协和女子大学撤销并入。校址：男校在内左一区崇文门内迤东盔甲厂（今无存），女校在内左二区灯市口同福夹道。

国民大学、中国大学：△▲1912 年创立国民大学，校址在内右一区正阳门内西顺城街（今前门西大街）前清愿学堂旧址，1913 年 4 月 13 日开学，设立文、法、商三科及附属中学校。1925 年 1 月 1 日改称中国公学大学部，1916 年 3 月 9 日改名中国大学。1917 年 12 月 19 日中华大学撤销并入本校。1925 年 9 月 2 日校址迁到内右二区西单北二龙坑（今大木仓胡同）前清郑王府旧址。1927 年中央大学撤销并入本校。

民国大学、朝阳大学：△1913 年 9 月民国大学创立，设法、商两科。1916 年 2 月改名朝阳大学。校址在内左四区东直门内海运仓。

民国大学：△▲1916 年 5 月创建，1917 年 4 月 10 日在宣武门外骡马市宣告成立，以外右三区宣武门外储库营原蜀学堂为校址，设文、法、商三科。1925 年 5 月 13 日迁往内右二区宣武门内太平湖原中华大学校址。

中法大学：▲1920 年 10 月成立于西山碧云寺。设文、理两科。1924 年理科移入城内内左三区地安门外东皇城根原吉祥寺址，1925 年文科移入城内内左二区东安门外北皇城根原蒙藏院址。随之建成孔德（哲学）、服尔泰（文学)、居礼(理学)和陆谟克(生物学)四学院。校本部在东安门外皇城根(今东皇城根北街)。

华北大学：1922年1月6日成立，校址内右一区西安门外大街路北，设文、法两科。1925年迁校址于内右一区西四南羊皮市街(今羊皮市胡同)前清礼王府旧址。

公教大学、辅仁大学：1925年7月公教大学创立，校址在内右三区德胜门内李广桥西街(今柳荫街)前清涛贝勒府旧址。1927年6月改名辅仁大学。初设文科。

法政大学、中华大学：1912年1月，法政大学在内右二区宣武门内太平湖旧醇王府创立。1913年改名中华大学。1917年8月停办，并入中国大学。

明德大学：1912年在湖南创立明德学校专门部，1913年迁来北京，改名明德大学。校址内左二区东四南干面胡同。1917年8月停办。

中央大学：▲1913年中央法政专门学校成立，地址内右二区西单北二龙坑前郑王府西园。1924年改名中央大学。1927年撤销并入中国大学。

平民大学：▲1921年11月创建，1922年1月12日在内右三区地安门内二道桥开学。设商、文、法三科。1924年以德胜门内石虎胡同为新校舍。后新民大学停办并入。

郁文大学：1923年5月创立，校址分设内右四区阜成门内大街和内右三区德胜门内大街。

畿辅大学：1924年9月10日在内右四区阜成门内宗帽胡同(今无存)成立，1926年8月迁往内左二区东四南干面胡同。设铁道管理、土木工程和机械工程三科。1927年6月和11月，东方大学和通才商业专门学校先后停办并入本校。

孔教大学：1923年8月在内右一区西单北甘石桥前清洵贝勒府成立。

北京协和医科大学：1906年创立协和医学堂，地址东单北西总布胡同。1912年改称协和医学校。1921年9月迁校址于内左一区东单北三条胡同前清豫王府旧址。1923年改称北京协和医科大学。

正志大学：1920年6月成立于西郊阜成门外，设商、理、工三科。约在1925年前后停办。

务本女子大学：1923年9月成立于内右四区阜成门内大街，后迁校址于内右二区西四南丰盛胡同。约在1927年停办。

国际大学、人文大学：1924年5月国际大学在西郊西直门外万寿寺成立。1925年改名人文大学。约在1926年停办。

新闻大学、民族大学：1926年1月新闻大学在正阳门内西顺城街成立，后改名为民族大学。约在1927年停办。

民治大学：1924年在内右一区西单北背阴胡同前清奎王府成立。约在1928年停办。

东方大学：1924年7月在内右三区德胜门内定府大街（今定阜街）前清庆王府成立。1927年6月并入畿辅大学。

公民大学：1924年在内左二区朝阳门内前清孚王府建立。约在1925年停办。

文化大学：▲1924年9月在内右三区新街口南大街成立，1926年迁内右三区地安门外棉花胡同（今东棉花胡同）。约在1927年停办。

新民大学：1924年在内右三区地安门外方砖厂建立。约在1925年停办。

南方大学（北京分校）：1924年4月在外右四区法源寺后街建立，后迁西砖胡同。约在1925年停办。

政治大学：原名自治学院，1925年11月7日改称政治大学。约在1927年停办。

东亚大学：约在1923~1925年存在。

进群大学：约在1924~1925年存在。

神州大学：约在1923~1925年存在。

新华商业专门学校：1912年8月创立中央商业讲习所，1913年改名新华商业专门学校，地址内右二区西四南羊肉胡同。1924年8月部令停办。

通才商业专门学校：1920年创立，地址外右三区广安门内大街。1927年停办并入畿辅大学。

正本商业专门学校：约在1926~1927年存在。

京华美术专门学校：1915年9月创立于内右二区阜成门内锦什坊街，后迁大麻线胡同，再迁外右二区和平门外后孙公园。

北京美术学院：▲1924年创立于内右四区祖家街（今富国街）路北，后迁西四北太平仓，为专门学校性质。

化石桥法政专门学校：1914年7月成立于内右一区正阳门内西顺城街（今前门西大街）。1918年7月停办。

豫人法政专门学校：1912年创立于外右三区宣武门外达智桥嵩云草堂。1917年停办。

京师法政专门学校：1917年成立，后停办。

女子法政专门学校：1917年存在，后停办。

北京体育学校：1917年存在，地址内右二区西四南西斜街。

外国语专门学校：1912年创立，地址内右一区西四南东斜街，后停办。

世界语专门学校：地址内右二区锦什坊街孟端胡同。

财政专门学校：1924年创立，地址内右二区宣武门内石驸马大街（今新文化街），后停办。

三、公立中等学校

北京师范大学附属中学校：1902年11月2日五城中学堂在正阳门外琉璃窑西部建立，1908年迁到琉璃窑东部。1912年7月成为北京高等师范学校附属中学校，1923年8月改称北京师范大学附属中学校，1927年8月又改名京师大学校附属中学校，至1928年6月。校址外右二区和平门外南新华街路东。

北京女子师范大学附属中学校：1917年3月北京女子师范学校附属中学校在内右二区宣武门内东铁匠胡同建立，1918年6月迁往西单北辟才胡同。1919年7月成为北京高等女子师范学校附属中学校。1924年8月改为北京女子师范大学附属中学校。1927年9月成为京师大学校女子学院中学部，至1928年6月。

京兆公立高级中学校：▲1902年顺天高等学堂成立，1913年1月改名京师公立顺天中学校，1914年12月改称京兆公立第一中学校，地址内左三区地安门外兵将局（今地安门东大街），1925年改名京兆公立高级中学校。

京师公立第一中学校：1903 年成立宗室觉罗八旗中学堂，1912 年 9 月 7 日改称京师公立第一中学校，地址内左三区安定门内郎家胡同。

京师公立第二中学校：▲1910 年 3 月成立左翼八旗中学堂，1912 年 8 月 20 日改称京师公立第二中学校，地址内左二区东四南史家胡同。

京师公立第三中学校：1911 年 2 月右翼八旗中学堂建立。1912 年 8 月 15 日改名京师公立第三中学校，校址从内右四区西四北受璧胡同（今西四北四条胡同）迁到祖家街（今富国街）原清初祖大寿旧居。

京师公立第四中学校：1909 年顺天中学堂建立，1912 年 9 月 29 日改名京师公立第四中学校，地址仍在中二区西安门内西什库后库（今西什库大街）。

京师公立第一女子中学校：1913 年 2 月 24 日在内右二区宣武门内鲍家街（今新文化街西段）创立，当年迁往内右一区正阳门内辇儿胡同，遂改以西交民巷为正门。1926 年 1 月再迁中一区北长街前会计司南花园旧址。

京师公立师范学校：1906 年京师第一师范学堂在前国子监南学旧址建立。1912 年 11 月改名为北京师范学校，校址从内左三区安定门内方家胡同迁到内右二区西四南丰盛胡同前满蒙学堂原址。1915 年 4 月再迁内右四区祖家街西口外（后称端王府夹道，今无存）前两等工业学堂旧址。1927 年 7 月更名京师公立师范学校。

京都市立中学校：1928 年 5 月 11 日京都市立公所在内左二区朝阳门内炒面胡同甲 13 号设立。

京师公立职业学校：1907 年初等工业学堂创立，1912 年改为第二艺徒学校。1920 年改称京师公立职工学校，1923 年 8 月更名京师公立职业学校。地址内左二区东四北南扁担胡同（今南阳胡同）。

京师公立商业补习学校：1918 年第一、二商业补习学校分别在外右一区和平门外安平里和外左二区正阳门外打磨厂新开路（今新革路）建立。1925 年均改为中等商业学校。至 1927 年两校合并改称京师公立商业补习学校，新校址在内左二区东四南灯市口。

四、私立中等学校

育英中学校：1864 年创立，原称育英学堂，1912 年改为育英中学校，地址内左二区东四南灯市口 26 号。

贝满女子中学校：1864 年创立，1895 年始设立中学堂。1923 年起初中部仍在内左二区灯市口，高中部迁同福夹道 3 号原燕京大学女校旧址。

崇实中学校：1865 年崇实馆建立，1891 年始设中学堂，校址内右三区安定门内大三条。

崇慈女子中学校：1870 年创立，1901 年设中学堂，1922 年成为崇慈女子中学校。1923 年校址从内右一区和平门内化石桥迁到内左三区安定门内二条胡同。

汇文中学校：▲1871 年蒙学馆建立，后改名怀理书院、汇文书院，1918~1926 年曾为燕京大学中学部所在，至 1927 年 6 月成为独立的汇文中学校，校址内左一区崇文门内船板胡同。

慕贞女子中学校：1872 年建立，初名为慕贞学院，1918 年始成为慕贞女子中学校，地址内左一区崇文门内后沟。

崇德中学校：1911 年建立，1912 年成为崇德中学校，地址内右一区宣武门内绒线胡同（今西绒线胡同）。

笃志女子中学校：1900 年建立，1914 年成为笃志女子中学校，地址内右二区宣武门内承恩寺（今承恩胡同）。

求实中学校：1902 年建立，1912 年 10 月成为求实中学校，地址内右三区鼓楼东后鼓楼苑。

山东中学校：1906 年建立齐鲁学堂，1912 年 11 月成为山东中学校，地址内右一区正阳门内西顺城街（今前门西大街）路北。

畿辅中学校：1906 年建立畿辅学堂，1912 年 11 月改称畿辅中学校，地址外右三区宣武门外大街路西。

中国大学附属中学校：1913 年 1 月中国大学（时名国民大学）设立附属中学校。地址内右一区正阳门内西顺城街（今前门西大街）路北。1925 年 6 月停办。

安徽中学校：1906 年建立皖学堂，1913 年停办。1914 年 10 月复建安徽中学校，地址外右二区和平门外后孙公园。

培华女子中学校：1914 年 9 月设立，地址内右二区宣武门内石驸马大街（今新文化街）。

河南中学校：1905 年建立豫学堂，1912 年 11 月成为河南中学校，地址外右三区宣武门外达智桥路北。

成达中学校：1914 年 12 月建立正志中学校，1920 年成为成达中学校，后自西郊迁至阜成门外驴市口（今礼士路）。

毓英中学校：1913 年 4 月建立，地址内右四区西直门内大街路南。

四存中学校：1921 年 1 月 10 日建立，地址内右一区府右街南口内路东。

平民中学校：1921 年 9 月 21 日在内右四区西四北翊教寺 2 号建立，1925 年迁往帅府胡同（今西四北二条）原萃文中学校址。

萃文中学校：1914 年在内右四区西四北帅府胡同（今西四北二条）西口内路南建立，存在到 1925 年停办。

萃贞女子中学校：1914 年在内右四区西四北帅府胡同（今西四北二条）路南建立。

女子两级中学校：1922 年 11 月建立，1927 年迁往内右三区地安门外东皇城根前清末太医院旧址。

弘达中学校：1923 年 1 月 7 日开办弘达书院，1926 年成为弘达中学校，地址内右二区西单北二龙坑（今大木仓胡同）。

大同中学校：▲1923 年 6 月 1 日在中一区地安门内后局大院创建。后迁钟鼓寺（今钟鼓胡同）原新民大学校址，至 1925 年再迁景山东街中老胡同为校址。

华北中学校：1923 年 8 月华北大学开办附属中学校，1926 年 6 月改称华北中学校，地址内右一区西安门外大街路北 28 号。

北京中学校：1923 年 7 月北京学院建立中学部，1928 年 3 月改称北京中学。地址中二区西安门内饽饽房 13 号（今府右街博学胡同），后迁内右一区西单北背阴胡同（今无存）。

志成中学校：1923 年 8 月 11 日创办，地址内右二区锦什坊街机织卫。1927 年 10 月迁往外右三区宣武门外储库营。1927 年民正中学校并入。

盛新中学校：1923年9月在中二区西安门内刘兰塑10号建立。

温泉中学校：1923年10月10日在西北郊温泉村建立，后迁北安河村环谷园，以后又迁入城内内左三区地安门外炒豆胡同。

温泉女子中学校：1924年9月建立，地址内左三区地安门外东皇城根路北。

大中公学校：1924年9月16日在中一区东安门内骑河楼蒙福禄馆建立。

光华女子中学校：1924年8月在中二区西安门内西什库建立。

励志中学校：1921年11月在中二区西安门内旃坛寺建立，不久迁往内右四区新街口南航空署街（今航空胡同）。

豫章中学校：1903年建豫章学堂，1918年成为豫章商业学校，1924年成为豫章中学校，地址外右二区和平门外八角琉璃井（今琉璃巷）。

清明中学校：▲1924年7月1日创立于内左三区交道口南北剪子巷桃条胡同，名清明学校。9月1日迁内左二区东四北汪芝麻胡同，1925年10月5日改名清明中学校。1926年5月再迁内左三区交道口南大兴县胡同（今大兴胡同）9月12日迁往内左二区朝阳门内大方家胡同,1928年2月15日停办。

培根女子中学校：1924年9月在中二区西安门内府右街北口路西创立。

春明女子中学校：1923年春明公学建立，1926年改名为春明女子中学校，地址内右一区西安门外大酱坊胡同。

惠中女子中学校：1925年8月1日在内右三区地安门外炒豆胡同创立。

今是中学校：▲1925年10月1日在西郊颐和园建校，专门收容教会学校被迫退学学生，1928年春迁入城内。

西山中学校：1925年在西郊碧云寺建立。

民国中学校：1925年7月，民国大学开办男女中学部，地址内右二区宣武门内太平湖。

艺文中学校：▲1925年4月17日创立，地址内左二区东四南灯市口。1927年12月被迫停办。

黎明中学校：1925年9月在内右二区西四南丰盛胡同4号开办。

翊教女子中学校：1926年9月13日在内右四区西直门内翊教寺2号（今平安里西大街中段）建立。

孔德中学校：1917年12月25日创立孔德学校，后设中学部，成为孔德中学校。地址中一区东安门内大街路北。

进德中学校：1927年5月创建于内右三区鼓楼东小大佛寺胡同17号（今无存）。

弘文公学中学部：地址宣武门外大街。

孔教中学校：1925年8月建立，地址内右一区西单北甘石桥（今西单北大街）。

三楚中学校：地址内左二区东四南本司胡同西花厅。

民治中学校：地址内右一区西单北背阴胡同。1924年4月成立。

西城中学校：地址内右二区宣武门内头发胡同。1925年9月成立。

适存中学校：地址内左四区东直门内五显庙（今东四北十四条东段）。

群化中学校：1925年3月建立。地址外右三区宣武门外西河沿186号。

新民大学中学部：地址内左三区鼓楼北豆腐池。

怀幼中学校：地址内左二区交道口南宽街。1921年1月建立。

卿云公学校：地址内右二区西单北二龙坑贵人关（今二龙路北段）。

箴宜女子中学校：地址内左四区东四北六条班大人胡同（今育芳胡同）。

四维中学校：1927年12月建立，地址内左三区安定门内方家胡同9号。

民铎中学校：1926年6月建立，地址内右四区新街口南后公用库（今后公用胡同）。

补公中学校：1924年8月成立。校址内右一区西交民巷39号。

南纪中学校：地址内右二区德胜门内花枝胡同2号，1924年10月建立。

佑贞女子师范学校：1924年8月佑贞学校在中二区西安门内西什库后库仁慈堂建立，后改为佑贞女子师范学校。

若瑟女子师范学校：1908年若瑟女学建立，1922年成为若瑟女子师范学校。地址中二区西安门内西什库。

上义师范学校：1905年上义师范学堂在西安门内建立，1914年迁阜成门外滕公栅栏，1925年迁到黑山扈。

（原载《北京档案史料》1999年第2期）

1928~1937年北平大中学校概览

一、公立大专院校

国立清华大学*：1911年创建，1925年设大学部。1928年8月17日国立清华大学成立。1929年设文、理、法三学院，1932年增设工学院。校址西郊区蓝旗营清华园。

国立北平大学*：1928年7月19日，京师大学校改为国立中华大学，同年11月7日又改称国立北平大学。下设文、理、法、医、农学院，第一、第二工学院，第一、第二师范学院，女子学院，艺术学院和俄文法政学院计十二学院。1929年，北京大学、北平师范大学和天津北洋大学脱离北平大学复校独立。1930年北平大学设法、工、医、农、艺术、女子文理、女子师范和俄文法政八学院。1931年和1934年，女子师范学院和艺术学院先后脱离北平大学。1934年3月，北平大学下设五学院：北平大学工学院，1904年创建，即前北京工业大学，院址内四区西直门端王府夹道（今育幼胡同）。北平大学农学院，1905年创立，曾为国立北京大学农科，1914年

---

* 为参加1935~1936年"一二·九"运动的学校。

独立，即前北京农业大学，院址阜成门外罗道庄（地属南郊区）。北平大学医学院，1902年创设，即前北京医科大学，院址外二区和平门外后孙公园。北平大学法商学院，肇始于1905年，北京法政大学、中俄大学均为其前身，1934年8月1日，由北平大学法学院和商学院（前俄文法政学院1931年改称）合并组成，院址内二区宣武门内国会街（今宣武门西大街）。北平大学女子文理学院，前身是北京女子师范大学和北京女子大学。院址内一区朝阳门大街（今朝阳门内大街）。

国立北京大学*：1898年创建的中国第一所国立新式高等学校。1927年被撤销并入"京师大学校"，1928年又变成北平大学的组成部分。1929年8月15日，北京大学独立恢复原名。1931年设有文、理、法三学院，院址均在内六区，文学院在汉花园（今五四大街），理学院在景山东街（今沙滩后街），法学院在东安门内北河沿（今北河沿大街）。

国立北平师范大学*：1902年创立的中国近代第一所师范教育机构，即前北京师范大学。1929年8月15日脱离北平大学独立。1931年7月，北平大学女子师范学院并入本校，此时设文、理、教育三学院。本校在外二区和平门外南新华街，分校在内二区宣武门内石驸马大街（今新文化街）。

国立交通大学北平铁道管理学院*：1909年创办，即前北京交通大学。1928年7月改称国立第三交通大学，8月又改称交通大学交通管理学院分院。1929年2月改为交通大学北平交通管理学院，7月再改为交通大学北平铁道管理学院。院址内二区府右街5号。

国立北平艺术专科学校*：1918年建校，即前北京艺术专门学校。1928年成为北平大学艺术学院。1934年7月独立为北平艺术专科学校，校址内一区东单北大街东总布胡同10号。

北平市立体育专科学校：1931年8月建校，校址外五区先农坛后身（今太平街）。

高等警官学校：1901年创建，1916年始称高等警官学校。校址内三区交道口东大街。1934年迁往南京。

北平蒙藏学校*：1913年北京蒙藏专门学校创立，后一度停办。1928年北平蒙藏学校重建，设有专科班。校址内二区西单北大街石虎胡同。

二、私立大专院校

燕京大学*：1919年组成，为美国基督教会创办。1929年设有文学院、自然科学院和社会科学院，后改为文、理、法三学院。校址西郊区海淀中关村。

中法大学*：1920年成立，1934年设有文、理、医三学院。校址内三区东黄城根（今东黄城根北街）39号。

辅仁大学*：1925年创立，1929年设有文、理、教育三学院。1930年9月校址从德胜门内李广桥西街（今柳荫街）10号迁定阜大街（今定阜街）1号。

中国学院*：1912年创立，即原中国大学。1930年改为中国学院，设文法科和理科。院址内二区西单北新皮库胡同（今大木仓胡同）。

朝阳学院*：1913年创建，即原朝阳大学，1930年改为朝阳学院，设法科和商科。院址内三区东直门内海运仓。

民国学院*：1916年创立，即原民国大学，1930年12月改称民国学院，设文科和法科。院址内二区宣武门内鲍家街（今新文化街）。

华北学院*：1922年创办，即原华北大学，1931年改称华北学院，设文科和法科。院址内四区西安门外羊皮市街（今羊皮市胡同）1号。

北平协和医学院：1906年基督教会创办，即原北京协和医科大学，1929年改名为北平协和医学院。院址内一区王府井大街三条胡同（今东单三条）。

平民学院：1921年创建，即原平民大学，1931年改称平民学院。院址内五区德胜门内石虎胡同（今大石虎胡同）。1933年停办。

郁文学院：1923年建立，即原郁文大学，1930年改称郁文学院。院址一院在内四区阜成门大街，二院在内五区德胜门大街。约在1935年停办。

北平铁路学院*：1924年建立，原名畿辅大学。1928年10月10日改称北平铁路大学，1933年8月1日又更名北平铁路学院。院址在内一区东四南大街干面胡同，1936年2月6日，迁至朝阳门内大雅宝胡同1号。1937年改名北平铁路专科学校。

北平文治学院：1928年7月北平文史政治学院成立，1931年6月改名文治学院。院址内四区阜成门内福绥境。

东北大学*：1923年创建于沈阳，1931年冬迁来北平，原名冯庸大学，1932年10月改称东北大学，设有文、理、法、教育四学院。校址北院在内四区西直门内崇元观（今东新开胡同），南院在外四区广安门大街。

孔教大学：1923年设立。校址内二区西单北大街98号。进入30年代业已停顿。

北平美术专科学校：1924年创立，曾名为北京美术学院。1931年改称北平美术学校，1933年再改为北平美术专科学校。校址内四区西直门内祖家街（今富国街）。

三、公立中等学校

国立北平师范大学附属中学*：1901年建立，曾为京师大学校附属中学校。1928年11月改为国立北平大学附属中学，1929年9月又改为北平师范大学附属中学。校址外二区和平门外南新华街。

国立北平师范大学附属女子中学*：1917年建校，曾为国立北京女子师范大学附属中学校。1928年11月改为国立北平大学附属女子中学，1930年又改为国立北平大学女子师范学院附属中学，1931年定名为国立北平师范大学附属女子中学。校址内二区西单北大街辟才胡同。

国立北平大学附属高级中学：1931年设立。地址内六区中海。1934年停办。

国立第一助产学校：1929年11月6日建立。系高级职业学校性质。校址内三区交道口南大街路东。

河北省立北平高级中学*：1902年成立，即原京兆公立高级中学校。1928年8月改为河北省立第十七中学，1933年7月改名河北省立北平高级中学。校址内五区地安门东黄城根兵将局（今并入地安门东大街）。

北平市立第一中学*：1903年成立中学堂，即原京师公立第一中学校。1928年改称北平特别市公立第一中学校，1930年12月始称北平市立第一中学。校址内五区安定门内郎家胡同9号。

北平市立第二中学*：1910年建立中学堂，即原京师公立第二中学校。1928年改称北平特别市公立第三中学校，1930年12月始称北平市立第二中学。校址内一区东四南大街史家胡同，1936年9月迁往内务部街7号。

北平市立第三中学*：1911年建立中学堂，即原京师公立第三中学校。1928年改称北平特别市公立第三中学校，1930年12月始称北平市立第三中学。校址内四区西直门内祖家街1号（今富国街3号）。

北平市立第四中学：1909年建立中学堂，即原京师公立第四中学校。1928年改称北平特别市公立第四中学校，1930年12月始称北平市立第四中学。校址内六区西安门西什库后库（今并入西什库大街）4号。

北平市立第五中学：1928年建立，8月改称公立平民中学校。1929年改称北平特别市公立第五中学校，1930年又改为北平市立第五中学。校址原在内一区朝阳门内炒面胡同，1930年迁至内三区安定门内方家胡同5号。

北平市立第一女子中学校*：1913年创立，即原京师公立第一女子中学校。1930年改为北平市立第一女子中学。校址内六区北长街44号。

北平市立第二女子中学校*：1935年9月1日成立。校址内二区宣武门内市党部街甲1号（今教育街3号）。

北平市立师范学校*：1906年建立，即原北京师范学校。1930年1月改称北平市立师范学校。校址本校内四区西直门内端王府夹道（今不复存在），分校翊教寺13号（今亦无存）。

北平市立高级工业职业学校：1907年创立，即前京师公立职业学校。1933年12月更名北平市立职业学校，不久又改为北平市立高级工业职业学校。校址内三区东四北大街什锦花园。

北平市立高级商科职业学校：1919年建立，即前京师公立商业补习学校。1930年定名北平市立商科学校，1933年改名北平市立高级商科职业学校。校址内一区东四南大街灯市口，1930年迁内二区宣武门内顺城街未英胡同2号。

四、私立中等学校

育英中学*：1864年美国基督教会创办，1927年定名育英中学。校址内一区东四南大街灯市口26号。

贝满女子中学*：1864年美国基督教会创办，1923年成为贝满女子中学校。校址内一区灯市口同福夹道3号。

崇实中学*：1865年美国基督教会设立，民国初年成为崇实中学校。校址内三区安定门内大三条（今交道口北三条）5号。

崇慈女子中学*：1870年美国基督教会设立，1922年定名崇慈女子中学校。校址内三区安定门内二条（今交道口北二条）20号。

汇文中学*：1871年美国基督教会设立，1918年定名汇文中学校。校址内一区崇文门内船板胡同8号。

慕贞女子中学*：1872年美国基督教会设立，1918年定名慕贞女子中学校。校址内一区崇文门内后沟1号。

崇德中学：1911年美国基督教会设立，1928年定名崇德中学校。校址内二区宣武门内绒线胡同（今西绒线胡同）79号。

笃志女子中学：1900年美国基督教会设立，1913年定名笃志女子中学校。校址内二区宣武门内前王公厂（今光彩胡同）6号。

求实中学*：1902年建立，1912年成为求实中学校。校址在内五区，男校在鼓楼东大街，女校在后鼓楼苑。

豫章初级中学：1903年创建，1924年成为豫章初级中学校。校址外二区和平门外八角琉璃井（今琉璃巷）4号。

嵩云初级中学：1905年创办，即原河南中学。1934年改名为嵩云初级中学。校址外四区宣武门外达智桥19号。

燕冀中学*：1906年建立，即原畿辅中学校。1928年改为燕冀中学。地址男校在外四区宣武门外大街64号，1935年8月迁下斜街原京华美专校址。1930年女校位于内六区西安门内后库东夹道5号。

山东中学*：1906年创建，1912年改称为山东中学校。校址内二区正阳门内西顺城街（今前门西大街）31号。

安徽中学：1906年设立，1912年改称安徽中学校。校址外二区和平门外后孙公园。1935年停办。

尚志初级中学：1910年创办，1931年始称尚志初级中学。校址内二区和平门内顺城街（今前门西大街）48号。1934年8月停办。

惠中女子初级中学：1912年建校，1928年8月成为惠中女子初级中学。校址内五区地安门外炒豆胡同，不久迁至内三区交道口南大街79号。

中国学院附属中学*：1913年中国大学设中学部。1930年9月，中国学院附属中学成立，校址内二区正阳门内西顺城街（今前门西大街）。

成达中学*：1914年建校，曾名正志中学，1920年改名成达中学校。校址西郊区阜成门外北礼士路。

培华女子中学：1914年创办，校址内二区宣武门内石驸马大街（今新文化街）。1937年停办。

孔德中学*：1918年孔德学院设立中学部。1931年12月始称孔德中学。校址内六区东安门内孔德前巷（今智德前巷）8号。

毓英中学：1913年天主教会建立，校址内四区西直门大街133号。1930年停办。

四存中学：1921年创办，1934年增设高中部。校址内二区府右街甲1号。

平民中学*：1921年建立，校址内四区西四北帅府胡同（今西四北二条）29号。

光华女子中学：1922年法国天主教会设立若瑟女子师范学校，1929年定名光华女子中学。校址内六区西安门内西什库1号。

两吉女子中学*：1922年建立，原称两级中学校，1930年改为两吉女子中学。校址内五区地安门东黄城根（今地安门东大街）20号。

华北中学*：1923年建立，1926年定名华北中学校。1928年9月，校址从内四区西安门大街迁往内六区南长街西大街（今大宴乐胡同）24号。

盛新初级中学：1923年法国天主教会设立，1930年校址从内六区西安门内刘兰塑迁往地安门西黄城根教场（今并入地安门西大街）32号。

志成中学*：1923年建校，1928年校址从外四区宣武门外储库营迁往内二区太平桥小口袋胡同。1929 年设女校于内四区西四南大街丰盛胡同。

大同中学*：1923 年创建，1929 年秋，校址从内六区景山东街东老胡同迁往内一区崇文门内外交部街 18 号。

弘达中学*：1923 年建立，1926 年始名弘达中学校。校址内二区西单北大街新皮库胡同（今大木仓胡同）13 号。

北方中学：1923 年创立，即原北京中学校，1928 年 7 月改名北方中学。1931 年校址从内二区西单北大街背阴胡同迁往和平门西顺城街（今宣武门东大街）60 号。

全闽春明女子中学：1923 年建立，1928 年冬，校址从内四区西四南大街大酱坊胡同 14 号迁往外四区宣武门大街 102 号。

温泉初级中学*：1923 年建校，男校在内五区交道口南大街炒豆胡同 23 号，女校在地安门东黄城根（今地安门东大街）22 号。

民治中学：1924 年建校，校址内二区西单北大街背阴胡同。30 年代初停办。

大中中学*：1924 年设立，1930 年定名大中中学，校址从内六区北池子大街骑河楼蒙福禄馆 5 号迁往内三区交道口东大街 39 号。1936 年原址改设女校，男校迁至交道口东大街 22 号。

佑贞女子中学：1924 年法国天主教会设立女子师范学校，1929 年定名佑贞女子中学。同年校址从内六区西安门后库东夹道仁慈堂迁往地安门西黄城根教场东琉璃门（今并入地安门西大街）。

励志初级中学：1921 年开办，1928 年 8 月校址从内四区新街口南航空署街（今航空胡同）迁往内三区东四北大街府学胡同 1 号。

培根女子初级中学：1924 年创立，后定名为培根女子初级中学。校址内六区西安门内府右街。

民国学院附属中学*：1925 年民国大学创设中学部，1931 年改为民国学院附属中学。校址内二区宣武门内鲍家街（今新文化街）21 号。

艺文中学*：1925 年创设，后一度停办。1928 年 9 月 15 日重建开学。同年 11 月 17 日校址从内一区东四南灯市口 72 号迁往内二区府前街（今西长安街）甲 1 号。

今是中学*：1925年建立，1928年校址从西郊迁到内五区交道口南大街棉花胡同（今东棉花胡同），1933年再迁内三区大佛寺东街1号，1935年又迁校址到内二区和平门内西顺城街（今宣武门东大街）。

黎明补公初级中学：1925年建校，校址内四区西四南大街丰盛胡同，1934年停办。

孔教初级中学：1925年孔教总会创建，校址内二区西单北大街。

燕京大学附属初级中学：1929年美国基督教会设立。1930年校址从内一区崇文门内船板胡同迁往西郊区海淀镇。

翊教女子中学*：1926年建校。1930年校址从内四区北沟沿翊教寺胡同迁往内一区东单北大街煤渣胡同，1931年再迁内二区西单北大街堂子胡同6号。

民铎初级中学：1926年建立，约在20年代末校址从内四区新街口南后公用库（今后公用胡同）迁往内二区宣武门内智义伯西巷（今西智义胡同）。1933年停办。

进德中学：1927年创办，约在20年代末校址从内五区鼓楼东大街小大佛寺5号（今无存）迁到前鼓楼苑4号。

立达初级中学：1928年建立，1931年9月校址从内一区东单北大街东堂子胡同迁到干面胡同92号。

求知初级中学*：1928年建立，校址内四区西直门内南小街井儿胡同（今无存）。1936年停办。

四维初级中学：1928年建立，校址内三区安定门内方家胡同。1932年改称八德初级中学。1934年停办。

阜成中学：1927年建立，校址内四区阜成门大街。后不久即停办。

精勤中学：1927年建立，校址内四区德胜门内棉花胡同。后不久停办。

西北中学*：1928年9月回教（今称伊斯兰教）协会创办清真中学。1930年3月改称西北公学，1933年始定名西北中学。校址外四区广安门内牛街30号。

三基初级中学：1928年9月基督教青年会创办。后校址从内一区东四南内务部街迁往梅竹胡同（今并入东单北大街）。

辅仁大学附属中学*：1929年9月罗马天主教会设立。1930年校址移设内五区德胜门内李广桥西街（今柳荫街）10号。

辅仁大学附属女子中学：1932年8月，罗马天主教会在内四区德胜门内蒋养房豆腐巷（今并入新街口东街）设立，1935年迁校址到西四北大街太平仓4号。

五三初级中学*：1929年7月建立，1930年设校址于内四区西四南大街丰盛胡同乙22号。

文治中学*：1929年8月建立，校址内四区阜成门内福绥境，后迁大玉皇阁胡同，再迁西廊下胡同10号。

东方高级中学：1929年设立，时名北平铁路大学附属中学，校址内五区地安门外帽儿胡同。1931年8月改名为东方高级中学，校址在内一区东单北大街干面胡同53号。1935年7月，校址迁到内二区西长安街。1937年停办。

四川初级职业中学：1929年6月创办四川中学，1933年7月更名四川初级职业中学。校址外四区宣武门外储库营甲5号。于30年代中期停办。

中法大学附属高级中学：1930年9月建立，校址内三区东黄城根（今东黄城根北街）甲40号。

育华中学：1930年8月创立，男校址外四区广安门大街71号，女校址内三区东四北九条32号，后迁内四区西黄城根（今西黄城根北街）20号。

协化女子初级中学：1930年建立，1931年9月始名协化女子初级中学。校址内二区宣武门内市党部街（今教育街）2号。

朝阳学院附属高级中学：1932年由朝阳学院预科改建，校址内三区东直门内海运仓。1934年停办。

镜湖中学*：1931年5月创立，校址内四区阜成门内武定侯胡同（今武定胡同），后迁锦什坊街王府仓46号。

华光女子中学*：1931年10月建立，校址内二区西单报子街（今复兴门内大街），后迁西单北大街前英子胡同甲6号，1936年迁往白庙胡同4号。

中华中学*：1932年9月建立，校址内二区和平门内北新华街35号。

成城中学*：1931年8月建立，校址内四区北沟沿翊教寺胡同29号，

1933 年迁往内二区西单北大街粉子胡同 2 号，后再迁内四区西四南大街丰盛胡同。

精业中学*：1931 年 8 月建立，校址内六区东安门内北河沿（今北河沿大街）。1936 年停办。

东北中学：1931 年接收自励中学校产建立，校址内二区西单北大街皮库胡同 24 号（今已无存）。

东北中山中学*：1934 年建立，原为东北大学中学部。校址内三区交道口东大街。1937 年春迁离北平。

知行中学：1932 年设立，校址外四区广安门内报国寺。1934 年停办。

念一中学*：创建于 1932 年 9 月，校址外五区永定门内天坛斋宫，后迁内五区德胜门内果子市大街（今并入鼓楼西大街）1 号。

上义中学：罗马天主教会创办，初为师范学校，1934 年建立上义中学，校址西郊阜成门外黑山扈。

竞存中学*：1935 年法国天主教会创办，校址内三区东四北大街梯子胡同（今并入白米仓胡同），1937 年 2 月迁往内六区东安门内北河沿（今南河沿大街）。

大成中学：创建于 1931 年 6 月，校址内五区德胜门内果子市大街（今并入鼓楼西大街）。

广安中学*：约创建于 30 年代中期，校址外四区广安门内法源寺后街。约在 1936 年停办。

首善中学：约于 30 年代中期存在，校址内二区宣武门内东顺城街（今宣武门东大街）。

北辰中学：约在 30 年代中期存在，校址内四区西四南大街兵马司胡同 8 号。

文化中学：约在 30 年代中期存在，校址内二区正阳门内西顺城街（今前门西大街）。

震民女子中学：约在 30 年代中期存在，校址内二区宣武门内手帕胡同。

（原载《北京档案史料》2000 年第 1 期）

抗战时期北平高等院校的兴衰

清末北京开始出现各种新式学堂，民国以来，各级各类学校在北京竞相开办，北京迅速发展成为近代中国文化中心，高等院校的质量和数量均在全国占有极其突出的位置。1928年国都南迁，北京更名北平以后，并未触动其全国文化中心的地位。

1937年卢沟桥事变爆发，全面抗战开始，中国军队被迫撤离北平，8月8日日本军队进驻城内，直到1945年8月15日日本政府宣布投降，中国抗战胜利。长达8年的沦陷期间，北平的文化教育事业，尤其是高等教育，遭到极大摧残。全国文化中心地位实际上已不复存在。日本殖民当局虽然还把北平（被改名"北京"）标榜为"华北文化中心"，并不能掩饰殖民统治对文教事业蹂躏的事实。

本文拟通过抗战时期北平高等院校的兴衰沿革，反映当年教育事业颓败之一斑。

一、大批公私立院校停办或内迁

1937年夏秋，北平的大专院校中，国立全部和私立大部先后被迫停办，其中多数辗转到西南、西北大后方，在艰苦的抗战岁月中继续坚持办学。这些学校是：

国立北京大学：1898年创建，时名京师大学堂，1912年改称北京大学。1931年起设文、理、法三学院。

国立北平大学：1928年组建，初名为中华大学。1934年设工、农、医、法商和女子文理五学院。

国立清华大学：1911年建清华学堂，1928年始称清华大学。1932年设有文、理、法、工四学院。

国立北平师范大学：1902年始建，1912年改称国立北京高等师范学校，至1931年始称北平师范大学，分设文、理、教育三学院。

国立交通大学北平铁道管理学院：1909年创立，1923年改称国立北京交通大学，1929年更名交通大学北平铁道管理学院。

国立北平艺术专科学校：1918年建立，1925年改称北京艺术专门学校，1934年定名北平艺术专科学校。

私立东北大学：1923年创建于沈阳，时名冯庸大学，1931年迁来北平后改称东北大学，设文、理、法三学院。

私立中法大学：1920年建立，1934年设有文、理、医三学院。

私立华北大学：1922年创设华北大学，至1932年改称华北学院，设文、理两科。

私立朝阳学院：1913年创建，1916年始称朝阳大学，1930年改名朝阳学院，设法、商两科。

私立民国学院：1917年设立民国大学，至1930年改名民国学院，设文、法两科。

私立北平铁路学院：1924年建校，1928年改称北平铁路大学，1932年更名北平铁路学院。

1937年8月，北京大学、清华大学和天津南开大学迁往湖南，9月组建长沙临时大学，设文、理、工和法商四学院。1938年再迁云南昆明，改名国立西南联合大学，直到抗战胜利后1946年结束，三校返回平津，分别复校。

北平大学、北平师范大学、天津北洋工学院以及河北省立女子师范学院也于1937年8月迁往陕西，11月合组西安临时大学。1938年再迁城固，改名国立西北联合大学，1939年又改为西北大学，其师范学院分设、独立，改称西北师范学院，1941年迁到甘肃兰州，抗战胜利后北平大学没有恢复。1946年西北师范学院返回北平以后称北平师范学院。北洋工学院和河北女子师范学院均返回天津复校。

事变后，北平铁道管理学院迁往湖南湘潭。抗战后1946年回平复校。北平艺术专科学校迁往湖南，与杭州艺术专科学校合并成为国立艺术专科学校。1946年北平艺术专科学校复校。

事变后，东北大学迁往河南开封，后再迁陕西城固，1938年，又迁四川三台，1946年回沈阳复校。

中法大学事变后曾一度开学，至1938年被迫停办，1939年迁往云南昆明。抗战后1946年在北平复校。

华北学院在事变后也一度开学，后停办。1946年在北平复校，改名华北文法学院。

朝阳学院事变后停办，随即迁往湖北沙市，1938年又迁四川成都，1941年再迁陪都重庆。抗战后1946年在北平复校。

民国学院事变后拟迁河南开封，后迁湖南。抗战后未回北平。

二、日伪当局兴办一批高等院校

北平沦陷初期，大批高等院校停办，其中多数内迁，顿时"文化中心"只剩躯壳。日伪当局利用内迁院校部分校舍，开设了一些院校，以装点一下"文化城市"的门面。

伪国立北京大学：伪临时政府宣称"以研究高深学术，陶冶优良品格，并图文化之进展，借资利用厚生为宗旨"而设立。1939年1月14日举行开学典礼。先后建立了六个学院：

农学院：1938年3月设立，占用原朝阳学院校舍，地点在东直门内海运仓（今北京中医药大学东直门医院院址），农场则占用西郊罗道庄原北平大学农学院农场。

医学院：1938年5月设立，占用原北平大学医学院校舍，地点在和平门外后孙公园（今北京市第43中学校址），1942年迁往西安门内后库（今大红罗厂街北京大学第一医院住院部所在地）。

工学院：1938年7月设立，占用原北平大学工学院校舍，地点在西直门内端王府夹道7号（今大觉胡同51号大院）。

理学院：1938年8月设立，占用原北京大学第二院校舍，地点在景山东街45号（今沙滩后街55号大院）。

文学院：1939年4月设立，占用原北京大学第一院校舍，地点在松公府夹道6号（今沙滩北街2号大院）。

法学院：1941年8月设立，占用原中法大学校舍，地点在东皇城根39号（今东皇城根北街甲20号，北京光电技术研究所所址）。

伪"国立北京师范大学"：1941年11月1日成立，分设文、理和教育三学院。系由"北京师范学院"和"北京女子师范学院"合并而成。

"国立北京师范学院"：1938年4月18日开学，占用原北平师范大学教理学院校舍，地点在和平门外南新华街（今北京第一实验小学校址），设有文、理两科及体育、工艺专修科。

"国立北京女子师范学院"：1938年4月4日开学，占用原北平大学法商学院第三院校舍，地点在西单李阁老胡同（今力学胡同47号，力学小学校址），设文、理、家政三科及体育、音乐专修科。

"国立北京艺术专科学校"：1938年5月设立，占用原北平艺术专科学校校舍，地点在东单东总布胡同10号（今北总布胡同32号，人民美术出版社社址）。

"国立北京外国语学校"：1938年3月"临时政府"教育部设立"外国语学校"，占用原东北中山中学校舍，地点在交道口东公街（今北京教育学院东城分院院址）。1941年改为外国语专科学校。

"师资讲肄馆"：1938年4月1日设立，占用原北平师范大学教理学院之一部。1940年迁往原求知中学校址，地点在西直门内南小街井儿胡同（今已无存，约在平安里西大街环境保护部位置）。该馆为"临时政府"教育部设立的教师进修学院性质。大约在 1943 年停办。

"国立新民学院":1938 年 1 月 10 日成立,占用原北平大学法商学院校舍,地点在宣武门内国会街(今宣武门西大街 57 号新华通讯社社址)。据该院《章程》称:"新民学院乃以养成能体会新民精神,显现友邦提携,而身当新中国建设基础之官吏为目的。"这是一所培养维护日本殖民统治汉奸爪牙的学校。该院规定日语为必修外语,"日本事情"课为必修课。1941 年 12 月太平洋战争爆发后,新民学院处于瘫痪状态,名存而实亡。旋至 1944 年 8 月,伪华北政权组建"国立华北行政学院"继续执行培养伪政权官吏的使命,苟延残喘维系日伪殖民统治。

"北京高等警官学校":1938 年 3 月 10 日开学,系"临时政府"治安部设立。占用原北京大学第三院校舍,地点在东安门北河沿 54 号(今东安门北街 147 号,最高人民检察院所在地)。

"华北交通公司"北京铁道学院:"华北交通公司"是 1939 年成立的,所谓"中日合资"垄断华北水陆交通运输的企业,总裁系日本人。这个公司在华北沦陷区设立了五个铁道学院。北京铁道学院仅为其中之一,1940 年设立,占用原北平铁路学院校舍,地点在东单北干面胡同 92 号(今 10 号,北京东城行政学院所在地)。

上述沦陷时期日伪在北平兴办的高等院校中,抗战胜利后,只有伪"北京大学"和"北京师范大学"组成"国立北平临时大学"补习班,待 1946 北京大学和北平师范学院在北平复校,经甄别后并入相关学院,其余各院校均自行或强制解散而不复存在。

三、太平洋战争爆发后几所高等院校停办或内迁

1941 年 12 月,太平洋战争(日本称"大东亚战争")爆发,日本向美英等西方国家不宣而战。北平日伪当局向仅存的美系高等院校开刀,悍然封闭燕京、协和,迫使两院校停办。

私立燕京大学:系 1919 年由前华北协和大学、汇文大学及协和女子大学合并而成。1926 年西郊新校舍(今海淀中关村北京大学校址)落成。该

校系基督教美以美会、公理会、长老会和伦敦会四个教会组织开办的。设有文、理、法和宗教四个学院。1937年北平沦陷后，该校由美国人司徒雷登出任校长，挂起了美国旗，成为华北沦陷区不受日本人影响的仅存的为数甚少的高等学府之一。1941年12月8日，燕京大学遭日军强行占领。1942年该校迁往四川成都继续办学，暂并入成都协和大学，设文、理、法三个学院。1945年抗战胜利后，当年10月燕京大学即在北平复课，待1946年成都部分全部迁回北平。该校于1951年由中央教育部接收，1952年撤销。

私立协和医学院：1906年创立，系基督教公理会、长老会、美以美会、圣公会、伦敦布道会和伦敦医学会合办。1921年迁入东单三条新址。1929年始名北平协和医学院。1941年12月8日，日军进驻该院，1942年1月31日被迫停办。1943年3月，该院在四川成都恢复教学活动。抗战胜利后，直到1948年10月该院才在北平恢复。该院今名北京协和医学院。

市立体育专科学校：1934年创建，地点在永定门内太平街（今市体育局招待所一带）。1937年北平沦陷后继续办学，1943年停办。抗战胜利后1945年该校恢复，至1949年5月撤销，并入北平师范大学。

四、一直坚持办学的几所高等院校

抗战沦陷时期，北平尚有几所高等院校，由于种种原因，还能维持办学，情况各有不同。

私立辅仁大学：前身是1925年罗马教廷天主教会创办的"公教大学"，1927年更名辅仁大学。1929年起设文、理、教育三个学院。1930年迁入定府大街1号新址（今定阜街1号，为北京师范大学的一部分）。1937年北平沦陷后，该校教务长德国人雷冕出面与日本人周旋。因当时德日轴心之故，该校得以不挂日本旗，基本上维持正常教学活动。1941年燕京大学被封闭，辅仁大学就成为在北平继续存在的唯一教会大学，且为重庆国民政府所承认，因而聚拢了相当一批滞留沦陷区具有爱国心的学者教授名流，可谓人才济济，鼎盛一时，辅仁名声为之一振。直到1945年抗战胜利。1950年中央教育部接办该校，1952年辅仁大学建制撤销，并入北京师范大学。

私立中国大学：1913年孙中山先生首创，至1917年始名中国大学。1927年迁往西单新皮库胡同前郑王府旧址（今大木仓胡同37号）。抗战沦陷期间，该校校长何其巩利用种种关系与日本人虚与周旋，才得以维持学校的继续存在。该校当时是北平唯一重庆国民政府立案而没有外国背景的高等学府。在这种特殊的条件下，该校也居然获得了发展，学生人数从1938年的不足1000人竟然增长到1944年的4000人以上，呈现一派蒸蒸日上之势。中国大学设有文、理、法三学院。至1949年4月该校停办。

此外，北平还有两所私立"国医学院"（即中医学院），规模都很小，名不见经传。一所是1930年孔伯华大夫创办的"北平国医学院"，地点在西单北南宽街（今不复存在）。北平沦陷后称"北京国医学院"至1945年结束。另一所是1931年施今墨大夫开办的"华北国医学院"，1937年迁到广安门内西砖胡同36号，一直存在到1949年结束。

综上所述，1937年7月，北平沦陷前夕，全市有高等学校19所；北平沦陷期间，先后停办达15所之多，其中12所迁往大后方继续办学；这段时期，日伪当局新设院校9所，一直坚持办学的只有4所而已。到1945年8月日本投降前夕，沦陷八年的北平，各种类型的高等院校加在一起也只有11所。无须笔墨描述，日本殖民者践踏中华文化的行径是不容置疑的历史事实。

（原载《北京党史研究》1995年第4期）

日伪统治时期北平中等学校一瞥

1937年7月7日夜,侵华日军策划卢沟桥事变,中国全面抗战爆发。北平守军"伤亡极惨",7月30日凌晨被迫全部撤离,古城"形同失守"。当日,伪"北平地方维持会"成立。8月8日中午,日军举行北平入城式,故都沦陷。次日,汉奸江朝宗就任"北平地方维持会"会长。8月19日,江又出任伪北平市政府市长。北平沦陷长达8年之久,直至1945年8月日本宣布投降。

北平乃中国文化中心,高等教育举国首屈一指。即是中等教育,据《文化古城旧事》所说,事变前,"北平的中学,按人口比例说,恐怕是全国比例最多的了"。[①]这里指的当系中学生。事变前夕,北平全市人口达150万,中学生约计2万上下,占1.3%。在伪"临时政府"宣布成立的1937年12月,中学生骤减到刚刚上万,只占全市总人口的0.7%。中等教育之萧条,亦可窥见一斑。笔者兹据当年伪"北京地方维持会"[②]教育工作报告提供的数字,列出沦陷前后北平各中学学生人数变化的表格如下:

---

① 邓云乡:《文化古城旧事》,中华书局1995年版,第79页。
② 1937年10月12日"北平地方维持会"改名为"北京地方维持会"。

校名	1937.6	1937.12	校名	1937.6	1937.12
一中	364	354	二中	301	287
三中	277	229	四中	381	349
五中	321	322	女一中	387	328
女二中	411	292	育英	1263	973
贝满	626	530	崇实	292	223
崇慈	237	154	汇文	760	351
慕贞	360	233	崇德	285	286
笃志	128	105	辅仁	304	308
华光	244	71	盛新	216	138
三基	88	71	燕京	64	53
光华	110	85	华北	415	151
镜湖	329	73	志成	2227	615
弘达	782	159	四存	548	263
北方	550	197	大同	453	122
中华	453	208	平民	410	222
定一	392	125	育华	380	130
进德	387	151	山东	300	32
孔德	202	126	西北	239	145
文治	236	100	大中	226	169
中国	200	39	求实	175	99
成达	101	86	中法	170	132
成城	182	52	上义	60	74
艺文	66	57	嵩云	50	34
燕冀	200	200	励志	54	37
孔教	52	55	立达	106	95
明德	421	189	温泉	166	93
两吉	220	62	培根	102	18
佑贞	92	50	春明	91	16
翊教	206	63	惠中	182	73
协化	111	61			

下分四个部分，分述各校简况。

一、公立普通中学

"国立北京师范大学"附属中学和女子中学：沦陷后，北平师范大学附属中学和女子中学部分师生随师大一起内迁西北。日伪当局利用原有校舍于1938年分别在和平门外南新华街（今18号，北京师大附中校址）和西单北大街辟才胡同（今80号，北京师大实验中学分校校址）设立"国立北京师范学院"附属中学和"国立北京女子师范学院"附属中学。1941年秋，分别改称"国立北京师范大学"附属中学和附属女子中学。1945年抗战胜利后，两校分别改为国立北平师范学院附属中学和附属女子中学。附中即今北京师大附属中学，女附中为今北京师大附属实验中学（在西单二龙路14号）前身。

市立北京高级中学校：该校始建于1902年，旋至1933年改名河北省立北平高级中学，地址在地安门外东皇城根25号（今地安门东大街127号北京五中分校校址）。该校1940年移交伪北京特别市当局管理，遂改名为市立北京高级中学校。

市立第一中学校：该校肇始于1903年，至1912年改称京师公立第一中学校，1928年成为市立第一中学。地址在安定门内郎家胡同9号（今宝钞胡同甲12号），即今市第一中学。

市立第二中学校：该校1910年建中学堂，1912年改称公立第二中学校。1931年迁朝阳门内内务部街7号原内务部旧址（今13号）。即今市第二中学。

市立第三中学校：该校1911年成为中学堂，1912年改称公立第三中学校。1919年迁到西直门内祖家街1号清初祖大寿旧居（今富国街3号），即今市第三中学。

市立第四中学校：1909年创建，时名顺天府中学堂。1912年改称公立第四中学校。地址在西安门内西什库后库4号（今西皇城根北街甲2号），即今市第四中学。

市立第五中学校：1928年建立平民中学，1929年改称市立第五中学。

1930年迁到安定门内方家胡同6号（今15号）；1945年抗战胜利后又迁新址，即今市第五中学（今在东四北大街细管胡同13号）。

市立第六中学校：原为1923年创办的私立华北中学。1923年迁南长街西大街24号（今大宴乐胡同11号）。1940年伪市当局改建为市立第六中学校，即今市第161中学中校区。

市立第七中学校：原为1931年李镜湖创办的私立镜湖中学，位于阜成门内锦什坊街王府仓46号。1941年伪市当局改建为市立第七中学校，迁往旧鼓楼大街小石桥2号，即今市第七中学（今在德胜门外安德路69号）。

市立第八、第九、第十中学校：三校本为美国系统教会私立育英、汇文、崇实三所中学，1942年1月，被伪市当局强行改为市立八中、九中和十中。1945年日本投降后，三校皆复为私立，恢复原校名。

市立第一女子中学校：1913年创设京师公立第一女子中学校。1926年迁往北长街44号（今113号）。今为市第161中学。

市立第二女子中学校：1935年在宣武门内省党部街甲1号原北京政府教育部旧址（今教育街3号）建校。1939年迁原两吉女中校址，地址在地安门外东皇城根20号（今地安门东大街111号和113号位置）。1945年抗战胜利后又迁新址。为今东直门中学（今在东直门内北顺城街2号）前身。

市立第三女子中学校：前身系1922年创立的私立香山慈幼院第三院，后改建为幼稚师范学校、女子初级中学。该校位于阜成门内羊市大街52号原帝王庙（今阜成门内大街131号）。1941年，伪市当局改为市立第三女子中学校。为今市第159中学。

市立第四、第五、第六女子中学校：三校原为私立贝满、慕贞和崇慈女子中学，均为美国教会系统学校，1942年1月被伪市当局强行改建为市立女四中、女五中和女六中。1945年抗战胜利后，三校恢复私立和原校名。

二、私立欧美教会中学

育英中学：1864年创建，属美国基督教公理会系统。1924年定名育英中学校，地在东四南灯市口大街26号（今55号）。1942~1945年被伪市当局强改为市立八中。今为市第 25 中学。

贝满女子中学：1864 年建校，属美国基督教公理会系统。1923 年迁灯市口大街佟府夹道（今同福夹道 3 号）。1942~1945 年被伪市当局强改为市立女四中。今为市第 166 中学。

崇实中学：1865 年设立，属美国基督教长老会系统。1885 年迁到安定门内大三条（原 5 号，今 57 号）。1942~1945 年被伪市当局强改为市立十中。今为市第 21 中学。

崇慈女子中学：1870 年创建，属美国基督教长老会系统。1923 年迁到安定门内二条 20 号（今 43 号，市第 22 中学分校校址）。1942~1945 年被伪市当局强改为市立女六中，系今市第 165 中学（今在东四北大街育群胡同 45 号）前身。

汇文中学：1871 年建立，属美国基督教美以美会系统。1922 年始名汇文中学校。地址在崇文门内船板胡同 8 号（今 1 号，丁香小学校址）。1942~1945 年被伪市当局强改为市立九中，今名仍为汇文中学（今址崇文门外培新街 6 号）。

慕贞女子中学：1872 年创建，属美国基督教美以美会系统。1918 年成为中学校，位于崇文门内孝顺胡同（今为后沟胡同乙 2 号）。1942~1945 年被伪市当局强改为市立女五中。今为市第 125 中学。

崇德中学：1912 年建校，属于美国基督教圣公会系统。位于宣武门内大街绒线胡同 79 号(今东绒线胡同 33 号)。北平沦陷后在 1939 年被迫停办。1945 年抗战胜利后恢复。今为市第 31 中学。

笃志女子中学：1901 年创建，属于美国基督教圣公会系统。1913 年成为女子中学校，位于宣武门门内承恩寺 6 号（今承恩胡同）。北平沦陷后于 1941 年被迫停办。1945 年抗战后恢复。为今市鲁迅中学（今在宣武门内新文化街 45 号）之前身。

辅仁大学附属中学和女子中学：1929 年辅仁附中建立，属罗马天主教会系统，位于德胜门内李广桥西街 10 号（今柳荫街 27 号）。1935 年，西四北大街太平仓 4 号（今 16 号）成为辅仁女附中校址。附中今为市第 13 中学，女附中现为市第 156 中学。

光华女子中学：1924年创设，属法国天主教会系统。1929年始名光华女子中学，地址在西安门内西什库1号。今市第39中学（今址西皇城根北街甲10号）前身。

华光女子中学：1931年建校，属天主教会系统。1936年迁西单北大街白庙胡同4号。

盛新中学：1923年建校，属法国天主教会系统。1930年迁北海教场五龙厅32号（今地安门西大街教场胡同2号）。

三基初级中学：1928年建立，为基督教青年会主办，后迁东单北大街梅竹胡同。北平沦陷后不久停办。

燕京大学附属中学：1929年建立，属美国基督教美以美会系统，地址在西郊海淀。北平沦陷后停办。

竞存中学：1935年创办，属法国天主教会系统。1937年迁到东安门北河沿，后增设高中部和女中部。

三、其他私立中学

志成中学校：1923年建校，1928年男校迁西单小口袋胡同（今19号），女校在西四丁字街（今西安门大街）。今市第35中学前身。

弘达中学校：1923年创立，1926年始名弘达中学，位于西单北新皮库胡同13号（今大木仓胡同39号），即今二龙路中学前身。

四存中学校：1921年创办，位于府右街1号（今10号）。1949年该校与市立第八中学（今在复兴门内按院胡同30号）合并。

北方中学校：1923年建校，1928年改称北方中学，迁和平门内顺城街（今前门西大街77号）。

中华中学校：1931年建立，后迁和平门内北新华街35号。1949年该校并入北平师范大学附属中学。

大同中学校：1923年建校，1929年迁外交部街18号（今31号，市第124中学校址），为今市第24中学（在东单北大街东堂子胡同30号）前身。

平民中学校：1921年建立，1925年迁西四北大街帅府胡同29号（今西四北二条 58 号），今为市第 41 中学。

定一中学：创建于 1932 年，据说是为纪念日本强迫中国接受"二十一条"国耻而定名"念一中学"。北平沦陷后被日伪当局强令更名为"定一中学"。校址从德胜门内果子市 1 号（今鼓楼西大街 149 号，西藏驻京办事处驻地）迁到李广桥南口袋胡同，不久即停办。

育华中学校：1930 年创设，男校在广安门大街 71 号，女校在东四北九条 32 号，后迁西皇城根 20 号。1952 年该校并入市第 14 中学。

进德中学校：1927 年创办，后迁地安门外前鼓楼苑 4 号。

山东中学校：1906 年建立，1920 年始称山东中学，位于前门内西顺城街 31 号（今前门西大街 47 号），即今市第 161 中学南校区。

孔德中学校：1917 年华法教育会创设，初名孔德学校。1928 年迁东安门内孔德前巷 8 号（今智德前巷 11 号）。1931 年始称孔德中学，今市第 27 中学前身。

西北中学校：1928 年建校。初名清真中学，系伊斯兰教会主办。1934 年改名西北中学。1942 年广安门内牛街 30 号改为女校，男校设在广安门大街 100 号。今市回民学校前身。

文治中学校：1929 年建立。北平沦陷后，校址从阜成门内大玉皇阁（今大玉胡同）迁到东安门北河沿 49 号。

大中中学校：1924 年创建。1930 年定名大中中学，迁到安定门内交道口东大街 39 号（今 111 号，东城区文化馆所在地）。1936 年这里改为女校，男校设在 22 号（今 77 号）原东北中山中学校址，即今市第 22 中学。

中国大学附属中学：1930 年建校。位于前门内西顺城街（今旧址无存）。

求实中学校：1901 年创办，民国初年始称求实中学校。男校在鼓楼东大街 202 号，女校在后鼓楼苑 18 号。

成达中学校：1914 年建校。1920 年始称成达中学校。北平沦陷后，该校在中南海东四所开学，直至 1945 年抗战胜利后迁出。为今首都师范大学附属中学（在海淀区北洼路 5 号）之前身。

中法大学附属中学：1930 年建立，位于东皇城根甲 40 号（今 16 号，科学出版社所在地）。北平沦陷后不久停办。

成城中学校：1932 年创立，后迁西单北大街粉子胡同。北平沦陷后不久停办。

上义中学校：1906 年创建，原为师范学校。1925 年迁阜成门外黑山扈 7 号。1939 年成为上义中学校。

艺文中学校：1925 年创设，1928 年迁府前街甲 1 号（今西长安街 1 号）。

嵩云中学校：1905 年创建，民国初年改为河南中学，1934 年定名嵩云中学。地址在宣武门外大街达智桥 19 号（今 55 号居民大院）。即今市第 204 中学（在宣武门外上斜街 36 号）前身。

燕冀中学校：1907 年创立，民国初年名为畿辅中学校，1929 年改称燕冀中学校，男校在宣武门外大街和广安门内大街，女校在西安门内西什库后库。为今市第 14 中学（在宣武门外下斜街 40 号）前身。

励志中学校：1921 年创立，1937 年秋迁校址到西皇城根甲 66 号。1939 年秋停办。

孔教初级中学校：1925 年孔教总会主办。在西单北甘石桥 98 号（今西单北大街 110 号）。1938 年停办。

立达初级中学校：1928 年建校。1941 年校址从东单北大街干面胡同 92 号迁到崇文门外大石桥 20 号（在今广渠门内大街）。

明德初级中学校：为纪念 1928 年 5 月 3 日侵华日军制造济南惨案殉难同胞，1929 年创办，定名"五三中学校"。1930 年校址迁西四南丰盛胡同。北平沦陷后，日伪当局强令校名改为"明德中学校"。1945 年日本投降后，原校名恢复。

温泉初级中学校：1923 年创立，男校在交道口南大街炒豆胡同 23 号，女校在地安门外东皇城根 22 号。北平沦陷后不久停办。

两吉女子中学校：1922 年建立，初名两级女子中学校。1927 年迁校址于地安门外东皇城根 20 号。1930 年改称两吉女子中学校。北平沦陷后 1938 年停办。

培根初级女子中学校：1924 年创办，位于府右街北口（今 1 号）。1937 年北平沦陷后不久停办。

佑贞女子中学校：1924 年建校，1929 年迁旃坛寺教场东琉璃门（今地安门西大街教场胡同4号）。

春明女子中学校：1925年建校，1928年迁宣武门外大街64号（今203号，菜市口中学校址）。为今市第140中学（在宣武区自新路大川淀胡同24号）前身。

翊教女子中学校：1926年创立，1931年迁西单北大街堂子胡同6号。北平沦陷后不久停办。

惠中女子中学校：1912年建校，地址在交道口南大街79号（今140号）。1928年成为惠中初级女子中学校，后增设高中。

协化女子中学校：1930年设立，1931年成为初级女子中学校。1938年定名协化女子中学校，地点在宣武门内教育部街（今教育街）2号。

崇贞女子中学校：1921年日本人创建，1931年迁入朝阳门外芳草地2号。1945年日本投降后由北平市政府接收，改为市立第四女子中学。今陈经纶中学（在朝阳门外大街38号）前身。

今是中学校：1928年建校，1935年迁和平门内西顺城街（今宣武门东大街），北平沦陷后停办。

觉生女子中学校：1938年7月，用已故亲日分子、前北宁铁路局局长陈觉生遗产一部分创办，占用西单皮库胡同24号原东北中学校址。1945年日本投降后被更名为文华女子中学。该校1949年并入北平师范大学附属女子中学。

新华中学校：1943年9月在宣武门内教育部街女二中旧校址设立。

南堂中学校：1944年建校，位于宣武门内东顺城街78号（今宣武门东大街137号）天主教南堂东侧原首善中学校旧址。

四、中等专业和职业学校

陆军军官学校：1938年5月，北平伪临时政府治安部在通县南门外建立，1939年10月迁北郊清河。招收初中毕业生，学制一年，专为培养伪"治安军"（后改名为"华北绥靖军"）初级军官而设。前后招收过八期学员。1945冬日本投降后被撤销。

陆军宪兵学校：1938年9月，伪临时政府治安部主办，地点在东西北四条（今83号大院），一直延续到1945年日本投降后解散。

市立师范学校：1906年创设，1915年迁校址到西直门内端王府夹道8号（今已无存，因位置恰在平安里西大街道路上），后在翊教寺13号开办女校。1958年该校改为师范专科学校而宣告结束。

第一助产学校：1929年建校，1931年迁到交道口南大街84号，时名"国立北平第一助产学校"。1943年被迫停办，内迁到四川省成都市继续办学。旋至抗战后1947年在北平复校。1952年撤销。

市立高级工业职业学校：1907年创立，至1933年定名高级工业职业学校，地点在东四北什锦花园。

市立高级商业职业学校：1929年建立，至1937年定名为高级商业职业学校，地点在宣武门内未英胡同2号。

市立初级商业职业学校：1942年8月设立，地点在和平门外梁家园22号（今5号，市第43中学南校区）。抗战胜利后，该校于1947年同市立第一临时中学合并，挂上了北平市政府时期"市立第八中学"的校牌。

私立才正高级商业职业学校：1914年创建，1937年迁址东单北大街金鱼胡同28号。1939年停办。

私立大良高级护士职业学校：1931年建校，地点在西华门大街38号。1938年停办。

私立仁光高级护士职业学校：创建年份不详，地点在崇文门内孝顺胡同后沟。1937年沦陷后不久停办。

私立同仁高级护士职业学校：1918年建校，地点设在崇文门内同仁医院内。1938年停办。

私立公益高级助产职业学校：1925年创立，地点在西安门内养蜂夹道甲1号（该巷今已无存）。1952年改为市助产学校。

私立兴华家事职业学校，1931年建立，地点在西直门内端王府夹道（今名育幼胡同）。北平沦陷后不久停办。

私立中国高级戏曲职业学校：1930年建校，地点在地安门内椅子胡同2号（今北河沿大街嵩祝院北巷）。沦陷后不久停办。

私立正风女子高级职业学校：1939年5月建立，地点在西单北大街辟才胡同62号。

私立北京艺术科职业学校：1930年建校，初名"北平美术学院"，位于西直门内祖家街（今富国街）6号。1934年更名北平艺术科职业学校。沦陷后于1940年停办。

私立育青女子高级职业学校：1940年6月建立，地点在地安门外前鼓楼苑3号。

私立进山高级商业职业学校：1944年3月设立，地点在鼓楼东小大佛寺5号（该巷今已无存）。

综前所述，"七七"事变前北平全市有公私立普通中学计66所，其中公立占10所。北平沦陷期间，公立中学增加到19所，这是日伪北平教育当局直接控制，便于推行奴化教育之需要。对于欧美教会系统的学校，尤其在太平洋战争爆发以后，由于是反法西斯的敌对国，日伪大开杀戒，15所中仅留下5所，削减了2/3。对于大量的非欧美系统的私立中学来说，日子也不好过，停办10所，新增3所，还有转为市立的3所。公私立普通中学总数，沦陷八年中从66所锐减到55所，而全市人口则从150万增加到165万（1941年一度激增到180万）。普通中学教育呈萎缩下降趋势。

至于说到当时本来就很不发达的中等专业和职业教育，整体走向颓败。日伪当局为了强化殖民统治，新设军警两校，以培植鹰犬。为数很少的中专职校，竟然停办了8所，新开的仅有4所。本来是实行定向培养的职业学校，在日伪殖民统治越加岌岌可危之时，哪里能提供更多的就业机会呢！

（原载《北京党史研究》1996年第4期，
中国人民大学《中小学教育》月刊1996年第9期全文转载）

民国晚期北平大中学校一览
（1945~1949年）

本文述及1945年8月日本投降后，到1949年9月中华人民共和国成立前，这一阶段中国文化中心北平大、中学校的概况。其中1945年8月至1949年1月，北平是民国政府北方陪都暨华北军政中心，北平的高等学校正在恢复，而中等学校则在恢复和发展中。1949年1月至9月，北平是中国解放区暨华北解放区的首府，北平的大、中学校均在调整过程中，系向新中国的过渡期。

一、抗战胜利后北平高等学校的恢复

日本占领故都北平八年，对文化古城的摧残尤以高等教育为最。北平大多数公、私立高等院校先后被迫内迁西南或西北的达14所，还有两所停办。抗战胜利后，这些院校的多数皆准备恢复。日伪时期开办的伪北京大学六学院、伪北京师范大学和伪北京艺术专科学校则于1945年12月合组成北平临时大学理、文、法、农、工、医、师范和艺术八个补习分班，甄别半年后于1946年夏撤销，各分班则分别并入各有关高等院校。下面将各校情况分述如下：

国立北京大学：1898 年创立，1912 年改称北京大学。1937 年迁离北平。1946 年 10 月自昆明返平复校。同年北平临时大学第一、二、三、四、五、六分班分别并入本校各学院。抗战后的北京大学设六学院，其中工学院迟于 1947 年 8 月设立，此前为国立北洋大学北平部。各学院地址如下：文学院、法学院均在第六区地安门内沙滩；理学院在景山东街；医学院在西安门内后库；工学院在第四区西直门内端王府夹道；农学院初在第三区东直门内海运仓，1947 年迁第十六区阜成门外罗道庄。

国立清华大学：1911 年创建，1912 年改称清华学校，1928 年始名清华大学。1937 年迁离北平，1946 年 10 月自昆明返平复校，仍设文、法、理、工、农五学院。地址在第十八区西直门外蓝旗营清华园。

国立北平师范大学：1902 年创立，1929 年始称北平师范大学。1937 年迁离北平，1946 年 10 月自兰州返平恢复为北平师范学院，同年北平临时大学第七分班并入。1948 年 11 月复名北平师范大学，设文、理、教育三学院。本校地址在第九区和平门外南新华街，分校在第二区宣武门内石驸马大街。

国立北平铁道管理学院：1909 年设立，至 1929 年始称交通大学北平铁道管理学院。1937 年迁离北平，1946 年 11 月自四川返平复学，遂脱离交通大学，独立为北平铁道管理学院。地址在第二区府右街。

国立北平艺术专科学校：1918 年建校，至 1934 年始称北平艺术专科学校。1937 年迁离北平，1946 年 8 月自重庆返平复校，同年北平临时大学第八分班并入。地址在第一区东单东总布胡同，1948 年迁至王府井帅府园。

北平市立体育专科学校：1934 年创办，于 1943 年被日伪当局查封停办，1946 年 2 月恢复，设体育和体育师范两科。地址在第十二区永定门内先农坛西侧。

私立燕京大学：1919 年创设，1942 年迁离北平，1945 年 10 月复校，1946 年迁至成都的师生陆续返平，设文、理、法三学院。地址在第十八区西直门外海淀镇北。

私立辅仁大学：1925 年创建，1927 年始称辅仁大学。抗战胜利后于 1945 年 9 月开学，设文、理、教育、农四学院。地址在第五区德胜门内定阜大街。

私立中法大学：1921年建立，1939年迁离北平，1946年11月自昆明返平复校。设文、理、医三学院。地址在第三区东安门外北黄城根。

私立中国大学：1912年建校，1917年始称中国大学，1930年改称中国学院。抗战胜利后，于1945年10月开学，1948年6月复名中国大学，设文、法、理三学院。地址在第二区西单北新皮库胡同。

私立朝阳学院：1912年创办，1930年始称朝阳学院。1937年迁离北平，1946年2月自重庆返平复学，只余法科。地址在第三区东直门内海运仓。

私立华北文法学院：1920年创办，1930年始称华北学院，1937年因日军强占院址而停办，1945年8月在原址复学。1946年改名华北文法学院，设文、法两科。地址在第四区西安门外羊皮市街。

私立北平协和医学院：1906年创建，1929年定名北平协和医学院。1942年迁离北平，1948年10月自成都返平复学。地址在第一区东单北三条胡同。

私立北平铁路专科学校：1923年创办，1931年改称北平铁路学院。1937年沦陷后停办，1945年日本投降后恢复，定名北平铁路专科学校。地址在第一区朝阳门内大雅宝胡同。

国立北平蒙藏学校：1913年创设，1929年改称北平蒙藏学校。抗战沦陷期间内迁四川，胜利后返平复校，设有师范专科。地址在第二区西单北石虎胡同。

此外，1948年春因躲避内战，东北部分高等院校，如东北大学、长春大学、沈阳医学院、辽宁医学院、长白师范学院、女子文理学院和中正大学等相继迁平，挤在张自忠路、旧刑部街、成贤街、锡拉胡同、椅子胡同以及法源寺、净土寺、长椿寺、广济寺、崇效寺、吕祖阁等处逗留。

二、抗战胜利后北平中等学校的恢复和发展

北平的中等教育在日伪殖民统治时期也备受摧残，仅以普通中学为例。抗战前夕全市公、私立高、初中男女校业已突破60所，8年后非但没有增加反而减少了大约10所。抗战胜利后原有停课中学多已恢复，并获得一定程度的发展。至1948年底，已达80多所。但若以当时北平市民200万计，

中学生所占比例较之战前亦并未增长，青少年失学率仍旧居高不下。

（一）公立中等学校

国立北平师范大学附属中学：1901年建立，1931年始称北平师范大学附属中学。地址在第九区和平门外南新华街。

国立北平师范大学附属女子中学：1917年建校，1931年始成为北平师范大学附属女子中学。地址在第二区西单北辟才胡同。

国立第一助产学校：1929年在北平设立，1943年迁离北平，1947年自成都返平复校。地址在第三区交道口南大街。

河北省立北平高级中学：1902年创立，1933年始称河北省立北平高级中学。1940~1945年日伪当局曾改为市立，抗战胜利后恢复省立。地址在第五区地安门外东黄城根。

河北省立中学：1940年在河南建校，1948年7月迁平。地址在第五区交道口东公街。

北平市立第一中学：1903年成为中学堂，1912年改称公立第一中学校，1929年改称市立第一中学。地址在第五区安定门内郎家胡同。

北平市立第二中学，1910年成为中学堂，1912年改称公立第二中学校，1929年改为市立第二中学。地址在第一区东四南内务部街。

北平市立第三中学：1911年成为中学堂，1912年改称公立第三中学校。1929年改为市立第三中学。地址在第四区西四北祖家街。

北平市立第四中学：1909年创立中学堂，1912年改为公立第四中学校。1929年改为市立第四中学。地址在第六区西安门内后库。

北平市立第五中学：1928年开办平民中学校，1929年改为市立第五中学校。1945年校址从第三区安定门内方家胡同迁至东四北大街。

北平市立第六中学：1940年设立市立第六中学校，占用被迫停办的私立华北中学校址。地址在第六区南长街西大街。

北平市立第七中学：1941年设立市立第七中学校，占用1931年创建的私立镜湖中学校址。1946年校址从第四区阜成门内王府仓迁往第五区旧鼓楼大街小石桥。

北平市立第八中学：1947年2月开办的市立第一临时中学并入1942年8月设立的市立初级商业职业学校，并于1947年7月创建市立第八中学。地址在第九区和平门外梁家园。

北平市立第一女子中学：1913年创设公立第一女子中学校，1929年改为市立第一女子中学。地址在第六区北长街。

北平市立第二女子中学：1935年创建市立第二女子中学。1946年8月校址从第五区地安门外东黄城根迁至第三区安定门内方家胡同。

北平市立第三女子中学：1941年私立香山慈幼院附设的幼稚师范学校被改为市立第三女子中学校。地址在第四区阜成门内羊市大街。

北平市立第四女子中学：1940年建立"私立崇贞女子中学校"。1946年2月改为市立第四女子中学。校址在第十四区朝阳门外芳草地。

北平市立师范学校：1906年创建，1929年改称市立师范学校。校址在第四区西直门内端王府夹道，分校在翊教寺。

北平市立高级工业职业学校：1907年建立，1933年始名市立高级工业职业学校。地址在第三区东四北南扁担胡同。

北平市立高级商业职业学校：1919年建校，1937年始名市立高级商业职业学校。地址在第七区宣武门内未英胡同。

（二）私立中等学校

育英中学：1924年成为育英中学校。1942~1945年被日伪当局改为"市立第八中学校"，抗战胜利后复名。地址在第一区东四南灯市口。

贝满女子中学：1923年成为中学校。1942~1945年被日伪当局改为"市立第四女子中学校"，抗战胜利后复名。地址在第一区东四南灯市口和同福夹道。

崇实中学：1865年创办，1891年成为崇实中学堂。1942~1945年被日伪当局改为"市立第十中学校"，抗战胜利后复名。地址在第三区安定门内大三条胡同。

崇慈女子中学：1870年创办，1921年成为崇慈女子中学校。1942~1945年被日伪当局改为"市立第六女子中学校"，抗战胜利后复名。1947年校址从第三区安定门内二条胡同迁到东四北马大人胡同。

汇文中学：1927年成为汇文中学校。1942~1945年被日伪当局改为"市立第九中学校"，抗战胜利后复名。地址在第一区崇文门内船板胡同。

慕贞女子中学：1918年成为慕贞女子中学校。1942~1945年被日伪当局改为"市立第五女子中学校"，抗战胜利后复名。地址在第一区崇文门内后沟。

求实中学：1902年建立，1912年改为求实中学校。地址在第五区鼓楼东大街。

嵩云中学：1905年设立，1934年始名嵩云中学。地址在第十一区宣武门外达智桥。

燕冀中学：1906年建立，1928年始名燕冀中学。其男校地址在第十一区宣武门外下斜街，女校在第六区西安门内后库。

山东中学：1906年设立，1920年始称山东中学校。地址在第七区正阳门内西顺城街。

崇德中学：1912年创办，1939~1945年被迫停办，抗战胜利后复校。地址在第七区宣武门内绒线胡同。

笃志女子中学：1913年建立，1917年成为笃志女子中学校。1941~1945年被迫停办，抗战胜利后复校。地址在第二区宣武门内承恩寺。

中国大学附属中学：1914年开设，后一度停办。1929年再建。地址在第七区正阳门内西顺城街。

成达中学：1914年创立，1920年始称成达中学校。地址在第六区中南海东四所。

上义中学：1915年建立，1939年始名上义中学校。地址在第十八区阜成门外黑山扈。

孔德中学：1918年创办，1931年始称孔德中学。地址在第六区东安门内孔德前巷。

四存中学：1921年创建，1947年增设女校。男校地址在第二区府右街，女校在第六区西华门大街。

平民中学：1921年创办。地址在第四区西四北帅府胡同。

光华女子中学：1922年建校，1929年始称光华女子中学。地址在第六区西安门内西什库。

弘达中学：1923年创立，1926年始称弘达中学校。地址在第二区西单北新皮库胡同。

华北中学：1923年创办，1940年停办，1946年10月复校。地址在第四区西直门内崇元观。

大同中学：1922年创办，地址在第一区东单北外交部街。

北方中学：1923年创建，1928年始称北方中学。1947年初解散，同年3月改为市立第二临时中学，7月恢复原校名。地址在第七区和平门内顺城街。

志成中学：1923年创设，男校地址在第二区西单北小口袋胡同，女校在第四区西四南丰盛胡同。

盛新中学：1923年建校，1946年增建女中部。男校地址在第六区地安门西教场，女校在第四区新街口八道湾。

温泉中学：1923年开办，1939~1945年停办，抗战胜利后复校。地址在第五区地安门外炒豆胡同。

佑贞女子中学：1924年创办，1929年改建为女子中学。地址在第六区地安门西教场。

培根女子中学：1924年开设，地址在第六区府右街。1947年初停办。

大中中学：1924年建校，1930年始称大中中学。地址在第三区交道口东大街。

艺文中学：1925年创办，后一度解散，1928年恢复。地址在第七区府前街。

民国中学：1925年民国大学始设中学部，1937年中学部随民国学院迁离北平。1948年中学部在平复校，改称民国中学。地址在第二区宣武门内鲍家街。

孔教中学：1925年创办，1942~1945年停办，抗战胜利后复校。地址在第二区西单北甘石桥。

春明女子中学：1925年建立。1928年成为春明女子中学。地址在第十一区宣武门外大街。

燕京大学附属中学：1926年建立。1942~1945年随燕京大学迁离北平，

1946年在平复校。地址在第十八区西直门外海淀。

进德中学：1927年建立。地址在第五区鼓楼东前鼓楼苑。

立达中学：1928年创办。地址在第十区广渠门内大石桥。

惠中女子中学：1928年建立。地址在第三区交道口南大街。

西北中学：1928年创办，1930年始称西北中学。男校地址在第十一区广安门内大街，女校在广安门内牛街。

文治中学：1929年创建。地址1947年从第六区西华门大街迁至东安门北河沿。

五三中学：1929年建立。1937~1945年被易名"明德中学校"，抗战胜利后复名。地址在第四区西四南丰盛相同。

辅仁大学附属中学：1929年建立。地址在第五区德胜门内李广桥西街。

辅仁大学附属女子中学：1932年设立。地址在第四区西四北太平仓。

育华中学：1930年创办。男校地址在第十一区广安门内大街，女校在第四区西安门外北黄城根。

协化女子中学：1930年创建，1938年成为协化女子中学校。1940~1945年停办，1946年复校。地址在第二区宣武门内教育部街。

华光女子中学：1931年创立。地址在第二区西单北白庙胡同。

中华中学：1932年设立，1940~1946年停办，1947年3月复校。地址在第七区和平门内北新华街。

大成中学：1931年创建，1935年以后停办，1947年7月复校。地址在第五区德胜门内果子市大街。

竞存中学：1937年创办。男校地址在第一区八面槽大街，女校地址北院在第三区朝阳门内南弓匠营，南院在第一区东单北三条胡同。

文华女子中学：1938年设立，1946年1月改名文华女子中学。地址在第二区西单北皮库胡同。

新华中学：1943年建立。地址在第二区宣武门内教育部街。

南堂中学：1944年创立。地址在第七区宣武门内东顺城街。

培元中学：1944年开办。地址在第十八区西直门外海淀南大街。1947年9月至1947年8月曾改为西郊委托中学。

中正中学：前身是日伪时期 1939 年建立的兴亚高级中学校。1947 年易名为中正中学。地址在第四区西四南兵马司胡同。

卍字中学：1934 年开设，1937 年停办，1947 年 8 月复校。地址在第二区西单北皮库胡同。

东方中学：1946 年 8 月建立。地址在第五区鼓楼东王佐胡同。

耕莘中学：1946 年 9 月设立。地址在第六区西安门内西什库。

世熙中学：1946 年 3 月开办。地址在第二区复兴门内成方街。

自忠中学：1947 年 7 月建立。地址在第六区府右街。

惜阴中学：1947 年 6 月开设。地址在第九区和平门外八角琉璃井。

商育中学：1947 年 3 月开办。地址在第十二区虎坊桥万明路。

法勤中学：1932 年开办，1939~1947 年停办。1947 年 9 月定名法勤中学，地址初在第二区缸瓦市粉子胡同，后迁至宣武门内教育部街。

九三中学：1947 年 9 月开学。地址在第五区鼓楼东宝钞胡同。

建华中学：1947 年 8 月设立。地址在第四区西四北大红罗厂。

维新中学：1948 年 10 月设立。地址在第五区安定门内净土寺。

培德中学：1948 年开办。地址在第四区新街口南石碑胡同。

奋斗中学：1948 年开办。地址在第十八区西直门外。

燕山中学：1948 年 9 月建立。地址在第十九区德胜门外黄寺。

颐和中学：1947 年 9 月建立。地址在第十八区西直门外青龙桥功德寺。

民主中学：1948 年建立。地点不详。

近智中学：1947 年建立。地址在第二区西单一带。

国立东北临时中学：1948 年 7 月设立，收容东北流亡北平的沈阳中山中学、辽宁第四中学、文慈中学、松北联合中学和安东联合中学等校学生，拥有 20 个班约 1000 名学生。地点散居在城内。

国立成达师范学校：1925 年创立于山东济南，1929 年迁来北平。1937 年离平内迁，1946 年返平复校。1948 年该校自第十六区复兴门外万寿路迁到第五区德胜门内后海北河沿。

公益高级助产职业学校：1936 年创办，地址在第六区西安门内养蜂夹道。

仁光高级护士职业学校：1937 年开办，后停办，1946 年复校。地址在第一区崇文门内孝顺胡同后沟。

正风女子高级职业学校：1939年开办。地址在第二区西单北辟才胡同。

育青女子高级职业学校：1940年开办。地址在第五区鼓楼东前鼓楼苑。

进山高级商业学校：1944年开办。地址在第五区鼓楼东小大佛寺胡同。

惠童职业学校：1946年2月自重庆迁至北平。地址在第一区建国门内贡院西大街。

大华高级工业职业学校：1948年冬建立。地址第三区东直门大街。

北宁高级助产职业学校：1948年秋自沈阳迁至北平。地址第六区陟山门街。

道济高级护士职业学校：1948年11月开办。地址第三区安定门内大头条。

宏仁助产护士职业学校：1947年秋开办。地址第一区干面胡同。

三、解放初期北平大、中学校的调整

（一）高等学校部分

清华大学、北京大学和北平师范大学分别于1949年1月和2月由中国人民解放军北平市军事管制委员会接管，至5月初分别成立以叶企孙、汤用彤和黎锦熙任主席的校务委员会。

华北人民革命大学于1949年2月在北平西郊成立，系政治训练班性质，校长刘澜涛。

华北军事政治大学于1948年5月在河北石家庄成立，1949年2月迁入北平。校长叶剑英。

华北大学于1949年4月迁平，该校设有工、农、教育和文艺四学院。1948年4月该校在河北正定成立，系华北联合大学和北方大学合并组成。校本部在第三区东四北六条胡同，其所设四部则分别在第五区地安门外沙井胡同，第十二区永定门内先农坛，第二区宣武门内国会街和第一区东安门外东厂胡同。校长吴玉章。

北平铁道管理学院于1949年3月由中共中央军委铁道部接管，同年6月与唐山铁道管理学院和华北交通大学联合组成中国交通大学。

北平市立体育专科学校由市军管会接管后于1949年3月撤销，师生并入北平师范大学体育系。

私立中国大学于1949年4月由市军管会接管后宣布停办。其文法学院和理学院分别并入华北大学和北平师范大学。

私立中法大学于1949年6月由市军管会接管后宣布撤销，院系并入北京大学和华北大学，校址划拨给华北大学工学院。

私立朝阳学院于1949年4月被市军管会接管后撤销。1949年8月改建为中国政法大学。校长谢觉哉。

私立华北文法学院于1949年4月市军管会接管后被撤销，师生转入华北人民革命大学和华北大学。

私立辅仁大学农学院于1949年夏并入北京大学农学院。

私立北平铁路专科学校于1949年春被市军管会接管后撤销，师生并入北平铁道管理学院。

东北旅平大、中学校，按市军管会要求于1949年3月全部迁返东北解放区。

（二）中等学校部分

北平解放后，人民政府首先接管了全部19所公立中等学校。1949年3月，将迁平的育才学校中学部并入师大男、女附中，5月，将石景山私立门城中学改为市立第九中学，又在长辛店设立了市立第十中学。随后对私立学校进行了一系列调整，对其中政治问题严重的，分别予以停办、合并或代管。取缔四存中学，其男校并入八中，女校并入女一中；取缔九三中学、东方中学，连同中华中学并入师大附中；取缔华北中学、文华中学，其女生部皆并入师大女附中；取缔大众中学（原中正中学）、大成中学、颐和中学、民主中学等校。停办孔教中学、世熙中学、奋斗中学、维新中学、燕山中学等校，将西北中学、燕山中学和成达师范合并为回民学院。代管大中中学、志成中学和中大附中，将其分别改名为育德中学、新生中学和新英中学；代管法勤中学，后被撤销；将民大附中与近智中学（原师资训练所附中）合并为新中中学；将北方中学、惠中女子中学合并为劳动中学；将求实中学、进德中学合并为新知中学。此外，华光女子中学、贝满女子中学、慕贞女子中学分别改名为进步女子中学、五一女子中学、育新女子中学。

至1949年8月，市人民政府接管中等学校工作告竣，将公立26所、私立82所学校调整为公立17所、私立65所。此时全市中学生人数计达38749人，约占本市人口总数的2%。

（原载《首都博物馆丛刊》1998年版）

附录：作者北京史地短文篇目便览

一

1. 北京有过三个民国"临时政府"
（载《北京文物》1999 年第 11 期，后收入《日下回眸》，2001 年）
2. 北京湖广会馆是中国国民党诞生地吗？
（载《北京文物》1992 年第 7 期）
3. 《顺天时报》号外，总统曹锟下台
（载《北京文物》2003 年第 6 期）
4. 《七子之歌》生于北京
（载《北京文物》2000 年第 4 期）
5. 张学良将军在北平
（载《北京文物》2002 年第 2 期）
6. 平北抗战纪实
（载《北京民革》2005 年第 4~5 期）

7.《北平晚报》号外,《塘沽协定》草签

(载《北京文物》2003 年第 5 期)

8. 也谈《30 年代学运照片》

(载《老照片》1999 年第 3 辑)

9. 日伪改北平为"北京"始于何时?

(载《北京档案史料》1990 年第 3 期)

10. 日伪擅改北平为"北京"始末

(载《北京文物》2000 年第 3 期,后收入《日下回眸》,2001 年)

11. 加强对各伪政权的研究

(载《北京党史研究》1995 年第 4 期,后收入《党史理论纵横谈》,2001 年)

12. 北平城内的日本"警犬训练所"

(载《北京文物》2001 年第 11 期)

13. 京郊第一个县级抗日民主政权存在时间质疑

(载《北京党史研究》1992 年第 2 期)

14. 弥足珍贵《挺进报》

(载《北京文物》2001 年第 10 期)

15. 震惊平郊的抗日英烈白乙化史迹

(载《中日关系史研究》1995 年第 3 期)

16. 徐智甫烈士

(载《北京文物》2000 年第 7 期,后收入《京华漫忆》,2002 年)

17. 微观研究最易显露特色

(载《北京党史研究》1995 年第 4 期,后收入《党史理论纵横谈》,2001 年)

18. 邓拓与第一部《毛选》

(载《北京文物》2002 年第 4 期)

19. 北平大学附属高中校友刘善本

(载《北京文物》2003 年第 6 期)

20. 平津前线指挥所及北平和谈地点寻觅

（载《北京文物》1999 年第 1 期，后收入《日下回眸》，2001 年）

21. 也谈近现代文物鉴定

（载《中国文物报》2004 年 2 月 11 日）

二

1. 北京孔庙七百寒暑

（载《北京文物》2002 年第 12 期）

2. 崇元观昔今

（载《北京文物》2003 年第 2 期）

3. 横桥与西堂

（载《北京文物》2001 年第 3 期，后收入《京华漫忆》，2002 年）

4. 太医院是"皇家医院"吗？

（载《北京文物》2006 年第 2 期）

5. 漫话赵登禹路

（载《话说西城》1989 年）

6. 北京长安小学早期小史（1903~1949）

（载《北京教育史志丛刊》2004 年第 3 期）

7. 怀念西直门内大街第一小学

（载《北京文物》2000 年第 12 期，转载于《北京教育史志丛刊》2000 年第 4 期，后收入《京华漫忆》，2002 年）

8. 学校是人生的难忘站点

（载《新京报》2006 年 9 月 13 日）

9. 平民住宅：民国时代的廉租房

（载《北京文物》2003 年第 4 期）

10. 八道湾 11 号轶事

（载《北京文物》2000 年第 1 期，后收入《日下回眸》，2001 年）

11. 何来"新大陆"

（载《北京文物》2001 年第 6 期）

12. 也忆北京有轨电车

（载《北京文物》2002 年第 10 期）

13. 东城文化遗产保护利用并举

（载《北京市东城区历史文化遗产保护与利用研讨会文集》，2006 年）

后　记

　　小时候我就喜欢看地图，当时的中国版图，犹如一片秋海棠叶。恰好那时我家就养着几盆秋海棠花，碧绿的叶片，粉红色的叶脉，开着粉色的小花，虽然没什么花香，也煞是好看。秋海棠的叶根位置是渤海，而叶梢就是帕米尔高原了。也不知从什么时候起，中国版图成了大公鸡了：黑龙江成了鸡冠，帕米尔成了鸡尾，而南海诸岛就是鸡腿了。我由喜欢看地图，渐变为爱好地理，虽然初级小学还没设地理课。一上高级小学，添设了地理课，我如鱼得水，成绩一直遥遥领先，位居班级之冠。上了初中，更是一发而不可收，居然得到一个绰号"地理大王"。及至高中，我当上了全校地理课外学科小组的组长，也算是"鼎盛时期"了。

　　至于说到我对历史的兴趣，则不是自发的，而是"外因通过内因而起作用"的结果，这里"外因是变化的条件"。这里的外因，并不是在高级小学添设历史课开始，而是在初级中学阶段。我们中学有位全市著名历史教师高博彦先生，当时他已经年过半百，居然把枯燥的历史课讲得活灵活现，学生就像着迷一样听得入神，不知不觉就响起了下课的铃声，还颇有些意犹未尽的感觉。几十年后，我上档案馆一查档案才知道，高老师是国立北京师范大学史地研究科民国十三年（1924年）毕业的，早年就写过一本书，叫《蒙古与中国》。到了高考复习时，是谢承仁老师讲课。他是位年青的著名历史教师，北京大学民国三十八年（1949年）历史系毕业的。谢老师讲课精辟深刻，分析透彻，绝对事半功倍，以致复习历史根本不是什么负担，还是比较轻松的。于是后来，我由于由衷钦佩两位历史老师，受其影响，高考志愿就选择了历史专业。

我参加工作以后，在我十几年的中学文科教学生涯中，教历史和地理课，一直是得心应手的，尤其是高考史地复习课，以时间和效率计，两门课相得益彰，相辅相成。

历史作为我的专业，地理作为我的爱好，缠绵了我这一生，历久不衰。至今，学习和研究历史和地理，主要是近现代中外史地以及相关文物，仍是我晚年生活的有机组成部分。

本文集系笔者近二三十年来的一点成果积累。由于能力水平所限，错误疏漏在所难免，敬希热心读者不吝指正。

最后诚挚感谢北京市文物局领导，以及首都博物馆和北京燕山出版社各位热心人士。没有他们的关切和努力，本文集是难以问世的。

作者谨识
2013年12月于斗室

作者介绍

李铁虎，男，祖籍辽宁铁岭，1938年6月12日生于北京西城。1961年河北大学历史系毕业后，被分配到河北省黄骅县当中学教员，1979年在黄骅中学被评为"先进"，教学业绩彰显，社会反响强烈。1980年考取河北省社会科学院，成为近现代史研究人员，主要从事晋察冀边区和河北省抗战史研究，参加编写《晋察冀抗日民主政权简史》和《近代河北史要》等著作。1985年调入首都博物馆陈列部。1988年被评为副研究馆员。1988~1994年任编研室主任，兼任馆刊副主编，负责编辑近现代史部分。1994年起任馆学术委员。1998年退休后，被本馆连续返聘到2006年，其间从事近现代史编研、展陈、文物史料征集与鉴审等工作。

他曾为河北省历史学会会员、中国中日关系史学会会员、中国现代史学会会员和北京史研究会会员。于1993年加入中国国民党革命委员会（简称"民革"）。1996~2006年，连续被民革北京市委评为先进个人。2007年，任民革北京市委文史委员。

从事文博工作以来，主要业绩成果如下：

（一）撰写发表论文十余篇，其中不乏独到见解。《不可忘辛亥革命》一文摒弃所谓辛亥革命失败论调，称辛亥革命"已经胜利地完成了中国民族民主革命的接力第一棒",并称"整个民国时期的中国社会是半封建半资本主义,无疑比晚清的封建社会是历史的进步"。《民国北京政治文化地位刍议》一文认为,民国北京政府时期,北京是首都,是全国政治文化中心;而民国南京政府时期,北平是北方陪都,是北方政治中心,但仍为全国文化中心。《北平外围抗日根据地的创建、发展和政区沿革》一文,综述中国共产党领导建立的平郊抗日根据地创立、发展到壮大的全过程,后被编入《北京党史专题文选(第二辑)》。

(二)考证撰述 1912~1949 年民国各个时期华北地区各省市区县级以上行政区划沿革系列文章十余篇,全面反映了抗日战争时期敌我友三方和解放战争时期国共双方控制区域犬牙交错此消彼长的情况,成为其中的难点和亮点,应属历史地理学科的研究成果。

(三)在教育史方面,做了大量深入研究。早已完成的市文物局科研课题成果《民国北京大中学校沿革》(约 20 万字)业已出版。

(四)整理了大量重要文献史料。书就民国中央政府(北京政府和南京政府)上将名录、华北伪政权"治安军"序列沿革等。

(五)在近现代地图、书刊、钱币、邮品和照片等文物方面做过大量重要的征集和鉴审工作,对北京近现代历史文物的保护和研究做出了突出贡献。在《中国文物报》著文批驳"近现代文物无须专家,只要短训几天就能胜任"的谬说,并提出"要有广博的知识,丰富的阅历,锐利的眼光,敏捷的头脑,才能做出正确的判断",还发现过馆藏近代地图珍品。2002 年 2 月 1 日,《今日北京》(英文版)以第 9 版整版篇幅发表题为《李铁虎眼中的老北京:古都轶事》的报道。近几年来,他参加了《中国文物地图集·北京分册》的编撰工作,负责近现代史迹部分,现已出版。

(六)参与过许多近代大中型陈列展览的内容设计。其中主持的"纪念北平和平解放 50 周年展览",受到社会各界赞许。有媒体称:"细致的编辑工作体现出展览严肃的历史态度和认真负责的精神。""表现出精心的构思和出色的编辑意识。"(参见 1999 年 2 月 2 日《中国摄影报》头版头条《箭楼重温入城式》报道)

总之，李铁虎先生从 1985 年进入北京文博行业至今的二十余年中，专心致力于华北地区尤其是北京的近现代史研究，成果卓著，并在近现代文物的征集、鉴审方面眼光独具，成为北京近现代史文物专家。

（原载北京市文物局主办《北京文博》2008 年第 3 期）

图书在版编目（CIP）数据

民国史地文丛/李铁虎著.—北京：北京燕山出版社，2016.7
ISBN 978-7-5402-4194-0

Ⅰ.①民…　Ⅱ.①李…　Ⅲ.①北京市—地方史—民国
Ⅳ.①K291

中国版本图书馆CIP数据核字（2016）第185498号

民国史地文丛

责任编辑：刘一丹
封面设计：耿中虎
内文装帧：北京麦莫瑞文化传播有限公司
出版发行：北京燕山出版社有限公司
社　　址：北京市西城区陶然亭路53号
邮　　码：100054
电　　话：86-10-65240430（总编室）
印　　刷：三河市灵山红旗印刷厂
开　　本：787mm×1092mm　1/16
字　　数：350千字
印　　张：28
版　　次：2016年12月第1版
印　　次：2016年12月第1次印刷
ISBN 978-7-5402-4194-0
定　　价：58.00元